극한 갈등

극한 갈등

분노와 증오의
블랙홀에서
살아남는 법

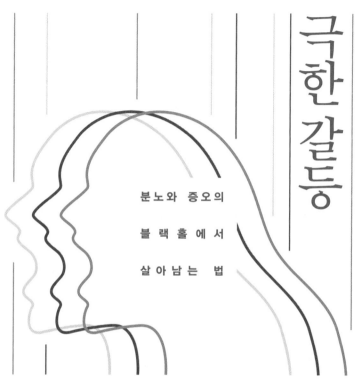

HIGH CONFLICT

아만다 리플리 지음
김동규 옮김

세종

추천사

어쩌다 우리가 민주주의의 퇴행을 말하는 지경에 이르게 된 걸까? 정치 갈등에서 젠더 갈등까지, 왜 탈출구는 보이지 않고 상황은 점점 악화되는 걸까? 모든 사람들을 유치하고 치사하게 만드는 이 전염병의 정체는 뭘까? 이 질문들로 고민하고 있다면, 《극한 갈등》을 펼칠 때다. 저널리스트인 저자는 무겁고 복잡한 문제에 대한 통찰에 현장감 넘치는 르포와 인터뷰를 붙여 흥미진진하게 읽히게끔 만드는 놀라운 스토리텔러다.

책의 통찰은 크게 두 가지인데, 하나는 '사람들이 어떻게 이런 수렁에 빠지게 되는지'에 대한 설득력 있는 분석이다. 두 번째는 '그 수렁에서 빠져나오는 방법에 대한 실질적인 조언'이다. 그 분석과 조언을 듣다 보면 희망이 생긴다. 그 희망을 맛보기 위해서라도 이 책을 읽어보시라 권하고 싶다. 보다 작고 사적인 갈등 상황을 다루는 데에도 똑같이 유용할 책이다.

장강명(소설가)

우리를 지독하게 불쾌하게 만드는 갈등이 어떻게 진행되는지 보여주는 기발한 책이다. 《극한 갈등》은 단순히 문제를 강조하는 것 이상으로, 우리에게 꼭 필요한 해결책 또한 제시한다. 우리가 살고 있는 양극화된 시대를 분석한다는 점에서 가치가 있을뿐만 아니라 우리의 개인적인 삶에 대한 지침을 준다는 점에서도 유익하다.

_ 조나 버거, 《컨테이져스: 전략적 입소문》의 저자

많은 책들 중에서 유독 빛나고 있는 책이다. '우리'는 어떻게 하면 '그들'을 악마화하는 것을 멈출 수 있을까? 어떻게 하면 의견이 다른 상대방도 끌어안고 갈 수 있을까? 이러한 물음에 대한 답을 제시하기 위해 《극한 갈등》은 우리를 전 세계의 흥미로운 이야기들로 안내한다. 정치권과 언론에 있는 모든 사람들, 그리고 동료와 말다툼을 하거나 가족들과 갈등을 빚고 있는 모든 사람들이 읽어야 한다. _ 애덤 그랜트, 《싱크어게인》, 《오리지널스》의 저자

정말 중요한 주제를 숙련된 필력, 심도 있는 연구 결과, 설득력 있는 스토리텔링으로 다루고 있다는 점에서 《극한 갈등》은 매우 훌륭하다. 너무 많은 현대인들이 서로 다투고 있는 지금, 이 책은 우리가 꼭 필요로 하는 책이다.

_ 다니엘 핑크, 《새로운 미래가 온다》의 저자

이 책은 전쟁, 이혼, 조직 폭력, 기후 분쟁 해소를 위한 비법들을 담고 있다. 고도 갈등의 과학과 역사를 분류하고 사회를 좀 더 생산적으로 만들기 위한 중요한 교훈을 제공한다. 갈등의 역사는 인간의 역사와 일치한다. 《극한 갈등》은 당신이 들어 본 적이 있는 많은 일화들에 심리학과 행동과학을 곁들여 훌륭한 이야기를 유창하게 짜낸다. _ 〈블룸버그〉

한국어판 서문

모든 나라는 저마다 다르다. 필자는 미국 사람이므로 이 책의 내용도 주로 미국에 관한 이야기로 구성되어 있다. 그러나 이 책이 다루는 주제는 실로 인간이 안고 있는 보편적인 문제이며, 사람들이 갈등을 빚는 이야기는 세계 어디를 가든 놀랍도록 유사한 것이 사실이다.

필자는 교육을 주제로 한 전작을 집필하기 위해 한국에 얼마간 머무른 적이 있고, 당연히 두 나라는 문화, 역사, 제도 면에서 서로 많은 차이가 있다는 것도 알 수 있었다. 그러나 한국이나 미국이나 사람들은 가혹한 자본주의 경제 속에서 오랜 시간 일해야 하고, 어떤 분야에서든 엘리트 계층으로 올라서기는 너무나 힘든 사회라는 인상을 받았다.

사회적 갈등은 문화에 따라 드러나는 형태가 다르므로 이를 서로 비교하기는 매우 어렵다. 그러나 다른 나라에 비해 한국 사회에서 유독 눈에 띄는 갈등이 있다는 점은 분명히 말할 수 있다. 런던 킹스칼리지가 총 2만 3,000명을 대상으로 설문조사를 실시하여 2021년에 발표한 자료에 따르면, 한국인 중에는 진보 성향과 보수 성향 사이에 '상당한 정도의' 갈등이 존재한다고 생각하는 사람이 조사 대상 28개국 중에서도 가장 많은 것으로 나타났다(같은 조사에서 3위를 차지한 나라는 미국으로, 85%의 사람들이 그렇다고 답했다).

이외에 2021년에 발표된 에델만 신뢰도 조사 Edelman Trust Barometer에서도 한국인은 언론과 기업에 대한 신뢰도가 매우 낮은 수준이라는 것을 알 수 있다. 신뢰 수준이 낮은 사회일수록(가정이든, 학교든, 국가든) 갈등 수준은 높아지는 경향이 있다.

그러나 갈등 그 자체가 나쁜 것은 아니다. 그것이 바로 필자가 이 책을 쓰면서 가장 크게 깨달은 사실이다. 우리는 개인이든 국가 차원에서든 갈등이 건강한 성격을 띨 수 있도록 관리해야 한다. 정말 심각한 문제는 '싸우기 위해서 싸우는' 이른바 '고도 갈등' 상황이다. 이렇게 되면 사람들은 서로를 '우리 편'과 '상대편'으로 나누는 진영 논리에 사로잡히고, 전혀 사실과 다른 망상을 기준으로 상대편을 바라보게 된다. 고도 갈등의 해악은 정도의 차이가 있을 뿐 누구에게나 미친다. 또 고도 갈등이 조성되는 조건은 나라마다, 역사적인 순간마다 모두 다르다.

이 책의 목적은 우리 모두 고도 갈등과 건전한 갈등의 차이를 명확히 깨닫자는 것이다. 건전한 갈등은 인간 사회에 필연적으로 발생하는 갈등을 건강하게 승화시킴으로써 우리가 한층 더 성숙한 인간이 될 수 있게 해준다. 고도 갈등에서 탈출하는 첫걸음은 이 차이를 인식하는 것이다. 우리는 고도 갈등으로 빠져드는 함정을 미리 눈치 채고, 이를 의식적으로 건전한 갈등으로 바꾸기 위해 애써야 한다.

오늘날 전 세계인은 모두 서로 연결되어 있다. 따라서 우리가 빚는 갈등이 어떤 것이든, 좀 더 현명한 방식으로 싸우지 않으면 당면한 어려운 문제를(혹은 더 쉬운 문제라 하더라도) 도저히 해결할 수 없을 것이다. 이 책이 말하는 내용이 한국의 현실에 어떻게 적용되고, 또 어떤 면에서 적용되지 않는지 매우 궁금하다. 사람들이 회사와 학교, 가정, 이웃에서 건전한 갈등을 가꾸어낸 또 다른 이야기도 무척이나 듣고 싶다. 이메일과 트위터 계정으로 언제든지 연락해 주기 바란다. 이 책을 읽어주시는 대한민국의 독자분께 감사드린다.

아만다 리플리

이메일 주소 amanda@amandaripley.com

트위터 계정 @amandaripley

차례

1부 갈등 속으로

2부 갈등에서 나오다

일러두기

- 책은 《 》로, 잡지·영화는 〈 〉로, 강연·논문·기사는 " "로 표기했다.
- 번역된 책은 한국어판 제목을 쓰고, 그렇지 않은 책은 원어나 한국어를 함께 표기했다.
- 외국어 인명과 지명은 국립국어원 외래어 표기법을 따르되, 일반적으로 널리 쓰이는 일부 명칭은 예외를 두었다.

환경운동가 마크 라이너스Mark Lynas[1]는 사람들의 기분을 상하게 하는 말을 잘 하지 않는다. 평소에는 역사책을 읽거나 얼티미트 프리스비 경기를 즐긴다. 그는 작은 자선단체의 웹사이트를 편집하는 일을 한다. 환경 보호에도 적극적으로 관심을 기울이는데 시위에서 소리지르기보다는 자신의 주장을 글로 쓰는 편을 더 좋아한다.

그러나 1999년의 어느 날, 그는 온 몸에 검은 옷을 입고 한 손에는 마체테 칼을 든 채 자신이 사는 영국 동부 지방의 어느 농장에 침입했다. 칼을 힘껏 휘두르며 튼튼한 옥수수대를 하나하나 쓰러뜨려 나가면서 자신은 꼭 그렇게 해야 한다는 의무감마저 들었다. 늘어선 옥수수대의 좌우를 번갈아가며 한쪽은 올려치고 다른 쪽은 내려쳐서 동료 운동가들을 다치지 않도록 배려하는 것도 잊지 않았다. 젖은 흙과 갓 잘린 뿌리에서 나는 냄새가 뒤섞여 공중에 퍼졌다. 금세 습기가 차버리는 안경을 닦느라 수시로 멈춰서야 했다.

이런 일이 다 그렇듯이, 이번 일을 시작한 것도 그럴 만한 명분이 충분했다. 몇 년 전, 라이너스는 영국의 한 해변 도시에서 자신과 같은 환경운동가들과 자리를 같이했다. 그곳에서 그는 '유전공학'이란 말을 처음 들었다. '몬산토'라는 거대 화학기업이 작물 생산량을 증대하기 위해 씨앗의 DNA를 변형하기 시작했다는 것이었다. 그로서는 도저히 듣고만 있을 수 없었다. 도대체 왜 그런 짓을 하는지 이해할 수 없었다.

　　'이유는 당연히 돈 때문이겠지.' 라이너스는 생각했다. 몬산토는 생명공학 기술을 이용해 초능력 식물을 개발했다. 심지어 몬산토의 악성 제초제를 뿌려도 이 식물은 끄떡없이 살아남는다.

　　라이너스는 자신의 귀를 의심했다. 몬산토는 바로 베트남 전쟁에서 미군이 사용한 고엽제 성분인 '에이전트 오렌지'를 제조하는 데 큰 역할을 한 회사였다. 그 말을 듣자마자 마크 라이너스는 일정한 패턴이 눈에 보이는 듯 했다. '이제 이 회사는 독약을 퍼부어 모든 식물이 죽어도 자사가 개발한 품종만 살아남는 생태계를 만들겠다는 속셈이야.'

　　때마침 영국 전역에 광우병 논란이 일고 있었다. 영국 당국은 오염된 쇠고기로 인한 인간 피해는 입증된 바가 없다는 입장을 오랫동안 고수해왔다. '사람이 앓는 변종 질병이 쇠고기가 들어간 식품과 관련이 있는 것 같아. 징후가 감지되었어! 정부는 기존의 입장을 철회해야만 해.' 라이너스는 생각했다. 영국 정부는 쇠고기는 아무 문제 없으니 계속 먹으라고 했지만 그들의 말이 틀렸다는 사실이 드러났다. 라이너스의 생각이 맞아 떨어지기라도 한 듯, 이런 추세로 가면 광우병 사망자가 200명이 넘는다는 예측이 나왔다.

'이 일은 정부를 신뢰할 수 없다는 명백한 증거야! 그들이 대기업으로부터 국민을 지켜줄 것이라고는 도저히 기대할 수 없어. 그런데 이제 똑같은 일이 다시 벌어지고 있는 셈이군. 거대 다국적 기업이 식품 공급망에 뛰어들어 마치 신이라도 된 듯 자연의 질서를 무너뜨리고 있잖아.'

라이너스는 자세히 알수록 분노가 치밀었다. 뭔가 행동이 필요했다. 그래서 사상 최초로 유전자 변형작물의 위험을 경고하는 장문의 글을 썼다. 다음은 〈코퍼레이트워치 Corporate Watch〉라는 잡지에 실린 기사의 일부다.

"위험한 시간이 눈앞에 다가왔다. 세계적인 규모의 유전자 실험[2]이 벌어지고 있다. 그 주체는 더 많은 돈을 벌기 위한 화학 및 식품업계의 다국적 기업이다. 우리, 즉 소비자는 실험실의 쥐가 된 셈이다." 그는 만약 기업이 "이 싸움에서 이겨서 우리 몸에 생명공학 제품을 강제로 주입하면 지구상의 모든 생명의 앞날이 달라질 것"이라고 경고했다.

위협은 현실적이고 긴박했다. "위험한 시간이 눈앞에 다가왔다." 이 짧은 문장은 강력한 설득력을 발휘했고, 곧 사람들의 입에 오르내렸다. 라이너스는 계속해서 또 다른 글을 써나갔다. 마침내 그는 '오염물 제거 작업'에 참여하기 시작했다. 지금까지의 이야기가 그날 밤 그가 농장에 나타난 배경이다.

그런데 나중에, 라이너스는 자신이 언제부턴가 뭔가를 빠뜨렸다고 생각하게 된다. 물론 그 당시는 아니었다. 몬산토는 의혹을 살 만한 이유가 충분했다. 그러나 라이너스는 이 일을 지속해나가면서 실수를 저지르기 시작한다. 그러나 그것은 나중에 알아차리는 일이다.

그날 밤, 경찰은 그 넓은 들판에 갑자기 모습을 드러냈다. 라이너스는 바짝 땅에 엎드렸다. 가슴이 쿵쾅거렸다. 이전에 한 번도 겪어보지 못한 일이었다. 경찰의 손에 들린 손전등 빛이 온 들판을 가로질렀다. 그들이 무전기로 주고받는 목소리가 끊어졌다 이어졌다 하면서 점점 가까이 다가왔고, 그럴수록 개들이 헐떡이며 짖는 소리도 들렸다. 들판에 엎드려있으면서도 경찰견에 관해 들었던 이야기가 떠올랐다. 한번 물면 절대로 놓지 않도록 훈련되어 있다는 이야기였다. '제발 사실이 아니기를.' 라이너스는 생각했다.

갑자기 모든 일이 너무 이상하게 흘러왔다는 생각이 들었다. '나는 누가 봐도 모범 시민이야.[3] 게다가 난 안경을 쓰고 있잖아. 경찰 곤봉으로 얼굴을 얻어맞고 싶지는 않다고. 이런 상황을 맞이할 줄은 정말 몰랐는데.' 그러나 라이너스는 그때 흙바닥에 안경이 짓눌린 채 개에게 쫓기는 신세가 되고 말았다.

고도 갈등

이 책은 사람들을 이념의 갈등과 정치적인 반목, 그리고 집단 간의 복수극으로 몰아넣는 알 수 없는 힘에 관한 책이다. 우리는 이런 힘 때문에 동료나 형제, 혹은 실제로는 한 번도 본 적 없는 정치인 생각으로 밤잠을 못 이루고 갈등에 사로잡힌다.

고도 갈등High conflict[4]이란 살아가면서 겪게 되는 마찰, 즉 건전한 갈등Good conflict과는 다른 것이다. 그런 갈등은 우리가 더 나은 사람이 되는

데 필요한 선한 힘이다. 좋은 갈등은 용서가 아니고, 항복과도 전혀 다른 것이다. 좋은 갈등을 겪는 동안에도 스트레스와 분노를 겪기는 하지만, 우리는 여전히 자존심을 지킬 수 있다.

좋은 갈등은 결코 사람들을 웃음거리로 전락시키지 않는다. 좋은 갈등 상황에서는 누구나 모든 일에 항상 정답을 제시할 수도 없으며, 우리 모두가 서로 연결되어 있다는 현실을 열린 마음으로 받아들인다. 또, 건전한 갈등은 자신을 보호하고, 서로를 이해하며, 우리가 다 함께 발전하기 위해서라도 꼭 필요하다. 특히나 지금은 그 어느 때보다 건전한 갈등이 필요한 시대다.

반면 고도 갈등이란 선과 악의 구도가 뚜렷이 형성되어 '우리'와 '그들' 간의 반목으로 치닫게 된 갈등을 말한다. 고도 갈등 상황에서는 정상적인 관계의 법칙이 더 이상 작용하지 않는다. 이런 상태에서는 현실이든 가상이든 상대방과의 모든 관계가 대결의 양상을 띤다.

두뇌의 작동 방식도 달라진다. 시간이 흐를수록 우리 진영의 우월성을 확신하게 되고, 동시에 상대 쪽은 점점 더 알 수 없는 존재가 된다. 직접적인 만남이든, 텔레비전 뉴스 채널에서든 '그들'을 만나게 되면 우선 마음이 긴장되면서 분노 섞인 두려움이 밀려온다. 그들이 하는 모든 말은 제정신이 아니거나 오해로 가득한, 위험한 소리이기 때문이다.

흥미로운 것은 양측이 서로 대화를 나눈 적도 별로 없는데 이런 감정을 똑같이 느낀다는 사실이다. 갈등을 종식하고자 하는 모든 행동(소셜미디어에 상대방을 불러내거나, 인사팀에 밉살스러운 동료 문제를 하소연하는 등)은 오히려 상황을 악화시킬 뿐이다.

고도 갈등에 유난히 쉽게 빠져드는 사람들이 있다. 의사들은 이들을 '고도 갈등형 성격'[5]의 소유자라고 부른다. 이런 사람들은 다른 사람을 쉽게 비난하고, 자신만 옳다고 굳게 믿으며, 늘 주변을 경계한다. 주변에서 이런 사람을 쉽게 볼 수 있다. 그들은 언제나 타인에 대한 경계심이 많으며 자신은 그 근처에도 가지 않으려고 한다. 우리는 대체로 이렇지 않다. 우리는 오히려 가능한 한 고도 갈등을 피하려고 애쓴다. 그런데 앞으로 살펴보겠지만 이렇게 회피하려는 태도가 또 다른 문제를 낳는다.

결국 고도 갈등은 어떤 식으로든 우리에게 영향을 미친다. 고도 갈등 상황에 빠지는 것은 우리 자신일 수도 있고, 우리가 아끼는 다른 사람이나 집단이 될 수도 있다. 심지어 이런 상황이 수세대에 걸쳐 지속되기도 한다.

세계 어느 곳을 살펴봐도 고도 갈등에 빠진 사람들은 '상대방이 먼저 공격해왔기 때문에 대응한 것 뿐'이라고 불평한다. 사실 여부에 상관없이 양측 모두 자신이 상대방의 공격을 방어하고 있다고 굳게 믿는다. 정도의 차이는 있겠지만 말이다. 그들은 끊임없이 대립각을 세우고 조금이라도 굴욕Humiliation을 느끼면 마치 불에라도 덴 듯이 크게 문제 삼는다.

어째서 이런 일이 벌어지는 것일까? 이론적으로는 누구나 자신의 형제자매나 이웃을 적으로 만드는 것이 얼마나 위험한 일인지 안다. 다른 사람과 끊임없는 긴장 관계 속에 살고 싶은 사람은 아무도 없을 것이다. 그런데 왜 우리는 계속해서 이런 행동을 하는 것일까? 마음속으로는 예전의 건전한 갈등 상황으로 돌아가기를 원하면서도 왜 그러지 못하는 것일까?

이러한 물음이 바로 이 책이 가장 먼저 다루게 될 수수께끼다. 이야기는 캘리포니아 북부의 낙원 같은 해변에서 시작한다. 이곳에서 우리가 만나 볼 사람은 게리 프리드먼Gary Friedman이다. 세계적으로 유명한 갈등 전문가인 그는 긍정적인 변화를 일으켜볼 작정으로 이 지역의 정치 문제에 뛰어들었다.

이런 현상을 이해하기 위해 우리는 먼저 예상치 못한 곳에서 시작한 갈등이 조용히 증폭되어가는 과정을 집중적으로 살펴볼 것이다. 우리와 그들 간의 대결 구도는 전혀 예상치 못하게 형성된다. 그 이면에서 벌어지는 사건의 내막이야말로 가장 흥미로운 부분이다. 앞서 등장한 옥수수밭은 단순한 옥수수밭 이상의 의미를 담고 있다.

그런 다음 갈등이 폭발하는 과정을 조사한다. 왜 어떤 갈등은 불꽃을 일으키며 폭력으로 비화하여 수세대에 걸쳐 지속되는데, 어떤 것은 갑자기 수그러들거나 완전히 사라지는 것일까? 이 질문과 관련하여 우리가 만나 볼 사람은 커티스 톨러Curtis Toler다. 그는 갱단 두목 출신으로, 오랫동안 시카고에서 벌어진 무시무시한 복수극에 시달려왔다. 그는 전 세계에서 이런 갈등을 유발해온 요인이 네 가지 있다는 사실을 알게 되었다.

우리의 목표는 고도 갈등의 작동 과정을 자세히 이해함으로써 이런 일이 일어날 징후를 재빨리 알아차리고, 우리 자신과 다른 사람들을 그런 사태에서 피할 수 있게 돕는 것이다. 그렇다면 이제 가장 큰 수수께끼가 남는다.

사람들은 실제로 고도 갈등 상황을 탈출한다. 개인이나 심지어 공동체 전체 차원에서도 단단하게 얽힌 갈등 상황을 타개할 방법을 찾아낸다. 그들이 갑자기 타협하는 일은 없다. 여기서 중요한 점을 기억해야 한다. 그들은 신념을 굽히지 않는다. 자신의 입장을 갑자기 바꾸는 일도 없다.

사실은 그보다 훨씬 더 흥미로운 일이 일어난다. 즉 그들은 상대방의 입장에 동의하지는 않지만, 그것을 이해하는 포용력을 갖추게 된다는 사실이다. 마치 외국어를 학습하는 것처럼, 자신의 신념을 굽히지 않으면서도 상대방의 말을 경청하기 시작한다. 이런 변화가 바로 가장 중요한 대목이다. 호기심이 되살아난다. 인간성이 회복된다. 지능이 다시 작동한다. 갈등은 여전히 존재하지만, 서로의 힘을 갉아먹기만 하는 것이 아니라 꼭 필요하고 좋은 일이 된다.

고도 갈등이 건전한 갈등으로 변화하는 일은 도대체 어떻게 가능한가? 여기에 어떤 패턴이 있는 것일까? 첫 번째, 두 번째, 세 번째로 일어나야 하는 순서라도 있는 것일까? 이런 과정을 인위적으로 만들어내는 방법은 과연 존재할까? 이것이 남아있는 가장 큰 수수께끼이다.

한 도시나 나라 전체가 고도 갈등을 막아내거나 그 규모를 대폭 줄이는 일이 가능할까? 이 질문에 대답하기 위해 우리는 콜롬비아 보고타로 가서 산드라 밀레나 베라 부스토스Sandra Milena Vera Bustos라는 인물을 만난다. 그녀는 내전의 한 가운데에서 합법적인 길을 스스로 선택했던 게릴라 전사다. 그리고 수천 명의 다른 사람도 자신과 같은 길을 걸어야 한다는 사실을 아는 인물이다.

마지막으로 개인이 아닌 한 지역이 고도 갈등에 면역력을 지니게 된다면 어떨지를 살펴본다. 우리는 뉴욕 센트럴파크 외곽에 자리한 특이한 유대교 회당으로 가본다. 이른바 자유주의 유대교인이라고 불리는 그들이 갈등을 처리하는 방식은 사뭇 남다르다. 그들은 매우 불편한 상황 속에서도 호기심과 확신에 찬 태도로 갈등을 깊이 살핀다. 우리는 그들의 뒤를

따라 미시간의 어느 농가에 사흘간 머물며 트럼프를 지지하는 보수주의
자들이 지역 교도소에서 일하는 모습을 지켜본다. 그것은 꽤나 당혹스럽
고 도발적인 광경이다. 만남을 갖게 된 두 그룹은 본능을 제어하여 서로의
정치적 갈등이 대결 구도로 번지기보다는 건설적인 갈등으로 남도록 노
력한다.

고도 갈등의 이런 양상은 매우 흥미로우면서도 우리가 아직 제대로 이
해하지 못한 측면을 지니고 있다. 이를 이해하고 탐색하며, 나아가 방지
하는 법을 배우지 못한다면 우리는 머지않아 고도 갈등의 노예가 되고 말
것이다. 앞으로 살펴보겠지만, 우리는 고도 갈등에 지나치게 매몰된 나머
지 엉뚱하게도 우리 자신의 명분에 반하는 싸움을 벌이게 될 수도 있다.
우리가 가장 소중히 여기는 가치를 갈등의 제물로 바치는 사태가 올 수도
있다는 것이다.

우리 시대의 보이지 않는 손

나는 어려서부터 꽤 많은 갈등을 겪으면서 자랐다. 물론 아주 심각한 것은
아니었다. 나는 먹을 것도 풍족했고, 사랑도 많이 받았고, 실수를 만회할
기회도 많았다. 그러나 어머니는 우울증과 불안을 숱하게 겪었고, 위협을
느낄 때마다 화를 내고 남을 탓하는 일이 많았다.

그래서 나는 부모님이 다툴 때마다 뉴저지의 집 난간에 앉아 양탄자에
집게손가락으로 여러 가지 모양을 그리며 그 소리에 귀를 기울이곤 했다.

그러나 분위기만 느껴지고 대부분의 내용은 알아듣지 못했다. 물론 아버지가 잘못한 일도 많았겠지만, 위층에서 들려오는 것은 거의 언제나 어머니의 목소리였다. 그 소리가 크고 날카로워질수록 나는 속이 거북해졌다.

이런 일이 있을 때마다 남동생은 자기 방문을 걸어 닫고 스타워즈 장난감을 가지고 놀았다. 현명한 처사였다. 그러나 나는 귀를 쫑긋 세우고 갈등 상황을 감시하려고 애썼다. 그렇게 하는 게 중요하다고 생각했다. 최소한 앞으로 어떤 일이 일어날지 가늠해야 하고, 그러다 보면 미연의 상황을 방지할 수도 있을 거라는 생각이 들어서였다.

성인이 되자 나는 갈등을 살피는 법을 직업으로 삼게 되었다. 나는 〈타임〉지의 기자로서 범죄와 재난, 테러 등 인간이 겪는 온갖 종류의 슬픔을 취재했다. 그리고 교육 분야를 맡게 되었는데, 어린이와 학습에 관한 내용으로 가득한 이 분야야말로 미국 사회에서는 고도 갈등이 가장 첨예하게 빚어지는 현장이었다. (그동안 수많은 악성 메일을 받아봤지만, 가장 저속한 욕설이 담긴 메일은 교육 개혁에 관해 쓴 내 기사를 보고 한 교사가 보낸 것이었다.)

그런데 이상하게도 나는 이 일이 편하게 느껴졌다. 아마 내 무의식에는 아직도 어릴 적 기억이 남아있어서, 모든 갈등을 빠짐없이 기록하고 절대로 눈앞에서 놓치지 않음으로써 나를 포함한 모든 사람을 지킬 수 있다고 생각하는지도 모른다.

2016년 미국 대선이 도널드 트럼프의 승리로 끝났을 때, 나는 내 계획이 실패했다는 사실을 인정해야만 했다. 나는 갈등을 예측하는 데 실패했다. 심지어 도대체 무슨 상황이 벌어졌는지 이해할 수도 없었다. 내가 사는 나라에서 일어난 일이었는데도 말이다. 어떻게 이토록 많은 사람이 세상을 전혀 다른 눈으로 보고 있었으며, 그것도 이토록 확신하고 있었다는 말인가?

민주당 지지자와 공화당 지지자의 절반은 상대측이 뭔가를 잘 모른다고 생각하는 게 아니라 아예 무섭다고까지[6] 느꼈다. 미국인은 그동안 수많은 정치적 사안에 합의를 이뤄냈으면서도 정치 성향에 따라 상대 진영을 인간 이하의 존재로 인식하기 시작했다. 이 선거 결과를 놓고 친구나 가족과 아예 대화가 단절된 미국인이 무려 3,800만 명[7], 즉 전체의 10%에 이른다는 추산치가 있다.

마치 모든 호기심이 멈춰버린 듯했다. 그런 시기에 어떤 말을 한들 무슨 소용이 있었을까? 아무리 애써서 보도하고 세부 사항을 확인하더라도 결국 당파적인 목소리에 묻혀버리지 않았을까? 미국인들은 세 명중에 두 명꼴로[8] 언론의 보도를 정확하며 공정하다고 볼 수 없다고 말했다. 뉴스만 쳐다보면 가슴이 답답해져서 일부러 피한다는 사람도 많았다. 일부는 오히려 뉴스에 몰입하며 격분하기도 했다.

한동안 나는 미국인의 독특한 병리 현상을 비난했다. 어쩌면 인종차별로 물든 역사가 극심한 경제적 불평등과 맞물려 완벽한 정치적 양극화를 불러온 것이 아닌가 하는 생각이 들었다. 물론 그런 해석도 일부 해답이 될 수 있었다. 그러나 주변을 둘러볼수록 이것이 비단 미국의 문제만은 아니라는 점이 명백했다.

다른 나라에도 난민, 브렉시트, 유가 등의 문제로 가족 간에 격렬한 다툼이 일상처럼 벌어지고 있었다. 아르헨티나[9]에서는 열 명 중에 아홉 명이 나라가 심하게 분열되어있다고 말했다. 노르웨이와 덴마크에서도 야생

늘대를 처리하는 방안을 놓고 큰 의견대립이 있었다. 뉴질랜드는 고양이 문제로 몸살을 앓았다(정말이다, 고양이였다!). 유럽인의 절반[10]은 10년 전에 비해 우리 사회에 관용의 정신이 후퇴했다고 말했다. 프랑크발터 슈타인마이어 Frank-Walter Steinmeier 독일 대통령은 이렇게 말했다. "우리는 지금 영구적인 분노를 경험하고 있습니다. 사회 전체가 격노 상태입니다. 독일에는 더 이상 대화가 없습니다. 대신 큰소리와 고함만 남았습니다."[11]

이것은 분명히 유튜브, 페이스북, 트위터 등과 관계가 있다. 이것들은 애초에 갈등이 고리처럼 이어지는 불쏘시개 Fire starters 역할을 하도록 만들어졌다. 여기에 언론의 선정주의가 개입하여 분노를 돈으로 바꾸어놓았다. 우리가 가진 최악의 본능은 엄청난 규모의 수익원이 되어 이른바 '관심병 경제'를 창출했다. 텔레비전과 인터넷에 등장하는 온갖 괴물들은 우리를 괴롭히기도 하고, 한편으로는 우리가 옳다고 부추기기도 한다.

이 모든 것들은 전부 나름대로 일리가 있다. 그러나 어느 것도 정확한 설명이라는 생각은 들지 않는다. 소셜미디어에 별로 시간을 쓰지 않으면서도 상대 진영과 날카로운 대립각을 세우는 사람이 있다. 게다가 뭔가 다른 일도 일어나고 있다. 아직 그것을 뭐라고 불러야 할지는 모르겠지만 말이다.

그래서 나는 내가 놓친 것이 무엇인지 알아보기로 했다. 나는 르완다, 콜롬비아, 이스라엘 등의 지역에서 또 다른 유형의 극심한 갈등을 일으키는 사람들과 시간을 보냈다. 나는 이혼이나 직장 분규, 양육권 다툼 등과 같은 대인 갈등을 다루는 8시간의 중재 훈련도 이수했다. 그러고 나니 전혀 다른 종류의 갈등에서도 사람들의 행동이 유사하다는 것을 알 수 있었다.

그로부터 5년이 지나 내가 알게 된 것을 이렇게 책으로 내놓게 되었다. 우리가 지금 여기 있기까지는 많은 힘이 작용했고, 그중에는 이미 여러분들도 잘 아는 것들이 많다. 자동화, 세계화, 극심한 시장 규제, 급속한 사회변화 등이 불안과 의혹을 증폭해왔다. 이런 두려움을 바탕으로 사회 각 분야의 리더와 전문가, 플랫폼 등은 온갖 종류의 편견을 비롯하여 사회적 균열을 극단적으로 이용했다.

그러나 마치 반대 방향의 중력처럼 우리를 다른 모든 존재로부터 멀리 떼어 놓는 보이지 않는 힘이 또 하나 있다. 갈등이 점점 증폭되다가 특정 시점을 지나면 갈등 그 자체가 힘을 얻게 된다. 애초에 갈등의 원인이 되었던 사실이나 세력은 흐릿하게 뒤로 물러난다. 그 자리에 남는 것은 우리와 그들 사이의 대결 구도뿐이다. 건강보험 정책이나 이민 반대 등을 둘러싼 의견 차이는 더 이상 의미가 없어지고, 오직 우리와 그들 간의 갈등만 중요한 현실이 된다. 고도 갈등은 이 시대의 보이지 않는 손이 되었다.

승자도 패자도 없는 갈등 상황

1930년대에 앨라배마주 몽고메리시는 오크파크Oak Park라는 공중 위락 시설을 건립했다. 현대적인 정수 시스템이 설치된 대형 수영장과 어린이용 풀장을 갖춘 눈에 띄는 시설이었다. 6면의 클레이코트 테니스장과 회전목마도 있었다. 심지어 동물원도 있어서 곰, 악어, 원숭이까지 구경할 수 있었다. 그야말로 자치단체가 만든 환상의 시설이었다.

그러나 몽고메리에도 '우리'와 '그들' 간의 대립 구도가 존재했다. 사실 그것은 몽고메리뿐만 아니라 미국 전역에 걸쳐 수백 년째 지속되어온 고도 갈등이었다. 오크파크는 백인 전용 시설이었던 것이다.

1957년 가을 어느 날, 마크 길모어 **Mark Gilmore**라는 흑인 젊은이가 귀가 중에 오크파크를 지름길 삼아 걸어갔다. 그는 차별정책을 위반한 혐의로 체포되었다. 그는 법정에서 이 정책에 이의를 제기했고, 연방판사는 몽고메리시의 백인 전용 시설 정책이 위헌이라고 판시했다. 그 공원의 건립에 쓰인 세금은 모든 시민이 납부했고, 그중에는 흑인 납세자도 포함되어있으므로 공원은 모든 시민에게 개방되어야 한다는 것이었다.

그 판결은 평등과 정의가 구현된 위대한 승리였다. 적어도 겉으로 보기에는 그랬다. 그러나 이후 벌어진 현실은 그렇지 않았다. 시 측은 인종차

앨라배마주 몽고메리 오크파크의 수영장 전경이 들어간 엽서, 출처 : 앨라배마주 기록보관소

별을 철폐하기는커녕 공원 전체를 폐쇄해버렸다. 백인들에게도 아예 수영할 곳이 사라져버린 것이다. 오크파크는 수영장 물을 다 빼버리고 그 자리에 흙을 채웠다. 곰과 악어, 원숭이는 팔거나 기증했다. 이후 수영장은 영원히 문을 닫았다. 흑인과 백인 모두 패배한 것이다.[12]

건전한 갈등은 꼭 필요하다. 그것이 없다면 우리는 훨씬 살아가기 힘들 것이다. 그런 면에서는 불과도 비슷한 점이 있다. 불은 생존에 필수적이다. 주변에 잘못된 것들을 환하게 밝혀주고 우리를 맹수로부터 지켜준다. 격렬한 논쟁을 주고받는 국회의원들, 로맨틱한 긴장이 감도는 데이트 식사 자리, 시위와 파업, 이사회장과 상담교사실에서 벌어지는 충돌 등은 모두 우리에게 필요한 것들이다. 어떤 종류의 갈등이나 논쟁, 슬픔도 없이 살겠다는 사람은 머지않아 스스로 무너지고 말 것이다. 정신과 의사라면 누구나 그렇게 말한다. 갈등 없이 살겠다는 것은 사랑 없이도 살 수 있다는 말과 같다. 냉랭한 마음으로 살다가 결국은 도저히 견딜 수 없는 지경에 다다르고 만다. 그러나 이 갈등이 심해져서 고도 갈등으로 발전한다면 집을 온통 태워버리고 말 것이다. 이 차이는 매우 중요하다.

나는 평생 갈등을 지켜보며 살아왔지만, 그 방식은 여느 언론인과 다를 바가 없었다. 가장 중요한 이면의 이야기는 놓치고 있었다. 이것은 중요한 깨달음이었다. 나는 정치적 양극화가 그 자체만의 문제가 아니라는 것을 알게 되었다. 이웃 간의 다툼이나 이혼 문제, 노동 쟁의에 이르기까지, 고도 갈등을 겪는 사람들은 모두 비슷한 행동 양식을 보인다.

고도 갈등은 마치 자석처럼 주변을 끌어당긴다. 이 사실을 깨닫기 전까지는 우리가 마주한 차이는 항상 다른 것보다 더 크고 불가피하게 느껴진다. 우리는 극심한 대립을 겪을 때마다 자신의 이해에 반하는 방향으로 행동하려는 유혹을 느낀다. 정도의 차이가 있을 뿐, 우리는 이런 종류의 갈등에 휘말릴 때마다 시야가 좁아지는 것을 느낀다. 우리가 보기에 문제는 뚜렷하다. 사실 너무 뚜렷해서 문제다. 우리의 행동은 자유 의지에 따른 것이며, 우리가 내리는 판단은 변하지 않는 사실과 가슴 깊이 자리한 가치관에 바탕을 둔 것이 틀림없다고 생각한다. 그러나 과연 그럴까?

확신과 의심

그날 밤 영국에서, 경찰견들은 옥수수밭에 엎드려있던 라이너스를 결국 찾아내지 못했다. 그는 아슬아슬하게 철조망을 뛰어넘어 근처의 다른 농장으로 달아나, 새벽까지 덤불 속에 몸을 숨기고 있었다.

이후 그는 온갖 창의적인 방법을 동원하여 유전자 변형작물 반대 운동을 계속했다. 2001년, 라이너스는 옥스퍼드 시내의 서점에서 덴마크인 통계학 교수의 얼굴에 케이크[13]를 집어 던졌다. 교수는 그 서점에서 자신의 책을 홍보하던 중이었다. 자신이 지금까지 취해온 급진적인 환경주의를 왜 일부 포기했는지 설명한 책이었다.

라이너스는 케이크를 던지고 이렇게 외쳤다. "이건 당신이 환경 문제에 관해 헛소리를 한 벌이야!"

순간 좌중이 얼음물을 끼얹은 듯 얼어붙고 말았다. 라이너스도 자신이 이런 일을 하리라고는 전혀 상상하지 못했을 것이다. 통계학 교수는 얼굴에 뒤집어쓴 크림을 얼른 닦아냈다. 강독회가 시작되기를 기다리던 모든 청중이 어리둥절한 얼굴로 라이너스를 쳐다봤다. 그는 사인회를 위해 마련된 탁자 주변을 이리저리 서성였다. 경비원이 즉각 달려들어 자신을 끌고 나가야 하는데 왜 아직 안 나타날까 의아했다. 원래 사람들 앞에서 연설할 생각은 아니었는데 상황이 변했으니 어쩔 수 없었다.

그래서 이렇게 말했다. "당신은 기후 변화에 관해 거짓말을 하고 있어요. 환경 문제에 관해 아는 척 떠들어댄 응징이란 말입니다."

잠시 후, 경비원들이 와서 라이너스를 밖으로 데리고 나갔지만, 차라리 구출되었다고 말하는 편이 더 정확할 것이다. 그는 당황했다. 막상 상대편과 직접 대면하는 것은 체질상 맞지 않는 것 같았다. 그러나 라이너스는 여전히 자신은 선한 싸움을 벌이고 있다고 굳게 믿었다.

더구나 그런 행동이 열매를 맺기 시작했다! 시간이 지날수록 그의 편에 선 사람들이 눈부신 승전보를 올렸다. 유럽과 아시아, 아프리카, 호주의 정부들이 유전자 변형작물 사용을 대부분 금지했고, 이는 자신과 같은 환경운동가들의 설득에 힘입은 바가 컸다. 이것은 그가 지금껏 지켜봐 온 좌파 운동 중 가장 성공적인 사례였다.

이런 모든 일에도 불구하고 라이너스는 이따금 의구심이 들었다. 어느 날, 그가 조직에 참여했던 런던의 한 시위대가 급기야 폭동을 일으켰다. 시내 건물의 창문들이 깨져나갔다. 9명의 경찰이 크게 다쳤다. 이후 그의 동료 운동가들이 술집에 모여 축배를 들었지만, 그는 속이 편치 않았다.

별안간 현기증을 느끼는 일이 한두 번이 아니었다. 그가 이 투쟁에 뛰어든 것은 환경을 지키고 자기 진영의 힘없는 사람들에게 조금이나마 도움이 되기 위해서였다. 그는 거대 기업에 맞서 그들이 마땅히 져야 할 책임을 당당하게 요구했다. 그러나 한편으로는 뭔가 다른 일이 벌어지고 있었다.

2002년, 아프리카 전역에 심한 가뭄과 기근이 닥쳤다. 수백만 명의 인구가 기아에 시달렸다. 그러나 잠비아[14] 정부는 식품 안전성에 의혹이 있다는 이유로 유전자 변형작물의 수입을 전면 거부했다. 잠비아 국민은 이미 오랫동안 똑같은 작물을 섭취해온 터였다. 미국인도 마찬가지였다. 그런데 하필 그 식품이 가장 절실한 때 갑자기 의심스러운 존재가 된 것이다. 고도 갈등에 사로잡힌 라이너스와 그의 동료 운동가들은 과학적 근거가 부족한 상태로 전 세계가 유전자 변형작물에 등을 돌리게 했고, 그 결과는 아사 직전에 다다른 사람들이었다.

레비 음와나와사Levy Mwanawasa 잠비아 대통령은 이렇게 말했다. "국민이 굶어 죽는다는 이유만으로 독약을 먹일 수는 없습니다. 원천적으로 건강에 해로운 음식을 국민에게 제공할 수는 없습니다." 유엔 세계식량계획World Food Programme은 그동안 진행해오던 식량 원조를 중단했다. 그것은 재앙 위에 덧입혀진 비극이었다. 해외 원조에 관한 잠비아 지도자들의 불신은 이미 오래전부터 깊고 복잡하게 뿌리 내려온 것이었지만, 여기에 라이너스와 같은 운동가들의 활동이 상황을 더욱 심각하게 만들어버린 것이다.

라이너스는 오랫동안 자신의 의심을 애써 외면해왔다. 인간은 원래 이런 일에 익숙하다. 유전자 변형 식품이 안전할 뿐만 아니라 심지어 생명을 구하기까지 한다는 과학적 연구가 새로 나와도 이를 받아들이지 못할 구실은 늘 존재한다. 사람들의 태도는 잘 바뀌지 않는다. 그리고 나중에 깨닫고 나서야 너무나도 뻔한 일이었음을 알게 된다.

우리가 사는 세상과 고도 갈등

고도 갈등이 쓸모 있는 것임을 인정한다고 치자. 그러면 기분이 좋아진다. 나아가 삶에 의미를 부여해주기도 한다. 그러나 최근에는 고도 갈등의 유용성이 마침내 상한선에 도달했다. 우리 문명이 맞닥뜨린 문제가 고도 갈등 덕분에 해결되기는커녕 더욱 악화되는 일이 날이 갈수록 빈번해지고 있다.

이 시대에 우리가 마주한 가장 큰 도전은, 막대한 인구가 서로를 괴물로 만들지 않으면서도 힘을 모아 변화를 이뤄내는 일이다. 이 일은 비단 도덕적으로 옳아서만이 아니라, 그 효과가 뚜렷하다는 것을 알기 때문에 반드시 해야 하는 일이다. 사람들의 가슴에 서서히 스며들어 오래도록 지속되는 변화는 오직 강력한 압력과 건전한 갈등이 합쳐질 때만 일어날 수 있는 일이다. 이 둘은 모두 중요하다. 역사적으로 비폭력 운동[15]이 폭력을 동원한 경우보다 성공률이 두 배나 더 높았던 것도 바로 이런 이유 때문이다.

고도 갈등이 반드시 폭력을 동반하는 것은 아니지만 언제라도 그렇게 될 위험이 매우 크다. 이런 상황에서는 사소한 사건이 폭력을 촉발하고, 이는 상대편의 더 큰 폭력을 불러오는 요인이 되어 상황은 금세 걷잡을 수 없는 소용돌이에 빠지고 만다. 그렇게 되면 정작 가장 중요한 역할을 해야 할 사람은 신속하게 현장을 빠져나가고 대신 극단주의자들이 세력을 거머쥐게 된다.

오늘날 진영 간의 대립 구도를 부추기는 모든 운동은 폭력의 여부와 상관없이 안으로부터 스스로 무너지는 모습을 보여준다. 고도 갈등은 차이를 용납하지 않는다. 세상을 선악이라는 이분법으로 나누는 관점은 그 자체로 편협하고 제한적인 사고방식이다. 이런 관점은 많은 사람의 힘을 규합하여 어려운 문제를 풀고자 하는 노력을 방해한다.

코로나바이러스 팬데믹 상황은 마치 망치로 머리를 때리듯 이런 교훈을 깊이 새기게 한 계기였다. 2019년 12월 31일, 중국 보건 당국은 후베이성 우한시에서 집단 폐렴 사례[16]가 발생했음을 세계보건기구에 알렸다. 2주 후, 우한시에 있던 워싱턴주 주민 한 명[17]이 미국으로 돌아왔고, 관련 증상은 전혀 없이 공항에 도착했다. 그로부터 나흘 후 그는 이른바 코로나-19라는 질병의 감염 여부를 진찰받게 된다. 한편, 중국 당국은 대중을 상대로 이 사태의 위험성을 대단치 않은 것[18]처럼 포장했고, WHO는 전 세계를 향해 상황이 통제되고 있다[19]는 말만 되풀이했다.

뉴욕에서 공식적으로 코로나-19 양성 판정이 처음 발표된 것은 2020년 3월 1일이었다. 그러나 이 바이러스는 최소한 수주 전부터 뉴욕 전역에 조용히 확산되고 있었고, 그 통로는 중국이 아니라 유럽에서 온 사람들이었다. 첫 양성 판정이 발표되기 전에 바이러스에 감염된 뉴욕 시민은 이미 1만 1,000명[20]에 달하는 것으로 추정되었다.

4월 말에 이르러 세계 경제는 얼어붙듯이 멈춰 섰고 2,600만 명의 미국인이 실업 수당을 신청하기에 이르렀다. 이 시점에 바이러스에 감염된 인구는 전 세계적으로 300만 명이 넘는 것으로 확인되었다.

하룻밤 사이에 전 인류가 새롭게 출현한 악성 전염 바이러스라는 공통의 적을 마주하게 된 것이다. 이는 정파와 인종, 국적을 초월하여 전 인류가 서로 연대할 전례 없는 기회였다.

실제로 전 세계 대다수의 사람들이 그렇게 했다. 심지어 극단적으로 양극화된 국가에서도 마찬가지였다. 5월 말에 조사한 통계에 따르면 미국인의 90퍼센트는 '우리 모두 이 문제에서만큼은 같은 처지'[21]라고 말했고, 이는 2018년 가을의 유사한 조사에서 나온 63퍼센트에 비해 훨씬 높은 수치였다. 미국 상원은 막대한 규모의 연방 경기부양 법안을 96대 0의 표결로 통과했다. 불과 한 달 전까지만 해도 상상할 수 없었던 만장일치였다.

진영을 나누는 대립 구도는 인간의 본능적인 사고방식이지만, 특정 상황에서는 '우리'의 정의를 확장할 줄 아는 것도 여전히 우리의 본능이다. 팬데믹과 같은 큰 위기가 닥쳤을 때, 우리는 하룻밤 사이에 전 세계를 아우르는 포용력을 발휘할 수 있다.

그러나 고도 갈등은 모든 것을 빨아들이고 만다. 그것은 거부할 수 없는 힘을 발휘한다. 특히 과거에 고도 갈등에서 깊은 의미와 동지애, 그리고 권력을 맛본 사람이라면 더욱 그렇다. 힌두교가 인구의 다수를 차지하는 인도에서 언론은 코로나바이러스의 확산을 무슬림의 탓으로 돌리며 한 이슬람 종교집회를 바이러스 발발의 근원지로 지목했다. 이후 트위터에는 '코로나 지하드(코로나 성전)'[22]라는 단어가 떠돌기 시작했다.

미국에서는 도널드 트럼프 대통령이 중국을 비난했다. 발병 직후 중국 당국이 바이러스에 관한 정보를 차단한 처사를 비판한 점에서는 옳은 일이었다. 이어서 WHO가 이 사태에 대처하는 데 늑장을 부렸다고 비난하며 미국은 이 기구에 대한 출연금 지원을 철회[23]하고 협력 관계를 끊겠다고 선언했다. 이 대목에서도 그의 논점은 정확했다. WHO가 실수했고 책임을 져야 한다는 것은 분명한 사실이다.

그러나 팬데믹은 전 지구적 비상사태다. 이 문제는 협력을 통해서만 풀 수 있다. 비난은 자멸 행위다. 불길이 한창 타오르는 와중에 전 세계에서 단 하나뿐인 소방센터에 예산지원을 중단하는 것은 최악의 상황을 더 큰 위기로 몰아넣는 행동일 뿐이다. WHO와 백악관의 필수 요원들이 갑자기 공중보건보다는 정치 문제에 시간을 뺏기게 되었다.

그러는 동안 미국에서는 수천 개의 학교가 과학이 아니라 정치적인 이유로 다시 문을 열거나[24] 폐쇄 상태를 유지했다. 아이들과 가족들은 불필요하게 시달렸다. 그리고 많은 사람이 아까운 목숨을 잃었다. 고도 갈등의 습관은 깨기 힘들다. 그러나 고도 갈등을 방지하기 위한 대책들은 '우리'와 '그들' 간의 대립 구도가 선명한 현대 세계에서 스스로 무너지는 모습을 보인다. 오늘날에는 머나먼 마을에서 발생한 전염병도 하루 반나절 만에[25] 전 세계 주요 도시에 곧바로 전파된다. 기록에 따르면 1980년에서 2013년까지 총 1만2,012건의 전염병이 발생해[26] 전 세계 4,400만 명이 감염된 것으로 알려져 있다. 이 수치는 모두 코로나바이러스 팬데믹이 발생하기 전의 통계다. 오늘날은 전 세계 인구의 절반이 인구밀도가 높은 도시 지역에 살고 있어 바이러스가 너무 쉽게 전파할 수 있는 환경이 조성되어있다. 더구나 신체적 건강을 지켜낸다고 하더라도 세계 경제는 우리를 거미줄처럼 엮고 있어 우리의 경제적 미래를 크게 좌우한다.

심리학자 고든 올포트Gordon Allport는 1954년에 출간된 그의 유명한 책 《편견》에서 이렇게 말했다. "집단 간의 경쟁의식과 증오는 새로운 것이 아니다. 새로운 일은 기술의 발달로 이런 집단들이 서로 너무나 가까워져서 도저히 편히 지낼 수 없게 되었다는 사실이다. 인류는 이런 정신적, 도덕적 근접 상황[27]에 어떻게 적응해야 할지를 아직 배우지 못했다."

우리는 모두 서로 연결되어있다. 우리는 이런 상황에 적응해야 한다. 이것이 바로 이 시대의 가장 큰 도전이다. 우리는 고도 갈등이 아니라 건전한 갈등을 촉진하는 제도와 사회를 창출해야 한다. 상대방을 괴물로 만들지 않고도 문제를 해결할 수 있는 제도와 사회 말이다. 우리는 이것이 충분히 가능한 일이라는 것을 안다. 우리는 이미 전 세계에 걸쳐 크고 작은 방법으로 이를 실현해왔기 때문이다. 그 증거를 이 책에서 자세히 살펴보기로 하자.

2020년 5월 25일, 미니애폴리스에서는 46세의 흑인 조지 플로이드[28]가 백인 경찰 한 명에게 목숨을 잃었다. 경찰관은 플로이드가 숨을 쉴 수 없다고 표현했음에도 무릎으로 그의 목을 9분 동안이나 짓눌렀다. 이 살해 현장은 비디오로 촬영되어 삽시간에 퍼져나갔고, 미니애폴리스와 전 세계에 격렬한 시위를 불러일으켰다. 이렇게 시작된 막대한 규모의 사회적 반응은 인종과 정의, 그리고 주요 정책 변화를 둘러싼 진지한 논의가 시작되는 역사적 계기가 되었다. 곳곳에서 밀도 높은 갈등이 불거졌지만, 이는 대부분 건전한 갈등이었다.

그러나 예외인 곳도 있었다. 일부 지역에서는 경찰, 심지어 서로를 향해 폭력을 저지르는 사람들이 나타났다. 경찰관과 연방 요원들이 평화적인 시위를 펼치는 일행에게 최루탄과 무기를 휘두르는 도시도 있었다. 일부 정치인들은 시위대를 악마처럼 취급했고, 운동을 펼치는 측에서도 거칠고 불공정하게 경찰을 악당으로 묘사하는 사람이 있었다. 이 소요사태를 통해 발생한 미국인 추가 사망자가 최소한 10명이 넘었고[29] 이것은 주로 총격을 당해 빚어진 일이었다. 폭력은 이에 대항하는 더 큰 폭력을 정당화했다. 고도 갈등이 빚어질 때 가장 흔히 발견되는 현상이다.

그러다가 2020 대통령 선거가 치러졌고, 2021년 1월 6일, 일단의 트럼프 지지자들이 국회의사당을 점령하는 사태가 빚어졌다. 분열과 질병으로 얼룩진 이 나라가 새 행정부 하에서 과연 단결을 이뤄낼 수 있을지 도저히 장담할 수 없는 지경이 되었다. 고도 갈등이 이렇게 계속된다면 폭력과 악마화라는 악순환이 계속될지도 모를 일이었다.

마크 라이너스의 탈출

2008년 여름 어느 날, 〈가디언 Guardian〉지가 마크 라이너스에게 유전자 변형작물을 반대하는 짧은 글을 써달라고 요청했다. 라이너스로서는 이미 이전에도 여러 번 했던 일이었다. 그는 '유전자가 조작된 슈퍼잡초나 박테리아, 바이러스 등이 마구 자라나면 여러 농장을 오염시킬 수 있다'는 기사를 채 한 시간도 안 되어 뚝딱 작성했다.[30] 이전에 그가 이미 밝혔던 주장이었다.

마크 라이너스. 촬영 : 로버트 스톤.

그런데 이 기사가 나간 뒤, 이상한 일이 벌어졌다. 기사의 댓글을 살펴보던 그는 불안한 느낌이 들었다. 어떤 사람이 라이너스를 향해 "과학 지식과 이해가 부족하다"고 불평한 내용이 보였다. 지금까지 한 번도 받아보지 못한 형태의 공격이었다.

라이너스는 이 문제만큼은 스스로를 방어해야겠다고 생각했다. 그래서 자신의 주장을 뒷받침할 실험적 증거를 찾기 시작했다. 수많은 홈페이지와 학술 논문, 관련 서적 등을 살살이 뒤졌다. 그러나 조사를 하면 할수록 심박수가 점점 올라가는 것이 느껴졌다. 자신이 그동안 주장한 내용을 뒷받침할 믿을 만한 자료를 하나도 찾을 수가 없었다. 오히려 모든 과학적 증거는 정반대의 결론을 가리키고 있음을 알게 되었다.

유전자 변형작물은 특정 상황에서 환경에 유익하고 고통을 완화하는 효능을 발휘했다. 해충에 내성이 있어서 살충제를 많이 쓸 필요도 없었다. 실제로 유전자 변형작물을 재배하는 국가에서는 살충제 사용량이 30퍼센트나 감소하기도 했다. 30퍼센트라니! 실로 엄청난 감소량이 아닌가?

물론 몬산토를 비롯한 여러 회사는 훨씬 더 세련된 방식으로 유전자 변형작물을 만들어낼 수도 있었을 것이다. 그러나 어쨌든 이 작물들은 지구를 망쳐놓은 것이 아니라 오히려 살리는 역할을 한 것이 사실이었다. 라이너스는 오랫동안 아프리카와 유럽에서 엄청난 발전이 진행되는 것을 가로막아왔던 셈이다.

그는 갑자기 몸이 뜨거워지는 것을 느끼며 의자에 털썩 주저앉았다. 그는 마치 깊은 심연을 들여다본 것처럼 머릿속에서만이 아니라 온몸으로 깨달음을 얻었다. "그동안 세상을 바라보던 관점에 깊은 균열이 일어난 것 같았습니다. 그 반대편에 무엇이 있는지는 전혀 가늠할 수도 없었죠."

이전에도 라이너스가 과학적인 사실을 무시한다고 비판해온 사람들은 많았다. 그는 오랫동안 수많은 과학자와 논쟁을 펼치면서도 그들의 주장을 무시해왔다. 지금에 와서 새롭게 발견된 사실은 하나도 없었다. 그렇다면 왜 이번에는 다른 느낌이 들게 된 것일까?

라이너스는 여러 가지 일을 겪으면서 신념이 조금씩 흔들렸고, 마침내 마음을 열게 되었던 것이다. 상세한 내용은 앞으로 살펴볼 것이다. 5년 후, 라이너스는 영국의 한 회의장에서 5,000명의 농부들 앞에 서서 그들이 결코 잊지 못할 연설을 하게 된다.

"여러분, 저는 먼저 대단히 죄송하다는 말씀부터 드리고 싶습니다.[31] 이 자리에서 분명히 저는 유전자 변형작물을 뿌리 뽑으려고 애써온 지난

날의 제 행동을 사과드립니다."

그는 너무 긴장할 것 같다고 생각해서 연설할 말을 일일이 적어왔다. 그는 10여 초 만에 한 번씩 고개를 들어 안경 너머로 청중과 눈을 마주쳤다.

그가 계속 연설을 이어나갔다. "아울러 환경에 도움이 될 수 있고, 또 그래야만 하는 중요한 기술적 대안을 괴물 같은 존재로 몰아붙인 저의 행동을 다시 한번 사과드립니다."

그는 결코 변절한 것이 아니었다. 라이너스는 여전히 기후 변화와 대기업의 착취에 대항하여 열심히 싸우고 있다. 그는 나에게 이렇게 말했다. "저는 기후 변화에 대한 믿음을 저버리지 않았습니다. 다만 우리가 지금까지 해온 방식이 효과가 없다는 것을 깨닫기 시작했습니다."

그는 이 연설 이후 기후 변화를 주제로 세 권의 책을 썼다. 그러나 그날 이후 그의 표현 방식은 좀 더 세련되고 정확한 방향으로 변했다. 그는 기업과 정치인들을 공개적으로 비판하는 일을 멈추지 않았지만, 이전에 비해 경멸적인 표현을 줄였다.

그는 고도 갈등에서 벗어나려 애썼지만, 그의 영향력은 줄어든 것이 아니라 오히려 늘어났다. 그는 과거에 자신이 했던 일을 반복하는 사람들과 싸움을 벌이는 데 시간을 허비하지 않는다.

이 책에는 라이너스와 같은 사람들이 많이 등장한다. 그들은 고도 갈등의 유혹과 그것이 가져올 엄청난 대가를 파악하고 있으며, 그 유혹을 벗어나려면 어떻게 해야 하는지도 잘 안다.

현대 사회에서 번영을 누리기 위해서는 우리도 이런 내용을 잘 알아야 한다. 고도 갈등에서 한발 물러서서 전체적인 윤곽을 파악하고 놀랄 줄 알아야 한다. 그래야만 그것이 우리의 비전을 어떻게 왜곡하는지 깨닫고 또 다른 삶의 방식을 상상하는 일이 가능하다.

적들이 사실을 깨닫기만을 기다려서는 아무 소용이 없다. 그래서는 그저 내 마음만 계속 아플 것이다. 우리는 상대편의 잘못을 하나하나 세다가 평생을 보낼 수도 있다. 다음번 선거만 기다리는 태도는 일종의 지연 전술이다. 사람들에게 증오를 버리고 사랑을 선택하라고 말해봐야 소용없다. 고도 갈등에 휩싸인 사람들은 증오로 가득 차 있어도 절대로 그렇게 생각하지 않기 때문이다. 그들은 자신이 '옳다'고 생각한다.

증오는 중요한 감정이다. 그러나 그것은 일종의 증상이다. 그리고 그 원인은 갈등이다. 고도 갈등은 단순한 감정이 아니라 하나의 시스템이다.

High Conflict

INTO

1부
갈등 속으로

CONFLICT

The Understory of Conflict

게리 프리드먼. 우리가 할 이야기의 주인공 중 한 명이자 갈
등을 중재하는 변호사이다. 로리 푸영 아툴리가 촬영했다.

그 부부는 게리 프리드먼에게 상담을 요청하면서 이유를 말하지 않았다. 그러나 제이Jay와 로나Lorna[1]는 그의 오랜 지인이었으므로, 게리는 캘리포니아 북부에 자리한 그의 법률 사무실로 그들을 초대했다. 그들은 약속 시간에 나타나 그에게 용건을 말했다. 이혼 소송을 도와달라는 것이었다. 두 사람 모두가 동시에 말이다.

게리는 깜짝 놀랐다. 놀란 것은 그들의 이혼 때문이 아니었다. 그들이 갈등을 겪고 있다는 사실은 이미 알고 있었다. 제이는 외도를 했다. 그들에게는 세 자녀가 있었고 꾸준히 들어오는 수입도 충분치 않았다. 게리는 이런 사실을 모두 알았다. 그가 놀란 것은 그들이 자신에게 변호 업무를 맡아달라고 했기 때문이다. 두 사람 모두 말이다.

그는 두 사람을 번갈아 쳐다보며 조용하게 말했다. "저는 두 분 중에 한 분만 변호할 수 있습니다."

이 말을 듣고 로나가 고개를 떨어뜨렸다. 게리가 설명하려고 애썼다.

1장 수면 밑의 언더스토리

"두 분 모두를 변호하는 것은 이해 충돌 사항에 해당합니다." 그는 두 사람 모두와 친분이 두터웠지만, 이 순간만큼은 이런 내용의 대화를 나누기가 힘겹다는 생각이 들었다.

"두 분이 원만하게 이혼하고자 하는 마음은 이해하지만, 여러분의 이해를 충분히 보호하기 위해서는 반드시 각각 별도의 변호사를 선임하셔야 합니다." 이야기를 하면 할수록 그는 이런 말을 하는 자신이 싫어졌다. "사실은 한 분만 변호하는 것조차 쉬운 일이 아닙니다. 두 분 다 저에게는 귀한 친구이기 때문에 그렇습니다."

로나가 그의 말을 가로막았다. "어느 한 편을 들어달라는 것이 아니에요. 그저 우리가 결정할 수 있게 도와달라는 것뿐입니다. 그냥 도와주시면 안 될까요? 어느 편도 들지 말고요."

사실 게리는 이혼하는 두 사람을 모두 변호하기는커녕, 어느 한쪽도 변호해본 적이 없었다. 그런 일이 가능하리라고 생각해본 적도 없었다. 당시는 1970년대 말이었고, 변호사가 하는 일은 그런 것이 아니었다.

게리가 말했다. "법은 두 분이 생각하시는 것보다 훨씬 더 복잡합니다." 그는 진심으로 하는 말이었다. 그러나 그는 그렇게 말하면서도 마음 한구석이 불편해졌다. 그는 지금까지 오랫동안 이런 '법'을 욕해왔다. 그가 하는 일은 지나치게 적대적인 측면이 많았고, 그는 이런 이야기를 지금 자기 앞에 앉아있는 부부를 포함한 모든 이들에게 말해왔다. 그는 변호사 업무를 어떻게 개선하면 고객들이 이런 악순환을 벗어날 수 있을까 끊임없이 고민해왔다.

그는 그들이 정말 원하는 것이 무엇인지 잠시 생각해보았다. 어쩌면 지금이야말로 그동안 자신이 찾아 헤매던 기회가 될지도 모른다는 생각이 들었다. 전혀 다른 접근 방식을 시험해 볼 기회 말이다.

그가 말했다. "제가 무슨 생각을 했는지 아세요? 여러분 말이 맞습니다. 두 분이 충분히 해볼 만한 일입니다. 도와드리도록 하겠습니다. 어떻게 해야 할지는 모르겠지만, 최선을 다해보겠습니다."

말도 안 되는 소리였다. 그는 이토록 혁신적인 방법은 고사하고 이혼 소송을 맡아본 적도 없다고 솔직히 말했다. 그런데 이런 폭탄선언을 듣고도 두 사람의 표정이 달라지는 것이 보였다. 두 사람은 사무실에 들어온 이래 가장 희망찬 표정을 지었다. 그도 역시 마찬가지였다.

이후 4개월 동안 세 사람은 그 사무실에 모여 함께 고민했다. 사실 매우 불편한 시간이었다. 제이와 로나가 집의 소유권이나 아이들의 양육권을 놓고 서로 소리를 질러댈 때면 금세 분위기가 험악해지곤 했다. 제이는 아이들과 많은 시간을 보내고 싶었지만, 로나는 제이의 여자친구가 주변에 얼씬댈 것을 생각만 해도 싫었다. 두 사람은 그런 식으로 사사건건 부딪쳤다.

이럴 때 그들은 마치 소용돌이에 휘말린 것 같은 기분이었다. 제이와 로나는 자신들이 싸우고 있다는 사실조차 끔찍하게 싫었지만, 도저히 멈출 수가 없었다. 게리는 자신이 그들을 잘못된 길로 이끄는 것이 아닌가 걱정했다. 마치 높은 곳에 걸쳐진 외줄을 안전그물도 없이 타고 있다는 느낌이 들었다. 그러나 한편으로는 이상하게도 어딘가에 묶여있던 몸이 풀려난 듯한 기분을 맛보았다. 원래 고객들은 한발 물러서 있고 그가 그들을 대신해서 싸움을 벌이고 있어야 했다. 법이라는 무딘 무기를 들고서 말이다. 그런데 지금은 그들이 자신의 문제를 직접 붙들고 그와 함께 싸우는 셈이었다. 그런데 이게 옳은 방법이라고 느껴졌다. 그들이야말로 그 누구보다 자신의 문제를 가장 잘 아는 사람이니까 말이다. 즉 그들은 문제를 해결하는 방법도 그 누구보다 자신들이 잘 알아야 했다. 이론적으로는 말이다.

어느 날, 그들이 말다툼을 벌이다가 잠깐 멈춘 사이에 게리가 한 가지 제안을 내놓았다. 잠시 눈을 감고 10년 후에 각자가 살아갈 모습을 상상해보라고 그가 말했다. 아이들과 어떤 관계를 맺으며 살고 싶은지, 그리고 두 사람 사이는 어떤 관계가 되고 싶은지 그 장면을 상상해보라고 했다.

그는 그들의 앞날에 남아있는 시간을 상기시켜주었다. 어차피 두 사람은 서로의 평생에 어떤 식으로든 관계를 맺을 것이다. 그럴 수밖에 없다. 딸이 결혼할 때가 되면, 두 사람이 결혼식장에 함께 있어야 한다. 아들이 손자를 낳게 되면, 두 사람은 또 어떻게든 서로 만날 수밖에 없다. 게리는 그들과 함께 시간 여행을 해본 것이다. 그 순간, 제이와 로나가 침묵했다. 설사 이혼하더라도 그들은 서로 떨어질 수 없는 사이라는 것을 깨닫게 된 것이다. 그렇다면 이제 어떻게 할 것인가?

제이와 로나는 마침내 집과 아이를 비롯해 모든 문제를 합의했다. 게리에게 이 일은 갈등을 해결하는 또 다른 방법이 있다는 증거였다. 사람들 사이의 관계를 존중하는 것이 바로 그 방법이었다. 물론 그는 자신도 아직 모르는 것이 많다는 것을 알고 있었다. 그러나 분명히 가능성을 발견했다! 이혼을 결정했다고 해서 반드시 서로 미워해야 하는 것은 아니다. 제이와 로나는 서류에 서명하고 나서 게리를 얼싸안았다. 그리고 둘 사이에도 포옹을 주고받았다.

이후 게리는 다시는 이전의 방식으로 돌아가지 않았다. 제이와 로나가 어떻게 이혼했는지 소문을 들은 다른 부부들도 그를 찾았다. 그가 말하는 '중재'라는 방법이 자신들에게도 효과가 있는지 알아보려는 사람들이었다. 기성 체제에 안주하는 변호사들은 고객들이 게리를 찾아가는 것을 극구 만류했다. 그래도 사람들은 개의치 않았다. 심지어 원래 변호사가 가지 말라고 해서 일부러 찾아왔다는 부부들도 있었다. 그가 고객을 유치하는 데는 아무런 어려움도 없었다.

사람들이 게리를 찾은 이유는 그가 불가능한 일을 하는 것처럼 보였기 때문이다. 그는 사람들이 인생의 가장 어려운 순간에 맞닥뜨렸을 때, 그들의 가장 진솔한 자아를 마주할 수 있게 해주었다. 사람들은 서로 싸우려는 본능이 강한 것만큼이나 평화를 추구하는 마음도 간절하다. 우리도 마찬가지다.

고도 갈등은 우리를 비참하게 만든다. 그것은 돈과 피, 우정 등 모든 면에서 커다란 대가를 요구한다. 이것이 바로 갈등이 지니는 첫 번째 역설이다. 우리는 갈등에서 의욕과 생기를 얻지만, 동시에 그것 때문에 걱정에 사로잡힌다. 우리는 갈등이 끝나기를 바라지만, 한편으로는 그것이 지속되기를 원한다. 게리가 파고든 지점이 바로 여기였다.

1970년대 중반에 게리가 이렇게 새로운 방식을 시도하자, 지방변호사협회가 그를 조사했다. 그들이 보기에는 같은 변호사가 이혼을 앞둔 남편과 아내에게 동시에 자문을 제공하는 것은 윤리적으로 용납될 수 없는 일이었다. 그러나 조사 결과 이상한 점은 발견되지 않았고, 마침내 법조계는 게리의 방식이 옳다는 결론에 도달했다. 1980년대에 이르러 미국변호사협회는 게리에게 모든 종류의 갈등을 처리하는 새로운 방식을 다른 변호사들에게도 가르쳐달라고 부탁했다.

갈등의 함정 Conflict Trap

로스앤젤레스의 미라클마일Miracle Mile 지구에는 선사 시대부터 내려오는 죽음의 함정이 존재한다. 라 브레아 타르 웅덩이La Brea Tar Pits[2]라고 불리는 이곳은 이따금 한 번씩 거품이 솟아오를 뿐, 겉으로 보기에는 평범하고 자그마한 검은색 호수일 뿐이다.

그러나 과학자들은 이 웅덩이에 무려 300만 개가 넘는 동물 뼈가 묻혀 있는 것을 발견했다. 그중에는 거의 완벽한 형태로 보존된 엄청난 크기의 매머드 골격도 포함되어있었다. 그들은 매머드와 나무늘보 외에도 2,000마리가 넘는 검치호의 뼈를 발견했다. 어떻게 이런 일이 가능했던 것일까? 지구상에서 가장 강력한 포식 동물이 어떻게 수천 마리나 이 작은 웅덩이에 파묻힐 수 있었단 말인가? 그놈들은 무슨 이유로 그곳을 빠져나오지 못했던 것일까?

이곳은 그야말로 살아있는 수렁이다. 마지막 빙하기 이래 지금까지 땅속에서 천연 아스팔트가 솟구쳐 오르는 곳이다. 과학자들의 설명에 따르면 이곳에서 일어나는 일은 그야말로 끔찍한 악순환이다. 수만 년 전 어느 날, 고대 들소 같은 덩치 큰 동물이 우연히 이곳을 지나다가 타르 구덩이에 빠져들었다. 그리고 발굽이 아스팔트 덩어리에 걸려 금세 꼼짝도 못하고 울부짖는 신세가 되었다. 불과 몇 센티미터의 흙덩이가 거대한 포유류를 붙잡아버린 것이다.

들소의 울음소리는 지금은 멸종된 다이어울프* 같은 또 다른 포식 동물의 주의를 끌었다. 다이어울프는 코요테나 인간처럼 무리를 짓는 동물이다. 따라서 이 늑대들은 몇 마리씩 떼를 지어 현장에 달려왔을 것이고, 당연히 덫에 걸려 꼼짝도 못하는 들소에게 달려들었을 것이다. 이게 웬 떡인가 하고 말이다! 그러나 그 늑대들도 이내 같은 신세가 되고 만다.

이제 다이어울프도 비통한 울음을 내뱉고, 그렇게 해서 더 많은 동물이 몰려든다. 마침내 늑대들은 굶주리거나 다른 이유로 죽게 되고, 그 썩은 사체는 또 다른 짐승을 불러들인다. 그중에 어떤 놈은 또다시 진흙에 발이 묶인다. 이런 식으로 재앙을 맞이한 사체 수가 기하학적으로 불어났다. 사체 1구가 땅 위에 모습을 드러내어 다른 애꿎은 희생자를 끌어들이는 기간은 약 5개월 남짓이며, 이후에는 어두운 수면 아래로 가라앉아 모습을 감춘다. 지금까지 과학자들은 타르 웅덩이에서 모두 4,000개 이상의 다이어울프 뼈를 발굴해냈다.

게리 프리드먼은 중재 작업을 하면서 갈등을 '함정'이라고 부른다. 홀륭한 표현이라고 생각한다. 갈등이란 점점 고조되어 특정 지점을 지나면 라 브레아 타르 웅덩이와 똑같이 작용한다. 우리가 갈등에 휘말리는 이유는 그것이 온갖 종류의 타당하고 정상적인 필요와 욕망에 호소하기 때문

---

* dire wolf, 학명은 사나운 개라는 뜻의 '카니스 디루스**canis dirus**'다.

이다. 그러나 한번 거기에 빠져들면 절대로 벗어날 수 없다. 몸부림을 치며 큰 소리로 도와달라고 외칠수록 상황은 더욱 악화한다. 점점 더 많은 사람이 이 수렁에 빠져들면서도, 자신의 삶을 얼마나 망치고 있는지조차 깨닫지 못한다.

이것이 바로 고도 갈등과 건전한 갈등의 가장 큰 차이점이다. 어떤 주제를 놓고 갈등을 벌이느냐가 문제가 아니다. 소리를 지르거나 감정이 상하는 문제도 본질이 아니다. 중요한 것은 교착 상태가 빚어진다는 점이다. 건전한 갈등에서는 뭔가 진전이 이루어진다. 질문을 제기할 수 있다. 호기심도 남아있다. 물론 소리를 지를 수도 있다. 그러나 건전한 갈등은 어디로든 지향점이 있다. 사람들의 관심은 갈등의 상황 그 자체가 아니라 갈등을 통해 가 닿을 어딘가에 있다. 그러나 고도 갈등은 그 자체가 목적지다. 달리 갈 데가 없다.

평소에도 우리는 뻔히 예상할 수 있는 실수를 많이 한다. 그런데 고도 갈등 상황에서는 그 실수가 훨씬 많아진다. 예를 들어 인간은 격한 분노와 호기심을 동시에 느낄 수 없다. 화를 낼 때는 두뇌에서 경이로움을 느끼는 영역이 작동을 멈춘다.

고도 갈등은 잠깐의 만족을 누리는 대가로 온전한 삶을 희생한다. 즉 인생이 실질적으로 눈에 띌 정도로 힘겨운 모습으로 변할 가능성이 크다. 부부가 서로 다툴 때는 스트레스 호르몬의 일종인 코르티솔 분비가 급증한다. 이는 특정 정파에 속한 사람들이 지지하는 후보가 낙선했을 때도 마찬가지다. 고도 갈등 상황에서는 코르티솔이 반복적으로 분비되어 면역 체계 손상, 기억 및 집중력 저하, 근육 세포와 골격 약화 등을 유발하고 질병 감염을 가속한다.

고도 갈등에 적극적으로 참여하지 않고 지켜보기만 하는 사람, 즉 방관자도 있다. 그러나 이런 싸움과 거리를 두려는 이들조차 스트레스를 받기는 마찬가지다. 거의 모든 사람이 이 범주에 해당한다. 정치적 중립을 지향하는 모어 인 커먼More in Common이라는 단체가 조사한 바에 따르면, 미국인의 3분의 2는[3] 정치적 양극화 현상에 불만을 느끼고 있으며, 사람들이 서로의 말에 귀를 기울이는 데 시간을 쓰기를 바란다고 한다. 이 단체는 이런 사람들을 '지친 다수exhausted majority'라고 부른다.

그들의 말이 틀렸다고 할 사람이 과연 있을까? 우리는 대개 일체의 갈등을 피하려고 한다. 그런 태도에는 나름대로 이유가 있다. 헤어진 아내를 향해 끊임없이 불평을 늘어놓는 친구가 있을 때, 우리는 결국 그와 거리를 두게 된다. 혹은 더 이상 뉴스를 보지 않기도 한다. 아예 세상일에는 관심을 끄는 사람도 있다. 충분히 이해가 가는 행동이지만, 이런 태도는 결국 고도 갈등을 방치하는 결과를 낳는다. 의견 공백을 틈타 득세하는 것은 결국 극단주의자들이다.

고도 갈등은 하룻밤 사이에 폭력으로 비화할 수 있다. 이는 역사가 알려주는 사실이다. 일부 집단이 저지른 폭력 사태는 곧바로 상대 진영의 집단적 고통으로 번져나가 결국 보복을 부른다. 전쟁에서 진영 대결 사고방식은 없어서는 안 될 무기다. 상대방을 인간도 아닌 존재라고 생각하면 그들을 죽이거나, 노예로 삼거나, 감옥에 가두기가 훨씬 쉬워진다.

게리 프리드먼이 갈등을 다루는 새로운 방식을 찾아 나선 것도 바로 이런 원초적인 힘에 반대했기 때문이다. 그가 제이와 로나 부부를 상대로 성공을 거두기는 했지만, 사실 그것은 매우 어렵고 위험한 일이었다. 그가 한 일은 타르 웅덩이의 수면을 훑어보기 위해 보트를 새로 만들어낸 것이나 마찬가지였다.

이후 40년 동안 게리는 이런 방식으로 거의 2,000쌍의 부부를 중재했다. 시간이 지날수록 그의 실력도 나아졌다. 그는 기업 분쟁과 형제간 다툼, 이웃 간의 불화, 그 밖의 여러 기분 나쁜 분쟁을 조정했다. 그런데 아주 최근에 게리 자신이 타르 웅덩이에 빠지는 사건이 일어났다. 앞으로 살펴보겠지만 그는 생각지도 못한 사이에 구제 수단에서 멀어지는 처지에 빠지고 말았다.

어쨌든 게리는 지금까지 웅덩이를 피하며 살아오면서 깨닫게 된 사실이 있다. 즉 인간은 문제에 봉착했을 때 원천적으로 두 가지의 해결 능력을 지니고 있다는 것이었다. 하나는 적대감을 발동하는 능력이다. 무리를 지어서 상대방을 배척하고 자기들만의 이익을 추구하는 본능이다. 전통적인 법률 체계는 인간의 이런 본능을 근거로 작동한다. 남편 대 아내, 원고와 피고 등의 대립 구도가 바로 그것이다.

역사를 통해 검증된 인간의 또 다른 능력은 연대를 추구하는 본능이다. 인간은 '우리'의 의미를 확장하여 다른 사람들과 협력함으로써 갈등을 해결할 줄 안다. 실제로 인간이 진화를 통해 살아남을 수 있었던 데는 첫 번째보다 이 두 번째 역량이 더 크게 작용했다.

코로나바이러스 팬데믹이 진행되는 동안, 수십억에 달하는 사람들은 너무나 낯설고 끊임없이 변화하는 위협을 맞이하여 놀라운 협력과 이타심으로 대처했다. 전 세계 시민들은 각국 정부가 공식적으로 발표하기 훨썬 전부터 자발적으로 재택 격리에 들어갔다.[4] 이런 현상은 각 나라의 빈부와 상관없이 나타났다. 영국보건서비스National Health Service, NHS가 위험에 처한 사람들을 격리하기 위해 자원봉사자를 모집했을 때는 필요 인원인 25만 명의 세 배나 되는 사람들이 신청했다.[5]

예외도 있었다. 특정 정치인과 소수의 규제 당국자들은 일부 사람들을 희생양으로 삼아 이 세상을 뚜렷한 대립 구도로 몰아갔다. 그러나 벌써 1년이 훌쩍 넘는 동안 절대다수의 사람들은 지금까지와는 전혀 다른 방향, 즉 집단적 일체감을 향해 강력하게 끌려드는 것을 경험했다. 지금까지 우리가 경험해온 과거 역사에서 과연 어떤 일이 이토록 적대감[6]보다 협동심을 고취했었단 말인가?

사회 제도는 원래 인간의 적대감과 협동심 중 어느 쪽이든 부추기게 고안할 수 있다. 그러나 현대에 들어올수록 우리는 적대감 쪽에 치우치는 실수를 저질러왔다. 정치, 경제, 법률에 이르기까지, 우리는 어디서나 승자와 패자가 서로 다툼[7]을 벌이는 장면을 볼 수 있다.

그러나 게리를 비롯한 중재의 선구자들은 이것 말고도 또 다른 길이 있음을 보여주었다. 그들은 비적대적인 방법으로 갈등을 해결하는 선택지를 만들어냈다. 그리고 그것은 기존 체계보다 훨씬 더 효과적으로 작동한다는 것을 증명해냈다.

적대적 구도의 한계는 미국 대법원도 인식하고 있다. 1984년, 연방 대법원장 워런 얼 버거Warren Earl Burger는 사법부 연례 연설에서 이렇게 말했다. "수많은 소송과 재판, 적대적인 다툼은 피와 결투[8]로 얼룩진 고대의 재판에나 어울리는 방식입니다. 지금의 사법 체계는 현대 문명을 사는 우

1장 수면 밑의 언더스토리

리에게는 어울리지 않게 너무나 큰 비용과 고통, 파괴, 비효율을 안겨주고 있습니다."

이 말은 혹시 오늘날의 정치에도 그대로 적용되는 것이 아닐까? 현대 정치는 문명사회를 살아가는 우리에게는 너무나 비싸고, 고통스러우며, 파괴적이고, 효과가 없다.

그런 점에서 2015년에 게리가 살던 뮈어비치Muir Beach라는 소도시 주민들이 그에게 공직에 출마하라고 권유한 것도 충분히 타당한 일이라고 볼 수 있다. 그들이 추천한 직무는 지역봉사 위원The Community Service District Board of directors으로, 그 지역의 도로와 상수도 관리를 책임지는 자리였다. 이 위원회는 특별한 권력을 지니는 기구도 아니므로, 그 선거 역시 정파적인 성격을 띤다고는 볼 수 없다.

그러나 어쩐 일인지 그곳의 주민 회의는 언제나 적대적이고 소모적이었다. 주민들이 서로 욕설을 주고받는 모습은 마치 케이블TV 뉴스나 트위터를 보는 것 같았다. 최근에도 새로 설치될 버스 정류장의 외관 문제로 국립공원관리청과 거의 난장판에 가까운 싸움이 벌어지고 있었고, 이 문제로 지역사회가 뿔뿔이 흩어지다시피 한 것이 현실이었다. 과연 중재의 대부라 불리는 게리가 나서면 지역사회 문제에도 변화가 일어나 평화가 찾아올 수 있을까. 모두 흥미진진한 기대에 차 있었다.

갈등의 해결사를 자처하다

"아무리 생각해도 이건 아닌 것 같아요." 35살 난 아들 캐시디Cassidy는 게리에게 벌써 두세 번이나 이렇게 말했다. 그들은 함께 동네를 한 바퀴 돌고 있었다. 그의 집 주변에는 삼나무가 우거진 오솔길이 13킬로미터 정도나 있는데, 그 길을 걷다 보면 산마루를 넘자마자 태평양이 한눈에 바라보이는 멋진 전망이 펼쳐진다.

게리의 아내 트리시는 남편이 공직에 출마하는 것을 찬성했다. 그녀는 그것이 정치적 문제와는 상관없는 일이라고 생각했다. 남편의 평소 경험을 살려 지역사회에 봉사할 수 있는 절호의 기회이자, 축복이라고 보았다. 남편의 나이도 벌써 일흔하나가 되었고, 그동안 어디 다른 곳에 가서 살 생각도 별로 한 적이 없으므로 이번 기회에 손주들과 좀 더 많은 시간을 보내는 것도 좋은 일인 것 같았다. 이보다 더 좋은 기회가 어디 있겠나 싶기도 했다. 딸도 좋아했다. 우리 지역의 문제를 해결하는 데 아빠보다 더 적임자도 없다는 생각이 들었다. 아버지는 그야말로 미국에서 갈등을 해결하는 최고의 전문가가 아닌가 말이다.

집안에서 유일하게 반대하는 사람이 캐시디였다. 그는 현재 다큐멘터리 영화제작 일을 하고 있고, 몇 년 전까지는 소도시의 신문 기자로 활동했다. 그래서 자신은 아버지가 모르는 영역의 일을 제법 안다고 자신했다.

캐시디가 말했다. "정치는 끔찍한 일입니다. 이웃끼리도 금세 적이 될 수 있는 마당이 바로 정치예요. 저는 그런 장면을 많이 봤습니다." 그들은 이윽고 산마루에 도착해서 바다를 바라보았다. 이곳에 서면 멀리 샌프란시스코만과 타말파이스산 정상이 훤히 내다보였다. 부자는 지금까지 이 길을 걸으면서 인생에서 가장 중요한 대화를 여러 번 나누었다. 수십 년 전에 가족이 1년 동안 프랑스에 가서 살아보자는 이야기를 한 것도 여기였다. 최근에 손주들이 태어난 후에는 두 사람이 이 길을 걸으면서 캐시디가 아버지가 된 기분이 어땠는지를 놓고 진솔한 대화를 주고받기도 했다.

캐시디는 아버지에게 어려운 질문을 던지기를 주저하지 않았다. 그리고 게리도 아들의 그런 질문을 환영했다. 그날도 게리는 아들에게 자신의 심정을 기꺼이 설명했다. "지금껏 살아오면서 가장 아쉬웠던 점이 있다면, 나는 항상 중립을 지키면서 한쪽에 비켜나 있었다는 거야."

게리도 물론 정치에 발을 들여놓는 것이 해가 될 수 있다는 것을 알았다. 그러나 오히려 그래서 더 해보고 싶었다. 그는 정치적 프로세스를 고쳐보고 싶었다. 그래서 사람들이 갈등의 이면을 파고들어 정말 중요한 것이 무엇인지 깨닫는 데 자신이 도움이 되고 싶다고 생각했다. 그는 정치적 양극화가 미국을 뿔뿔이 찢어놓은 과정을 모두 지켜봤으며, 그 속에 어떤 병폐가 도사리고 있는지도 알고 있었다. 그는 평생 이 문제와 씨름하며 살아왔다.

'정치인들이 하는 행동을 보면 마치 앙숙지간의 가문을 보는 것 같아. 그들은 늘 분노와 의심에 가득 차 있으며, 한때 소중히 여기던 가치를 자신들이 망치고 있다는 사실도 모르는 것 같아. 기성 정치인들 못지않게 서로 욕설을 날려대는 문화가 뮈어비치에까지 스며든 것만 봐도 상황이 얼마나 심각한지 알 수 있지.' 게리는 생각했다.

그는 이미 기존의 법률 관행에 대안을 제시했다. 그렇지 않은가? 그런 방법이 있으리라고는 아무도 상상하지 않았던 시기에 말이다.

"내가 이렇게 오랫동안 중재 모델의 효과를 입증해왔는데, 정치 분야라고 안 될 이유가 있겠니?" 아들의 표정에서 불안감이 비쳤다. 캐시디가 듣기에 아버지가 하는 말은 그야말로 혼자서 정치판을 뒤집어보겠다는 이야기였다. 차라리 사람들 앞에서 절벽을 뛰어내리겠다고 말하는 편이 더 낫겠다는 생각마저 들었다. 게리는 그간 쌓아온 모든 명예와 마음의 평화마저 잃어버릴지도 몰랐다. 도대체 무엇 때문에? 고작 버스 정류장 위치 때문에 그렇게 한단 말인가?

캐시디는 아버지의 나쁜 습관이 또 도진다고 생각했다. 게리는 평소에는 겸손하고 인간의 심리를 깊이 이해하는 사람이지만, 가끔 그럴듯한 명분에 사로잡히곤 했기 때문이다. 캐시디로서는 아버지의 그 지독한 자존심이 70을 넘긴 나이에 또 폭주하기 시작했다고밖에 생각되지 않았다. 아버지가 안고 있는 모순뿐만 아니라 그것을 알릴 방법이 없다는 무력감이 더해져 마음이 불편했다.

혹시 아버지가 잘 아는 분야인 스포츠에 비유해서 설명하면 어떨까 하는 생각이 들었다. 아버지의 자존심을 거스를 것이 아니라 오히려 거기에 호소해보는 것이다. "아버지는 지금까지 엄청난 업적을 쌓아오셨어요. 마이클 조던이 야구를 하겠다고 했다가 어떻게 되었는지 아시잖아요? 그때도 다들 '하지 말라'라며 말렸다고요!" 이렇게 말하는 그의 언성이 점점 높아졌다.

게리가 웃음을 지었다. 캐시디가 다시 설득에 나섰다. 이번에는 단도직입적으로 말했다. "아버지 성격을 생각해보세요. 정치가가 전혀 아니에요.

달변가는커녕 잡담도 없으시잖아요."

게리가 고개를 끄덕였다. 그것은 사실이었다. 그는 피상적인 대화를 싫어했다. 입에 발린 말은 전혀 할 줄 몰랐다. 심지어 주민 회의에도 잘 참석하지 않았다. 그런 데에 가봤자 뻔한 소리만 듣는다고 생각하는 사람이었다. 그러나 바로 그런 점 때문에 자신이 이런 일을 해야 한다고 생각했다. "어쩌면 내가 정치를 바꿔놓을 수 있을지도 모르지 않니." 그는 어깨를 으쓱한 후 다시 한번 웃음을 지었다. 그의 흰머리가 바닷바람에 날렸다.

아들은 한숨을 내쉬었다. 그리고 캐시디의 어조가 달라졌다. 뭐라고 꼬집어 말할 수는 없었지만, 게리는 아들의 표정에서 화난 기색을 읽었다. 캐시디가 말했다. "그보다는 정치가 아버지를 바꿔놓을 가능성이 훨씬 더 클걸요."

냄비를 두고 다투는 이유

게리의 기술은 제이와 로나 부부가 이혼한 이후 발전을 거듭했다. 만약 오늘 그에게 이혼 문제로 찾아간다면, 그는 우선 배우자와 함께 와서 여러분의 결혼 생활에 관해 이야기해달라고 할 것이다. 그리고 그는 완전한 중립을 지키면서 여러분의 이야기를 경청할 것이다. 심지어 두 사람이 말다툼을 벌여도 꼼짝도 하지 않는다. 게리는 논쟁을 환영한다. 그는 누구라도 환영할 만한 삼촌 같은 인자한 표정을 유지하며, 언제 웃어야 할지, 언제 들어야 할지를 잘 아는 사람이다. 심지어 그가 데리고 사는 갈색 개 아티조차 고객들의 말다툼에 전혀 개의치 않는다. 아티는 게리의 발아래에 꼬리를 틀고 앉아 마치 도를 닦듯이 사람들의 대화를 묵묵히 지켜본다.

여러분이 이야기를 마치면 그는 자신이 제대로 이해했는지 확인하는 작업을 한다. 그의 질문은 결혼 생활에 종지부를 찍으려고 온 사람에게는 다소 이상하게 들릴 수도 있다. 예를 들면 "남편의 시각에서 이해되는 점을 하나 꼽아본다면 어떤 것이 되겠습니까?"라든가, "원하는 것을 얻을 경우, 인생에서 달라지는 점은 무엇입니까?" 같은 질문이다.

게리는 질문할 때 고개를 한쪽으로 젖힌 채 눈빛을 반짝이며, 마치 전에는 한 번도 들어본 적이 없는 이야기라는 표정을 짓는다. 이렇게 호기심 가득한 자세는 금방 상대방에게 전염된다. 질문하는 사람이 이런 태도를 보이면 대개 누구라도 답하기 전에 생각을 다시 가다듬게 된다. 그들은 오랫동안 부부싸움을 해오면서도 막상 자신이 다툼에서 이기고 나면 어떤 삶을 살게 될지 한 번도 곰곰이 생각해보지 않았을 것이다. 게리는 질문에 질문을 거듭하면서 그들로 하여금 평소 익숙한 불만에 가려 보이지 않는, 자신에게 가장 소중한 것들을 대면하게 해준다. 이것은 갈등을 극복하기 위해 꼭 거쳐야 하는 과정이다. 다른 길은 존재하지 않는다.

아내가 이렇게 요구했다고 하자. "나한테 부양비로 매달 4,000달러를 줘야 해요." 그러면 남편이 이렇게 소리친다. "터무니없는 소리군! 절대 안 돼." 이 말만 들으면 분명히 돈 때문에 싸우는 것 같다. 물론 사실이다. 그러나 돈을 놓고 벌이는 이 말다툼 이면에는 더 중요하고 흥미로운 갈등이 존재한다.

"왜 하필 4,000달러입니까?" 게리가 이 숫자에 무슨 의미가 있는지 파고들며 묻는다. 짐작이 가는 부분이 있지만, 그는 단정 짓는 대신 조용한 목소리로 정말 이유를 알고 싶다는 뜻을 충분히 표현한다. "혹시 그 금액이 귀하에게 어떤 의미가 있습니까?"

그러면 아내 쪽이 멈칫한다. 그리고 자신이 생활비를 충분히 벌지 못할까 봐 두렵다는 심정을 내비친다. 어떻게 알 수 있는가 하면, 그녀가 다시 학교로 돌아가서 의사 보조원으로 일하고 싶다고 했기 때문이다. 그녀는 자신이 잘할 수 있는 일이 그것이라고 생각한다. 그래서 평소 생활비에 수업료까지 감당하려면 그 정도 금액이 되어야 한다. 4,000달러라는 금액은 그렇게 나온 것이다. 남편은 이런 이야기를 한 번도 들어본 적이 없었다.

인간은 새로운 정보를 접하면 그것을 자신이 기존에 믿고 있던 관념에 비추어 해석한다. 이것이 바로 확증 편향Confirmation bias이라고 널리 알려진 현상이다. 그리고 이것은 깊은 갈등에 빠져있을수록 더욱 깨뜨리기 어렵다. 남편은 아내에게서 4,000달러라는 액수를 듣자마자, 그 말을 결혼 생활에 관한 자신의 기존 관념에 맞춰 해석한다. 즉, 아내는 정말 이기적이고, 따라서 그는 앞으로도 그녀의 손아귀에서 결코 벗어나지 못하리라는 것이다. 게리는 불과 몇 초밖에 안 되는 질문으로 그 겹겹이 쌓인 해석을 깨뜨린 것이다. 때로는 상담에 꼭 많은 시간이 필요한 것은 아니다.

다음으로 게리는 남편 쪽으로 고개를 돌려 아내로부터 4,000달러라는 금액을 들었을 때 기분이 어땠느냐고 묻는다. "4,000달러라는 금액에 동의하신다면 기분이 어떨 것 같습니까?" 남편은 한숨을 내쉰다. 그는 자신의 일을 당장 그만두고 싶은 심정이라고 말한다. 그는 사실 부모 노릇을 제대로 하고 싶었지만 일 때문에 그러지 못했다. 열세 살 난 아들이 더 크기 전에 잘해주고 싶다. 그가 숨 막힐 듯한 지금의 일자리를 이렇게 오래 버텨온 것도 다 가족을 먹여 살리기 위해서였다. 그런데 막상 가족이 뿔뿔이 흩어지게 생긴 것이다. 그런 그는 매달 4,000달러를 달라는 말을 들었을 때 마치 덫에 걸린 것 같은 느낌을 받았다. 자신의 과거와 미래까지 몽땅 잃어버리는 것 같았다.

그 말을 듣는 아내의 심정도 복잡해졌다. 그 일을 그만두라고 그토록 오랫동안 졸라댄 사람은 바로 자신이었다. 그런데 남편은 상황이 이렇게 된 지금에야 그만둔다고 한다. 돈을 못 주겠다고 한 남편의 속사정을 듣고 나자, 비로소 돈을 줄 수 없다는 말을 있는 그대로 이해하게 되었다. 단순히 그녀에게 돈을 주는 것이 분해서 하는 말이 아니었다. 남편에게도 자신의 미래와 꿈은 소중한 것이었다.

마침내 두 사람은 서로를 좀 더 이해하게 되었다. 물론 여전히 많은 부분에서 서로 의견이 달랐다. 이 순간, 게리는 그들이 더 이상 자신의 처지를 방어하려고만 하지 않고 그들과 자녀의 미래를 위해 좀 더 심사숙고한 결정을 내릴 수 있겠다는 생각이 들었다. 제이와 로나도 그랬듯이, 이제 그들의 미래는 어느 판사나 변호사가 아니라 그들이 직접 결정하게 될 것이다. 다시 말해 그들이 다시 고약한 소송전을 펼칠 일은 당분간 없을 것이다.

미국변호사협회에서 첫 세미나를 연 이래, 게리는 지금까지 전 세계 수천 명의 변호사와 판사, 심리치료사들을 교육했고 스탠퍼드와 하버드에서 협상 강좌를 운영하기도 했다. 그는 세 권의 책을 출간했다. 다양한 중재방법을 선보이며 유명해진 사람도 많았지만, 그중에서도 게리의 방법은 단연 돋보였다.

그는 관련 당사자 모두가 한 공간에 모여서 갈등의 근본 원인을 함께 찾아보는 방법을 고집했다. 다른 중재자들은 당사자들을 다른 공간에서 따로 만나 상담했다. 그것이 더 쉬운 방법이었기 때문이다. 그들은 당면한 문제에만 집중하고 그 이상은 파고들지 않았다. 겉에 드러나는 문제만 해결하면 된다는 사고방식이었다. 그러는 편이 더 안전해 보였다. 실제로도 그랬다. 그리고 그것은 단기적 해결책이었다. 갈등을 깊이 파고드는 것은 위험하다. 숨어있던 분노에 불을 질러 오히려 더 큰 갈등을 초래할 수도 있다.

게리는 자신의 방법을 따르려는 중재자들에게 특정 질문을 던지는 법과 질문에 대한 고객들의 대답을 확실히 이해하는 법을 따로 가르쳤다. 그는 이것을 '왜?라는 질문을 파고드는 과정'이라고 불렀다. 만약 어떤 부부가 냄비를 서로 가져야겠다고 다툰다면, 그는 그 냄비가 왜 그토록 중요한지 철저하게 조사한다. 그가 던지는 질문은 사람들의 경계를 어느 정도 풀게 만든다. 중요한 점은 게리가 고객들을 같은 공간에서 서로에게 이렇게 하도록 가르친다는 사실이다. 그래서 그가 아니라 문제를 안고 있는 사람들이 직접 그 문제를 해결하게 하는 것이다. 이렇게 해서 방 안에 있는 모든 사람이 상황을 정확히 이해하고, 나아가 서로에 대해서도 조금 더 이해할 수 있게 된다. 그들의 의견은 여전히 대립하고 있음에도 말이다. 이렇게 한번 서로를 이해하고 나면 사람들은 고착 상태에서 해방을 맛보는 단계로 나아간다. 갈등은 여전히 존재하지만, 더 이상 거기에 발목이 잡히지는 않는다.

게리가 자주 하는 말이 있다. "인생의 위기를 맞이한 사람에게 다른 사람으로부터 이해받는 것보다 더 중요한 것은 없다." 남에게 이해받는 것이 돈이나 재산보다 더 중요하다. 어쩌면 다툼에서 이기는 것보다 더 중요할지도 모른다.

냄비 이야기로 돌아가 보자. 게리는 분명히 아내 쪽을 향해 그 물건이 왜 그렇게 중요한지 정중하게 물어볼 것이다. 마침내 그녀는 그 냄비가 결혼할 때 장만한 혼수품이었다고 대답한다. 그것은 그녀가 어렸을 때 집에서 부모님이 쓰시던 물건과 같은 브랜드의 신제품이었다. 어린 시절 일요일 오후마다 그 냄비에서 고기찜이 익어가던 냄새를 지금도 잊을 수 없다. 그녀와 남편은 그런 가정 분위기를 가꾸어내지 못했다. 솔직히 말해 그들은 요리를 별로 하지도 않는다. 그러나 그녀는 어쨌든 냄비만은 절대 놓칠 수 없다.

이 말을 들은 남편은 서글픈 생각이 든다. 그 슬픔은 그녀가 느낀 것과 똑같은 것이다. 그는 자기가 냄비를 가지겠다고 고집 피운 것은 아내가 그 물건에 워낙 집착하기에 반발심에 그랬던 것이라고 인정한다. 이런 속마음을 고백하기가 쉬운 일은 아니었지만, 한편으로는 털어놓고 나니 속이 시원하다. 그는 애초에 이혼하자고 나선 사람이 아내이므로, 이혼을 피하지 못할 바에야 최소한 아내에게 자신이 느끼는 것 정도의 고통은 맛보게 해주고 싶었노라고 말한다.

그들은 서로 냄비에 얽힌 서로의 속마음을 알아간다. 그리고 자연스럽게 그 물건에 그리 집착하지 않게 된다. 다른 일도 마찬가지다. 둘 다 조금씩 고집을 내려놓는다.

1장 수면 밑의 언더스토리

중재자들이라면 누구나 이런 일을 한 번쯤은 꼭 겪게 된다. 제삼자가 보기에는 아무것도 아닌 일을 두고 두 사람이 기 싸움을 펼치는 장면 말이다. 캘리포니아의 한 부부가 법정에서 부서진 숯불 화로를 놓고 끝도 없는 설전을 펼치는 것을 보다 못한 판사가 당장 싸움을 그치면 자기 집에 있는 숯불 화로를 주겠다고 제안한 일까지 있었다. 또 한번은 아이의 레고 장난감[9] 한 세트 때문에 이혼 절차가 한 발짝도 진척되지 못한 적도 있었다. 남편과 아내는 레고 장난감을 서로 가져가겠다고 고집을 피웠다. 그 문제로 변호사를 한 시간 쓰는 비용이면, 레고 장난감을 여러 세트 사고도 남았을 것이다. 사실 레고는 단순한 물건이 아니었다. 그것은 아이들이 가장 좋아하는 장난감이었기에, 레고가 가는 곳으로 아이들의 마음도 기울어진다는 것이 그들의 생각이었다.

갈등의 함정에 빠진 사람들은 대개 이런 속사정을 미처 눈치채지 못하는 경우가 많다. 그들은 냄비나 레고 같은 허수아비에 정신이 팔린 나머지 자신이 엉뚱한 일에 발목이 잡혀있다는 사실을 깨닫지 못한다. 그런 점에서 고도 갈등도 일종의 최면 상태라고 볼 수 있다. 한번 사로잡히면 객관적인 시각을 취하기가 무척 어렵다. 그래서 게리는 질문과 경청이라는 수단으로 사람들이 뒤로 한 발 물러나 멀찍이 떨어져서 상황을 바라보게 해준다. 그래서 그들은 눈앞에 있는 일의 이면에서 벌어지는 속사정을 깨닫게 된다.

인간은 일단 다른 사람으로부터 이해받는다는 기분을 느낀 다음에는 철벽같았던 방어막을 한결 누그러뜨릴 수 있다. 그리고 그동안 집착해온 일들의 실체를 알고 나면 가장 중요한 일 외에 다른 것들은 쉽게 놓을 수 있다. 게리 프리드먼과 잭 힘멜스타인Jack Himmelstein의 책《갈등에 도전하라 Challenging Conflict》에는 이런 구절이 나온다. "우리는 자신을 이해하는 마음이 있을 때 다른 사람도 기꺼이 이해하는 힘이 생긴다."

기존의 적대적인 법률 체계는 레고 같은 문제에 대해 인간이 지닌 최악의 본능을 자극하여 한판 전쟁을 벌이도록 부추긴다. 케이블TV 뉴스나 여러 소셜미디어 플랫폼과 마찬가지

게리의 후보 토론회가 열렸던 주민 센터에서 바라본 뮈어비치의 놀이터. 아만다 리플리가 촬영했다.

로 법률 체계 역시 자신들이 살아남는 것이 주목적이다.

기업들이 고도 갈등을 교묘히 이용하고 이윤을 극대화하는 과정에서 수백만 개의 주식 시장이 생겨났고, 거대한 갈등 산업 복합체가 탄생했다.

게리를 비롯해 중재라는 방법을 개척한 사람들은 갈등을 악화하기보다 이를 돌파하는 길을 제시함으로써 오늘날 그 누구보다 이 갈등 산업 복합체를 무너뜨리는 데 큰 공을 세웠다. 중재에 드는 비용은 기존의 이혼 방법에 비하면 그야말로 보잘것없는 수준이다.[10] 사실 돈뿐만 아니라 정신적인 면에서도 그렇다. 게리가 이혼 문제에서 쌓은 업적이 이 정도라면, 정치 분야에서는 과연 어떻겠는가?

유토피아에 닥친 문제

인구 250명의 안개 긴 작은 마을 뮈어비치는 금문교 북단에서 불과 20분 거리에 있지만, 뮈어 숲과 국립공원으로 완전히 둘러싸여 신비로운 분위기를 풍기는 곳이다. 게리는 지난 40년 동안 이곳에서 살아왔다. 그들 부부는 이 고장에서 네 자녀를 키웠다.

뮈어비치는 특이한 조합의 인구가 사는 지역이다. 1960년대에 이 지역에 들어온 나이 많은 보헤미안과 비트족*들은 당시 인기를 끌던 록 밴드 그레이트풀데드Grateful Dead가 해변에서 연주하던 장면을 화제로 삼곤 한다. 그들은 히피의 본고장 샌프란시스코 하이트-애쉬베리 지역에서 이주해왔다. 뮈어비치에서 남쪽으로 70킬로미터 떨어진 곳에 실리콘밸리가 들어서기도 한참 전의 일이다. 1970년에 제니스 조플린**이 헤로인 과다 복용으로 사망한 후에는 시신을 화장한 재가 이곳에 뿌려지기도 했다. 아니, 어쩌면 소문에 불과할지도 모른다.

그 후에는 자유주의 성향의 사람들이 이곳에 왔는데, 그것은 이곳이 믿을 수 없을 만큼 모든 것으로부터 멀리 떠난 곳으로 보였기 때문이다. 거리에는 가로등도 상점도 없고, 광활한 해변을 따라 고작 100채가 넘는 집이 모여있으며, 자그마한 누드 해변이 하나 있을 뿐인 동네였다. 1970년대 초반에는 고색창연한 외모의 영국인 한 명이 이곳에 영국 튜더 시대

---

* 1950년대의 산업화에 저항하여 전원생활과 낙천주의를 추구하던 세대 - 옮긴이
** Janis Joplin, 60년대 미국 싱어송라이터, 록스타 - 옮긴이

양식의 여관을 하나 지으려고 했다. 그가 주민들의 반대를 이겨내기까지는 무려 8년이 걸렸다. 그래서 생겨난 펠리컨 모텔Pelican Inn은 지금까지도 이 고장의 유일한 상업 시설로 남아있다. 1984년에 〈뉴욕타임스New York Times〉는 뮈어비치를 가리켜 '자연스럽고 깔끔한 태평양 연안의 오지'[11]라고 했는데, 그 말은 지금까지도 전혀 어색하지 않은 표현이라고 할 수 있다.

가장 최근에 이곳에 온 이주민은 어느 모로 보나 비트족과는 거리가 먼 사람들이다. 그들은 아침 일찍 일어나 도시로 출근하고, 밤늦은 시간이 되어서야 귀가한다. 모습을 구경하기도 쉽지 않지만, 이 지역에서 가장 비싼 저택을 소유한 사람도 바로 그들이다. 그들은 절벽 꼭대기에 들어선 초현대식 주택에 산다.

비트족과 자유주의자, 그리고 벤처기업으로 부자가 된 사람들이 우선순위를 공유하기란 하늘에 별따기만큼이나 어려운 일이다. 그리고 이것이 바로 뮈어비치의 정치가 안고 있는 문제의 본질이었다. 새 도로와 다리를 건설하는 데 투자해야 한다는 사람도 있고, 이대로 살고 싶다는 사람도 있었다. 어떤 사람은 기후 변화와 들불 걱정에 사로잡혀 있는가 하면, 어떤 사람은 세금 부담이 너무 크다고 격분하고 있었다. 인식 격차가 이렇게 크다 보니 주민 회의는 끝도 없이 늘어지는 고통의 시간이 되기가 일쑤였다.

프리드먼 부부는 1976년에 이곳에 왔다. 그전에는 뉴에이지 문화에 잠깐 흥미를 보인 적도 있었지만, 그렇다고 완전히 빠져든 것은 아니었다. 그들은 마지막 남아있던 필지 일부를 사들여 겨우 평범한 집을 한 채 지었다. 지금은 엄청난 부자들만 살 수 있는 멋진 위치가 되었다. 그들은 자

1장 수면 밑의 언더스토리

신들이 억세게 운이 좋았다는 사실을 알고 있다. 부부는 둘 다 이곳을 사랑한다. 비록 이유는 다르지만 말이다.

게리는 뮈어비치에 살기 때문에 갈등을 다루는 일을 할 수 있다. 그가 일하는 사무실은 이곳에서 가까운 밀 밸리Mill Valley에 있다. 그는 출근하면 고객의 격노와 비난 속에 종일 파묻혀 지내다가 퇴근 시간이 가까워져서야 겨우 정신을 추슬러낸다. 그래서 퇴근길에는 주로 자전거를 이용한다. 집에 도착하는 데는 정확히 42분이 걸린다. 먼저 가파른 언덕길을 오른 다음 삼나무가 빽빽이 늘어선 축축한 오솔길을 이리저리 돌다 보면 마침내 탁 트인 해변이 나타난다. 넓게 펼쳐진 바다는 날씨에 따라 반짝반짝 빛날 때도 있고, 안개만 자욱할 때도 있다.

집에 도착하면 이미 마음은 정원에 가 있다. 정원만 보면 항상 멋진 곳에 살고 있다는 마음이 절로 든다. 조금 있다 게리가 그릴에 고기를 올려놓으면 트리시는 샐러드를 만든다. 식사를 마치고 잠자리에 들기 전까지, 두 사람은 뒤뜰에 설치된 자쿠지에 몸을 담근 채 파도 소리를 들으면서 각자 하루를 어떻게 보냈는지 이야기한다. 트리시는 심리치료사이기 때문에 둘 다 서로의 이야기를 들으며 배울 점이 있다. 아침에 일어나면 정원 바로 옆에 자신이 직접 지은 별채에서 태평양을 굽어보며 명상에 빠지기도 한다. 출근하면 맞이할 또 다른 격동의 하루를 준비하는 그만의 의식인 셈이다.

게리로서는 낙원과 같은 이곳에서 사는 것이 분명히 도움이 되는 일이었다. 사실 그는 죄책감 비슷한 느낌마저 조금 들었다. 그는 이 나라의 경제적 불평등을 심히 걱정하는 사람이었지만, 정작 자신은 평균적인 미국인이라면 꿈도 못 꾸는 곳에 살고 있었다. 그가 만약 공직에 출마하면 이 문제까지 바꿀 수 있을지도 모른다. 주택 가격 정상화 정책을 추진하는 식으로 말이다. 이런 정치적 개념이 모두 타당하게 여겨지기 시작했다.

게리는 이웃들과 만나는 일도 별로 없었다. 그런 일은 주로 트리시가 했다. 그녀는 이웃에 아픈 사람이 생기면 머핀을 만들어 주었고 이웃 아이들의 이름도 모두 기억했다. 트리시에게 뮈어비치는 안식처라기보다는 그야말로 지역 공동체였다. 그녀는 이곳에 와서 오랫동안 이웃들과 깊은 친분을 쌓아왔다.

캐시디는 아버지와 함께 걸으면서, 엄마야말로 출마해야 할 사람이라고 말했다. 게리도 그 말에 상당히 일리가 있다고 생각했다. 트리시라면 훌륭한 공직자가 될 수 있을 것이다. 그러나 그녀는 그럴 의사가 없었고, 그는 있었다.

얼마 후, 게리는 초록색 미니 쿠퍼를 몰고 지역 선거사무소에 가서 후보 등록 신청서를 제출했다.

신진 세력과 수구 세력

2015년 9월, 게리는 후보 토론회에 참석한 주민들 앞에서 연설을 시작했다. "뮈어비치는 마술 같은 곳입니다. 우리 부부는 이곳을 처음 보자마자 그렇게 생각했습니다. 그래서 이곳으로 이사 왔습니다." 게리를 포함한 후보들은 기다란 테이블을 앞에 두고 나란히 앉아있었다. 그들이 등지고

1장 수면 밑의 언더스토리

있던 창문 너머로는 놀이터가 내다보였고, 더 멀리로는 광활한 바다가 바라보였다.

주민 센터는 몰려든 사람들로 물 샐 틈이 없어서 뒷자리에 있던 사람들은 일어서서 들어야 할 정도였다. 캐시디는 집에 있었다. 게리의 딸 시드니는 엄마 옆에 앉아 아티의 목줄을 쥐고 있었다. 이렇게 많은 사람이 몰려든 것을 보니 신이 났다. 게리는 최근 몇 주간 유세 준비차 주민 회의에 몇 번 참석했지만, 그때마다 모인 사람은 몇 명 되지 않았다. 그나마 매번 오는 사람만 와서 자기들끼리의 대화에만 열을 올릴 뿐이었다.

그러나 이날 밤은 달랐다. 게리는 또 한 명의 정치 신인인 엘리자베스Elizabeth와 함께 수십 년간 기득권을 유지해온 세력에 반기를 든 입장이었다. (게리의 요청으로 이 대목에 등장하는 주민들은 프리드먼 가족을 제외하고 가명을 사용했다.) 예컨대, 짐Jim은 벌써 29년째 지역봉사 위원으로 일해온 인물이었다. 어떻게 보면 그가 곧 위원회라고도 볼 수 있었다. 또 휴Hugh라는 사람은 4년 전부터 위원으로 활동해오다 최근에 지역 단체장에 선임되었다. 이 자리는 위원회의 결정 사항을 집행하는 임명직이다. 지난 12년 동안 짐과 휴는 서로 긴밀히 협력하며 이 직무들을 수행해왔고, 그동안 주민들로부터 별다른 간섭을 받은 적도 없었다. 게리 자신은 이들 기성 정치인과 그 지지자들을 '수구 세력'이라고 불렀다. 그에 반해 자신과 엘리자베스, 그리고 이 둘을 지지하는 사람들은 '신진 세력'이 되는 셈이었다.

그날 밤 게리는 마치 우리가 그토록 갈망했으면서도 지금껏 만나지 못했던 정치인의 모습 그대로였다. 그는 이 해변과 미래 세대가 될 손자 이야기를 할 때면 얼굴이 환하게 빛났다. 그는 따뜻하고 잘 웃는 사람이었다. 질의응답 시간에는 질문하는 사람들도 그가 정말 자신의 말을 경청한다는 것을 피부로 느낄 수 있었다. 그는 청중을 향해 이 고장의 민주주의에 활기를 불어넣겠노라고 말했다.

"진짜 변화를 일으킬 절호의 기회입니다. 관련 당사자 모두가 그 변화를 체감할 것입니다." 게리의 중재 방식 자체가 바로 모든 사람이 한 공간에 모여서 문제를 해결한다는 개념이었다. 1996년에 샌프란시스코 심포니 오케스트라[12]가 파업에 들어가 67일간 활동을 중단하면서 무려 마흔세 개의 콘서트를 취소한 일이 있었다. 게리는 협력 변호사 로버트 므누킨Robert Mnookin을 비롯한 여러 사람과 함께 이 사건의 중재를 맡았다. 그들은 이 중재 과정에 몇몇 대표자가 아니라 105명의 단원 모두가 함께 참여해야 한다고 고집했다. 원래라면 변호사들은 변호사들끼리 만나 양쪽의 의사를 전달하며 이런저런 조건을 주고받는 방식으로 일을 처리하는 것이 보통이다. 그러나 그들은 그렇게 한 것이 아니라 모든 사람이 모든 관련 사안을 이해해야 한다고 믿었다. 그렇게 하지 않으면 지금 당장은 문제가 해결된 것같이 보여도 어차피 내년이면 수면 아래에 가라앉아있던 갈등이 또다시 불거져 나올 것이기 때문이다.

연주자들은 이미 급여와 처우 개선을 포함해 총 65개 항의 요구 조건을 악단 측에 제시한 상태였다. 그들은 과도한 업무량과 몰이해에 시달리고 있다고 주장했다. 이에 대해 경영진은 악단 운영이 적자 상태이므로 단원들의 요구사항을 모두 들어줄 형편이 아니라고 맞섰다. 양측 모두 상대방의 말을 전혀 신뢰하지 않았다.

1996년 12월, 연주자들은 이미 매진된 모차르트 공연을 취소하고 시위에 나섰다. 그들은 모두 우아한 연주복 차림으로 각자 악기를 들고 취침 나팔 곡을 연주했다.

단원 중 한 명인 바이올리니스트 마리코 스마일리Mariko Smiley는 〈샌프 란시스코 이그재미너San Francisco Examiner〉와의 인터뷰에서 이렇게 말했다. "이러다가는 3년마다 한 번씩 똑같은 일을 겪을 것 같다는 생각이 들었습 니다. 너무나 맥이 빠졌지요." 입장권을 구매했던 한 사람은 이 기막힌 광 경을 보고 실망하며 이렇게 말했다. "이보다는 분명히 더 나은 방법이 있 을 텐데요."[13]

연주자들이 협상에 나서도록 압박하기 위해 경영진은 건강보험금 지 원을 중지했다. 이에 항의하는 뜻으로 비순 연주자 한 명은 아픈 자녀를 안고 TV 뉴스 카메라 앞에 나섰다. 관객 중에는 입장권을 환불해달라는 사람, 후원금을 중단하겠다는 사람 등이 줄을 이었다. 매일 모든 이해당사 자가 손해를 보고 있었다.

단장이자 악단 측의 협상 책임자였던 피터 페스트라이쉬Peter Pastreich 는 이렇게 말했다. "양측 모두 일종의 절망감[14]에 사로잡혀 다들 서로 이 렇게 말했습니다. '저런 사람들과는 어떤 결론도 낼 수 없을 것 같아. 우리 말은 들으려고도 하지 않는데 뭘.' 그리고 이런 분위기는 급기야 극도의 분노로 이어졌습니다."

게리와 하버드 법대 교수 므누킨이 현장에 도착했을 때는 이미 파업이 끝나있었지만, 악단은 여전히 갈등에서 빠져나오지 못한 상황이었다. 연 주자들은 여러 진영으로 분열되었다. 그중 일부는 자신들이 너무 일찍 굴 복한 것 같다고 생각했다. 현악기 연주자들이 특히 그랬다. 바이올린과 첼로 연주자들은 다른 사람보다 연주량이 많은 편이었으므로 건초염을 호소하는 사람이 많았다. 그들은 어차피 파업을 다시 할 수밖에 없다고 생각했다.

이렇게 전운이 감도는 상황에서 게리 일행은 여러 차례 워크숍을 열어 연주자들이 타르 웅덩이에서 빠져나오는 법을 교육하려고 했다. 그들이 맨 먼저 강의한 내용은 게리가 '이해의 순환고리 Looping for understanding'라고 부르는 적극적 경청법이었다. 이것이 바로 게리가 중재할 때 쓰는 가장 강력한 기법이었다. 쉽게 말해 이것은 내가 상대방의 말을 듣는다는 것을 눈으로 확인할 수 있게 해준다는 개념이다.

우리는 평소에 남들이 내 말을 경청한다는 느낌을 받을 때가 거의 없다. 그래서 남의 말을 듣는 방법도 잘 모르는 사람이 많다. 우리는 보통 결론으로 곧장 건너뛴다. 상대방의 말을 이해하지 못했으면서도 이해했다고 생각한다. 상대방이 말을 아직 마치지도 않았는데 머릿속에는 벌써 다음에 이야기할 주제로 가득 차 있다.

의사들은 환자들에게 어디가 아프냐고 물어놓고 정작 말할 시간은 평균 11초[15]밖에 주지 않는다고 한다. 11초 후에 의사가 끼어들지 않아도 환자는 그로부터 6초 후에는 말을 마친다. 결국 환자가 필요한 시간은 고작 17초에 불과하다. 그런데 의사들은 그 17초조차 허용하지 않는 것이다.

이렇게 남의 말을 듣지 않는 태도가 초래하는 결과[16]는 실로 크다. 그것도 우리가 다 아는 문제다. 상대방이 자신의 말을 듣지 않는다고 느끼는 사람들은 약간 화를 내면서 방어적인 태도를 보이게 된다. 말수가 적어지고, 무슨 말을 하든 단답형으로 변한다. 그때부터는 서로가 다 벽을 마주

1장 수면 밑의 언더스토리

하는 것 같은 느낌을 받게 된다.

그러나 상대방이 내 말을 듣는다는 느낌을 받으면 마술 같은 일이 일어난다. 말에 일관성이 생기고 주제에 흥미를 보이기 시작한다. 자신의 말에 존재하는 모순은 스스로 알아차린다. 그리고 그것을 기꺼이 인정한다. 태도가 더 유연하게 바뀐다. 금융상담원이 자신이 하는 말을 들어준다고 느끼는 고객[17]은 그들을 더 신뢰하게 되고, 수수료를 지급할 때도 기분이 좋다. 근로자가 이런 느낌을 받으면[18] 업무성과가 향상되고 상사를 더 좋아하게 된다. 자신이 이해받고 있다고 느끼는 환자들은 만족스러운 마음으로 병원을 나서며, 의사의 지시를 충실히 따를 것이다.[19]

부부도 마찬가지다.[20] 배우자가 자신을 이해해준다고 생각하는 사람들은 갈등이 닥쳐도 두 사람의 관계에 해를 미치지 않고 이를 해결할 줄 안다. 심지어 의견일치에 도달하지 못하더라도 서로가 펼치는 논쟁 때문에 기분이 나빠지는 것이 아니라 오히려 좋아질 수도 있다. 이것이 바로 건전한 갈등이다.

게리는 경청의 기술을 익히지 않고는 갈등의 함정에서 결코 빠져나올 수 없다는 사실을 알고 있었다. 그래서 연주자들이 두 사람씩 조를 짜서 '이해의 순환고리' 방법[21]을 연습하게 했다. 한 사람이 애초에 이 오케스트라에 입단한 사연을 말하는 동안, 다른 사람이 그의 말에 귀를 기울였다. 말하는 사람이 생각한 내용을 말하고 나면, 듣는 사람은 자신이 제대로 이해했는지 확인하기 위해 그 내용을 요약했다. 즉 상대방이 한 말을 반복하는 것이 아니라, 말의 핵심 내용을 자신의 표현으로 정리한 것이다. 그리고 자신이 제대로 표현한 것이 맞느냐고 되물어보는 절차가 있었다.

"그러니까 선생님이 이 오케스트라에 들어온 것은 세계 최고 수준의 연주자들과 호흡을 맞춰가며[22] 자신의 한계에 도전해보기 위해서였다, 이런 말이지요. 제 말이 맞습니까?"

연주자들은 이런 연습을 해보면서 두 가지 사실을 알 수 있었다. 첫째, 상대방의 말을 알아듣기가 생각처럼 쉽지 않다는 것이다. 우리는 대체로 사람들의 말을 들을 때 머릿속에 모종의 가정을 안고 있는데, 그중에는 잘못된 생각이 포함되어 있기 때문이다. 사실 하고 싶은 말을 정확히 전달하기가 생각보다 쉬운 일이 아니라는 것도 중요한 요인이다.

예를 들어 바이올린 연주자는 상대방이 자신의 말을 요약한 것을 듣고 이렇게 가다듬을 수 있다. 이렇게 말했다고 치자. "예, 그런데 사실은 도전한다기보다 영감을 얻고 싶었다는 편이 더 정확한 표현입니다. 어렸을 때 음악을 들으면서 느꼈던 그 경이로움을 다시 한번 느끼고 싶었거든요. 무슨 말인지 아실 겁니다." 연주자들은 이 과정을 통해 사람들의 말에서 진의를 포착하기 위해서는 호기심뿐 아니라 재확인 작업이 필요하다는 사실을 알게 되었다.

둘째, 사람들이 남에게 이해받기를 너무나 갈망한다는 사실이다. 말하는 사람의 내용을 정확히 표현해주었을 때 돌아오는 반응은 한결같았다. 그들은 항상 눈빛을 반짝거리며 '바로 그거예요!'라고 대답했다. 게리에게는 그런 장면을 지켜보는 것보다 더 흐뭇한 일이 없었다.

사람들은 상대방이 자신을 이해해주면 그를 신뢰하게 되고 더욱 자세히 설명해주려고 한다. 이런 과정이 반복되면 그들 전체에게 정말 중요한 것이 무엇인지를 공유하는 데 도움이 된다. 이 과정의 목표는 그들의 다양한 요구를 아우르는 근본 요소가 무엇인지 파악하는 것이었다. 원하는 것이 휴가든, 냄비든, 그들에게 그것이 왜 그토록 중요한 것인가?

바이올린 주자 한 명은 이렇게 말했다. "저에게는 놀라운 경험이었습니다. 이 악단에서 15년 동안 연주해오면서 여러 가지 일을 논의해보았지만, 우리가 하는 일을 사랑하는 이유를 이야기해본 것은 이번이 처음입니다."

이렇게 해서 연주자들은 자신들의 가장 중요한 공통 관심사를 파악하고 이를 짧은 목록으로 정리해냈다. 그들이 처우 개선을 원했던 것은 단순히 돈 문제가 아니라 공정성과 장래를 걱정했기 때문이다. 그들은 다른 심포니에 버금가는 보상을 받을 수 있다면 새로운 인재가 유입되는 데에도 도움이 되리라고 생각했다.

알고 보니 그것은 경영진도 원하는 바였다. 그러나 다들 이런 사실을 깨달을 기회가 없었다. 그동안 어느 쪽도 상대방의 말에 귀를 기울이려고 하지 않았기 때문이다. 경영진 측 협상 책임자 페스트라이쉬는 이렇게 말했다. "경청이 얼마나 중요한지 비로소 이해했습니다.[23] 연주자들이 저에게 화를 낸 이유 중 하나는, 그들이 느끼기에 저는 그들의 말을 들으려고도 하지 않았기 때문이었습니다. 그건 저도 인정할 수밖에 없습니다. 그리고 저 역시 그들이 우리 말을 듣지 않는다고 생각했습니다."

상대방이 내 말을 듣는다고 생각하면 지금까지 보이지 않던 선택지가 눈에 보인다. 해결책을 찾아야 한다는 책임감이 든다. 그리고 결과가 썩 마음에 들지 않더라도 수용하려는 마음이 생긴다. 왜냐하면 내가 그 결과에 참여했다는 느낌이 들기 때문이다.

협상에는 몇 주가 소요되었지만, 새로 체결된 임금 계약으로 샌프란시스코 심포니는 미국 최고 수준의 연봉을 자랑하는 악단이 되었다.[24] 현악기 연주자들이 안고 있던 문제도 일부 해결되었다. 그러면서도 악단의 재정에는 별다른 피해가 없었다. 연주자들은 새로운 계약을 압도적인 표 차로 찬성했고, 이 계약은 이후 6년 동안 유효했다. 평소 수준의 2배에 해당하는 기간이었다. 협상 타결을 알리는 기자 회견 석상에서 바순 연주자는 이사의 볼에 키스를 선사하기도 했다. 그야말로 제이와 로나 부부를 다시 보는 것 같은 광경이었다.

승리

후보 토론회가 열리던 날 밤, 게리는 다른 어떤 주민 회의도 이 정도 사람은 모일 것이라고 상상했다. 어떤 문제나 해결책에 대해서도 선출된 공직자가 주인공이 아니다. 그것은 주민들의 몫이다. 샌프란시스코 심포니의 연주자들이 그랬듯이 말이다.

게리가 청중을 향해 말했다. "이런 세상에, 뮤어비치에는 이미 변화가 일어났군요."[25] 그는 수십 년의 대중 연설 경험을 바탕으로 청중과 호흡하는 법을 잘 알고 있었다. 그는 미소를 짓는 얼굴로 주민들 한명 한명과 시선을 맞추며 충분히 여유를 둔 채 연설을 이어갔다. "우리 지역은 육지든 강 유역에서든 과거 우리가 생각하던 것보다 훨씬 더 많은 압박을 받고 있습니다."

그는 청중이 자신에게 완전히 집중하고 있다는 것이 느껴져서 기분이 좋았다. 아마도 이 자리에 나온 후보 중에서도 가장 나이 많은 축에 들겠지만, 그는 스스로 앞날이 창창하다는 느낌이 들었다. 그는 지금, 자신이 분명히 할 수 있다고 생각했던 그 일을 실현한 셈이었다. 한 사람의 낙오자도 없이 모든 이들을 한데 모은 일 말이다. 정치가 꼭 인정사정없는 판이 될 필요는 없었다. 그가 말했다. "저는 변화를 위해 이 자리에 섰습니다. 제가 처음 느꼈던 그 마술을 지금부터 실현하겠습니다."

몇 주 전부터 게리와 엘리자베스, 트리시는 집집마다 방문하며 그동안 게리가 한 번도 만난 적 없는 이웃들에게 변화를 위해 투표하자고 호소했다. 타냐Tanya라는 사람이 게리의 정치 자문을 맡겠다고 먼저 나섰다. 원래 정치인 가문 출신이었던 그녀는 평생 노동 운동을 해오면서 여러 편의 기사와 책을 통해 미국의 근로자들을 돕는 법을 알려온 사람이었다. 그래서 자연스럽게 게리의 선거운동을 통해 내세울 논점을 잡아주고 전략을 계획하는 일을 맡았다. 그녀는 게리가 뮈어비치의 여타 후보들과는 차원이 다른 선거운동을 펼치는 데 큰 역할을 했다. 그녀는 나에게 이렇게 말했다. "우리는 모든 가구를 세 번씩 방문했습니다. 이전에는 그 누구도 그렇게 하지 않았지요."

타냐의 조언으로 게리는 다음과 같은 선거 구호를 내놓았다. "전진과 후퇴, 어느 편을 원하십니까?" 타냐는 늘 승리를 이야기했다. 머지않아 게리도 그랬다.

후보 토론회에서 어떤 사람이 그를 향해 상수도 관리 분야에 경험이 있느냐고 물었다. 도심에서 멀리 떨어져 시시때때로 가뭄 위협에 놓이는 뮈어비치에서 가장 중요한 일 중 하나가 바로 그것이었다. 게리는 솔직하게 대답했다. "저는 물에 관해 많이 알지는 못합니다. 그러나 배울 의지가 있다는 점은 분명히 말씀드립니다."

정치인이라면 보통 이렇게 말하지 않는다. 게리가 그렇게 말한 것도 바로 그 때문이었다. 게리는 기꺼이 기존 정치의 틀을 깼다. 정치에서도 정직하게, 모두를 포용하는 길이 있음을 증명하는 행동이었기 때문이다.

토론이 끝나고 트리시와 시드니가 다가와 자랑스러운 표정으로 그를 끌어안았다. 사람들이 몰려와 악수를 청했다. 비평의 말을 건넨 사람은 타냐뿐이었다. 그녀는 상수도 관련 질문에 그렇게 솔직하게 대답하는 것이 아니라고 말했다. 상대 후보에게 어떤 약점이라도 노출하는 것은 실수라는 것이 그녀의 말이었다.

다음날 이웃들이 저마다 와인을 한 병씩 들고 와 전날 그가 했던 일에 감사를 표했다. 게리는 〈마린 인디펜던트 저널Marin Independent Journal〉과의 인터뷰에서 그가 만약 선출된다면 새로운 질서를 구현하겠다고 약속했다. "주민 회의를 존경과 열정, 개방성이 차고 넘치며[26] 사람들과 교류를 나누는 장으로 만들겠습니다."

선거일인 2015년 11월 3일, 오후 11시에 선거 결과가 온라인으로 발표되었다. 게리가 타 후보와 압도적인 표 차로 당선되었다. 엘리자베스도 당선되었다. 거의 30년간 이 지역의 행정직을 차지해온 둘을 교체한 것이다. 그 둘은 단 4표 차로 낙선했다.

게리는 큰 희열을 느꼈다. 그가 선거에 뛰어든 것은 자신이 민주주의를 되살릴 수 있다고 믿었기 때문이고, 그것은 지금도 마찬가지였다. 사람들의 말에 귀를 기울이고 힘을 불어넣으면 그들의 참여를 끌어낼 수 있다고 믿었다. 지금까지 그런 일은 아내가 주로 해왔지만, 이제 그는 정치에서 같은 일을 구현하려고 한다. 그리고 그것이 효과가 있었음은 부정할 수 없는 사실이었다. 뮈어비치는 같은 선거 기간 마린 카운티 지역에서 가장 높은 투표율을 기록했다. 무려 74퍼센트의 주민이 투표장에 나온 것이다. 여기든 그 어디서든, 희망은 아직 사라지지 않았다.

위원회 이사이자 가까운 이웃인 조엘Joel이라는 사람이 게리에게 자신이 위원장이 되고 싶다고 말했다. 위원장은 첫 위원회에서 다른 위원들의 투표로 선출되는 자리였다. 그러나 게리는 정중하게 그를 만류하며 자신이 그 자리를 맡고 싶다고 말했다. 그는 그러는 편이 지역을 위해 가장 좋은 일이라고 생각했다. 조엘은 게리의 의견을 존중하고 물러났다.

게리가 트리시에게 말했다. "우리는 한데 뭉쳐 사람들에게 한 약속을 지킬 거야."

2장 양자 구도의 위력

The Power of the Binary

존 애덤스와 토머스 제퍼슨의 초상, 스미스소니언 국립초상화 박물관
이 초상화가 걸동이다.

1775년, 미국의 혁명운동을 이끌던 존 애덤스John Adams와 토머스 제
퍼슨Thomas Jefferson[1]은 북아메리카 13개 식민지의 자치 기구인 대륙회
의Continental Congress에 대표단 자격으로 참석한 자리에서 만났다. 두 사람
은 서로 너무나도 달랐다. 애덤스는 키가 작고 비꼬는 말투였으며, 말도
많을 뿐 아니라 쉽게 흥분하곤 했다. 제퍼슨은 키가 크고 점잖은 사람이었
다. 공개적인 모임이나 소그룹 모임에서도 별로 말이 없었다. 그는 쾌활하
고 사교적인 성격으로, 남을 공격하는 경우는 거의 없었다. 그러나 이 둘
은 금세 친해졌다.

애덤스는 자신보다 나이가 어린 제퍼슨을 후배로 여겼다. 이듬해 그는
제퍼슨을 설득하여 〈독립선언서〉 초안을 작성하게 했고, 두 사람 모두 여
기에 서명했다. 1780년대에 두 사람은 유럽에 외교관으로 파견되면서 더
욱 우정이 돈독해졌다.

두 사람 다 정당이라는 개념을 싫어했다. 애덤스는 정당이야말로 '정

치에서 가장 심각한 악'이라고 규정했다. 제퍼슨은 정당에 대한 충성이란 '자유롭고 도덕적인 인물이 처할 수 있는 가장 타락한 상태'라고 생각했다. 그들은 문명이 양 진영으로 나뉠 때 벌어질 위험을 잘 인식하고 있었다. 두 사람 모두 한 나라가 국민의 지지로 인해 둘로 나뉘리라고는 절대로 상상하지 않았다.

그러나 그것은 두 사람이 서로 대화를 나누던 시절의 이야기였다. 시간이 흐르면서 제퍼슨과 애덤스는 새로운 국가의 미래를 바라보는 관점을 점점 달리하게 되었다. 제퍼슨은 중앙 정부의 필요성에 의구심을 품었지만, 애덤스는 국정을 제대로 수행하려면 강력한 정부가 꼭 필요하다고 생각했다. 두 의견 모두 나름의 장점이 있었다. 두 사람은 여전히 친분을 유지하면서 서로의 의견 차이를 존중할 수 있었다.

그 후 1796년에 이르러, 민주공화당은 제퍼슨을 대통령으로 지지했고, 연방주의자들은 애덤스를 밀었다. 미국 역사상 최초의 대통령 선거전이 펼쳐진 것이었다. 제퍼슨과 애덤스가 걱정했던 대로, 미국인은 두 개의 정당으로 나뉘어 서로 대립했다. 선거전은 지저분하게 흘렀고, 두 사람을 지지하는 사람들은 상대 진영을 공격하기 시작했다. 결과는 애덤스의 승리였지만, 둘의 차이는 불과 3표 차이에 불과했다. 애덤스로서는 후배라고 생각했던 사람에게 이런 굴욕을 당하자, 그 상처가 가슴과 머리에 오래도록 남게 되었다.

정치란 원래 모든 사람을 양자 구도Binary의 틀에 몰아넣는 속성이 있다. 예컨대 민주당과 공화당, 기득권자와 도전자, 수구 세력과 신진 세력 등의 대립 구도다. 제퍼슨과 애덤스는 이미 오래전부터 이런 갈등이 벌어지리라고 장담한 것이나 마찬가지였다. 너무나 갑자기 양 진영이 선명히 구분되었고, 이에 모든 사람이 선택을 강요당했다. 영어의 '범주category' 라는 단어가 그리스어 '비난'에 기원을 둔 것도 다 그럴 만한 이유가 있는 셈이다.

선거가 끝나고 제퍼슨은 분위기를 누그러뜨리고자 애덤스에게 보낼 서신을 한 통 작성했다. 그는 두 사람의 오랜 우정과 충성, 존경심 등을 강조했다. 그는 애덤스가 선거전을 치르면서 마음에 상처를 입었던 만큼, 두 사람 사이의 유대를 회복해야겠다고 생각했다. 그러나 제퍼슨에게 출마하라고 설득했던 민주공화당 대표 제임스 매디슨James Madison이 서신을 보내는 데 반대했다. 애덤스가 어떻게 반응할지 모른다는 것이었다. 게다가 어떤 이유로든 편지 내용이 유출되기라도 하면 어쩐단 말인가? 제퍼슨의 지지자들이 그의 유화적인 태도에 배신감을 느낄지도 모를 일이다. 결국 제퍼슨은 서신을 보내지 않았다. 그리고 그것은 지금에 와서도 애석한 일이 되고 말았다.

두 사람은 당시 국민 정서에 따라 함께 정부를 이끌었다. 키가 작고 냉소적인 성격의 애덤스가 대통령을, 키 크고 점잖은 제퍼슨이 부통령을 맡았다. 그러나 두 사람 간의 대화는 부쩍 줄어들었다. 다양한 사안을 놓고 의견이 엇갈릴 때마다 두 사람 다 자연스럽게 상대방의 심정에 대해 최악의 가정을 하게 되었다.

1800년에 제퍼슨은 다시 한번 대통령에 출마했다. 선거전은 더욱 혼탁해졌다. 지난번에는 후보자 개인이 선거운동을 펼치지는 않았다. 그것은 지지자들의 몫이었다. 그러나 지난번에도 양쪽 다 루머를 퍼뜨리고 상대방을 비하했기 때문에 후보들이 느끼기에는 어차피 개인적인 일이기는 했다. 제퍼슨은 이번에 미심쩍은 성격의 언론인 한 명을 영입하여 애덤스를 헐뜯었다. 19세기에나 봄직한 가짜 뉴스 공세를 펼쳐낸 것이다.

한편 애덤스 대통령은 앞서 조지 워싱턴도 그랬듯이 자신이 직접 퇴임 의사를 밝히지 않는 한 계속해서 집권할 수 있을 것으로 생각하고 있었다. 최소한 선거전을 통해 대통령이 물러나는 것은 선례가 없는 일이었다. 그러나 애덤스 대통령은 재선에 필요한 국민적 신임을 이미 잃은 상태였다. 제퍼슨 측이 일간지 삽화에서 무소불위의 군주로 묘사했듯이 말이다.

이렇게 애덤스는 뼈아픈 패배를 맛보았다. 그러나 더 큰 문제는 그의 오랜 친구이자 후배가 자신의 뒤를 이어서 갓 태어난 불안정한 미국을 통치해야 한다는 사실이었다. 국가를 위해서는 그들이 서로 논의해야 할 것도, 함께 공유해야 할 교훈도, 둘 사이에 형성해야 할 연합도 아직은 너무나 많은 상황이었다.

그러나 그것이 불가능한 상황이 되어버렸다. 제퍼슨이 취임하던 날, 애덤스는 새벽 4시에 마차를 타고 워싱턴을 떠나버렸다. 그는 후임 대통령을 환영하지 않은 최초의 미국 대통령이 되었다.

역사책에는 주로 애덤스와 제퍼슨 사이의 이념적 차이만 강조되어있다. 그러나 이념적 차이는 단지 겉으로 드러난 증상일 뿐이다. 이 갈등의 이면에는 배신과 외면, 굴욕 등이 자리한다. 누가 제대로 대접받고 누가 그렇지 못했느냐가 더 중요한 문제였다는 것이다.

제퍼슨과 애덤스는 자신들이 정당 제도의 위험을 예고했던 것을 그들 스스로 대결함으로써 입증했다. 사람들이 서로 나뉘어 대립하게 만드는

　　　　　　　　　　　　　　　　　　　2장 양자 구도의 위력

체제는 그것이 어떤 것이든 고도 갈등을 유발할 수 있다. 사람들이 갈등에 관해 솔직하게 공개적으로 대화를 나누면서 양자 구도의 위력에 맞설 방법을 찾아내는 한, 이것은 충분히 피할 수 있는 일이다. 제퍼슨이 그 서한을 애덤스에게 보내 두 사람이 정파의 대표이기 전에 오랜 친구이자 다 같은 미국인이라는 사실을 다시 한번 확인했더라면 어땠을까?

실제로 애덤스는 분노에 싸여있었고, 선거가 끝난 이듬해에는 아들에게 "그의 품성에서 변함없는 것이라고는 그의 야망과 교활함뿐이란다."[2]라며 제퍼슨이 충동적이고 신뢰할 수 없는 사람이라고 말하기까지 했다. 그와 제퍼슨은 이후 11년이나 대화가 없었다. 물론 그들을 타르 웅덩이에서 구해준 사람이 마침내 나타나기는 했다. 앞으로 살펴보겠지만, 당시에도 정파주의라는 잘못된 양자 구도를 벗어나는 길이 분명히 있었던 셈이다.

범주와 비난

인간이 가장 흔히 저지르는 실수 중 하나가 무엇이든 범주화하는 버릇이다.[3]

_ 고든 올포트, 〈편견〉

게리는 뮈어비치의 선거에 나서기 전에, '나'와 '당신'이라는 말 대신 '전진'과 '후퇴', '우리'와 '그들'이라는 말을 사용하기 시작했다. 자신을 한 범주에, 다른 사람은 또 다른 한 범주에 몰아넣어 버린 것이다. 범주의 범위가 더 좁아진 셈이었다.

우리는 일상생활에서 늘 사람들을 수많은 범주로 구분한다. 그것이 우리가 세상을 이해하는 방식이다. 어차피 인간은 소집단에서 진화해온 사회적 동물이니까 말이다. 과학자들의 추정에 따르면 약 5,200만 년 전부터[4] 우리 조상은 혼자 사는 것을 그만두었다. 그들은 무리를 짓는 것이 생존에 훨씬 유리하다는 사실을 알게 되었다. 영장류가 사냥을 시작함에 따라 포식 동물의 위협에 더 취약하게 된 것도 바로 그 당시였다. 해가 환하게 뜬 대낮에는 무리를 짓는 일이 그 어느 때보다 중요해진다.

범주화는 시간과 에너지를 아끼는 방법이다. 여러 사람을 똑같이 대할 수 있으므로 그들 하나하나를 자세히 살피거나 깊이 생각하지 않아도 된다. 범주화는 자신을 긍정적으로 생각하는 데도 도움이 된다. 집 앞마당에 Black Lives Matter(흑인의 목숨도 소중하다)라고 쓰인 팻말을 세워놓는 백인은 마치 자신이 깨어있는 시민이 된 듯한 기분을 느낄 수 있다. 자동차 대시보드에 노란 조끼를 걸쳐놓은 프랑스인이라면, 자신이 기득권에 저항하는 분노한 노동자의 대열에 합류했다고 느낄 것이다.

그러나 범주는 중요한 세부 사항을 흐리는 우를 범한다. 효율적이지만, 한편으로는 많은 것을 놓친다. 한번 '그들'을 '우리'와 다르다고 규정하고 나면, 우리 태도가 달라진다. 이것은 지난 수십 년 동안 세계 곳곳에서 수행된 연구로 밝혀진 사실이다. 범주화의 영향으로[5] 우리는 점점 더 다른 그룹과 협력하기보다는 적대적인 태도를 보여왔다. 또 생각과 행동도 우리가 규정한 범주에 맞춰 조금씩 달라져 왔다.

우리는 자신도 모르는 사이에 이런 태도를 보이며, 심지어 무작위로 나

2장 양자 구도의 위력

뉘더라도 마찬가지다. 1968년에 개봉된 영화 〈혹성탈출〉[6]의 촬영장에서 침팬지와 고릴라를 각각 연기한 배우들은 점심시간에도 그들끼리 나뉘어 식사했다. 배우들은 같은 분장을 한 사람들과 함께 있을 때 더 편안함을 느꼈다는 것이다.

그런 그룹이 일종의 종족으로 발전하여 친밀감을 형성하는 데 필요한 대가는 놀랍도록 적다. 거기에는 경쟁도, 모종의 절차도, 단합 대회도, 심지어 경제적 보상도 필요 없다. 오직 내가 속한 그룹과 다른 사람이 속한 그룹이 서로 다르다는 의식만 있으면 된다.

1971년, 사회심리학자 헨리 타이펠Henry Tajfel 연구팀은 영국 브리스톨 교외의 어느 지역에서 48명의 10대 소년들에게 파울 클레Paul Klee와 바실리 칸딘스키Wassily Kandinsky의 그림을 각각 여섯 점씩[7] 보여주었다. 소년

파울 클레의 〈세네치오〉, 1922년 작. 출처 : 바젤 현대미술관 온라인 컬렉션

들은 누가 어떤 그림을 그렸는지 미리 들었지만, 자신이 좋아하는 작품이 어떤 것인지도 질문받았다. 그리고 각자 예술적 성향에 따른 그룹에 배정받았다는 설명도 들었다.

이 그림은 모두 같은 시기에 제작된 추상 작품이었다. 모든 미술작품이 그렇듯이 이들 역시 특별히 불화를 조장하거나 도발적인 성격은 전

혀 없는 작품이었다. 아울러 소년들 역시 오랫동안 학교에서 서로 알고 지냈고, 이미 예전부터 다양한 협력 관계를 맺어온 사이였다. 그러나 예술적 성향에 따라 그룹이 나뉘자마자 이 새로운 자아가 그들에게 가장 중요하게 여겨지기 시작했다. 소년들은 금세 클레파와 칸딘스키파로 나뉘었다.

사실 그들은 무작위로 각 그룹에 배정되었다. 사실 공정하다고 할 수 없는, 일종의 속임수였을 뿐이다. 그러나 어쨌든 우리는 어떤 그룹이 존재한다는 말을 한번 들으면 자신이 속한 그룹에 애착심을 느끼는 본능이 있다. 어떻게 보면 거의 선택의 여지가 없는 셈이다.

익명으로 서로에게 금전적 보상을 부여하라고 하자, 소년들은 대부분이 자신과 같은 예술 성향 그룹의 아이들에게 보상을 부여했다. 클레파는 칸딘스키파보다는 같은 클레파 아이에게 돈을 주었고, 상대방도 마찬가지였다. 그렇게 함으로써 자신에게 돌아오는 실질적인 유익은 아무것도 없는데도 말이다.

범주에 애착을 보이는 성향은 아주 어릴 때부터 나타난다. 아이들은 글을 읽기 전부터 인종과 성별에 따라 사람을 구분할 줄 안다. 미국의 백인 아이들[8]은 초등학생 연령이 되면 본능적으로 흑인의 얼굴 사진을 기피하

바실리 칸딘스키의 〈상향〉, 1929년 작.

는 경향을 보인다. 심지어 흑인이 다수인 학교에 다니는 백인 학생도 마찬가지다. 그렇다고 백인 아이들이 모두 인종주의적 가정에서 자란다는 말이 아니다. 그들이 자신의 편견에 따라서 행동한다는 것도 더더욱 아니다. 단지 이 실험이 알려주는 바는, 인간은 신분적 차이를 인식함으로써 생존해왔고, 우리는 사회에서 중요한 범주가 어떤 것인지 알게 모르게 습득해왔다는 사실이다.

이것이 바로 우리 공동체가 고의로 양자 선택의 구도를 형성하는 것이 위험한 이유이다. 제퍼슨과 애덤스가 정당 개념을 비판했을 때도 그들은 바로 이 점을 잘 알고 있었다. 앞으로 살펴보겠지만 정치를 운영하는 데는 훨씬 더 나은 방법이 분명히 존재한다. 그러나 우리는 좀처럼 이런 이분법적 전통에 의문을 제기하지 않는다. 예를 들어 국민 투표는 민주주의의 궁극적인 형태라고 여겨진다. 국민이 무엇을 원하는지 그들에게 직접 묻는 것이니 왜 그렇지 않겠는가! 그러나 국민 투표는 복잡한 이슈를 단 두 가지의 범주로 나눈다. 예/아니오, 좋다/나쁘다, 공화주의/연방주의, 수구 세력/신진 세력, 또는 클레/칸딘스키 등으로 말이다. 이런 구도는 '우리 편이 아닌 사람'을 향한 인간의 가장 뿌리 깊은 편견을 자극한다.

2016년, 지구상의 3개 대륙에서 기득권은 양자 구도의 국민 투표[9]를 통해 공고히 기반을 다졌다. 유권자들은 여러 가지 대안 중에서도 오직 승인이나 거부 둘 중의 하나만 선택할 수 있었다. 첫째는 영국이 유럽연합에서 탈퇴할 것인지를 결정하는 일이었고, 둘째는 인권운동 단체들이 민주주의적 자유가 쇠퇴했다고 평가한 태국의 새 헌법이었으며, 셋째는 콜롬비아에서 반세기의 내전 끝에 마련된 297페이지짜리 평화조약이었다.

우리는 실생활에서 벌어지는 수많은 문제에 대해 복잡한 감정을 느낀다. 예컨대 이민, 세계화, 민주주의, 부패, 마약 밀매, 그리고 여러 사건의 희생자들에 대한 보상 문제 등이다. 사람들은 이런 문제에 관한 지식이 고르지 않고, 의견도 여러 갈래로 엇갈린다. 그러나 국민 투표는 이런 현실을 모두 무시한 채 어느 한쪽만을 선택하라고 한다. 세상을 2차원으로만 보라고 강요하는 셈이다. 이 세 곳의 국민 투표가 끝나 영국이 유럽연합에서 탈퇴하고, 태국이 제한적인 새 헌법을 채택하고, 콜롬비아가 평화조약을 부결한 후, 〈뉴욕타임스〉는 정치학자 마이클 마시Michael Marsh에게 국민 투표가 과연 바람직한 제도인가라는 질문을 던졌다. 그는 대답했다. "정답이 있을 수는 없겠지만[10], 무의미하다에서부터 위험하다까지 다양한 대답이 가능하다고 생각합니다."

특정 시기에 소기의 목적을 달성하기 위해 누군가에게 꼬리표를 붙이는 현상이 벌어진다. 그렇게 형성된 범주는 저절로 힘을 얻는다. 국민 투표의 위험성이 바로 여기에 있다. 하나의 범주에 대해서도 사람마다 생각이 다 다르다. 따라서 범주의 원래 의미는 금세 다른 사람에 의해 변질될 수 있다.

뮈어비치의 수구 세력은 절대 자신을 '수구 세력'이라고 지칭하지 않았다. 그 별명은 게리가 만들어낸 것이었다. 다른 범주와 마찬가지로 이 경우 역시 상대 진영의 한 측면을 강조하고 나머지는 한쪽으로 치워놓거나 의도적으로 무시하는 측면이 있다.

예를 들어 수구 세력이 꼭 자신을 하나의 연합된 세력으로 인식한다는 보장은 어디에도 없다. 그들은 특정 정당의 통제하에 있지 않으며, 그들의 의견이 늘 일치하는 것도 아니다. 뮈어비치의 두 사람은 자유주의 성향에 가까웠다. 한 사람은 그저 돈을 쓰기 싫어하는 것뿐이었다. 또 한 명은 다른 사람들로부터 인정받기를 좋아하는 것 같았다. 그들 모두 게리와 마찬가지로 지역사회를 위해 좋은 일을 하려고 자원봉사에 나선 사람들이었다. 그들 모두 뮈어비치를 사랑했다. 그들 중에는 오히려 게리에게 수구 세력이라는 딱지를 씌우려고 한 사람도 있었다. 어쨌든 그야말로 위원회에 속한 그 누구보다 뮈어비치에 오래도록 살아온 사람이었으니까 말이다.

그렇다면 게리는 도대체 왜 이런 구도를 내세웠던 것일까? 그에게 '신진 세력'이란 어떤 의미가 있었던 것일까? 게리는 뭔가를 증명하고자 했고, 그 것은 단지 버스 정류장이 어느 위치에 들어서느냐의 문제가 아니었다.

이해의 순환 고리

나는 처음 게리를 만났던 당시, 정치 양극화 문제를 보도하던 중이었다. 당시는 양자 구도의 당파주의에 매몰되어 상대 진영을 인간 이하의 존재로 취급하는 사람들이 날이 갈수록 늘어가는 시점이었다. 선과 악, 공화당과 민주당, 인종차별주의자와 그렇지 않은 사람 간의 구분이 날이 갈수록 뚜렷해졌다. 사람들은 상대 진영의 사람과 실제 만난 적도 없으면서 그들의 속마음을 안다고 생각했다. 때로는 나마저 그런 유혹에 빠질 뻔했다. 이런 흐름에 저항하기가 매우 어려운 시절이었다.

이런 상황에서 언론인이라는 내 직업은 모든 것을 더욱 어렵게 만들었다. 아무리 새로운 기사를 써봐야 그 누구도 생각을 바꾸려 하지 않았다. 그저 사람들의 분노와 환멸, 절망을 더 부추길 뿐이었다. 사람들은 이민, 경찰 폭력, 탄핵, 경제, 기후 변화 등 모든 문제를 진영이라는 색안경을 통해 바라보았다.

2015년에 인터넷에서 한창 이슈가 됐던 '드레스The Dress'[11]라는 사진이 계속 생각났다. 수백만 명의 사람들이 같은 사진을 두고 전혀 다른 두 가지 색상 패턴으로 보았던 사건이다. 같은 옷을 두고 어떤 사람은 파란색과 검은색 무늬가 들어갔다고 했고, 다른 사람들은 흰색과 금색이라고 했다. 사실보다 그것을 보는 필터(옷에 대해서는 우리의 눈, 정치의 경우는 우리의 정체성이 필터에 해당한다.)가 훨씬 더 중요하게 작용했다.

그러나 옷에 관해 벌어지는 말싸움은 아무런 해가 없다고 하더라도 사람들은 정작 더 큰 문제를 앞에 두고 더욱 심각한 분열을 연출했으며, 이것은 우리의 삶에 실질적인 영향을 미쳤다. 이 나라의 절반은 트럼프를 구원자로 인식했고, 나머지 절반은 그가 괴물이라고 생각했다. 한번 형성된 의견은 좀처럼 변하지 않았다.

그래서 게리가 갈등의 이면을 파헤친다는 이야기를 들었을 때도 나는 의아할 수밖에 없었다. 그를 통해 언론의 또 다른 길을 찾을 수 있을지가 궁금했고, 그래서 다시 한번 갈등에 흥미를 느낄 수 있을지도 모른다는 생각이 들었다.

나는 게리를 처음 만났을 때 혹시 최근에 흥미를 느낄 만한 정치 기사가 있었는지 물어보았다. 혹시 내가 모르는 제3의 소식통을 알고 있을지도 모른다는 생각도 조금은 있었다. 그는 없다고 말했다. "언론인들은 바

로 이런 함정에 빠져있습니다." 그의 어조는 담담했다. "스토리가 달라질
여지는 전혀 없습니다."

스토리가 달라진다는 것은 과연 어떤 의미일까? 그가 말했다. "실제로
어떤 부분에서 갈등이 벌어지고 있는지를 알아야 합니다." 그는 수천 건
의 갈등을 가까이에서 직접 지켜봐 온 사람이었다. 그는 피상적인 이상주
의자가 아니었다. 그런 그가 나에게 실제 스토리를 놓치고 있다고 말하고
있었다. 다른 사람들처럼 나 역시 타르 웅덩이에 빠져있었기 때문이다.

그러면서 게리는 다음번 교육 때 나도 참석해보라고 권했다. 그는 나를
만나기 전까지도 언론인을 교육해본 적은 없었다고 했다. 그러나 내가 하
고자 하는 일도 중재자들이 하는 일과 그리 다르지 않았다. 우리가 하고자
하는 일은 사람들이 자기 스스로와 눈앞에 벌어지는 문제, 그리고 이 세상
을 이해할 수 있게 돕자는 것이었다.

나는 교육이 진행되는 멕시코에 도착하자마자 혹시 내가 뭘 잘못했나
하는 생각이 들었다. 그곳에는 교육받으러 온 변호사와 심리치료사, 나,
그리고 게리와 그의 동료 캐서린 코너Catherine Conner가 있었다. 교육은 아
침 7시 30분에 시작되었다. 선불교 승려이자 게리의 친구인 노먼 피셔Nor-
man Fischer라는 사람의 지도로 한 시간 동안은 온전히 명상 수행이 진행되
었다. 땀이 나기 시작했다. 명상을 한 시간이나 하다니! 일주일 내내 매일
이런단 말인가?

그러나 다른 사람들이 모두 묵묵히 따라 했기에, 나도 그럴 수밖에 없
었다. 한 시간 동안 우리는 모두 빙 둘러앉아서 미동도 하지 않았다. 이 교
육을 받기 전까지 내가 그렇게 오랫동안 잠이 깬 채로 꼼짝도 하지 않았

던 적은 오직 치과에 갔을 때 말고는 없었다. 사실 이번이 더 견디기 어려 웠다. 게리의 설명에 따르면 명상[12] 훈련은 갈등 상황에서도 성찰과 열린 사고를 할 수 있도록 돕는다고 했다. 그래서 이 훈련은 그의 방법에서 꽤 중요한 부분이었다.

물론 나도 이론적으로는 그의 말이 옳다고 생각했다. 관련 연구 논문을 읽은 적이 있었다. 명상은 혈압을 낮추어 불안과 우울증세를 완화하며 숙면에도 도움이 된다. 명상에 익숙하지 않은 사람이라면 운동이나 원예, 기도, 또는 음악 감상 등도 비슷한 효과를 발휘한다. 정신활동에 도움이 된다면 어떤 것이든 마음을 진정하고 현재에 집중하는 데 좋다.

나는 마음을 가라앉히고 평정심을 유지하는 데는 소질이 없다. 그래서 나는 그 처음 한 시간을 '어떻게 이번 주에 명상에서 빠질까'를 궁리하는 데 바쳤다.

다음 시간에 그 유명한 '이해의 순환고리' 훈련이 시작되자, 역시 내 생각이 옳았다는 생각이 들었다. 나는 사람들의 이야기를 듣는 데 평생을 바쳐온 사람이다. 이 수업만큼은 끝내주게 잘할 자신이 있었다. 이 일은 내 직업이다. 나는 언제나 남의 말을 주의 깊게 듣는다. 항상 고개를 끄덕이고 미소를 짓는다. 적시에 눈썹을 움직이는 것도 잊지 않는다. 이 일을 나보다 더 잘하는 사람은 도무지 없을 것 같았다!

그러나 그런 것은 경청이 아니라고 게리가 말했다. 남의 말을 듣는 것과 그런 것처럼 연기하는 것은 전혀 다른 문제다. 사람들은 그 차이를 즉각 알아챈다고 그가 말했다.

우리는 둘씩 짝을 지어 연습을 시작했다. 평소와 확실히 다르다는 느낌

2장 양자구도의 위력

이 들었다. 우선 이 연습은 상대방의 말을 진지하게 들을 수밖에 없는 환경을 조성했다. 다음 질문을 미리 준비하거나 커피는 언제 마시나 따위를 생각할 틈이 전혀 없었다. 즉 상대방이 이야기를 주도하고 나는 그저 따라가는 것뿐이었다. 약간 두려운 느낌마저 들었다.

상대방이 말한 내용을 내가 제대로 이해했는지 확인해보면서, 나는 생각보다 약간씩 잘못 알아들은 부분이 많다는 것을 알았다. 그러면 제대로 알아듣기 위해 몇 번이고 다시 확인하는 과정을 거쳤다.

그런 다음 역할을 서로 바꿨을 때, 비로소 남에게 이해받는다는 느낌이 무엇인지 알 것 같았다. 그리고 게리의 말이 옳다는 것을 인정할 수밖에 없었다. 다른 사람이 내 말을 진심으로 들어주는지 아닌지는 누구라도 금방 알 수 있다. 그저 고개를 끄덕이고 미소를 짓는 것이 다가 아니라는 것이다.

그 일주일의 경험은 내가 그동안 일해온 방식에 근본적인 변화를 불러왔다.[13] 지난 20년간 기자 생활을 해오면서 겪었던 그 어떤 일보다 더 큰 변화였다. 게리의 프로그램에는 순환고리, 심층질문, 속사정 파악하기 등, 갈등을 좀 더 흥미진진하게 다루는 온갖 방법이 있었다.

그때부터 나는 만나는 사람마다 당시 훈련한 방법을 그대로 적용했다. 먼저 가족부터 친구, 심지어 비행기에서 옆자리에 앉은 사람에게도 그렇게 했다. 항상 그 방법을 제대로 실천했던 것은 아니다. 아니, 늘 서툴렀을지도 모른다. 그러나 순환고리 방법을 쓰면 집중하는 데 분명히 도움이 되었던 것 같다.

때로는 의견 차이의 골이 깊은 사람들과도 인터뷰를 진행해야 할 때가 있다. 이럴 때는 상대방의 말을 아무리 듣기 싫어도 들어야만 하는데, 이럴 때 순환고리 방법이 큰 도움이 되었다. 많은 훈련이 필요하지만, 이를 통해 나는 상대방의 의견에 동의하지 않으면서도 동시에 그 말을 경청하는 법을 배울 수 있었다. 그 둘을 동시에 하는 것은 분명히 가능한 일이다. 타르 웅덩이에서 빠져나오려면 어차피 해야 하고, 누구나 할 수 있는 일이다.

그때 게리가 했던 질문들을 포스트잇에 써서 사무실 벽에 붙여놓기도 했다. 그리고 어떤 종류의 갈등이든 갈등에 휩싸인 사람에게 그 질문을 던지기 시작했다.

"이번 일에서 얻고자 하는 것을 손에 넣으면 기분이 어떨 것 같나요?"

"상대방이 당신의 어떤 점을 이해해주었으면 하나요? 그들에 관해 이해하고 싶은 것은 어떤 점입니까?"

명상도 시작했다. 하루에 10분 정도는 온전히 명상에 빠졌다. 그 정도만 해도 효과는 매우 큰 것 같다.

"눈동자를 굴리지 마라"

2016년 2월 3일, 게리는 뮈어비치 지역봉사 위원장 취임 회의를 주재했다.

그는 '통합 원칙'이라는 새 규칙을 도입했다. 행정조직 위원이자 그의 최측근 고문 역할을 맡은 타냐의 도움으로 만들어낸 규칙이었다. 그리고 위원회가 열리는 주민 센터 벽에 그 원칙을 써 붙였다.

"다른 사람을 존중하기"

2장 양자 구도의 위력

"한 번에 한 사람씩만 말하기"

"비방 금지"

"눈동자 굴리지 않기"

여론 수렴 기간에 모든 사람은 이 규칙에 따라 한 사람당 3분만 발언할 수 있었다. 이렇게 해서 예전 위원회였다면 헛소리꾼들이 횡설수설하며 회의를 방해했을 상황을 미리 근절하고 더 많은 사람의 목소리를 들을 기회를 확보했다. 게리가 이 시간제한 규정을 발표하자 한 주민이 이의를 제기했지만, 위원회는 4대 1의 표결로 규칙을 신속히 채택했다. 반대표는 역시 구 세력에 속한 위원이 던진 것이었다. 게리는 이를 별로 개의치 않았다.

그와 엘리자베스는 위원을 포함한 모두가 동등하게 큰 원을 그리며 마주 보도록 회의석을 재배치했다. 주민에게 권력을 되돌려준다는 공약에 걸맞게 회의에 포용적인 분위기를 도입한다는 취지였다. 게리가 중재 교육 때 하던 그대로였다.

사람들이 말하기 시작하면 게리는 순환고리 방법으로 그들의 말을 들었다. 그리고 가장 품격있는 표현으로 그들의 말을 요약하여 그들에게 맞는지 확인해달라고 했다. 그리고 자원자들로 구성되어 누구나 참여할 수 있는 10여 개의 소위원회를 설치하여 주민 자치의 폭을 넓히고자 했다. 이것 역시 그가 샌프란시스코 심포니 오케스트라를 중재할 때 모든 연주자를 같은 공간에 불러모은 것과 일맥상통한 방식이었다.

소위원회의 주제로는 주민 참여, 감사, 산책로, 도로 등 주민 생활에 필요한 모든 주제가 망라되었다. 소위원회에는 모든 주민이 참석할 수 있었지만, 회의가 수렁에 빠지는 것을 방지하기 위해 발언권은 소위원회 소속 위원에게만 주어졌다.

게리가 말했다. "이 도시의 주민이라면 누구나 어떤 위원회에든 참석 하기를 진심으로 희망합니다. 참석 인원은 많을수록 좋습니다." 그는 자 신의 공약을 그대로 이행했다. 이 지역의 정치에 새로운 에너지와 존중심 을 불어넣은 것이다. 그의 지지자들은 새로운 규칙을 좋아했다. 기분 좋은 일이었다. 그러나 몇몇 조롱하는 사람도 있었다. 그들은 새 규칙을 "게리 의 심리학 용어 잔치"라고 부르면서 눈동자를 굴려댔다. 통합 원칙을 한 꺼번에 몇 가지나 어기는 행동이었다.

또 다른 변화도 있었다. 게리가 행정수장이 되면서 사람들끼리 따로 어 울리는 시간도, 그 시간에 먹을 과자도 사라졌다. 게리는 그런 것들은 사 람들이 알아서 마련할 수 있다고 생각했다.

그가 주재한 첫 회의는 계획했던 대로 정확히 2시간 동안 진행되었다. 시계를 쳐다본 그는 자랑스럽다는 듯이 활짝 웃었다. 예전에는 회의가 끝 나는 시간이 밤 9시를 훌쩍 넘겨 사람들의 진을 빼놓기가 일쑤였다. 최소 한 게리가 느끼기에는 그랬다. 제시간에 끝내는 것 자체가 또 하나의 승리 였다. 사람들을 존중하는 최소한의 도리였기 때문이다.

그가 말했다. "너무나 신났습니다. 제가 옳은 일을 하고 있다는 생각에 우쭐해졌지요." 그는 정치를 원래 주인이었던 주민들에게 되돌려주고 있 었다. "놀라웠습니다. 권력을 얻어 뭔가를 이루어낸다는 그 느낌은 직접 경험해보지 않으면 모를 겁니다." 트리시는 회의가 시작된 지 한 시간 만 에 자리를 빠져나갔다. 애완견 아티가 안절부절못하기 시작했다는 것이다.

2장 양자 구도의 위력

한 변호사의 과거 이야기

게리도 정치판에 만연한 적대적 문화를 모르는 바 아니었다. 사실 그는 태어날 때부터 그런 분위기에 익숙했다고 해도 과언이 아니었다. 게리는 캘리포니아로 이사 오기 훨씬 오래전부터 코네티컷 브리지포트의 소송 전문가 가정에서 자랐다. 그의 아버지가 변호사였고, 숙부도 마찬가지였다.

1930년대와 40년대에 게리의 부친이 유대인 변호사로 일을 시작하는 것은 결코 쉬운 일이 아니었다. 당시 코네티컷에 살던 백인 기독교인들은 흑인이나 유대인, 기타 소수 인종에게는 집도 팔지 않는 것이 암묵적인 규칙이었다. 컨트리클럽이나 법률회사 중에도 부친에게 알게 모르게 배타적인 태도를 보이는 곳이 많았다.

게리의 아버지는 결코 약점을 보여서는 안 된다는 것을 깨달았다. 심지어 자신에게조차도 말이다. 게리가 말했다. "아버지는 저에게 모범을 보여주셨습니다. 실패가 눈에 보이는 상황에서도 결코 실패하지 않는 전형과 같은 분이었지요." 게리에 따르면 저녁 식사 자리에서 오고 간 대화는 모두 남을 탓하는 이야기였고, 오직 아버지만 의로운 분이었다. 부친이 소송에서 지면, 그것은 재판장이 술에 취했거나 편파적이기 때문이었다. 게리가 말했다. "아버지의 세상에서 일어나는 모든 문제는 우리가 옳고 그들이 틀렸기 때문이었지요." 그러나 그는 어릴 때부터 아버지의 이야기에 뭔가가 빠져있다는 생각이 들었다. 대놓고 말할 수는 없었지만, 그는 아버지가 무조건 옳다고만 생각하지는 않았다.

의로움은 대체로 법정에서 큰 효과를 발휘하는 경우가 많다. 실제로 커다란 도덕적 승리를 안겨주는 경우도 왕왕 있다. 모든 수단과 방법을 동원하여 '그들'과 싸움을 벌이는 것만이 유일한 선택인 경우가 분명히 존재한다.

1940년, 그리니치의 한 백인 여성이 흑인 운전기사를 성폭력 혐의로 고소했다. 그가 자신을 하룻밤에 4차례나 겁탈하고 몸을 묶어 납치하여 호수에 빠뜨린 다음, 물에 빠진 자신에게 돌을 던졌다는 것이었다. 운전기사는 고용주와 섹스를 나눈 사실을 인정했지만, 그것은 어디까지나 합의에 따른 것이었다고 말했다. 경찰은 그가 성폭력 혐의를 자백했다고 주장했다. 둘 중 누군가는 거짓말을 하고 있음이 분명했다.

언론이 이 사건을 선정적인 표현을 써가며 대대적으로 보도하자, 일부 백인 가정에서 자신들도 똑같은 봉변을 당할까 봐 흑인 피고용인들을 해고하는 일마저 일어났다. 그때 운전기사 사건을 떠맡은 변호사가 바로 게리의 부친과 숙부였다. 그들은 유색인지위향상협회National Association for the Advancement of Colored People, NAACP에 소속된 서굿 마셜Thurgood Marshall이라는 흑인 변호사와 함께 일하게 되었다.

변호팀이 모여 조사해보니 여성의 말에 전혀 일관성이 없다는 사실을 알게 되었다. 그들은 검사 측이 자신들의 고객에 제기한 혐의에는 뒷받침할 근거가 극히 빈약하다는 사실도 알았다. 게리의 숙부는 이미 검사가 편견이 심한 사람이라고 단정 짓고 있었다. 그는 나중에 이렇게 말했다. "그는 아무나 증오했지.[14] 상대방이 폴란드인이나, 유대인, 혹은 이탈리아인이라면 말이야."

재판정에서 변호인들은 그 여성의 이야기에 일관성이 없다는 점을 가

　　　　　　　　　　　　　　　2장 양자 구도의 위력

차 없이 공격했다. 그들은 본 사건에 의혹을 드리울만한 것이라면 무엇이든지 들춰내려고 애썼다. 게리의 숙부는 그 여성에게 집요한 질문 공세를 퍼부으며 그야말로 샅샅이 훑어댔다.

"왜 잠옷만 입은 채로 운전기사를 침실로 불러들였습니까? 위기에 처했을 때 전화 수화기를 내려놓았으면 교환수가 바로 알아차렸을 텐데 왜 그러지 않았습니까?" 등이었다. 그런 다음 숙부는 손수건을 한 장 꺼내 들더니 게리의 부친에게 그녀가 말하는 대로 운전기사가 한 행동을 따라 해보라고 했다. 즉 자신의 입에 재갈을 물려보라고 한 것이다. 그날 밤 경찰관이 근처에 차를 세웠을 때 그녀가 얼마든지 구원을 요청할 수 있었다는 사실이 밝혀지자 배심원단은 깜짝 놀란 기색을 보였다.

전원 백인으로 구성된 배심원단은 거의 13시간 동안이나 숙의를 거듭했다. 마침내 평결이 내려졌다. 운전기사는 모든 혐의를 벗고 결백한 것으로 입증되었다.

그 이야기는 게리의 어린 시절을 통틀어 가장 강렬한 기억으로 남아있었다. 부친은 그 사건이야말로 훌륭한 변호사가 되는 것이 어떤 것인지를 보여주는 상징적인 장면이라고 말했다. "약자를 위해 절대 물러서지 않고 싸우는 영웅적인 일이었단다." 아버지가 묘사한 세상은 뚜렷하게 나뉘어있었다. 선과 악, 옳은 편과 잘못된 편으로 말이다. 사나이라면 우리 편, 즉 옳은 편이 이길 때까지 싸워야 한다. 그리고 결과는 언제나 수단을 정당화한다.

게리는 법학대학에 진학한 후 집안 사업에 합류했다. 그는 프리드먼앤프리드먼에서 5년 동안 수습 변호사로 일했다. 물론 일도 꽤 잘했다. 그는 공격적이고, 날카롭고, 재빨랐다. "저는 싸움닭처럼 일했습니다." 그는 증인이 반대 심문에서 거짓말하는 것처럼 보이도록 몰아세울 때 희열을 느꼈다. 실제로는 증인이 사실을 말한다고 하더라도 말이다.

그는 권력을 마음껏 즐겼다. 그러나 처음부터 마음 한구석에는 이 일 전체에 대한 회의가 싹트고 있었다. 그것은 어릴 적 저녁 식사 자리에서 아버지가 하시던 이야기를 들으면서 미심쩍었던 마음과 크게 다르지 않았다. "복잡한 세상을 '옳은 편'과 '나쁜 편'으로 단순화해야만**15** 했습니다."

1973년에 게리는 신호등 앞에 멈춰 섰다가 차 후미를 들이받힌 한 여성을 변호한 일이 있었다. 그녀는 충돌로 입은 부상을 포함해 상대방 측의 보험회사에 손해배상 소송을 제기했다. 그러나 상황은 오히려 그녀에게 불리했다. 게리가 상대해야 할 변호사는 자신보다 경험도 많은데다 잘난 체하는 재수 없는 인간이었다. 그는 당연히 게리가 자신에게 상대도 안 된다고 생각했다.

게리가 세운 전략은 이랬다. 게리는 재판 내내, 특히 마무리 발언에서 자신의 고객을 불쌍한 여인으로 묘사한다는 것이었다. 그녀는 말도 별로 없고 약간 과체중인데다 집세도 겨우 내는 작가일 뿐이다. 배심원은 과연 그녀와 거대 보험회사 중 누구 말을 더 신뢰해야 한단 말인가?

배심원은 게리의 고객에게 5,500달러를**16** 배상하라고 평결했다. 오늘날로 따지면 거의 3만2,000달러에 상당하는 금액이다. 그는 고객을 얼싸안고 기뻐하며 승리를 만끽했다. 그리고 고개를 돌려 상대측 변호사의 얼굴을 바라보았다. 그는 치욕적인 표정을 지으며 풀이 죽어있었다.

게리는 그가 회사로 돌아가서 벌써 몇 주 전에 사건을 해결할 수 있었는데 왜 그러지 못했는지 해명해야 한다는 것을 알고 있었다. 게리가 말했

2장 양자 구도의 위력

다. "마냥 기쁘기만 한 것이 아니라 조금 서글펐던 것으로 기억합니다. 저는 그가 싫었지만, 한편으로는 그의 기분을 알기에 동정심도 느꼈지요." 게리는 도저히 그와 눈을 마주칠 자신이 없어 눈길을 돌려버렸다. 다른 사건에서도 몇 번이나 이런 일을 경험했다. 그는 재판에서 이기면서도 왠지 뭔가를 잃어버린 듯한 느낌이 들었다. 뭐라고 딱히 설명할 말이 떠오르지 않았다.

그는 30세가 되던 해, 부친의 회사에서 경영 파트너에 선임되던 그달에 사표를 썼다. 부친은 자신의 인생 계획을 아들이 회사를 물려받는다는 것을 전제로 계획해두었던 터였다. 판사들도 게리를 사무실로 불러 지금 큰 실수를 저지르고 있다고 훈계했다. 그러나 게리는 생각을 바꾸지 않았다.

프리드먼 부부는 샌프란시스코로 이주했고, 그는 법을 새로운 방식으로 활용할 방안을 모색했다. 제이와 로나 부부를 시작으로, 그는 이혼을 염두에 둔 사람들을 불러 갈등을 빚는 양 당사자가 서로의 말을 듣고 이해하도록 했다. 부친은 게리의 계획을 허락하지 않았다. 진짜 사나이는 법정에서 어느 한쪽이 승자가 될 때까지 싸우는 방식으로 법을 집행한다. 아들의 방식은 용납할 수 없었다. 그러나 게리는 평생 처음으로 자신이 옳은 일을 하고 있다는 느낌이 들었다.

긴장감의 고조

이름만 보면 수구 세력이나 신진 세력이나 모두 점잖은 사람들로 보인다.

게리는 정적을 비인간적으로 묘사한 적이 없다. 그러나 클레파와 칸딘스키파의 사례에서 보듯이 꼬리표는 양측을 선명하게 구분한다. 그들은 선거전을 펼칠 때도 게리에게 유리한 구도로 단순화하는 전략을 구사했다. 그와 지지자들은 변화를 주동하는 세력이었다. 수구 세력? 그들은 현상 유지를 원하는 사람일 뿐이었다.

문제는 선거 결과가 현실이 되는 순간, 즉 가장 중요한 필요가 드러나자마자 꼬리표의 효능이 쇠퇴하기 시작한다는 것이다. 이때부터는 무슨 일에서든 협력이 필요하다. 특히 민주적 제도를 실현하기 위해서는 더욱 그렇다. 그러나 치열한 경쟁을 펼칠 때 피어난 원초적인 감정은 선거 결과가 발표된 후에도 오랫동안 남아있다. 사실 정치인이 선거에서 이긴 다음에 공동체의 진정한 단결을 이룩할 수 있다고 기대하는 것은 인간의 심리를 너무 모르는 순진한 생각에 지나지 않는다.

게리가 당선된 후, 갈등의 사고방식은 회복되기는커녕 더욱 악화하는 기색이 역력했다. 이긴 측은 승리감에 도취하여 공격성을 오히려 더 세게 드러냈다. 어떤 일에서든 이기고 나면 남성 호르몬[17]이 더 분비되는 경향이 있다.

게리는 선거 결과를 언급할 때마다 '유례없는 압승'이라는 표현을 썼다. 그는 단지 이기기만 한 것이 아니라, 아무도 이룩하지 못한 업적을 거둔 것이었다. 그는 큰 언어를 구사했다. 그는 외부인인 내가 객관적으로 보는 것보다 상황을 더욱 크게 인식했던 것이 틀림없었다.

여름이 되면서 주민 회의에는 더욱 긴장된 분위기가 흘렀다. 게리는 통합 원칙을 시행하는 데 더욱 힘을 쏟았다. 6월 회의를 열면서 그는 방청객을 향해 이렇게 말했다. "오늘 밤에는 참석자 여러분 모두 3분 제한 원칙을 철저히 지켜주시기를 바랍니다." 어떤 사람이 주제에서 약간 벗어난 질문을 하려고 하자, 게리는 단호히 잘라버렸다. "그 질문은 다음 기회에 해주시기 바랍니다."

그 사람이 목소리를 높였다. "글쎄요, 오늘 발언권을 얻기 전까지는 절대로 나갈 생각이 없습니다." 그러나 게리가 말했다. "뭐 밤새 앉아계셔도 되지만, 그 문제는 오늘 안 다룰 겁니다." 그 사람의 고집도 만만치 않았지만, 게리 역시 한발도 물러서지 않았다. "거기까지 하시죠. 지금 잘못된 행동을 하시는군요."

9분 후, 게리는 공식적으로 자유 발언 시간을 선언하고 그 사람에게 발언권을 주었다. 그리고 "딱 3분간만입니다."라고 다시 한번 주지했다. 그 절차는 중요했다.

게리는 회의를 마치고 집에 돌아와서 더 큰 반발에 부딪혔다. 이번에는 가장 가까운 지지자, 바로 아내로부터였다. 트리시는 그가 사람들의 말을 잘라버린 행동이 그들에게 상처를 줬다고 말했다. "당신은 회의를 숨도 못 쉬는 분위기로 몰아가고 있어요. 마치 시간제한이 전부인 것처럼 굴잖아요. 당신이라면 분명히 이런 회의에도 마법을 구현할 줄 알았어요. 그런데 지금 하는 걸 보면 정반대인 것 같아요."

게리는 자신을 변호했다. 그는 아내에게 수구 세력이 회의에 끄나풀을 잠입시켜 변화를 방해하고 사사건건 정책을 비판해왔다고 말해주었다. 트리시는 그가 공격받고 있다는 사실을 눈치채지 못한 것 같았다. 그러나 그는 이미 '공격'이라는 단어를 특정해가며 수없이 설명하려고 애써왔다. 그가 소위원회를 설치한 이유는 민주주의와 포용, 그리고 신선한 아이디어를 촉진하기 위해서였다. 수구 세력의 눈에는 그것이 쓸데없고 불필요한 관료주의로 보였다. 그가 하는 모든 일은 또 다른 공격과 빈정거림의 대상이 될 뿐이었다.

게리는 뮈어비치를 향한 자신의 마음은 변함이 없으며 공정성과 포용에 대해서도 마찬가지라고 굳게 믿었다. 그는 자신이 소위원회를 창안한 이유는 명백하다고 생각했다. 늘 말했듯이 그것은 더 많은 사람의 참여를 끌어내기 위함이었다. 그리고 실제로도 그랬다! 사람들이 그를 믿지 않을 이유가 어디 있겠는가?

그의 정적들은 오로지 그를 흠집 내기에만 혈안이 된 것 같았고, 어느 시기에는 그것이 사실이었을지도 모른다. 그러나 우리는 모두 의사소통의 환상에 사로잡혀 있다는 것도 움직일 수 없는 사실이다. 우리는 의도와 생각을 전달하는 우리의 능력을 과신할 때가 많다.

우리는 자신의 마음을 너무나 잘 알기 때문에 다른 사람도 우리 마음을 알 거라고 쉽게 생각한다. 게리는 자신이 3분 제한 원칙을 밀어붙이고 소위원회를 만드는 이유는 너무나 명백하다고 생각했다. 그러나 과연 그럴까?

의사소통의 환상

여러분이 지금 이 책을 읽고 있는 책상을 '해피버스데이' 노래 장단에 맞

2장 양자 구도의 위력

쳐 손바닥으로 두들겨보라. 그러면 다른 사람들이 그 소리를 듣고 과연 무슨 노래인지 알아맞힐 수 있다고 생각하는가? 한번 직접 해보면 된다. 아무 노래나 잘 알려진 곡에 맞춰 두들기면서 주변 사람들에게 알아맞혀 보라고 해보라.

대학생들에게 유명한 노래 25곡을 골라 장단에 맞춰 탁자를 두들기게 한 후 물어보니, 그들은 다른 사람들이 그중 절반은 알아맞힐 줄 알았다고 말했다. 어쨌든 탁자를 두드린 사람은 머릿속으로 그 멜로디와 악기 소리, 심지어 가사까지 '들을 수' 있었다. 그러니 자신이 두드리는 장단이 무슨 노래인지 그에게는 너무나 분명했다!

그러나, 120곡의 장단을 두드리는 동안, 듣는 사람이 정확히 알아맞힌 곡은 채 3퍼센트도 되지 않았다.[18] 이것이 바로 의사소통의 환상Illusion of communication이라는 것이다. 우리는 의사소통 능력을 과신하는 고질병에 걸려있다. 우리는 대체로 남이 어떻게 생각하는지를 상상하는 능력이 턱없이 부족하다. 듣는 사람들은 나와는 전혀 다른 현실 속에 살고 있다. 그들이 듣기에 내가 두드리는 소리는 둔탁하고 척박한 소음에 불과하다. 사실 아무 의미 없는 소리라고 해도 과언이 아니다.

"의사소통의 가장 큰 문제는 바로 그것이 일으키는 환상에 있다."[19]라는 말도 있다. 그리고 이 환상은 인간이 저지르는 두 가지 심각한 실수에 그 원인이 있다. 첫째, 우리는 자신의 의도와 희망을 제대로 전달하지 못해놓고도 그렇게 했다고 착각한다. 둘째, 우리는 정작 자신의 의도와 욕망을 제대로 알지 못한다. 수많은 갈등 상황에서, 우리는 실제 속사정의 어설픈 끝자락만 붙들고 있는 경우가 많다. 거기에는 우리의 속사정과 상대방의 속사정이 모두 포함된다.

게리는 열심히 탁자를 두드리면서도 자신의 머릿속을 벗어나기가 너무나 어려웠다. 다른 사람들과 내가 세상을 바라보는 관점이 얼마나 다른지 미처 깨닫지 못했다. 물론 이것은 수구 세력도 마찬가지였다. 그들은 게리가 하는 말을 전혀 듣지 않았다. 그들은 오로지 자신들만의 멜로디만 듣고 있었다. 실험을 해보면 사람들은 대개 자신에게만 분명하면 다른 사람도 다들 그럴 것이라고 너무나 쉽게 믿어버린다[20]는 것을 알 수 있다. 자신이 기쁘거나, 놀라거나, 불안하거나, 심지어 거짓말을 할 때도 마찬가지다. 우리는 우리 마음이 마치 투명한 거울처럼 명백하다고 착각하지만, 사실은 그렇지 않다.

우리는 나쁜 행동을 할 때면 보통 그럴 수밖에 없는 온갖 이유와 상황을 만들어낸다. 나는 오래전에 텍사스에서 어쩌다가 빨간색 신호등을 무시하고 건널목을 지나갔던 일을 아직도 기억한다. 낯선 도시에 업무차 처음 가서 주소를 찾다 보니 신호등을 미처 보지 못했다. 누군가 경적을 울려서 둘러보니 그제야 빨강 신호등이 보였다. 그러나 이미 길을 건넌 뒤였다. 깜짝 놀라기도 하고 당황스럽기도 했지만, 다행히 아무도 다친 사람은 없었다. 내가 그토록 무모한 바보짓을 할 줄은 꿈에도 생각지 못했다.

그러나 우리가 반대로 남의 행동을 판단할 때는, 거의 본능적으로 그들이 원래 인성에 문제가 있는 사람이라고 생각한다. 얼마 전에 워싱턴DC의 우리 집 근처에서 빨강 신호등에 길을 건너는 차를 봤다. 나는 그 모습을 보자마자 뻔뻔하기 그지없는 운전자라고 결론을 내버렸다. 그는 법도 안중에 없는 사람이 분명하다! 이 글을 쓰는 지금까지도 그 확신에는 변

　　　　　　　　　　　　　　　2장 양자 구도의 위력

함이 없다. 내가 얼마나 위선 덩어리인지 분명한데도 말이다.

실제로 빨강 신호등을 무시하고 달리는 사람 중에는 뻔뻔한 사람도 있지만, 정신을 딴 데 팔거나 우울한 사람도 있다. 뭔가 다른 일로 화가 났는지도 모른다. 20대 시절에는 폭주를 일삼던 사람도 40대에 접어들면 얌전한 운전자가 되는 것이 보통이다. 이런 복잡한 사정을 머릿속에 모두 담아두기가 버거우므로, 우리는 거의 자동으로 바보 같은 운전자라는 반응Idiot-driver reflex[21]을 보인다. 특히 상대방 운전자가 전혀 모르거나 신뢰할 수 없는 사람이라면 더욱 그렇다. 백주 대낮에 허약한 먹이 신세가 된 우리로서는 적이 누군지 파악해야만 한다.

사실 사람들은 게리를 믿지 않았고, 그 반대도 마찬가지였다. 바보 운전자라는 고정관념이 쉽게 깨지지 않은 근본 원인도 바로 이런 불신에 있었다. 주민들은 저마다의 감정과 고정관념, 그리고 소속감에 대한 열망으로 회의에 참석했다. 게리가 주도하는 변화는 그들이 애써 일궈온 전통을 깡그리 무시하는 것이었다. 애초에 회의 시간에 과자를 가져와 먹기 시작한 것도 그들이었다. 그들은 이런 사소한 전통이 이웃 간의 정과 환대를 보여주는 중요한 징표라고 생각했다. 게리가 추진하는 상식적인 개혁이, 누군가에게는 힐책으로 받아들여졌다.

실제로 그가 추진하는 변화가 옳은 것이라 하더라도, 그 속도가 너무 빠르다고 생각하는 사람들이 있었다. 그는 더 이상 중재 변호사 시절처럼 모든 사람의 말에 귀를 기울이지 않았다. 중재 변호사를 할 때는 다른 사람이 직접 문제와 해결책을 다루게 했지만, 지금은 그렇지 않았다. 그는 이제 결과에 책임을 져야 하는 위원장으로서, 모든 문제를 자신이 공동으로 주도해야 한다고 생각했다. 수구 세력이 제기하는 불만에 대해서도 그는 더 이상 그들의 속사정을 알아보려는 마음이 없었다. 그는 이제 중립을 지킬 처지가 아니었기 때문이다. 그가 바로 갈등의 일부였다. 사실 어느 정도는 갈등을 일으킨 주체이기도 했다.

그는 물론 이해의 순환고리 방법을 쓰려고 무던히도 노력했다. 그러나 그가 귀를 기울이는 대상은 늘 똑같은 사람들이었다. 그들이 회의를 가로 채도록 둘 수는 없었다. 다른 사람들에게도 발언할 기회를 주어야 했다. 그러나 모든 사람에게 공평한 기회란 어디로 사라졌단 말인가?

그것이 바로 또 다른 문제였다. 그는 목소리를 높이는 불평꾼을 뺀 나머지 사람을 가능한 한 한 명이라도 더 회의에 참석시키려고 애썼지만, 그런 사람들은 참석하지 않았다. 주민들 가운데 가장 합리적인 사람들은 위원회가 어떤 결정을 내리는지 알아보러 굳이 저녁 시간을 쓰려고 하지 않았다. 변화를 원한다면서 자신에게 출마하라고 권하던 바로 그 사람들은 정작 회의에 참석하지 않았다.

어떤 종류든 공직에 나가본 사람이라면 이런 문제를 알 것이다. 극단주의자들의 영향력이 항상 비정상적으로 커지는 이유는, 다른 사람들이 집에 있을 때도 그들만은 모든 회의에 참석하기 때문이다. 다른 사람들이 생업에 바쁜 시간에 항상 트위터에서 목소리를 높이는 사람도 바로 그들이다.

우군이 눈에 보이지 않는 현상은 어떤 면에서는 배신으로 느껴질 수 있다. 그러나 더 깊이 들어가면 이 문제는 개인적인 실패로 이어지기도 한다. 갈등을 치유하고 사람들의 화합을 돕는 전문가라는 게리의 정체성이 위기에 봉착하게 된 것이다. 사람들 간의 차이를 조정하는 그의 수단, 즉

순환고리, 왜를 파고드는 질문, 모두에게 허락하는 발언권, 전체 과정에 대한 존중 등이 모두 말을 듣지 않았고, 그것이 시사하는 의미는 그에게 심각한 좌절을 안겨주었다. 그의 사무실에 찾아온 부부에게 냄비가 그냥 냄비가 아니었듯이, 게리는 겉으로 보이는 것보다 훨씬 더 심각한 위기에 처하게 되었다.

게리는 미처 깨닫지도 못하는 사이에 갈등의 함정에 걸려들고 말았다. 그가 갈등을 해결하기 위해 취한 모든 행동, 즉 한 사람이라도 더 참석시키고, 존중의 원칙을 강제하는 등의 조치가 상황을 오히려 악화하고 있는 것 같았다. 영락없이 타르 웅덩이에 빠진 것이다.

"전쟁을 치르는 것 같았다."

하필 이 시기에 게리는 한 가지 전술적 실수를 저질렀다. 뮈어비치는 수도 요금을 인상해야 했다. 상수도 관리 비용은 나날이 증가했는데 지난 7년 동안 수도 요금은 한 번도 오른 적이 없었다. 뮈어비치는 이 격차를 여러 가지 다른 세목에서 충당해왔는데, 캘리포니아 주법에 따르면 상수도 관리에 들어가는 비용은 오로지 수도시설 요금으로만 집행해야 했다. 따라서 법을 준수하기 위해 게리는 사실상 하룻밤 사이에 수도 요금을 두 배로 올려야만 하는 상황이었다.

수구 세력은 당장 분노를 폭발했다. 그들은 대중을 향해 게리가 후보 토론에서 물에 관해 '아무것도' 모른다고 말했던 일을 상기시켰다. 그런 사람이 수도 요금을 두 배로 올리는 것을 가만 놔둬도 된단 말인가? 휴는 공개 회의에서 이렇게 말했다. "수도 요금을 100퍼센트나 올리는 것은 상식에서 벗어난 일입니다. 지금껏 그런 적이 한 번도 없었다고요."

공공요금이 두 배로 오르는데 좋아할 사람은 아무도 없다. 그것은 뮈어비치의 일반적인 가구가 1년에 추가로 부담해야 할 금액이 무려 300달러에 이른다는 이야기였다. 상당한 금액인 셈이다. 사실 이곳이 비교적 부유한 동네라는 점을 생각해야 한다. 이곳 주민의 가구당 평균 소득은 전국 평균의 거의 두 배에 달하는 11만 2,000달러였다. 이들에게 1년에 300달러는 사실상 그리 큰 부담이 되는 돈이 아니었다. 설사 큰 금액이라고 쳐도, 게리가 제안한 정책에 따르면 연간 소득이 9만 달러 미만 가구는 수도 요금에 대해 50퍼센트의 보조금을 받게 되어있었다.

그러나 요금 인상의 후폭풍은 단순히 돈 문제만이 아니라, 주민들의 뇌리에서 바보 운전자에 해당하는 반응이 튀어나왔다는 것이었다. 주민들로서는 수도 요금이 인상되자 자연스럽게 최악의 상상을 할 수밖에 없었다. 수도 요금 인상이 게리의 결함 때문이라고 생각한 것이다. 그는 틀림없이 오만하고 권력에 굶주렸거나, 아니면 무능한 사람이 분명했다. 그렇지 않다면 어떻게 회의 시간에 사람들의 말을 무자비하게 자르고, 쓸 데도 없는 소위원회를 만들 수 있단 말인가? 모든 것이 맞아들어가는 느낌이었다.

지금 와서 생각해보면 게리는 약 5년 정도에 걸쳐 요금을 점진적으로 인상하는 편이 훨씬 나았을 수도 있다. 그도 그런 방법을 생각하지 않았던 것은 아니지만, 수구 세력이 예산 부족을 외면한 잘못을 증명하려면 바로 지금 문제를 해결해야 한다는 주변의 조언에 설득당한 면도 있었다. 그는

100퍼센트 인상의 필요성에 모두가 동의하기 전까지는 일부에서 불만이 제기되리라고 예상했다.

그런데 그 불만은 오히려 그의 정적들을 자극했다. 그들은 게리가 예산을 낭비하고 있다고 공격했다. 그러면서 다음 선거를 통해 옛날로 돌아가자는 운동을 펼치는 바람에 이 도시는 더욱 깊은 분열의 골에 빠지고 말았다.

2017년 10월, 〈마린인디펜던트저널〉지[22]는 게리의 구호를 머리기사로 뽑았다. "뮤어비치 선거, 수구 세력과 신진 세력의 구도로" 이제 진영 구도가 노골적으로 드러났다. 단, 이번에는 반란군이 게리와 엘리자베스가 아니라 짐과 휴였던 셈이다. 게리의 구호를 오히려 그들이 가로챘던 것이다.

뚜렷한 긴장이 감지되었다. 다른 지역신문에 '양 진영'에 관한 기사가 실렸는데, 이번에는 뮤어비치의 한 여성의 말이 등장했다. "거리를 걷다 보면 마주치기가 불편한 사람들이 있습니다."[23]

그때쯤 되자 게리는 자신이 사는 고장의 정치판이 전국 뉴스에 보도되는 모습을 그대로 쏙 빼닮았음을 알게 되었다. 그는 TV에 나오는 정치인들과 똑같이, 그를 비판하는 사람들 역시 반쪽 진실과 두려움을 이용해 사람들이 그에게 등을 돌리게 만드는 더러운 수작을 펴고 있다고 생각했다. 지금 와서 보면 너무 엄청난 내용이라는 것을 그도 인정하지만, 당시에는 모든 것이 맞아떨어지는 것 같은 느낌이었다. 그는 수구 세력이라는 이름에 이전보다 훨씬 더 강력한 새로운 의미를 부여했다. 수구 세력을 트럼프와 동일시한 것이다.

그가 말했다. "그 생각이 머리에서 떠나지 않았습니다. 우리가 전쟁을 치르는 것 같다는 느낌 말입니다." 공동체의 의견 충돌은 곧 고도 갈등으로 번져나갔다. 그래서 온통 마음을 빼앗기는 요란하고 시급한 싸움판이 벌어졌다. 게리는 나중에 이렇게 말했다. "더 이상 두고 볼 수 없었습니다. 저 자신도 균형을 잃고 넋을 놓아버릴 정도였습니다."

위원회의 의견 충돌은 게리가 이혼 사건을 중재하던 일과는 달랐다. 사실 그들의 의견 차이는 이혼 부부의 적대감에 미치지 못했지만, 단지 그들이 그렇게 느낄 뿐이었다. 그는 이렇게 설명했다. "적대감은 양 진영 사이에 형성된 것이 아니라 그저 나를 향할 뿐이었습니다."

그것은 매우 괴로운 일이었다. 게리는 바로 갈등의 중재자로 명성을 쌓은 사람이었다. 그는 전 세계를 돌아다니며 강의하거나 책을 쓰거나 비싼 사건을 수임하면서 지낼 수도 있었다. 그러나 그는 그런 기회를 내팽개치고 자신이 사는 작은 고장을 위해 소중한 시간을 바치는 편을 선택했다. 그것도 무료로 말이다. 그런데도 감사하는 사람은 아무도 없었다.

가까운 이웃들이 자신을 몰라주고 심지어 거부한다는 이 느낌의 위력은 실로 강력했다. 마치 독약을 한 사발 들이켠 느낌이었다. 왜 이렇게 괴로운지 자신도 모르겠다는 생각이 들었다.

공놀이와 사회적 고통

1990년대 중반, 사회심리학자들은 연구실에서 사람들이 소외와 거절, 배척 등을 당할 때 일어나는 효과를 연구하기 시작했다. 그 결과 그들은 사람들이 너무나 쉽게 이런 감정을 느낄 수 있다는 사실을 알았다. 예컨대 톨레도대학교 심리학자 키플링 윌리엄스Kipling Williams는 228명의 대학생을 연구실에 한 명씩 불러 표면상으로는 브레인스토밍 훈련이라고 알려준 채 실험을 진행했다. 그러나 훈련이 시작되기 전에 대기실에 있던 다른 두 사람이(학생은 몰랐지만, 그들은 이 연구실에 소속된 연구원이었다.) 여러 물건에 파묻혀있던 공을 하나 주워들고 서로 주고받으며 놀기 시작했다.

처음에는 대기실에 있던 세 사람이 모두 공을 주고받았다. 그러나 재미있게 공놀이를 한 지 약 1분쯤 후에 그 두 명의 위장 연구원들은 아무 설명도 없이 나머지 한 명의 피험자를 소외시킨 채 자기들끼리만 공을 주고받았다. 이후 그들이 공놀이를 약 4분간 계속한 후에, 비로소 정식 연구원이 연구실에 나타났다.

공놀이의 패턴이 바뀌었을 때, 소외된 학생은 처음에 미소를 짓고 그 사람들과 눈을 마주치며 환심을 사려고 했다. 그래도 소용이 없자 학생의 얼굴에는 웃음기가 사라지면서 조용히 풀이 죽었다. 어떤 학생은 갑자기 가방을 뒤지며 뭔가를 찾는 듯한 행동을 했다. 겨우 4분이었지만, 그곳에 있던 모든 사람은 상당히 불편하고 냉랭한 시간을 보내야만 했다. 연구원들은 더 이상 공놀이를 지속하기가 힘겹다고 느꼈다. 한쪽에서만 보이는 유리창 너머로 이 장면을 바라보던 다른 연구원들도 못 견디게 불편하기는 마찬가지였다. 누군가가 소외되는 모습을 지켜본다는 것만으로 우리는 거의 본능적으로 고통을 맛보게 된다.

나중에 심리학자들은 이 실험에서 관찰한 소외감을 디지털 환경에서도 그대로 구현할 수 있다는 것을 발견했다. 사이버볼[24]이라는 이 온라인 게임에서는 두세 명의 다른 게임 참가자가 피험자에게 그만하라고 할 때까지 공을 던져준다(사실 다른 게임 참가자들은 프로그래머의 조종에 따라 움직이는 디지털 아바타였다). 만화같은 그래픽 환경이었지만, 대면 실험에서와 똑같은 패턴이 관찰되었다. 공놀이에서 소외된 사람은 불과 몇 분 만에 극심한 우울과 분노가 치밀어오르는 것을 느꼈다.

오늘날 최소한 62개국에서 5,000명 이상의 사람이 이 사이버볼 연구에 참여했다. 그들 중 일부는 게임 도중에 두뇌 움직임을 단층촬영 기법으로 살펴보기도 했다. 그 결과, 신체적 고통을 느낄 때와 똑같은 부위에서 두뇌 활동이 활발해지는 모습이 관찰되었다. 윌리엄 교수는 거절과 소외가 일으키는 효과를 '사회적 고통'이라고 불렀다.

놀랍게도, 사회적 고통은 개인의 성격 유형과도 별 상관이 없는 것으로 보인다. 고작 디지털 아바타에게 잠깐 당한 일에 우리는 어떻게 이토록 큰 괴로움을 맛보는 것일까? 별로 개인적이지 않은 것 같은 일에 어떻게 이토록 개인적인 감정을 느끼는 것일까?

인간에게는 기본적으로 채워져야 할 감정적 필요가 있다. 예컨대 소속감, 자존감, 통제력, 존재 의미 같은 것들이다. 이는 모두 먹고 마실 음식에 버금갈 정도로 우리의 생존에 중요한 것들이다. 사람들에게 따돌림을 당하면 이런 기본적인 필요가 크게 위협받는다.

게리는 위원회 일을 하면서 이 네 가지 기본적인 필요가 모두 훼손됐다. 그는 주변 이웃들에게 느끼던 소속감도 이제는 잃어버렸다. 갈등을 해결하고 사람들을 다시 화합하게 만드는 그의 능력과 떼려야 뗄 수 없는 그의 자존감조차 금이 가버렸다. 그가 정성을 기울여 마련한 소위원회니, 시간제한이니 하는 모든 절차마저 이른바 수구 세력의 놀림감이 되어버렸다. 평생을 바쳐 만들어낸 비장의 무기가 정작 고향에서도 말을 안 듣는다면 그게 다 무슨 소용이란 말인가? 자신의 인생 전체가 한낱 웃음거리에 지나지 않았다는 것인가?

따돌림은 갑자기 닥칠 때 특히나 더 치명적이다. 게리가 당한 경우가 바로 그랬다. 실험에서도 애초에 다른 사람의 환영을 기대했다가 거부를 당한 사람은 더욱 적대적인 반응을 보이는 것을 알 수 있다. 예상치 못한 위협[25]은 언제나 더욱 위험하게 여겨지기 때문이다. 게리의 경우, 선거에 나설 때는 구원자로서의 기대를 한 몸에 받았으나, 정작 당선 후에는 잔소리꾼, 어릿광대, 악당 취급을 받았다. 최소한 일부 사람들로부터는 말이다. 이런 상황을 자존심을 해치지 않고 받아들이는 유일한 길은 수구 세력에 화살을 돌리는 것뿐이었다.

남에게 배척당한 사람이 보이는 가장 일반적인 반응은 배척을 그대로 돌려주는 것임이 수많은 연구를 통해 증명되었다. 그들은 먼저 다른 사람들의 애정을 되찾으려고 애쓴다. 서둘러 다른 이들의 말을 따르려고 한다. 그래도 소용없을 때는 공격성을 드러낸다. 게다가 게리처럼 남들에게 무례한 대접을 받은[26] 사람은 그저 반감을 산 경우보다 그 공격성이 훨씬 더 심해진다.

게리처럼 학식이 풍부한 사람조차 남들의 비난에 속절없이 무너졌다. 그는 훨씬 나중에 나에게 이렇게 털어놓았다. "저는 자신을 방어하려는 마음에 공격성을 드러내고 술수를 꾸미는 사람이 되어버렸습니다."

공격성을 드러내면 거의 예외 없이 더 큰 배척을 불러오게 된다. 그러나 한편으로는 성공을 거둘 수 있다. 즉, 주변 환경을 내가 통제한다는 느낌이 들면서 가장 기본적인 욕구 하나가 충족되는 것이다. 물론 그것은 일시적일 뿐이지만 말이다. 마찬가지로 나를 배척한 사람을 괴물로 몰아가는 것도 무너진 자존감을 회복하는 데 도움이 된다. 우리는 선한 사람, 그들은 악한 사람으로 만드는 것이다. 상대방을 악마화하는 것은 일종의 목적의식을 얻는 데도 도움이 된다. 그때부터 우리는 악의 세력과 싸우는 것이다. 그보다 더 의미 있는 일이 어디에 있겠는가?

정치인들이 용기를 내어 자기 당 리더들의 거짓말과 악행을 폭로하면 그들은 결국 그 정당과 사람들로부터 배척당하고 마는 것이 보통이다. 이런 일을 당하면 엄청난 사회적 고통을 겪게 되고, 자신을 보호하기 위해 다시 입장을 번복하고 그 정당의 노선에 과도하게 충성하거나, 또는 반대로 더 심한 혹평을 내놓기도 한다.

이것이 바로 정치인에게 모욕을 안겨줄 때 발생하는 후폭풍이다. 그 순간에는 기분이 좋을 수 있다. 일시적으로는 내가 주체적인 인간이라는 느낌을 만끽할 수도 있다. 그러나 모욕을 안겨주는 것은 사회적 거부를 극단적으로 표현하는 행동이다. 그것은 내 생각에 귀를 기울이거나 나의 지지가 필요한 사람에게 압력을 가하는 것과는 전혀 다른 일이다. 모욕을 안겨주는 것은 분명히 효과가 있을지도 모른다. 그러나 모욕은 정반대의 결과를 낳는다. 그것은 거의 예외 없이 상대방의 힘을 키워주고 만다. 분열은 고착화하고, 상대 진영은 두려움과 분노로 단결하여 오히려 사기가 높아진다.

그들은 선한 세력이요, 비판하는 자는 악한 세력이라는 신념이 강화된다. 2018년 6월, 버지니아주 교외의 레드헨Red Hen[27]이라는 고급 레스토랑의 주인이 트럼프 대통령의 대변인 새라 허커비 샌더스Sarah Huckabee Sanders와 그 가족에게 식당을 나가달라고 요구했다. 트럼프의 무관용 정책을 그녀가 지지했다는 이유에서였다. 식당 종업원 한 명이 이 사건을 소셜미디어에 올렸고, 이를 본 기자들이 샌더스 대변인에게 당시 상황에 관해 의견을 표명해달라고 요청했다.

대변인의 반응은 도덕적 우위를 차지하기에 부족함이 없었다. 그녀는 420만 명에 달하는 트위터 팔로워를 향해 이렇게 썼다. "어젯밤, 저는 레드헨의 주인으로부터 나가달라는 말을 들었습니다. 그래서 정중하게 식당을 나갔지요. 그녀의 행동은 저보다는 그녀에 관해 많은 것을 보여줍니다. 저는 언제나 최선을 다해 사람들을 존중합니다. 저와 생각이 다른 사람들에게도 마찬가지입니다. 앞으로도 계속 그럴 생각입니다."

트럼프 대통령도 가세했다. 그는 7,140만 명의 팔로워들이 보는 앞에서 식당 주인을 '추잡한' 사람이라고 했다. 식당 주인과 그 도시의 시장, 경찰, 그리고 그 식당에 식재료를 공급하는 농부들에게까지 위협이 쇄도했다. 식당 밖에 일흔다섯 명이 모여 소리를 지르며 시위를 펼쳤다. 그들은 열흘이 지나서야 시위를 마감했다. 대변인은 비밀 요원들의 경호를 받기에 이르렀다. 식당이 자리한 동네에서 KKK단 전단지가 발견되기도 했다. 날이 갈수록 타르 웅덩이에 빠져드는 사람이 늘어갔다.

"아버지를 잃어버린 것 같은 기분이에요."

2017년 여름, 캐시디는 뮈어비치의 지인들로부터 다소 공격적인 언사를 듣기 시작했다. "요즘 '회장님' 어떻게 지내시나?" 그들은 눈을 부라리며 부친의 직함을 언급하면서 인사를 건넸다. 그는 어떻게 대답해야 할지 몰라 그저 웃음을 지으며 화제를 돌리고 말았다.

트리시는 자신과 눈을 마주치지 않는 사람이 있다는 것을 느꼈다. "너무 슬펐습니다. 고통스러웠어요. 어느 순간 나는 '게리의 아내'가 되었지요. 사람들은 게리를 좋아하지 않았고요." 어느 날 그녀는 이제 더 이상 뮈어비치에 친구는 없는 것 같다고 게리에게 말했다. 월간 주민회의에 참석하는 것이 두려워지기 시작했다.

게리도 괴로워하기 시작했다. 온갖 어지러운 생각에 새벽 2시면 잠을 깨기 일쑤였다. 그는 수구 세력에게 그들이 잘못되었고 자신이 옳았음을 인정하게 할 방법을 여러모로 고민해봤다. 머릿속으로 회의 장면을 몇 번이고 재현해보기도 했다. 바다가 보이는 별채에서 명상에 잠기기도 여러 번이었다. 그러나 소용없었다. 친구에게 이런 말을 한 적도 있었다. "명상만으로 모든 문제를 해결할 수 있다고 생각한다면, 다시 생각해보게."

게리는 평생 처음으로, 퇴근길 이후로도 갈등에서 벗어날 수가 없었다. 그의 이웃이 바로 갈등의 주범들이었기 때문이다. "여기가 바로 제가 사는 곳이고, 아들과 손자들이 찾아오는 곳입니다." 아티를 데리고 산책하러 나가면 이웃들이 적의 어린 눈길로 바라보는 것이 느껴졌다. 수구 세력 중 한 명인 휴가 그를 향해 '나폴레옹' 같은 사람이라 남의 말을 듣지 않는다고 했다고 전해준 사람도 있었다. 말도 안 되는 이야기라는 생각이 들었다. 지금까지 수천 명에게 남의 말을 듣는 법을 가르쳐준 사람이 바로 난데, 내가 듣는 법을 모른다고? 그는 이 문제로 휴를 찾아가 따졌다. 그러나 휴는 그런 말을 한 적이 없다고 딱 잡아뗐다.

함정에 걸려든 느낌이었다. "모두가 저를 증오한다는 그 느낌이 너무나 싫었습니다. 개를 데리고 산책하다가 사람들이 저에 관해 사실이 아닌 이야기를 주고받는 것이 들릴 때가 특히 더 그랬죠. 그러나 거기에 대꾸라도 하면 오히려 불길이 더 번질 테니 그럴 수도 없고 말이지요."

이런 이야기를 들으면 게리와 같은 갈등 중재의 대가도 갈등의 함정을 헤어날 수 없는데, 우리 같은 사람이 갈등에 휘말리는 것쯤이야 당연한 일이라는 생각에 다소 위안이 되기도 한다. 또 한편으로는 두려움이 몰려오기도 한다. 전문가조차 이 함정을 벗어날 수 없다면, 도대체 우리에게 어떤 희망이 남아있다는 말인가?

그해 여름, 게리는 자신이 사소한 일들에 집착하여 점점 더 큰 문제로 만들고 있음을 알게 되었다. 가족이 모두 모인 자리에서도 그는 주민사회에서 일어나는 시시콜콜한 분쟁을 계속 이야기했다. 에어비앤비를 비롯한 여러 숙박시설과 관련한 분쟁이 끊이지 않았다. 이런 문제는 뮤어비치 곳곳에서 일어나 논란을 일으켰다. 국립공원관리청과는 버스 정류장 문제로 옥신각신한 이후에도 오랫동안 갈등이 지속되었다. 게리로서는 주민 회의에 올라오는 모든 논란에 끊임없이 말려들 수밖에 없었다. 그가 이런 문제를 바라보는 시각은 이전에 중재 변호사를 하던 시절과는 달라져 있었다. 사람들의 속마음을 낱낱이 들여다본 다음, 그들이 적대적인 구도를 버리고 상호 문제해결에 나서도록 했던 자세를 이제는 잃어버린 것이다.

캐시디는 이렇게 말했다. "아버지는 이제 주변 일을 마음에 담아두기 시작했어요. 그리고 방어적으로 변하셨지요. '좋은' 사람들과 '나쁜' 사람들이 생겼고, 당신 편과 상대편이 나뉘었습니다. 진정한 상호교환이 사라졌어요. 아버지는 사실 혼잣말만 하고 계셨던 겁니다."

게리의 가족이 한 사람씩 말해보기로 했다. 어느 날 점심때 캐시디가 그와 마주했다. "아버지, 언제부턴가 집안에 나쁜 기운이 스며들어왔어요. 그래서 아버지는 잠도 못 주무시고 아무것도 못 보시잖아요. 솔직히 아들인 제가 이런 말씀 드리기가 뭣하지만, 아버지는 지금 세상의 99퍼센트는 잘 보시면서 정작 나머지 1퍼센트는 못 보고 계세요."

게리의 딸 시드니는 마침 이즈음 첫아이를 가진 상태였다. 그러나 아버지의 머리에는 늘 위원회 생각뿐이었고 짧은 대화도 나눌 틈이 없었다. 그녀는 아버지와의 사이가 멀어진 것이 상처로 다가왔다. 그녀 역시 오빠처럼 뭔가 말해야겠다는 생각이 들었다. 그래서 말했다. "아버지를 잃어버린 것 같은 기분이에요."

트리시는 이제 게리가 어떤 사람이었는지조차 모르겠다고 불평했다. 이것이 바로 갈등의 함정에 사로잡힌 이들과 가장 가까운 사람들이 흔히 보이는 반응이다. 배우자나 형제자매, 친구가 낯설게 여겨진다는 것이다. 어느 날, 트리시는 뮈어비치를 떠나고 싶다고 말했다. 게리는 아내의 말에 큰 충격을 받았다. 그 말이 머릿속에서 도무지 떠나지 않았다. 뮈어비치의 마법을 지키고자 했던 자신의 노력이 어쩌다가 정반대의 사태를 불러왔단 말인가?

2장 양자 구도의 위력

비난의 편지

"어떤 갈등이든 한쪽이 전적으로 옳은 경우는 극히 드물다."

_ 게리 프리드먼, 《내면 탐구 Inside Out》

게리의 임기는 5년이었지만, 그의 동맹인 엘리자베스는 그보다 좀 이른 2017년 11월에 재선을 치러야 했다. 그때쯤 주민 회의는 팽팽한 긴장감이 흐르고 있었다. 정부 당국은 주민들을 세균성 병원균으로부터 보호하기 위해 지역 우물물은 염소 함량이 높은 것으로 간주하도록 의무화하고 있었는데, 수구 세력은 게리가 위험한 수준의 염소 함량이 상수원에 유입되는 것을 방치해왔다고 주장하기 시작했다. 그들은 최악의 경우를 가정했다. 게리는 그들의 주장에 간담이 서늘해졌다. 그것은 혐오스러운[28] 행동이었다.

이것은 우리가 갈등의 함정에 걸려드는 한 가지 방법이다. 우리는 일단 누군가를 혐오하기 시작하면, 웬만해서는 그들을 이해하고 싶은 마음이 생기지 않는다. 다시는 그들과 말도 하기 싫어진다. 결혼 연구의 권위자이자 심리학자인 존 가트맨John Gottman은 이렇게 말했다. "경멸[29]은 사랑하는 사람들 사이에 황산을 뿌리는 것과 같다." 그는 연구를 통해, 부부 사이에 존재하는 경멸은 이혼의 강력한 전조가 된다는 것을 알았다. 경멸은 그것이 꼭 지금 존재한다고 느껴지지 않더라도 그것이 미치는 해악에는 변함이 없다.

게리를 비롯해 신진 세력에 속한 사람들은 자신들이 도덕적으로 더 우월하며 뮈어비치의 행정을 이끄는 방식에서도 더 옳다고 믿었다. 그러나 이 점에서는 수구 세력의 생각도 마찬가지였다. 그들은 자신들이야말로 상수도 관리체계를 잘 이해하고 이 고장 주민을 위해 평생을 바쳐온 사람이며, 거만하고 아무것도 모르는 정치 초보자들에게 겨우 네 표 차로 선거에 져서 쫓겨났을 뿐이라고 생각했다.

2017년 선거를 눈앞에 둔 시점에 이르러 게리는 자기 진영이 지고 있다는 것을 깨달았다. 수구 세력은 위원회를 장악하기에 충분한 의석을 차지할 것이다. 노동 운동가이자 게리의 최측근 자문역인 타냐가 그에게 뭔가 극적인 조치를 취할 것을 제안했다. 그들은 수구 세력을 비판하는 내용의 서한을 함께 작성했다. 게리가 서명한 그 서한은 뮈어비치 공식 홈페이지에 게재되었다. 게리는 이렇게 말했다. "제가 한 일은, 그들과 강력히 맞서 싸운 것입니다." 그는 적의 치부를 낱낱이 드러냈다. 글쎄, 어쨌든 그는 그렇게 생각했다.

게리는 서한을 통해 뮈어비치의 과거 지도부가 재무감사를 받지 않았다는 내용을 폭로했다. "당신들은 뮈어비치의 선량한 관리자로서의 가장 기본적인 의무를 저버렸습니다. 이 고장의 소중한 납세자들이 조성한 자산을 무모하게 다루었다고 표현하는 것은 너무나 점잖은 말이 될 것입니다."

자신과 엘리자베스를 변호하는 일도 시급한 것 같았다. 타냐도 이 생각에 동의했다. "그들의 거짓말을 폭로하는 편지도 써야 합니다. 우익 폭력배들은 그렇게 다뤄야 해요." 수도 요금 인상을 공격한 사람들이야말로 그가 재임하기 전에 재무감사를 이행하지 않은 바로 그들이었다. 이런 위선적인 행동을 도저히 그냥 두고 볼 수는 없었다.

"최근 있었던 감사의 세부 사항을 비판하는 당신들이 정작 과거에는 완전히 감사를 무시했다는 사실만 봐도, 당신들이 얼마나 염치도, 부끄러움도, 뉘우침도, 책임감도 없는 사람인지 알 수 있는 증거가 아니고 무엇이란 말입니까."

게리는 편지에서 전 지도부가 "8년 연속으로" 감사를 받지 않았다는 말을 모두 여섯 번이나 언급하며 8이라는 숫자에 괄호를 쳐놓기도 했다. 그것은 마치 그가 수십 년 전에 일할 때 작성했을 법한 법률문서처럼 보였다. 그는 이제 중재 변호사가 아니라 소송 변호사 시절의 게리로 돌아간 것이다.

그는 이제 사실을 밝혀냈으므로, 당연히 사람들이 자신의 정당함을 인정해주리라고 생각했다. 그는 이렇게 썼다. "제 생각에는, 당신들의 고의적이고 반복적인 법률 위반 행위는 행정 조사나 주민 조사, 아니 어쩌면 범죄 수사의 대상인데도 그동안 이를 회피해올 수 있었던 것은 순전히 운이 좋았기 때문입니다."

마침내 편지를 보낼 채비를 마쳤을 때, 그는 뭔가 문제가 있다고 느꼈다. 편지의 어조가 왠지 잘못된 것 같다는 생각이 들었다. 기분이 썩 좋지는 않다는 것이 느껴졌다. 그래도 어쨌든 편지를 보냈다.

그들이 나쁜 사람이야!

다른 사람은 고도 갈등에 쉽게 상처를 입지만 우리는 그렇지 않다고 믿기 쉽다. 심지어 게리의 이야기를 들으면서도 우리는 그건 어디까지나 게리의 일이라고 생각한다. 그의 고집스러운 자아와 편협한 시각이 문제이며, 당연히 우리는 그와는 다르다고 생각한다. 우리는 그처럼 쉽게 정신을 잃어버릴 리가 없다.

물론 스트레스와 갈등을 남보다 잘 다루는 사람이 있는 것은 사실이다. 그들은 극심한 압박 속에서도 감정을 통제하고 다른 사람과 협력할 줄 안다. NASA는 우주인을 선발할 때 바로 이런 사람을 찾는다. 가장 최근에 NASA의 우주인 모집에는 총 1만 8,353명의 응시자가 몰려들었고 이 중에 선발된 인원은 11명이었다. 합격률이 0.06퍼센트로 이는 곧 하버드대학교에 입학하는 것보다 75배 어렵다는 뜻이기도 하다![30]

2006년 12월 12일에 미국과 스웨덴의 우주인 각 1명이 우주유영을 하고 있다. 출처 : NASA

2장 양자 구도의 위력

워낙 많은 사람이 지원하다 보니 NASA로서는 그중에서 가장 훌륭하고 강인한 인재를 선발할 수 있다. 전직 우주인으로, 현재는 우주에서 대인관계 스트레스에 대처하는 법을 교육하는 제이 버키 주니어Jay Buckey Jr.는 이렇게 말했다. "여러분의 생존은 서로에게 달려있습니다.[31] 그래서 나쁜 갈등을 피할 수 있느냐는 정말 중요한 문제가 아닐 수 없습니다."

우주인 후보들은 다른 테스트와 아울러 광범위한 심리 면접을 받는다. 이 면접을 모두 통과할 정도의 사람이라면 뛰어난 적응력과 사회성, 정신 안정성, 신체 적합성, 나아가 스트레스 속에서도 다른 사람들과 협력하는 능력이 있다고 하겠다.

이런 과정을 거쳐 우주인 자격을 얻은 이들은 압박 속에서 갈등을 관리하고 의사소통하는 훈련을 받게 된다. 다른 대원들과 빚어지는 갈등을 다루는 가상 훈련이 포함된 이 과정을 거치며 그들은 실질적인 팀워크를 다진다. 그들은 평범한 사람보다는 스트레스 호르몬이 극도로 분출되는 경험을 할 가능성이 극히 낮다. 그런 경험은 겁에 질리거나 화가 났을 때 명쾌하게 사고하는 능력에 치명타이기 때문이다.

사실 갈등에 저항하는 능력으로 보자면 우주인보다 더 뛰어난 사람이 없을 것이다. 그렇다면 임무가 주어질 때마다 결과는 어떠했을까? 아니, 시뮬레이션 임무부터 살펴보자.

매번 갈등이 일어났다. 어쩔 수 없었다. NASA가 지원하는 하와이 장기 우주탐험 시뮬레이션 연구 책임자 킴 빈스테드Kim Binsted는 이렇게 말했다. "갈등을 일으키지 않는 대원[32]을 뽑을 수는 없습니다. 다소 덜 튀는 대원은 있을 수 있겠지만 아예 튀지 않는 사람은 한 명도 없습니다."

우주인들은 갈등에 휘말리기까지 시간이 오래 걸린다. 그 시간이 나보다 훨씬 길다는 것은 분명하다. 그러나 결국은 갈등에 빠질 수밖에 없다. 오늘날 이 문제는 그 어느 때보다 심각하다. NASA는 다음 10년 동안 우주인을 화성에 보내려고 하기 때문이다. 화성 탐사에는 대략 520일 정도가 소요된다. 이것은 우주인을 포함한 그 누구라도 심각한 갈등에 빠지지 않고 버티기가 어려울 정도로 긴 시간이다.

지금까지 가장 오랜 기간의 우주 시뮬레이션은 2010년 6월 모스크바에서 시작된 것으로, 총 4개국에서 선발된 여섯 명의 대원이 총 17개월 동안 비좁은 콘크리트 빌딩에서 함께 생활하는 모의 화성 탐사 훈련이었다. 그들은 그 긴 시간 동안 해가 뜨고 지는 것도 몰랐고 친구나 가족과 만나지도 못했다. 그들은 매주 대인 갈등에 관한 조사에 응해야 했다.

그들이 밝히기를 꺼리면서도 겨우 보고한 갈등만 49건[33]에 달했다. 아마도 조사로 드러나지 않는 사소하고 곤란한 갈등은 훨씬 더 많았으리라 짐작된다. 물론 우주에서도 지구 못지않게 무한한 갈등의 원인이 있을 것이다. 대원들은 집에서 들려오는 나쁜 소식에 괴로워했고, 이것은 서로를 향한 갈등의 씨앗이 되었다. 수면 습관의 차이도 서로 신경을 건드리는 요인이 되었다.

그러나 반드시 일어난다고 장담해도 좋은 갈등이 하나 있었다. 바로 우주인과 지상 관제본부 사이의 갈등이었다. 양자 구도의 위력Power of the binary은 여기서도 어김없이 반복되었다. 우주에 나와 있는 '우리 팀'과 지구에 남아있는 '지상팀'이 바로 그 두 진영이다. 이렇게 우주인들이 겪는 좌절의 대부분은 지상 관제본부의 탓으로 돌려졌다.

그 화성 탐사 모의 훈련에서 대원 사이에 발생하는 갈등보다 지상 관제본부와 갈등을 보고하는 양이 5배나 더 많았다. 신진 세력과 수구 세력 간의 갈등이 그대로 재연된 셈이다. 우주로 날아간 그들은 이를 '지상과 대원 간의 단절'이라고 불렀다.

"대원들은 지상에서 요구하는 내용이 너무 많고, 불합리하며, 제대로 응답도 하지 않는 데다, 이곳 사정을 알지도 못하면서 불가능한 임무를 부여한다고 생각합니다." 빈스테드는 이 '지상과 대원 간의 단절'의 실상을 일사천리로 설명해주었다. 한편 지상에서는 "저 사람들은 왜 저렇게 자기들만 잘난 줄 알지? 이거 하나 해달라고 한 것뿐인데 말이야!"라고 말했다.

물론 지상팀을 미워하기는 쉽다. 그들은 일단 우주에 있지 않다. 그들은 내가 여기서 겪는 일을 공감할 수 없다. 게다가 화성 탐사 훈련(혹은 시뮬레이션)에서는 한번 문자 메시지를 보내고 답신을 받는 데만도 40분이 소요된다. 먼 우주에 나가면 지상과 교신 수단은 오로지 문자뿐이다. 의사소통이 불편하고 불만스러울 수밖에 없다. 목소리나 몸짓에서 느끼는 미묘한 차이가 온통 사라져버렸기 때문에 문자를 통한 교신은 거의 필연적으로 오해를 불러오게 된다.

빈스테드는 우주에서 일어나는 갈등에 관해 비범한 이해를 보유한 인물이다. 그러나 그런 그녀조차 우주공간의 거주지를 모사한 곳에 4개월간 갇혀 지낸 결과 자신이 속한 그룹과 지상 관제본부 사이에 일어나는 갈등을 경험했다. 이런 문제에 통달한 그녀도 뻔히 예상되는 갈등의 함정에 속절없이 걸려들고 만 것이다. 게리가 그랬듯이 말이다. 그로부터 무려 13년이 지난 후에 나와 점심을 같이하면서 이야기하는 중에도 그녀는 여전히 짜증이 나는 것 같았다. "지금까지도 저는 지상팀이 잘못했다고 생각합니다."

오늘날 빈스테드는 시뮬레이션 훈련에 참여하는 대원들에게 지상 본부와 대원들 간에 이런 갈등이 꼭 빚어질 것이라고 단단히 경고한다. 그들은 그녀의 말을 경청하고 고개를 끄덕인 다음에는, 자신들은 그런 일을 겪지 않으리라고 생각한다. 빈스테드는 다시 한번 강조한다. "갈등은 반드시 일어납니다." 그리고 웃으며 이렇게 덧붙인다. "그래도 우주 팀에 속하는 편이 낫습니다!"

NASA의 기록을 보면 화성 탐사보다 훨씬 짧은 우주 임무 중에 주고받은 점잖은 교신에서도 일종의 긴장감이 묻어나는 것을 확인할 수 있다. 다음은 1965년에 우주인 에드 화이트Ed White가 정기 교신을 통해 우주선의 좌표를 지상 관제본부에 전달한 내용이다.[34]

화이트 "01, 34, 0, 0, 9."

지상 "알았다, 에드. 조금 틀린 것 같다. 013, 40, 09겠지."

화이트 "방금 내가 그렇게 말하지 않았나."

지상 "아니다, 아까 이렇게 말했다. 01, 34.."

화이트 "알았다. 처음에 내가 말한 게 맞군."

지상 "맞다, 숫자는 제대로 말했다. 그런데, 리듬이 맞지 않았다."

화이트 "뭐가 맞지 않았다고?"

지상 "리듬이 안 맞았다고."

우주비행사 화이트는 쉽사리 동요할 사람이 아니었다. 그는 그 여행을 통해 인류 최초로 우주유영에 나선 인물이었다. 그러나 이 대화에서는 그가 지상 관제팀을 약간 무시하는 듯한 어조가 보일 듯 말 듯 한다.

조시 에얼릭Josh Ehrlich은 록히드마틴 우주시스템사의 시스템엔지니어이자 장래가 촉망되는 우주인이다. 그는 2017년에 화성 시뮬레이션에 참여했을 때 생전 처음 보는 사람들과 함께 무려 8개월간이나 격리 생활을 했다. 워싱턴 D.C.에서 커피 한잔을 앞에 두고 만난 그는 전반적으로 쾌활하고 긍정적인 성품을 지닌 사람이었다. 그러나 그런 그도 지상 관제본부와 긴장 관계를 경험한 적이 있었다. 그는 무엇보다 그런 긴장을 통해 대원들과의 결속이 더 단단해졌다는 사실에 가장 놀랐었다고 말했다.

"가끔 지원팀에서 오는 이메일을 받아보면 '이 사람 도대체 무슨 생각을 하는 거지? 바보 아니야?'라는 생각이 들 때가 있습니다. 그러면 이런 말이 절로 나오죠. '다들 이것 좀 봐!' 바로 그럴 때가 유대감을 확인하는 순간인 겁니다."

우리는 팀에 소속감을 느끼고 싶어하고, 동료들로부터 이해받고 싶어한다. 그런 유대감을 당장 구축하는 방법은 바로 상대 진영을 제물로 바치는 것이다. 그 상대방이 지상 관제본부든, 민주당 사람들이든, 또는 샌프란시스코의 본사든 말이다. 그들이 나쁜 사람인 것이다!

"이건 인신공격입니다"

"갈등이 심해지면 그 자체가 현실이 된다."

_ 게리 프리드먼, 잭 힘멜스타인 공저 《갈등에 도전하라 Challenging Conflict》

선거 전에 진행하는 마지막 회의였다. 게리는 조엘이 그의 말을 가로막자 간신히 회의장에 정숙을 요청했다.

조엘은 단호한 목소리로 말했다. "게리, 저는 세 가지 항목을 의제에 포함해달라고 요청했고, 당신은 제외하기로 결정했습니다. 정말 실망했습니다. 이 세 가지는 매우 중요한 문제입니다. 위원회에서 반드시 다뤄야 합니다."

조엘 역시 위원회 구성원으로, 2년 전에 게리의 위원장 출마를 만류했던 바로 그 사람이었다. 당시만 해도 게리는 조엘을 좋아해서 주민 회합에 참석한 그를 보며 흐뭇해했다. 그러나 이제 조엘은 상대하기 껄끄러운 사람이 되었다. 그는 너무 말이 많고 쉽게 흥분하는 데다 게리가 말할 때마다 사사건건 끼어들어 훼방을 놓았다.

조엘이 말하는 세 가지 중에는 게리가 위원회 홈페이지에 올려놓은 편지도 포함되어 있었다. 조엘은 그 편지가 '완전히 잘못된 것'이라고 하면서, "저는 그 편지에 매우 실망해서 이 회의가 시작하기 훨씬 전부터 이 문제를 거론하자고 요청했지만, 당신은 그것을 (의제로) 다루는 것은 완전히 무시해버렸습니다."라고 말했다.

게리는 억지로 협조적인 어조를 써가며 대답했다. "예 맞습니다. 그렇게 말씀해주셔서 감사합니다. 하지만 그 문제는 의제에 포함되지 않았기 때문에 오늘은 다룰 수 없습니다."

그 말은 터무니없는 연극처럼 들렸다. 게리가 그 문제를 의제에 포함하는 것을 거절한 당사자였기 때문이다. 게리가 계속 이어나갔다. "그 문제를 다루려면 미리 의제에 포함된다고 공지했어야 합니다. 그래서 오늘 밤에는 그 문제를 이야기하지 않겠다는 겁니다. 그렇다고 그게 중요하지 않다거나 적법하지 않은 주제라는 이야기가 아닙니다. 그러니 앞으로 의제에 포함할 기회가 있을 겁니다."

다른 위원 한 명도 자신이 제기한 문제가 의제에서 제외되었다고 불만을 제기했다. 게리는 단호했다. "그것 역시 오늘 의제에는 없습니다."

방청석에서 고함이 들려왔다. "예외로 삼읍시다!" 다른 사람이 소리쳤다. "옳소!" 게리가 회의의 통제권을 잃어버리기 시작했다. 그것은 시작에 불과했다. 그들은 아직 그 악명높은 의제를 꺼내 들지도 않은 상태였다.

게리가 청중을 향해 소리쳤다. "잠깐만요, 잠깐, 잠깐만! 제발. 이러시면 안 됩니다. 잠깐만 기다려주세요. 이 회의는 제가 진행하고 있고요, 지금 최선을 다하는 중입니다. 잠깐만 발언을 자제해주십시오."

조엘이 편지 이야기를 다시 꺼냈다. "어떻게 그런 부적절한 편지가 홈페이지가 올라갔는지 저는 알아야겠고요, 이 회의에서 반드시 거론되어야합니다."

이번에는 게리가 곧바로 그의 말을 묵살하고 말았다. "좋아요, 저는 인신공격에는 대응하지 않겠습니다."

조엘이 대답했다. "그건 인신공격이 아닙니다."

게리가 말했다. "저한테는 인신공격이 맞습니다."

게리는 사실 마음 깊은 한구석으로는 그 편지를 공식 홈페이지에 게시한 것이 실수라는 것을 알고 있었다. 그것은 오래전에 아버지의 잘못이라고 생각했던 바로 그런 행동이었다. 그는 편지를 올리면서도 마음이 불편했다. 그런데 지금 자신이 신념대로 살지 못했음을 대중 앞에서 인정하라고 조엘이 압박하는 것이다.

그때 조엘이 게리가 전혀 예상하지 못했던 충격적인 발언을 했다. "저는 당신이 위원장 직무를 수행할 능력이 있다는 믿음을 완전히 잃었습니다." 그리고 게리에게 지금 당장 사임하라고 요구했다. "저는 지금부터 행동에 나서겠.."

게리가 절박한 음성으로 그를 제지했다. "그런 행동은 안 됩니다. 그것 역시 오늘 의제가 아닙니다."

"게리, 이건 의제 따위와는 상관없는 일이오."

게리는 걱정에 사로잡혔다. 불과 2년 전에 게리는 바로 이곳에서 뮈어 비치에 마법을 되찾아오겠다고 말했었다. 방청석에 앉아있던 가족이 그의 눈에 띄었다. 그와 조엘은 원래 아주 친한 사이였다. 그는 오래전에 조엘의 아들이 겪고 있던 갈등을 중재해준 적도 있었다. 그런데 지금 그는 이 작은 고장의 주민 회의를 주재하면서 웃음거리가 되고 있다. 자원해서 수행하는 위원장직에서 쫓겨날지도 모를, 그 누구도 들어보지 못한 위기에 처한 것이다. 어쩌다가 일이 이 지경에 이른 것일까?

게리의 편지가 갈등이라는 폭탄의 뇌관을 건드린 것이다. 게리가 자신을 변호하는 것은 문제가 없었다. 그러나 남을 공격하는 것은 큰 문제였

　　　　　　　　　　　　2장 양자 구도의 위력

다. 그것이 잘못된 행동이기 때문이라기보다는 그래봤자 소용이 없기 때문이었다. 누군가를 비난하면 상대방도 똑같이 갚아줄 기회를 벼르게 된다. 이는 마치 물리학의 법칙처럼 뻔히 보이는 일이었으므로, 그 누구보다 게리도 이런 일이 벌어지리라는 것을 알았음이 틀림없다.

"당시 저는 거룩한 일을 하고 있다고 확신했습니다." 현실은, 게리와 그의 정적들이 300달러의 수도 요금 인상을 둘러싸고 다투는 중이었다. 미국 민주주의의 장래를 좌우하는 문제가 결코 아니었다. 사람 목숨이 위기에 처한 일은 어디에도 없었다. 말 그대로 천국과 같은 동네에 사는 아주 운 좋은 사람들이 사소한 문제로 말다툼을 벌이는 중이었다. 그 싸움은 매우 부적절한 것이었다. 갈등의 양상이 모든 것을 말해주고 있었다.

조엘이 쿠데타를 일으키려 하자, 게리는 그런 행동을 허용하지 않는 위원회의 조례를 언급했다. 게리는 물에 빠진 사람이 지푸라기라도 붙잡는 격으로 절차와 규정에 매달렸다. 이후 회의는 2시간이나 파행을 거듭하다가 마침내 게리가 청중을 향해 발언권을 개방한다고 선언했다. 윌리엄이라는 주민이 마이크를 향해 다가갔다.

윌리엄이 말했다. "그 편지는 부정확하고, 오류투성이인데다, 남의 명예를 훼손하는 비열한 내용으로 가득 차 있더군요."

게리는 더 이상 참을 수가 없었다. 그가 자신을 변호하기 위해 자리를 박차고 일어섰다.

게리 "자, 분명히 말씀드리는데요, 편지 이야기는 더 듣지 않겠습니다."

윌리엄 "안 됩니다. 제 말은 끝까지 들어주세요."

게리　　"아니오, 3분 제한 시간 다 됐습니다."

윌리엄　"아니죠, 무슨 말씀이에요. 그게."

게리　　"3분 다 됐습니다! 시간 재고 있었어요. 윌리엄, 그만 하세요."

사실 윌리엄은 자신에게 허용된 시간 중에 90초밖에 쓰지 않은 상태였다. 그러나 게리로서는 달리 어쩔 수가 없었다. 이런 식의 공격을 막아내야만 했다. 그는 자신을 지켜야 했다.

윌리엄　"당신은 금도를 지키지 않은 것이 사실입니다."

게리　　"윌리엄씨, 이건 인신공격입니다. 받아들일 수 없어요. 3분 다 됐습니다. 이제 그만 하세요! 제발! 3분 제한 시간 다 쓰셨습니다. 감사합니다. 이거 보세요, 여기서 인신공격을 왜 하십니까. 통합 원칙을 지키세요."

게리는 막상 갈등에 빠진 당사자가 되고 보니 자신이 바로 모순을 범하고 있음을 깨닫지 못했다. 방청객에서 그를 둘러싼 이야기가 오고 갔다. 2분 후, 게리는 회의 중단을 선언했다. 그것은 그가 위원장으로 주재한 회의의 마지막 순간이었다.

"그를 깊이 존경했어요."

게리가 위원장에 출마할 당시, 수구 세력으로 분류되던 휴는 23년째 게리와 가까운 이웃이었다. 사실 그는 오래전에 뮈어비치 주민 한 명과 재산 분쟁을 벌이고 있을 때 게리에게 중재를 요청한 적도 있었다. 그래서 처음에는 게리야말로 위원장직을 맡을 최적의 인물이라고 생각했었다.

휴가 나에게 말했다. "이 일을 맡을 사람으로 게리보다 더 신뢰할 만한 사람은 없었습니다. 나는 그를 깊이 존경했지요."

휴는 게리가 출마한다는 소식을 듣고 가슴이 두근거렸다. 사실 그는 당시 위원장이던 짐에게, 게리가 만약 선거에서 이긴다면 위원장이 될 수 있겠느냐고 물어보기도 했다.

휴는 담담하게 말했다. "그가 당선되면 마을의 분위기를 가라앉힐 수 있다고 봤습니다."

그렇다면 휴가 보기에는 어떤 사태가 일어났던 것일까? 편지 사건이 일어나고 무려 2년 후에 나눈 대화였는데도 휴의 목소리에는 슬픔과 의구심이 묻어나왔다.

휴는 16년간이나 뮈어비치를 위해 봉사했던 사람이다. 처음에는 지역 봉사 위원으로 선출되었고, 나중에는 지역 매니저로 일했다. 그는 도로와 상수도 관리 체계를 잘 알았고 자신이 이런 일을 꽤 잘해왔다고 생각했다.

게리가 책임자가 되기 전까지 그는 효율적으로 일하기 위해 애썼다. 물론 모든 일을 모든 사람에게 알리지 않았다는 것은 자신도 인정한다. 그러나 그는 공동체 의식을 함양하기 위해 노력했고, 주민 회의가 열릴 때마다 커피와 과자를 싸 와서 참석자들에게 나눠주었다. 당시에는 발언하는 데 제한 시간도 없었고, 위원회도 없었다.

휴가 애쓴 덕분에 2년 전에 시작된 주요 도로 사업이 마무리되기도 했다. 그런데 게리가 책임자가 되자 단 1년 만에 23개의 소위원회가 설치되었다. 휴는 아직도 그 숫자를 똑똑히 기억한다. 게리는 휴가 진행했던 모든 일을 아주 의도적으로 무산시켰다. 적어도 휴가 보기에는 그랬다.

처음에는 휴도 의심은 들었지만 새로운 체제에 적응하려고 애썼다. 그러나 새로 설치된 인사 위원회에 합류하려고 하다가 게리가 자신의 참석을 원치 않는다는 말을 들었다. "게리는 뮤어비치가 지나치게 저에게 의존하고 있다고 느꼈습니다." 심지어 휴는 상수도 위원회가 발족하기 전까지도 그런 사실을 모르고 있었다. 휴가 말했다. "저로서는 미련이 들 수밖에 없었습니다. 제가 도로, 인도, 파이프 등을 다 깔았는데요. 저는 도시 식수 처리 분야에 전문적인 식견이 있고 제가 가진 기술이 쓸모 있다고 생각했죠."

게리는 원래 좀 더 포용적인 정책을 펼치려고 했지만, 실제로는 휴를 배척하고 있었다. 마치 게리와 엘리자베스 휴, 셋이 공놀이를 하다가 전혀 이해할 수 없는 이유로 공던지기를 멈춰버린 꼴이었다.

휴는 나와 대화하기 전까지 오랫동안 왜 게리가 자신을 '수구 세력'이라고 하는지 전혀 이해할 수 없었다. 그는 자신을 그렇게 생각해본 적이 없었다. 단 한 번도 말이다. 그는 뮤어비치에서 손꼽히는 인프라 전문가였다. 문제가 생기면 해결하는 사람이 그였다. 그도 자신이 이 도시에서 해야 할 일을 그것으로 이해하고 있었다. 그런데 게리가 자리를 차지하고부

2장 양자 구도의 위력

터 이런 생각은 아무 의미가 없어져 버렸디. 휴는 이곳을 떠나려고 생각했다. 장성한 자녀들에게 이제 뮈어비치를 사랑하는 마음이 사라졌다고 말하기도 했다. 게리의 아내가 그랬던 것처럼 그도 역시 이곳에 소속감을 느끼지 못하게 된 것이다.

휴는 짐과 상의한 끝에 다음 선거에서 게리의 동맹인 엘리자베스에 맞서 출마하기로 마음먹었다. 게리의 임기가 끝나지 않았지만, 그에 맞서 출마하는 셈이었다. 지지자들이 휴에게 다시 출마해서 모든 일을 바로잡아야 한다고 설득했다. "우리 고장에는 모든 일을 예전처럼 되돌려야 한다는 사람들이 많았습니다."

바로 그때 지난날의 잘못된 일들을 모두 자신과 짐의 탓으로 돌리는 게리의 편지가 나타난 것이다. 휴가 말했다. "어안이 벙벙했습니다. 방어적인 태도를 보일 수밖에 없었지요." 그리고 추악한 싸움판이 벌어졌다. 휴는 이대로 무너질 수 없었다. 그는 사실 게리의 선거운동 초기에 그를 지지했었다. 그 점이 너무나 뼈아프게 다가왔다. 게리처럼 그도 역시 자신의 업적이 인정받기를 기대했다. 그런데 오히려 배척당하게 된 것이다.

사회적 고통은 전염성이 강하다. 휴가 고통을 겪을수록 게리에게는 더 큰 고통이 가해졌다.

마비

게리는 선거운동이 마치 오물 구덩이에 빠진 것 같다고 느꼈다. 주민들이 일제히 수도 요금 인상 반대에 표를 던지면서 모든 일이 엉망이 되고 말았다. 그의 신세가 말이 아니었다. 그러나 그로서는 악몽이 현실이 되는 광경을 그저 지켜보기만 할 뿐, 아무것도 할 수 있는 일이 없었다. 더 이상 두고 볼 수 없었다. 휴처럼 말이다.

갈등의 함정에 한 번 걸려들면 웬만해서는 빠져나오기가 힘들다. 우리가 평화를 원한다는 것은 우리도 안다. 따라서 그것을 위해 무엇을 양보할 것인지 생각하게 된다. 상대편도 마찬가지다. 그래서 양측은 거의 타협에 성공할 정도로 가까이 다가간다. 그러나 어느 순간 꼼짝할 수 없는 상황을 맞이한다. 우리는 보이지 않는 힘에 떠밀려 타르 웅덩이에 빠진다. 양자 구도, 사회적 고통, 의사소통의 환상, 바보 운전자 반응과 같은 이 모든 힘이 점점 더 세지는 것이다.

우리는 평화를 간절히 원하면서도 먼저 타협을 제안하는 편이 되기를 원치 않는다. 그런 행동이 약점으로 인식되어 상대방이 우리에게 더 많은 양보를 요구할까 봐 두렵기 때문이다. 상대방이 과연 평화를 바라고 있는지도 좀처럼 믿음이 가지 않는다. 평화를 반대하는 모든 목소리는 우리가 지닌 편견과 고정관념에서 나온다. 우리 편과 상대편의 대결이라는 양자 구도적 사고방식을 도저히 떨쳐낼 수 없다.

이런 현상은 이보다 훨씬 더 크고 까다로운 중대한 갈등에서도 똑같이 일어난다. 예를 들어 팔레스타인과 이스라엘의 대치 상황을 살펴보자. 두 나라 모두 인구의 3분의 1은 과거부터 제안되어온 각종 평화 협정안[35]에 대해 기본적으로는 찬성하고 있다. 더구나 사람들은 삼엄한 검문이나 포격의 두려움이 없이 평화롭게 살기를 원한다. 그럼에도 갈등은 여전히 진

2장 양자 구도의 위력

행 중이다.

에런 할페린Eran Halperin은 갈등을 연구하는 이스라엘의 심리학자다. 그는 이스라엘에서 강의할 기회가 있을 때마다 청중을 향해 "아랍 평화 구상Arab Peace Initiative"에 대해 들어본 적이 있느냐고 물어본다. 이것은 2002년에 사우디아라비아의 압둘라 왕자가 밝힌 평화 계획이다. 이스라엘이 1967년 전쟁 이후로 점령해온 영토에서 완전히 철수한다면 아랍 국가들이 그 대가로 이스라엘 측에 '관계 정상화와 안전'을 보장하겠다는 계획이다. 아랍 국가들이 지금까지 표명해온 입장에서 훨씬 진보한 이 양보안은 전 세계 지도자들의 찬사를 끌어낸 바 있었다. 이 구상은 같은 해에 아랍 연맹 회원국 전원의 승인을 얻기도 했다. 아랍 연맹은 2007년에 이 구상을 다시 승인했고, 2017년에 이를 재확인하기도 했다.

할페린은 청중에게 아랍 평화 구상을 지지하는지를 물어보는 것이 아니다. 그저 그런 것이 있다는 것을 들어봤느냐고 물어보는 것뿐이다. 이 구상은 벌써 19년째 각종 뉴스 매체에 꾸준히 보도되어왔다.

할페린은 이렇게 말했다. "그렇게 물었을 때 손을 드는 사람이 5퍼센트가 넘는 경우를 단 한 번도 본 적이 없습니다. 언론에 분명히 나오는 내용인데도 사람들은 듣고 싶은 마음이 전혀 없었던 것입니다. 이 갈등에 관한 그들의 생각과 정면으로 충돌하는 내용이었기 때문이지요." 아랍 구상은 현실과 실질에 모두 부합했음에도 그들은 제대로 들으려고조차 하지 않았다. 사람들은 이 갈등을 넓은 시야로 바라보지 못했다. 그들은 심리적으로 눈가리개를 찬 것과 다름없었다. 할페린은 말했다. "상대방은 절대로 바뀔 리가 없고 언제나 우리를 속이려 들기 때문에 결국에는 우리만 희생자가 될 뿐이라고 생각하면, 이런 기회를 제대로 살펴보려고 애쓸 필요조차 없어지는 겁니다."

미국인들 역시 갈등에 눈이 멀기는 마찬가지다. 민주당 지지자는 공화당 쪽 사람을 실제 모습보다 더 부유하고, 나이가 많으며, 잔인하고, 비합리적인 사람들이라고 생각한다. 반대로 공화당 지지자들은 민주당 사람들은 모두 신을 믿지 않는 게이들이자 과격한 사람들[36]이라고 생각한다. 실제로는 그렇지 않은 사람도 많은데 말이다.

양쪽 진영의 미국인들 모두 상대편에는 극단적인 시각을 가진[37] 사람이 실제보다 2배나 더 많이 있다고 생각한다. 민주당 지지자나 공화당 지지자 모두 상대편 사람들이 자신을 싫어하는[38] 정도를 지나치게 과장해서 상상한다.

별것 아닌 것 같은 이 실수가 사실은 엄청난 결과를 낳는다. 상대방으로부터 위협을 느끼면 호기심이 싹틀 여지가 사라진다. 상대편을 실제보다 더 극단적이고 혐오스럽게 생각하면 우리 쪽에서 아무리 불안하고 분열을 획책하는 인물이 나와도 그들에게 권좌를 내어줄 수는 없다는 심정으로 무조건 표를 던져주게 된다. 2016년 대선에서도 미국 유권자의 절반은 자신의 투표가 방어 차원[39]이었다고 응답했다. 꼭 자기편이 좋아서 표를 주었다기보다는 '상대편이 되는 것을 막아야 한다'는 심정이었다는 것이다.

한편 우리에게 더 많은 정보를 제공하기 위해 준비된 제도는 오히려 정반대의 효과를 불러일으키는 것 같다. 미국인들은 다양한 매체를 통해 뉴스를 접할수록 상대편에 대해 더 부정확한 시각을 지니게 된다. 특히 민주

2장 양자 구도의 위력

당 지지자들은 교육 수준이 높을수록 공화당 지지자들에 대해 무지해지는 경향을 보인다. 민주당 지지자 중에 대학원 이상의 학력자는 고등학교를 마치지 못한 사람보다 3배나 공화당 지지자들에 관해 부정확한 인식을 가지고 있다.[40]

선거 당일, 게리의 동맹 엘리자베스가 낙선했다. 게리로서는 최악의 악몽이 실현된 것이다. 그녀와 조엘의 자리를 휴와 짐이 차지했다. 게리가 그 악명높은 편지를 보낸 가장 맹렬한 수구 세력이 바로 그들이었다. 그래도 게리의 임기는 2021년까지 지속되겠지만, 이제 위원회에는 이렇다 할 우군이 남지 않았다.

타냐가 말했다. "그들이 엘리자베스에게 한 행동은 폭력에 가깝습니다. 그저 사리사욕과 여성혐오증, 증오 등이 뒤섞인 짓일 뿐입니다." 타냐가 보기에 게리의 편지에는 아무런 문제가 없었다. 문제는 후속 조치가 없었다는 것이다. "편지는 훌륭했어요. 그러나 그들이 반격에 나서리라는 것쯤은 당연히 알고 있어야 했지요." 타냐는 게리가 계속 밀어붙였어야 했다고 말했다. 예컨대 적대적인 표현과 거짓말을 중단하라는 탄원서라도 발표해야 했다는 것이다. 그는 더 많은 방법을 동원할 수 있었고, 마땅히 그래야 했다.

새로 구성된 위원회는 게리가 설치한 소위원회를 거의 모두 없애버렸다. 게리가 말했다. "저는 졸지에 오바마 신세가 되어버렸습니다." 수구 세력은 신속하게 그가 이루어낸 일을 모두 없던 일로 돌렸다. 마침 그때 5,000킬로미터 떨어진 워싱턴에서 트럼프가 오바마의 유산에 대해 바로 똑같은 조치를 취하고 있었다.

게리가 말했다. "너무나 큰 굴욕과 고통, 슬픔이 엄습했습니다." 그는 선거를 매우 극적인 표현으로 언급했다. "크게 한 방 얻어맞은 겁니다. 최악이었죠."

게리가 이런 말을 하다니 정말 혼란스럽지 않을 수가 없었다. 마치 무슨 마법에 걸리기라도 한 것 같았다. 그를 흔들어 깨워 바로 그에게서 배운 모든 것들을 일깨워주고 싶을 정도였다. 바로 자신이 갈등의 함정에 빠져있어서 그 갈등이 모든 것을 좌우하고 있다는 사실을 그는 정말 모른단 말일까?

양자 구도의 대안

우리는 정당이란 민주주의가 작동하기 위해 어쩔 수 없이 등장하는 필요악임을 인정한다. 그러나 알다시피 미국의 국부들은 정당 제도를 맹렬하게 반대했다. 알렉산더 해밀턴은 "정당이야말로 민주 정치에 가장 치명적인 질병[41]이다"라고 말했다. 조지 워싱턴은 이런 경고를 남겼다. "교활하고 야심만만하며 부도덕한[42] 사람들이 나타나 국민이 부여한 권력을 전복하고 정권을 찬탈하는 일이 언제든지 벌어질 수 있습니다."

해밀턴과 워싱턴, 제퍼슨, 애덤스 등은 모두 적대 구조를 통해 우리 마음속에 들어있는 최악의 본능이 살아날 수 있음을 알고 있었다. 워싱턴 가문은 17세기 영국 혁명의 와중에 반대 세력의 폭력을 피해 신대륙으로 건너온 집안이었다. 사람들을 서로 대립하는 두 분류로 나누면 고도 갈등은 구조적으로 더 심화할 수밖에 없디.

게리는 법조계에 완전히 새로운 구조를 도입했다. 전혀 다른 규칙으로 구성된 갈등 대처법을 선보인 것이다. 그리고 멋지게 성공해냈다! 중재를 원하는 사람이 전 세계에서 몰려왔고, 이를 통해 적대 구조는 갈등을 다루는 유일한 방법이 아니고, 최선의 방책은 더더구나 아님이 증명되었다.

그러나 게리는 법에 이어 정치를 바꾸려고 하면서, 그 방법은 오히려 구시대적인 적대 구조에 의존했다. 그의 자문을 맡은 타냐는 세상을 양자 구도로 바라보는 사람이었다. 결국 우리와 그들 사이의 대결 구도가 펼쳐졌다. 게리는 오래된 규칙을 기반으로 새로운 게임을 벌이려고 했다. 마치 법정에 나가 판사와 배심원들이 보는 앞에서 냄비가 누구 것인지 검사와 싸움을 벌이는 형국이었다. 애초에 성공할 리가 전혀 없는 싸움이었다. 그런데도 이런 대결 구도가 도저히 불가피한 일인 것처럼 느껴진다. 정치판에서 이것 외에 어떤 그림을 상상할 수 있단 말인가?

오늘날, 약 500만에서 700만 명의 사람들은 적대 구도를 명백히 거부하는 방식의 정치를 추구한다. '그들'은 게리를 비롯한 중재론자들이 법률 분야에서 했던 것과 똑같은 방식을 정치에서 구현하고 있다. '그들'은 경쟁이 아니라 협력의 본능을 개발하는 비적대적인 새 정치 실험에 나서고 있다.

내가 말하는 '그들'은 어느 한 나라나 도시가 아니라, 종교다. 나도 이 책을 쓰기 전까지는 전혀 들어보지 못했던 종교다. 그러나 분명히 말하건대, 그들, 바하이교 신도들은 벌써 한 세기가 넘도록 전 세계 곳곳에서 실제로 이 실험을 해오고 있다.

바하이 신앙의 핵심 사상은 우리가 모두 서로 연결되어있다는 것이다. 대결 구도는 존재하지 않는다. 바하이교에서는 주요 종교가 하나의 영적 근원에서 나왔다는 믿음에 따라, 예수 그리스도나 선지자 마호메트를 모두 숭배한다. 1800년대 중반 이란에서 태동한 이 공동체는 오늘날 전 세계에 퍼져있다. 미국에는 약 15만 명의 신자들이 있다. 최다 인구를 자랑하는 지역은 인도다. 그러나 이 종교에는 성직자도, 공식 지도자도 없다. 그러면 이들은 어떤 방식으로 의사결정을 내리는 것일까?

매년 봄이 되면 전 세계 233개국 약 1만 5,000개의 바하이교 근거지에는 모든 신도가 모여 해당 지역의 지도자를 선출한다. 그야말로 순수한 민주제도가 구현된 모습이라 할 만하다.

여기서 반전이 나타난다. 선거에 관한 모든 것이 고도 갈등의 요소를 줄이기 위해 고안되었다는 사실이다. 바하이교의 선거에는 정당이 없다. 양자 대결은 허용되지 않는다. 선거운동도 금지다. 누가 가장 적절한 후보인지 서로 이야기를 나눌 수도 없다. 지도자가 갖춰야 할 가장 필요한 품성이 어떤 것인지만 토론할 수 있을 뿐이다.

바하이교 신자들은 함께 기도를 드린 후, 공동체를 이끌어갈 경륜과 특성이 있다고 판단되는 사람의 이름을 각각 9명씩 적어낸다. 비밀 투표지의 개표가 끝나고 9명의 '당선자'가 발표된 후에도 별도의 축하 행사는 없다.

조지아주 애틀랜타 지역 신성회 의원에 처음으로 당선된 느완디 로슨Nwandi Lawson은, 당시 조지아 공영방송의 〈로메이커스Lawmakers〉라는 정치 프로그램을 진행하던 정치부 선임 기자였다. 그녀는 이미 책임져야 할 일이 너무나 많은 사람이었다. 사실, 그날 저녁 모임에서도 어린 딸아이를 잠재우러 일찍 빠져나가야만 했다.

그날 밤늦게, 누군가 그녀의 집 문을 두드렸다. 바하이 교인이었다. 그 여성은 로션이 담긴 선물 봉투를 건네며 이렇게 말했다. "당선되셨습니다." 로슨이 답했다. "아, 알겠습니다."

그녀는 원하든 그렇지 않든 1년간 그 직책을 수행할 예정이었다. 로슨이 아는 한, 이것은 바하이 교인이라면 마땅히 수행해야 할 의무와도 같은 것이었다. 그런데도 막상 당선 소식을 접하고 보니 놀라움을 금할 수 없었다.

로슨이 말했다. "저는 다른 사람에게 투표했습니다. 제가 되리라고는 전혀 생각지도 못했어요. 저는 비교적 초신자인데다 저보다는 좀 더 경륜 있는 분들이 공동체를 이끌어가는 것이 낫다고 생각했거든요."

그녀의 태도야말로 로슨이 바로 그 일에 적임자임을 보여주는 증거였다. 바하이교의 방침은 다른 사람의 관심이나 권력을 탐하지 않는 사람을 선출하는 것이다. 바하이교 대변인 제임스 새미미 파르James Samimi Farr는 이렇게 말했다. "지도자로 선출된다는 것은 지위의 상징이 아닙니다. 더욱 겸손한 사람이 되라는 소명이지요."

이런 선거는 당연히 남들의 인정을 갈망하는 사람을 직접 선택하는 전통적인 선거와는 그 성격이 정반대라고 할 수 있다. 도대체 어떤 사람이 몇 개월간이나 가두 연설이나 선거 구호를 통해 뻔뻔스럽게 제 자랑을 늘어놓을 수 있단 말인가? 사람들에게 끊임없이 돈을 구걸하는 용기는 도대체 어디에서 온 것일까? 모두 미국 선거철이 되면 어김없이 볼 수 있는 광경이다. 그 길고 논쟁적인 선거에 필요한 모든 비용과 진절머리 나는 행동, 철저한 검증을 견딜 사람이 자기도취에 빠진 사람이 아니면 또 누가 있단 말인가?

당선된 후, 로슨은 지역 신성회에 매주 참석했다. 그들이 맡은 책임은 바하이교의 결혼식 감독과 교육 프로그램 관리, 그리고 약 80명으로 구성된 지역 바하이교 예산을 집행하는 일이었다.

여기서도 바하이교는 자아를 제한하고 통합을 유도하는 방침을 고수한다. 어떤 모임에서든 그들은 이른바 '협의'라는 규칙을 따라야 한다. 바하이교인들은 이 규칙에 따라 자신의 총명함에 지나치게 기대지 말고 마음속의 생각을 그대로 말해야 한다. 예컨대 로슨이 공동체의 교육 프로그램을 지역 비영리단체와 제휴해서 진행하자고 제안한다면, 그 아이디어는 그녀의 입에서 나온 순간부터 공동체의 공동자산이 되는 식이다. 그것은 더 이상 느완디 로슨의 생각이 아닌 셈이다. 따라서 혹시라도 다른 사람이 대안이나 비판을 내놓는다고 해도 그녀로서는 자신을 방어할 필요를 별로 느끼지 못한다. 그것은 이제 로슨 개인의 생각이 아니기 때문이다.

로슨은 물론 이것이 쉬운 일은 아니라고 내게 말했다. "우리는 모두 자아가 있기 때문이죠. 누군가 제 생각을 깎아내리면 당연히 저도 마음에 상처를 입습니다." 그럴 때마다 이 협의를 지탱하는 원칙과 겸손, 인내 등을 명심하면 분명히 도움이 된다. 게다가 로슨도 매번 이 원칙을 잘 지킬 수는 없다. 그저 끊임없이 한발 한발 나아가기 위해 노력할 뿐이다. 그녀는 원칙을 되새기기 위해 냉장고 문에 적어놓기도 했다. "우유와 달걀, 버터를 꺼낼 때마다 다시 한번 쳐다보게 됩니다."

바하이 교인들은 어느 정도 숙고 끝에 한 가지 안을 선택할 때가 되면 처음에 누가 반대했던 모두가 합심하여 중지衆志를 모으는 데 힘쓴다. 그래

　　　　　　　　　　　　　　　2장 양자 구도의 위력

도 안 되면, 또 한 차례 협의 시간을 개최하여 안건을 다시 검토한다. 로슨은 웃으며 말했다. "우리 사전에 '거봐 내가 뭐랬어.'라는 말은 없습니다."

시간이 흐를수록 그녀는 자신의 생각에 집착하는 태도를 점점 내려놓고 있다. 그런 여유는 바하이 공동체 내에서뿐만 아니라 일상생활 전반에서 나타난다. 협의 모델을 직장생활에서나 가정에서 가족들을 대할 때도 그대로 적용한다. 그러다 보니 사람들과 무슨 일을 상의해도 속도가 빨라지고, 더 훌륭하고 창의적인 해결책을 내놓을 수 있다.

게다가 로슨은 바하이 공동체에서 선출직을 올바로 수행하는 법을 배울수록, 업무 현장에서 벌어지는 전통적인 정치가 올바로 작동하고 있지 않다는 사실을 알게 되었다. CNN에서 기자 생활을 시작하던 1990년대에, 그녀는 자신이 취재하던 몇몇 정치인들의 정치력을 보고 기운을 얻기도 했었다. 그중에는 심지어 자신과 견해가 다른 정치인도 있었다. 그러나 2000년대에 접어들면서는 존경할 만한 정치인이 훨씬 줄어들었다. "세월이 흐를수록 점점 '이럴 수가, 이건 그냥 서로 소리나 지르는 것뿐이잖아.'라는 생각이 들었습니다."

바하이 공동체를 경험하면서 그녀는 정치 체제가 이루어낼 수 있는 것이 무엇인가에 관한 생각을 달리하게 되었다. 물론 이 둘은 존재 목적이 근본적으로 다르기는 하지만 말이다. 그녀는 사물을 이해하는 방식을 분명히 개선할 수 있다는 결론에 이르자 마치 자유를 얻은 것 같은 기분이 들었다고 한다.

"목소리를 높여 자신의 영광을 드러내거나 자랑하는 것이 목적이 될 수는 없습니다. 중요한 것은 문제를 해결하는 것입니다." 그 초창기에, 그녀는 자신이 속한 신성회가 모두의 합의가 필요한 환경에서 어떻게 단 한 번 모임만으로 그 일을 완수해내는지 눈으로 보면서도 신기할 따름이었다. 누구나 자신의 고집을 내려놓고 함께 협력하려고만 한다면 모든 일은 훨씬 더 쉬워진다.

만약 사회학자들이 종교를 따로 하나 고안한다면, 그 모습은 바로 바하이 공동체와 같을 것이다. 수십 년간 집단행동을 연구해온 결과 도출된 핵심 교훈은 바로 모든 집단이 서로를 악마화하지는 않는다는 사실이다. 인간은 원래 악하거나 폭력적인 존재가 아니다. 실제로 전쟁[43]은 인류의 유구한 역사에서 비교적 최근에 시작된 현상이다. 최초의 전쟁이 일어났던 시기는 지금부터 대략 1만 년 전, 원시 수렵 및 채집인 집단이 정착하기 시작한 후 사회가 복잡해지면서 한정된 자원을 두고 서로 경쟁을 펼치던 무렵이었다. 그보다 18만 년 전의 인류는 최소한 고고학적 증거만으로 보자면 집단 간에 폭력을 행사한 일이 없었다.

그러나 역사를 통해 얻는 큰 교훈이 있다면, 사람은 너무나 쉽게 서로를 악마화할 수도 있고, 반대로 협력할 수도 있다는 것이다. 전통과 구조가 미치는 영향은 우리가 생각하는 것보다 훨씬 크다. 사회학자 니컬러스 크리스타키스Nicholas Christakis는《청사진 : 좋은 사회의 진화론적 기원 Blueprint:The Evolutionary Origins of a Good Society》이라는 책에서 이렇게 말한다.

"만약 우리가[44] 현재 인구를 그대로 유지하면서 또 하나의 사회를 구성한다고 했을 때, 사람들이 서로 너그럽게 대하는 사회를 만들 수도 있고, 그와 달리 서로 인색하게 굴거나 무관심하게 살아가는 사회를 만들 수도 있다." 여기에서 우리는 소셜미디어와 인터넷을 전체적으로 어떻게 고쳐야 할지 힌트를 얻을 수 있다. 유튜브와 페이스북은 애초에 우리의 주의를 앗아가고 분열을 조장하도록 고안되었지만, 이제 오히려 그런 플랫폼이 오히려 협력과 품위를 고취하도록 틀을 바꿀 수 있다. 이는 별로 어려운 일이 아니다.

로슨은 처음 지도자로 선출된 이후 여러 형태로 연임을 거듭하여 무려 18년간이나 계속 봉사를 이어갔다. 각 지역 신성회는 대표단을 선출하기도 하는데 이들이 전국 단위로 모여 국가신성회 의원 9명을 또 선출하고, 전 세계 국성회 의원들은 다시 이스라엘 하이파에 본부를 둔 세계정의원을 선출한다. 자아를 최대한 자제한다는 원칙은 모든 관리 단계에서 똑같이 적용된다.

이런 모든 전통은 사람들이 서로의 인간성을 말살하지 않고 서로 이해하며 문제를 해결하도록 돕겠다는 취지에서 나온 것이다. 이상에서 보듯, 바하이의 선출 제도가 정치에 미친 영향은 마치 중재가 법률 제도에 미친 것처럼 혁명적인 성격을 띤다. 즉, 인간이 지닌 협력 역량을 고취하고, 경쟁 역량은 최대한 자제하는 것이다. 물론 그들의 제도도 완벽하지는 않지만, 우리 인류가 전혀 다른 방식을 통해 어떤 일을 할 수 있는지를 보여주는 중요한 본보기임에는 분명하다.

경계 흐리기

우리는 모든 정치 사안을 승자와 패자라는 양자 구도의 색안경을 끼고 보는 데 익숙하다. 그런 시각으로 보면 바하이교 모델은 완전히 잘못된 것 같다. 그러나 정치 분야에서도 양자 구도적 시각이 점차 줄어들고 있다. 이는 수수께끼도 아니고 종교도 아니다.

먼저, 선택지가 두 가지 이상 주어진다. 그렇다고 모든 문제가 해결되는 것은 아니지만, 양자 구도의 위력이 감소하는 것만은 틀림없다. 선택이 복잡해지면 양자 구도가 쉽게 자리 잡지 못한다. 순위 선택 투표[45]가 하나의 방법이 될 수 있다. 유권자들은 자신이 1등으로 생각하는 사람이 충분한 득표를 하지 못했을 때 2등이나 3등을 선택할 수 있다. 충성심이 분산되는 효과가 있고, 1등이 지더라도 좀 더 많은 사람이 자신의 생각이 존중받는다고 느낄 수 있다. 이것은 승자독식 구도와 상관이 없다.

양자 구도를 줄이는 또 다른 방법으로 비례대표제[46]가 있다. 각 정당의 득표 비율에 따라 의석수를 배분하는 방식이다. 이렇게 되면 최다 득표를 하지 못한 군소 정당도 비록 적은 수라도 의석을 차지할 수 있다. 소수의 목소리가 반영될 길이 다소나마 열리는 것이다.

세계로 눈을 돌리면 이미 이런 변화가 보인다. 비례대표제가 시행되는 나라에서는 사람들이 서로를 신뢰하는 경향이 더 크다는 연구 조사가 있다. 그런 나라들은 양극화의 폐단도 적고 정치 체제도 좀 더 공정한 편이다. 그렇다면 분명히 장점이 있다고 봐야 한다. 지지하는 정당이 굳이 여당이 아니어도 여전히 목소리를 반영할 통로가 열려 있는 셈이니 말이다. 이제 우리는 소수의 목소리가 존중받는 것이 얼마나 중요한 것인지 다 안다.

민주정체를 채택하는 나라는 대부분 비례대표제와 두 개 이상의 정당을 운영하고 있다. 그런데 미국은 예외다. 미국의 승자독식과 양대 정당

구조는 심리적으로 고도 갈등을 유발하는 요인이 되고 있다. 이것은 미국이 오늘날 왜 세계 어느 나라보다 더 양극화에 시달리고 있는지에 대한 설명이 될 수 있을 것이다.

물론 투표 제도는 해결책의 일부분에 불과하다. 다당제를 채택하는 민주국가 중에도 프랑스나 브라질처럼 심각한 양극화에 시달리는 나라들이 많다. 그러나 일반적으로는 양자 구도가 희석될수록 갈등의 양상도 완화된다고 볼 수 있다. 아주 희박한 가능성이지만 만약 게리가 뮈어비치에 수구 세력과 신진 세력 외에 제3의 그룹을 만들어냈다고 해보자. 예컨대 위험을 감수하기 싫어하는 사람들이라는 뜻에서 그들을 '안전 세력'으로 부른다고 하자. 그러면 어쨌든 뮈어비치에는 이런 세력이 엄연히 존재하므로, 정치 판도를 좀 더 정확히 구분할 수 있고, 희화화의 여지도 좀 더 줄어들게 된다. 우리와 그들 외에 또 다른 그들이 존재하니까 말이다.

양자 구도의 사고는 사소한 세부 사항과 모순을 모두 무시한 채 모든 일을 선과 악, 옳은 것과 그른 것으로 뚜렷하게 구분한다. 그런 환상을 다른 분야에 적용하는 데는 추가적인 인지 작용이 필요하다. 1,000명의 미국 성인을 대상으로 모의 투표[47]에 참여하도록 했던 실험이 있었다. 그 결과, 전통적인 승자독식 방식의 투표에 참여했던 사람들이 비례 방식으로 투표한 사람보다 전체 과정이 공정하지 못하다고 생각한 것으로 나타났다. 승자독식 방식으로 투표한 사람들은 지고 난 후에도 상대방을 너그럽게 대하지 못하고 어느 정도 앙금이 남아있는 모습을 보여주었다. 양자 구도에서 가장 흔히 볼 수 있는 광경이다. 억울함이 자꾸 쌓이는 것이다.

비례대표제에서 다수당은 상대적으로 약한 정당과 힘을 합해야만 무슨 일이든 이뤄낼 수 있다. 이른바 연정을 구성해야 하는 것이다. 따라서 내 편과 상대편 외에도, 합의를 끌어내야만 하는 우리 편이 또 존재한다. 말하자면, '같은 공간'에 자리하는 사람이 더 많아지는 셈이다. 게리의 중재 모델과 완전히 똑같다고는 할 수 없지만, 상대적으로 가까운 것은 틀림없다. 진영의 구분이 모호해졌기 때문에 적대적인 요소도 분명히 덜해졌다.

양자 대결 정치를 완화하는 데는 여러 방법이 있겠지만, 우리가 얻어야 할 교훈은 분명하다. 리 드러트먼Lee Drutman은《양당의 악순환을 타파하는 법 Breaking the Two-Party Doom Loop》이라는 책에서 이렇게 말했다. "우리에게 필요한 것은, 세상을 양자 구도로 보는 본능을 무너뜨리는 정치다. 그것은 유연한 정치 연합을 유지하여 적과 동맹이 수시로 바뀔 수 있는 정치를 말한다."

정치 외의 분야도 마찬가지다. 협력이 중요한 분야에서는 집단 간의 관계를 유연하게 관리하는 것이 중요하다. 승자와 패자, 내부자와 외부자를 뚜렷이 구분하는 구도를 피해야 한다. 가능한 한 성격이 다른 그룹을 섞어서 운영하는 지혜를 발휘해야 한다.

혹시 여러분의 교회에서 종교 간 결혼의 허용 여부를 결정해야 하는가? 그렇다면 예/아니오로 나누어 투표하는 것은 바람직한 방법이 아니다. 브뤼셀이나 디트로이트에 지사를 설립할 예정인가? 직원들이 정기적으로 순환 근무하는 제도를 검토해볼 만하다. 각 그룹이 정체되어 독자적인 의미를 추구하게 내버려 두지 말라. 전원투표는 가능한 한 피하라. 그리고 제발 부탁인데, 조금이라도 민감한 사안은 트위터, 페이스북, 이메일, 채팅, 문자 메시지로 주고받지 말라. 화성에라도 가 있지 않다면 그것보다

　　　　　　　　　　　　　　　2장 양자 구도의 위력

더 나은 의사소통 방법은 분명히 있다.

우리에게는 사람들을 진영 논리로 판단하는 본능도 있지만, 동시에 협력하는 본능도 있다. 그 차이는 구조에서 나온다. 드러트먼은 이렇게 말한다. "좋은 제도는 우리 안의 천사를, 나쁜 제도는 악마를 일깨운다."

양자 구도가 오히려 좋을 때도 있다. 팀 스포츠는 언제나 승자와 패자가 나뉜다는 것을 전제로 작동한다(물론 폭력이 발생하거나 승리를 위해 조작이 벌어지는 경우가 있지만 말이다.). 그러나 대부분의 경우, 기업 세계나 이웃, 가족, 국가 관계에서 우리 편과 상대편 사이의 경계를 흐리는 작업은, 내 정신을 온전히 유지하기 위한 일종의 보험과도 같다. 그렇게 되면 갈등이 일어나더라도 건전하게 관리할 수 있다.

경계가 흐려지는 현상은 우연히 일어날 수도 있다. 〈타임〉에서 일하던 시절, 나는 나 자신을 작가 집단과 동일시했다. 우리는 편집진을 향해 불평을 늘어놓으며 함께 결속했다. 편집자들은 우리가 공들여 쓴 문장을 무자비하게 삭제했다. 우리가 쓴 글을 볼품없이 줄이거나 더 지루하게 바꿔놓기도 했다. 최소한 우리끼리는 그렇게 하소연했다. 그러던 어느 날, 편집자들이 단체로 모임을 떠나는 바람에 우리가 그 일을 대신하게 되었다. 전에는 한 번도 없던 일이었다. 원래 언론인은 한꺼번에 자리를 비우는 일이 좀처럼 없다. 그러나 상황이 그렇게 되었으니 우리 작가들이 편집 분량을 나눠 맡아 금요일 밤까지 어찌 됐든 마감해야만 했다.

처음에는 다들 설레는 마음으로 시작했다. 드디어 우리 마음대로 할 기회가 온 것이다! 이제야 세상이 바로잡힌 것 같았다! 그러나 주말이 점점 다가올수록 들뜬 분위기가 가라앉았다. A라는 작가의 기사를 B라는 사람에게 맡겼다고 A의 마음에 상처를 주지나 않을까 걱정되기 시작했다. B는 누가 봐도 A보다 실력이 더 나은 사람이었는데도 말이다. 그래서 다들 그렇게 하지 않았다. 결국 타협할 수밖에 없었다. 현실을 인정해야 했다. 어차피 마감 시한은 반드시 지켜야 했다. 한 주 동안 우리는 강제로나마 '그들'의 처지를 경험했고, 그 이후로는 그들을 함부로 희화화하기 어렵게 되었다. 역할을 바꿔서 일했더니 진영 구분이 모호해진 것이다. 만약 그것이 경영진의 의도였다면 정말 신의 한 수가 아닐 수 없다. 내가 바보라면 다른 운전자를 마냥 바보라고 놀려댈 수는 없다.

지금까지 알게 된 인간의 집단행동에 비춰볼 때, 나는 양자 구도의 위력을 좀 더 의식하려고 애쓸 수밖에 없다. 나는 다른 사람들을 한데 묶어 무심코 '그들'이라고 부르지 않으려고 조심한다. 친구나 가족들이 공화당 지지자나 민주당 지지자들을 '우리'라고 지칭할 때면 그 말이 유독 내 귀에 걸린다(10년 전만 해도 그런 일이 드물었는데 최근 들어 유독 잦아졌다). 그럴 때마다 나는 '그들'이 누구냐고 묻는다. 양자 구도를 조금이라도 완화해보려는 나만의 소심한 노력이다. 그들이 무슨 민주당 전국위원회에서 일하고 있기라도 한 것일까? 그들은 설마 '그들'이라는 말로 전혀 알지도 못하는 수억 명의 사람들을 한 데 묶을 수 있다고 생각하는 것일까? 일터에서, 나는 무심결에라도 편집자나 젊은 기자들을 험담하는 말로 다른 언론인들과 유대감을 확인하지 않으려고 애쓴다. 먼 훗날 내 후배가 대통령이 되더라도, 나는 역마차를 타고 도시를 몰래 빠져나가는 꼴이 되고 싶지는 않다.

그러나 솔직하게 고백한다. 이렇게 말하는 나도 항상 실패한다. 스스로

의롭다고 생각하고, 주체 의식에 매달리며, 비난을 회피하고, 도덕적 우위를 점하려는 등의 유혹을 견디기는 너무나 어려운 일이다. 그럼에도 노력해야 하는 것은 알지만, 게리 같은 사람도 갈등의 유혹을 견디지 못했을 정도니, 우리야 말할 것도 없는 것이 당연하다.

그렇다면 이제 자연스럽게 뒤따르는 질문이 있다. 이미 함정에 걸려들었다면 빠져나오는 방법은 영영 없는 것일까? 다음 장에서 살펴보자.

켄터키와 웨스트버지니아의 주 경계를 따라 흐르는 빅샌디강 터그포크 지류 유역에는 햇필드Hatfield와 맥코이McCoy 가문[1]이 대대로 사이좋게 살고 있었다. 두 가문 모두 통나무집을 짓고 땅을 경작했으며, 사냥을 통해 고기를 마련했다. 그들 모두 남북전쟁 때 남부 연방 편에 서서 싸웠다. 두 가문은 서로 혼인 관계를 맺기도 했다. 반세기가 흐르도록 양쪽이 서로 대립했다는 증거는 그 어디에도 없었다.

그렇게 1878년이 된 어느 날, 랜돌프 맥코이Randolph McCoy가 플로이드 햇필드Floyd Hatfield의 농장에 들렀다가 거기 있는 돼지 한 마리가 자기 것이라는 생각이 들었다. 결국 맥코이는 햇필드가 자기 돼지를 훔쳤고, 이런 일을 그대로 두고 볼 수는 없다는 결론에 다다랐다. 따라서 맥코이는 재판 당국에 이 문제를 호소했다.

판사는 양쪽 집안에 공평하게 여섯 명씩 배심원을 배정했다. 그리고 놀라운 일이 벌어졌다. 맥코이 집안의 한 명이 반대 결정을 하는 바람에 랜돌프 맥코이가 재판에서도 지고 돼지도 잃는 결과가 빚어진 것이다.

맥코이로서는 재판에서 진 것이 원통할 수밖에 없었다. 그러나 그는 결과에 승복했다. 그는 변절한 친척에게 복수하지 않았다. 그는 밤에 라이플 총을 집어 들고 강제로 돼지를 뺏어오는 짓도 하지 않았다. 갈등은 그렇게 수습되어 완전히 끝난 것 같았다.

그러나 재판이 끝나고도 1년 반이 지난 후, 랜돌프 맥코이의 조카 두 명이 재판 당시 맥코이 측 주장에 반대되는 증언을 했던 사람과 싸움을 벌인 끝에 그를 때려죽이고 말았다. 이 사건은 결정적인 불쏘시개가 되었다. 사소한 갈등이 고질적인 갈등으로 번지는 계기가 된 것이다.

이후 앙숙 관계가 된 두 가문 사이에는 10여 년에 걸쳐 잔인한 칼부림과 자경단의 연이은 총격전, 기습적인 패싸움 등이 끊이지 않았다. 급기야 대법원까지 가서 소송전을 벌이기도 했다. 집 한 채가 불에 타서 흔적도 없이 사라졌다. 한 사람이 교수형에 처해졌다. 숱한 여성들이 폭력을 당했다. 이 분쟁에 휘말린 사람은 모두 합해 약 80명에 이르렀다.

한번 패배를 맛본 쪽은 다음번 결투 때까지 복수심을 다졌다. 최소한 10여 명에 달하는 사람이 목숨을 잃었다. 햇필드 가문과 맥코이 가문의 갈등은 피를 부르는 분쟁의 전형적인 사례로 악명을 떨쳤다.

갈등의 촉진 요소들

이 책이 소개한 첫 번째 수수께끼는 게리 프리드먼의 사례였다. 어떻게 우리는 밤잠을 못 이루고 손주들을 돌보는 것도 잊을 정도로 파괴적인 갈등에 빠져들 수 있을까? 갈등으로 삶이 피폐해지는데도 왜 우리는 악순환에서 벗어나지 못하는 것일까? 이런 일을 누구보다 더 잘 알만한 사람까지 왜 예외가 없는 것일까?

우리는 지금까지 보이지 않게 작용하는 힘을 몇 가지 확인해왔다. 양자 구도(수구 세력과 신진 세력, 민주당 대 공화당 등)가 우리와 그들 간의 대립적 사고방식을 낳고, 복잡성을 무너뜨리는 원리를 살펴봤다. 거절과 소외를 경험함으로써 얻는 사회적 고통은 대체로 공격성을 촉발하여 더 큰 사회적 고통으로 이어진다. 이것은 심지어 사소한 공놀이에서도 확인된다. 또 인지적 편향이 갈등을 부추겨 중요한 세부 사항을 보지 못하게 한다는 사실도 알았다.

이렇게 감정의 대혼란을 겪는 상황에서는 우리가 싸우는 진정한 이유, 즉 속사정을 살피기가 점점 더 어려워진다. 그래서 냄비나 돼지와 같은 눈에 보이는 줄다리기에만 매달린 채, 깊은 갈등의 원인은 속으로만 불타게 된다.

갈등이란 들불과 같아서 항상 같은 방향으로만 번지지는 않는다. 그중에는 흐지부지하게 끝나는 것도 있다. 또, 수십 년간 속으로만 타기도 한다. 그런 차이는 어디에서 오는 것일까? 확증 편향은 매우 강력하지만, 그 자체만으로 전쟁을 촉발하지는 않는다. 왜 어떤 갈등은 마치 전염병처럼 확산하여 오랫동안 공동체 전체를 적대적인 분위기로 몰아넣는가 하면, 어떤 갈등은 쉽게 수그러드는 것일까? 햇필드 가문과 맥코이 가문 사이의 갈등은 처음에 몇몇 사람의 개인적인 갈등으로 시작했다. 게리와 수구 세력 사이에 일어났던 일과 조금도 다름이 없는 것이었다. 두 경우 모두 이와 관련된 주변 사람들은 저마다 다양한 방식의 동맹과 범주, 양자 구도 등을 지니고 있었다.

게리와 그의 이웃들처럼, 햇필드와 맥코이 사이에도 폭력이 아닌 다른 해결 방법이 있었다. 그들은 자유로운 백인이었으므로 얼마든지 마음에 드는 곳에 가서 살 수 있었다. 그들에게는 멀쩡히 작동하는 사법 체계도 있었다. 유혈 복수는 당시 터그 밸리에서 그리 흔한 일도 아니었다. 그런데 왜 그런 일이 벌어진 것일까?

우리는 앞으로 게리가 어떻게 행동했고, 지역 정치의 타르 웅덩이를 어떻게 다루었는지 살펴볼 것이다. 그는 사임하지 않았다. 대신 훨씬 더 놀라운 일을 했다.

그러나 여기서는 먼저, 갈등이 폭발할 때 어떤 일이 벌어지는지부터 살펴보기로 하자. 불쏘시개가 될 수 있는 네 가지 조건을 아래에 제시했다. 이것은 어떤 갈등에서나 주의 깊게 지켜봐야 할 촉진 요소들이다.

- 집단 의식
- 갈등 촉진자
- 굴욕
- 부패

이 네 가지 요소는 갈등을 촉진하고 확산하는 불쏘시개 역할을 한다. 갈등을 더욱 심화하고 불가피하게 만드는 요소로서, 이런 요소가 작동하

3장 갈등의 불쏘시개

기 시작하면 갈등을 중재하기가 더욱 어려워진다. 물론 불가능하지는 않지만 말이다.

1891년, 맨 처음 돼지를 훔쳤다는 혐의를 받았던 플로이드 햇필드의 7촌 조카뻘인 캡 햇필드Cap Hatfield는 그가 살던 웨스트버지니아 지역신문 편집장에게 편지를 한 통 썼다. 그는 싸움이 끝났다고 선언했다. "저는 이 분쟁이 계속되기를 원치 않습니다. 그리고 저를 포함해 모두가 '햇필드 대 맥코이'라는 말에 진저리를 치고 있다고 생각합니다. 전쟁이라는 생각[2]은 거의 사라졌습니다. 평화가 찾아온다면 정말 기쁠 것 같습니다." 편지는 이것으로 끝이었다. 장장 12년에 걸친 전쟁이 끝나고 찾아온 평화는 이후 한 세기 동안 이어졌다.

폭력적인 갈등도 한풀 꺾여 견딜 만하거나 심지어 쓸모 있을 때가 올 수 있다. 모든 갈등은 결국 선을 이루기 위한 과정이다. 갈등은 우리 자신을 방어하고 속내를 털어놓게 하며, '그들'에게 개선의 압박을 가한다. 물론 상대방의 관점에서 봐도 마찬가지다.

그러기 위해서는 대체로 불쏘시개를 무력화, 붕괴, 또는 대체하는 노력이 필요하다. 먼저 긴장 완화가 이루어져야 한다. 폭력적인 갈등에서 벗어나는 법을 알려면 먼저 그것이 어떻게 발생하는지부터 알아야 한다.

"언제나 더 깊은 사연이 있습니다."

커티스 톨러Curtis Toler[3]를 알고 지낸 지 4년이 지났지만, 그가 야구 모자를 쓰지 않은 모습은 본 적이 없었다. 더구나 늘 새것처럼 말끔한 모자만 쓴다. 그는 조심스레 다듬어 놓은 듯이 팽팽한 근육을 자랑하는 남자다.

우리가 만날 때면 그는 늘 가슴에 팔짱을 낀 자세를 취한다. 웃지도 않는다. 나는 그를 만날 때마다 그가 나와의 대화에 신물이 나지 않을까 걱정스럽다. 그럴 만도 한

시카고의 커티스 톨러. 선 패트릭 포레스트가 촬영했다.

것이, 매번 그의 시간을 많이 뺏으면서 갈등에 관해서만 물어보기 때문이다. 그래도 그가 하는 이야기는 늘 생생하고 재미있고 잊지 못할 내용들이다. 그런 이야기를 하다 보면 서너 시간이 훌쩍 지나있다.

커티스는 시카고에서 가장 큰 갱단을 20년이나 이끌어온 두목으로, 자신의 나이만큼이나 오래된 복수에 매달린 사람이다. 그동안 여섯 차례 총격을 받았고, 감옥에도 두 번이나 다녀왔다. 그러나 그가 아는 한, 자신이 겪은 일 중에서 불가피한 상황은 하나도 없다. 자신이 겪는 일을 포함, 모든 갈등에는 수수께끼가 존재한다. 그는 자기 인생의 속사정을 파헤치는 데 많은 시간을 바쳐왔다.

그가 말했다. "저는 날 때부터 폭력적이었다고 생각하지는 않습니다. 그래서 제가 왜 이렇게 난폭한 사람이 되었을까 늘 궁금했습니다."

최근 들어 커티스는 고도 갈등을 예방하는 일을 직업으로 삼고 있다.

그러기 위해서는 먼저 고도 갈등을 이해해야 한다. 마치 보물 지도를 대하듯 공부해야 한다. 그리고 그는 이 일을 좋아한다. "저는 늘 저 자신과 다른 사람의 행동을 샅샅이 파헤쳐왔습니다."

커티스의 인생 후반부는 마치 전반부를 거울로 반사해놓은 것과 같았다. 그만 똑같은 사람일 뿐, 다른 모든 것은 거꾸로였다. 그는 시카고의 한 단체에서 총격의 위험에 노출되어있거나, 거꾸로 다른 사람을 쏠 위험이 있는 젊은이를 상대로 일하고 있다. 남들이 꺼리는 곳에도 기꺼이 방문해서 젊은이들의 말을 들어주고 상담도 해준다.

커티스는 배우로도 활동하고 있다. 시카고 사우스사이드 사람들의 일상을 다룬 TV 오락드라마 〈더 치 The Chi〉에서 과거 자신의 모습을 연상시키는 역을 맡아 열연하고 있다. 꽤 훌륭한 드라마이지만, 커티스로서는 그저 휴가를 보내는 기분일 수 있다. 그는 웃으면서 이렇게 말했다. "작가분에게 항상 '이 정도는 폭력도 아니에요! 여기는 시카고라고요! 좀 실감 나게 합시다.'라고 말합니다."

커티스는 갱단 간의 갈등을 접할 때마다 속사정을 파악하려고 노력한다. 그의 표현을 빌자면 '근본 원인'을 파헤치려는 것이다. 한 예로, 어느 라이벌 갱단 사이에 뿌리 깊은 피의 대결을 벌여왔고 지금도 계속되는 일이 있었다. 여기에 연루된 사람들은 모두 한때 친하게 지내던 사이였다. 그들은 한동네에서 자라 초등학교부터 고등학교까지 같이 나왔다.

커티스는 이 갈등이 어떻게 시작되었는지 묻기 시작했다. 그는 고등학교 교장 선생님을 포함해 수많은 사람과 이야기했고, 마침내 애초에 어떤 사정이 있었는지 알게 되었다. "고작 시계 하나 때문이었습니다." 커티스는 이렇게 말하고는 머리를 흔들면서 정말 배꼽이 빠지겠다는 듯이 웃어댔다. 그는 뭔가 불안한 이야기를 할 때마다 이렇게 웃곤 했다. 마치 '이게 말이 되나요? 미친 사람들 아니에요?'라고 하듯이 말이다.

갱단 사람들이 한번은 농구 경기를 했는데, 누군가 코트 바깥에 손목시계를 끌러놨다가 경기가 끝나고 보니 사라졌더라는 것이다. 그렇게 오랫동안 폭력을 불러온 직접적인 원인은 바로 시계였다. 그 시계가 바로 냄비였던 셈이다.

커티스가 웃음을 멈추고 다시 차분하고 낮은 목소리로 말했다. "언제나 눈에 보이는 것보다 더 깊은 사연이 있습니다." 그는 갈등의 원인이 된 사건은 어느 순간 온데간데없이 사라진다는 것을 알았다. 적대관계는 대를 이어 전해 내려오면서도 정작 애초에 왜 이런 일이 시작되었는지를 아무도 모르는 상황이 비일비재하다. "시카고에서 벌어지는 엄청난 일들이 모두 처음에는 이렇게 사소한 일이었습니다."

왼쪽으로 쓴 모자

커티스는 시카고 사우스사이드에서 자라면서 춤을 좋아했다. 그것도 힙합 댄스의 일종인 파핑 앤 라킹 댄스를 즐겼다. 그는 마치 현란한 사이키 조명 아래에서 움직이는 것처럼 춤췄다.

커티스의 춤은 지나가던 사람도 멈춰 세워 미소 짓게 하는 힘이 있었다. 그런 점에서 그는 분위기 메이커였던 어머니 리타Rita를 빼닮았다고 할 수 있었다. 모델이자 댄서였던 그녀는 원래 커티스의 댄스 파트너이기도 했다.

커티스는 11살 무렵에 이미 애니메이션, 슬로모션, 글라이딩 등 모든 동작을 터득했다. 그는 연습을 거듭하며 몸의 모든 근육을 쓰는 법을 익혔다. 그가 춤추는 모습은 마치 음악에 맞춰 켜졌다 꺼지기를 반복하는 동영상을 보는 것 같았다. 그는 다른 사람들이 도저히 불가능하리라고 생각하는 동작을 하면서 그들이 숨을 멎을 듯한 표정을 짓는 것이 기분 좋았다. 그는 커갈수록 힘도 세졌고 자신이 할 수 있는 모든 기술을 몸에 익혔다. 그는 절친 제시와 함께 공원에 나가 낮은 담장에서 백플립 연습을 하곤 했다. 멀리 세워둔 카세트 라디오에서 흘러나오는 베이스라인 리듬에 맞춰 몇 번이고 담장에서 뛰어내렸다. 못 말리는 그 두 녀석은 끊임없이 공중을 빙빙 돌았다.

그해 봄, 커티스는 마이클 잭슨이 최초로 문워크를 선보인 모타운 레코드사 25주년 기념 공연을 TV 생방송으로 지켜봤다. 그는 항상 마이클 잭슨을 좋아했으나 이번은 특별했다. 그는 온몸이 반짝이는 실크 의상을 입은 채 무대 위를 미끄러지는 듯한 백스텝으로 '빌리 진'을 공연했다. TV 화면을 뚫어져라 쳐다보는 커티스의 얼굴 위로 눈물이 하염없이 쏟아졌다.

그날 밤부터 커티스는 문워크를 연습하기 시작했다. 할머니의 흰 장갑을 손에 낀 채 전신이 비치는 거울을 복도에 꺼내놓은 다음, 끊임없이 백스텝을 밟았다. 그가 얼마나 신났던지 어머니는 마감 뉴스가 끝날 때까지 그가 안 자는 것도 허락했고, 덕분에 그는 마이클 잭슨의 문워크를 원 없이 연습할 수 있었다.

커티스는 농구도 했다. 그의 실력이 특별히 뛰어난 것은 아니었지만, 시카고에서 농구는 거의 종교라고 할 정도로 누구나 연습해야 하는 것이 었다. 더구나 그의 집에서 불과 한 블록 떨어진 포스터 파크는 1983년 당시 그 종교의 메카와도 같은 곳이었다.

어느 날 포스터 파크에 나간 커티스는 비범한 광경을 목격했다. 유독 한 사람이 다른 모든 이들을 데리고 놀다시피 하고 있었다. 그 사람은 키가 2미터로, 지금까지 커티스가 만나 본 사람 중에 가장 컸다. 그러나 커티스가 넋을 잃은 것은 그의 우아한 몸놀림 때문이었다. 그는 물 흐르듯 유연하게 코트를 누볐다. 그는 마치 밤도둑 같은 움직임으로 수비벽을 벗겨내고, 중력을 무시하듯 날아다녔다. "척 보기만 해도 그가 남다르다는 것을 알 수 있었습니다. 너무나 부드러운 움직임이었어요."

그런 점에서 그는 바로 작은 마이클 잭슨이나 다름없었다. 그야말로 숨이 멎을 듯한 모습이었다. 그러다 어느 순간 정확히 뛰어올라 기적 같은 골을 터뜨리곤 했다. 누구나 마음속에 숨겨둔 영웅의 모습 바로 그것이었다.

커티스는 NBA 선수들이 이따금 포스터 파크에 들러 일반인인 척하며 경기에 참여한다는 말을 들은 적이 있었다. 이 친구야말로 프로가 틀림없다는 생각이 들었다.

"저 사람 누구야?" 커티스가 옆에 서 있던 젊은 여성에게 물어보았다.

그녀가 말했다. "벤지잖아."

여자아이들은 다들 벤지 윌슨Benji Wilson의 이름을 아는 것 같았다. 그러나 벤지 윌슨은 어쨌든 아직 프로 선수가 아니었다. 그는 고등학생으로, 떨리는 눈과 은근한 미소를 지닌 잘생긴 젊은 청년이었다.

그날 또 한 가지 일이 있었다. 그날 농구장을 누비던 벤지는 모자를 왼쪽으로 쓰고 있었다. 커티스는 모자 챙을 왼쪽으로 돌리는 것이 블랙스톤 네이션의 일파인 피플네이션 단원들의 표시라는 것을 알고 있었다. 그들은 갱단 이름을 시카고 남쪽 블랙스톤 애비뉴에서 따왔다.

그것은 중요한 일이었다. 얼마 후 커티스도 스톤스의 일원이 되었기 때문이다. 커티스는 그렇게 벤지와 인연을 맺었다는 생각에 입가에 미소가 절로 흘렀다. 벤지가 농구장에서 뛰는 모습을 바라보던 경이의 눈길은 이제 다른 의미로 발전했다. 그것은 가슴을 가득 채우는 일종의 자부심이었다. 늘 먼발치에서 볼 뿐이었지만, 커티스는 벤지와 가족이 된 것이었다.

집단 정체성과 대리 만족

우리는 항상 변하는 위계질서에 발맞춰 무한한 수의 정체성을 안고 산다. 우리는 인식하든 그렇지 않든 여러 집단에 소속되어있다. 잠깐 생각해보자. 오늘 당장 공격받는다면 내가 변호하고 나설 집단은 과연 어디일까? 그들이 받는 상처를 마치 내 것처럼 여길 집단이 어디일까?

맨 먼저 가족이 떠오를 수도 있다. 이웃은 어떨까? 동의하는 사람도 있고, 그렇지 않은 사람도 있을 것이다. 외모가 비슷한 사람들일까? 투표 성향이 같은 사람? 출신지가 같은 사람들은 어떤가?

충성심이란 놀랄 정도로 유동적이다. 같은 도시에 사는 사람들이 외부의 공격을 받는 것이 눈에 보일 때는 기꺼이 변호에 나설 수도 있다. 그러나 평소에는 아마 무관심하게 지낼지도 모른다. 다른 누군가가 지켜줄 거라는 생각 때문이다.

이상하게도 내가 미국인이라는 점을 가장 강하게 의식할 때는 바로 미국을 떠났을 때다. 다른 사람이 나를 낯설게 보고 나도 그들이 낯선 타국에서는 우선 국적을 가장 뚜렷하게 인식하게 된다. 자꾸 남들 앞에서 미국을 변명하게 된다. 갑자기 내가 3억 2,900만 명의 인구를 일반화할 수 있다고 생각하는 것이다. 말도 안 되지만, 어찌 보면 당연한 행동이기도 하다. 특히나 요즘 같은 세상에는 미국이 뭔가 잘못할 때마다 나도 빨리 그 사실을 알 수 있지만, 외국인이 똑같은 말을 하면 마음이 상하는 것은 어쩔 수 없다. '감히 미국을 욕해?'라는 생각이 든다. 그리고는 금방 상대방의 조국이 저지른 나쁜 짓들을 열거하며 되쏘아주려 하다가도, 가까스로 마음을 다잡곤 한다.

그러나 한발만 뒤로 물러서 보면 이런 생각이 모두 환상이라는 것을 알 수 있다. 나는 미국인 다수를 만나본 적도, 안 적도 없고, 심지어 그들의 말을 들어본 적도 없다. 그러나 이 생각은 여전히 매우 강력하다. 사라진 것 같다가도 어느새 고개를 쳐든다.

인류는 오랫동안 국민 국가나 국가적 정체성이라는 개념을 전혀 모르고 살아왔다. 사람들은 수백, 수천 킬로미터 떨어져 한번 눈도 마주치지 않았던 이들과 동질감을 느낀 적이 없었다. 그러나 인류가 민족주의[4]이라는 것을 만들어낸 이후, 우리는 이것의 실재성을 너무나 확신한 나머지 기꺼이 사람을 죽이거나 목숨을 내놓기까지 했다.

그러나 조국으로 돌아오자마자 나의 정체성은 무의식적으로 재편된다.

시시때때로 작가, 주민, 부모가 되는 것이다. 다른 미국인도 내 눈에는 느슨하게 연결된 개인의 집합으로 보이고, 동질성보다는 차이점이 더 눈에 띈다.

집단 정체성은 복잡하고 유동적이면서도 강력한 힘이다. 커티스의 이야기에서 첫 불쏘시개가 되었던 것도 바로 이것이다. 갱단과 같은 강력한 집단 정체성은 그것이 없었다면 평범하게 끝날 갈등도 훨씬 더 강하게 폭발시키는 힘이 된다. 이런 힘은 갈등 그 자체보다 더 강력하다. 씨족이든, 갱단이든, 군부대든, 대리 경험을 제공하는 집단은 마치 후폭풍과도 같은 고통과 자부심을 확산한다. 집단은 갈등의 폭을 키움으로써 그저 평범하게 끝날 갈등조차 꼼짝도 못하는 함정으로 만든다.

어떤 면에서는 집단 자체가 일종의 갈등이라고 볼 수 있다. 물론 대다수 집단은 선한 영향력을 발휘한다. 집단은 우리에게 구조와 안전, 목적을 제공하고 인류의 위대한 성취를 가능케 한다. 집단이 없었다면 대성당, 피라미드, 월드컵, 심포니 오케스트라 등도 없었고, 천연두의 종식도 불가능했을 것이다.

그렇다면 어째서 집단 간의 갈등이 인류 역사의 핵심이 되어 세대를 이어가며 끊임없는 폭력을 불러오고, 한 사회, 심지어 한 국가 전체를 볼모로 잡았던 것일까?

1800년대 말, 햇필드 가문과 맥코이 가문의 분쟁은 겨우 농장의 동물한 마리 때문에 시작되었다. 당시로서는 어디서나 흔히 있을 법한, 정말아무것도 아닌 일이었다. 그러나 사건을 맡은 판사가 햇필드와 맥코이 측에 정확히 반반씩 배심원을 배정하면서 상황이 색다르게 전개되었다. 이를 계기로 집단 간에 이른바 전면전이 펼쳐졌고, 관련자들은 한층 깊은 충성심을 보일 수밖에 없었다.

배심원들은 분쟁에 관련된 양측과 여러모로 얽혀있어(남자, 농부, 참전용사 등), 다양한 집단 정체성을 가질 수밖에 없었을 것이다. 원고 맥코이와 피고 햇필드 역시 다양한 정체성을 공유하기는 마찬가지였다. 서류상으로만 보면 둘 사이에 차이란 별로 없었다.

유일하게 뚜렷한 차이는 가문에 대한 정체성뿐이었다. 그리고 그 차이는 배심원단을 둘로 나누는 것이기도 했다. 따라서 재판 중에 가장 눈에 두드러진 정체성도 당연히 이것이었을 것이다. 사건이 조금만 달랐더라면 어떻게 되었을지 생각해보는 것도 흥미롭다. 예컨대 만약 햇필드 가문의 남성이 맥코이 가문의 여성을 때린 혐의로 피소되었다면 말이다. 그랬다면 과연 어떤 정체성이 가장 눈에 띄었을까?

당시 사정으로만 보면 판사가 배심원들을 선정함으로써 가문에 대한 강력한 충성심을 촉발했을 것이 틀림없다. 여기에는 위험하고도 중요한 두 가지 측면이 있다. 당시, 숙고 과정에서 맥코이의 친척 한 명이 등을 돌렸을 때, 배심원단은 평결에 엄청난 부담을 느낄 수밖에 없었다. 맥코이의 패소는 그저 재판에서 한번 진 정도가 아니었다. 온 세상이 다 보는 앞에서 배신당한 것이었다. 그런 배신이야말로 사회적 고통의 원인이 된다. 바로 게리가 이웃에게 당한 것과 같은 아픔이었던 셈이다.

그럼에도 맥코이는 평결을 묵묵히 받아들였다. 이후 1년 반 동안이나 아무 일이 없었다는 점에 유의할 필요가 있다. 그러나 원래 집단은 통제 불능이다. 거기에는 다양한 사람이 섞여 있다. 집단 정체성이야말로 가장 유력한 불쏘시개라고 하는 데는 다 이유가 있다. 미치광이 같은 친척이 한 두 명만 있어도 대혼란이 일어나는 데는 충분하다.

친척들이 그 증인을 때려죽이고 나자, 갈등은 걷잡을 수 없이 크게 번 졌다. 또 다른 가족이나 가까운 사람이 다치고 모욕당할 때마다 그 집단에 속한 다른 사람들 역시 고통을 입었다.

실험에 따르면, 자신이 아끼는 사람이 약한 전기 충격을 받는 것을 지 켜본 사람들은 두뇌의 고통을 인식하는 부위가 활성화된다고 한다. 다시 말해 그들의 두뇌는 마치 그 충격을 자신이 당한 것처럼 인식했다는 것이 다. 두뇌 신경이 느끼기에 당사자의 고통과 집단적 고통 사이에는 뚜렷한 차이가 없었던[5] 셈이다.

우리는 서로의 고통을 본능적으로 느낀다. 자부심과 기쁨도 마찬가지 다. 자신이 응원하는 팀이 이기는 장면을 본 농구팬들[6]의 행동은 분명히 차이가 있다. 그들은 상대 팀의 팬들에 비해 스스로를 더 낫게 생각한다. 심지어 그들은 퍼즐이나 게임을 하더라도 더 잘할 수 있다고 생각한다. 이 런 경우를 보면 인간의 행동에는 별난 구석이 있다. 우리는 대리만족으로 살아간다. 인간은 자신의 능력을 과장하고, 나와는 아무 상관도 없는 승리 에 기대어 스스로를 치켜세우는 버릇이 있다.

벤지가 멋지게 3점 슛을 성공시키는 장면을 본 커티스는 마치 자신이 그 골을 넣기라도 한 듯이 실제로 온몸이 승리감으로 짜릿해지는 것을 느 꼈다. 마찬가지로 햇필드와 맥코이의 분쟁에서 누군가가 이기거나 질 때 마다 그것을 느낀 사람은 한두 명이 아니라 무려 80명이었다. 복수가 한 차례씩 벌어질 때마다 80명의 두뇌가 비슷하게 반응했다. 집단 갈등은 바로 이런 식으로 전염되어간다.

집단의 규범과 모욕

커티스는 맨 처음 갱단에 가입할 때, 실수로 엉뚱한 조직에 들어갔었다. 당시 그는 겨우 아홉 살이었다. 그가 라틴계 갱단의 눈에 띈 것은 밝은 피부를 가졌던 데다, 할머니가 사주신 아타리 게임기를 가지고 있었기 때문이다. 그는 세 형제 중 맏이로, 어머니는 자신을 열여섯 나이에 낳았고, 주변에는 자신을 지켜주거나 조언해줄 아버지나 형도 없었다. 주변에서는 다들 그가 밝은 피부색 때문에 라틴계처럼 보인다고 말했다. 그는 라틴계가 무슨 말인지 모르면서도 라틴계는 당연히 라틴 킹스Latin Kings 갱단에 가입해야 하는 줄 알고 제 발로 그곳에 갔다.

갱단에 가입한 것은 어느 날 방과 후의 일이었다. 단원 한 명이 커티스에게 수갑을 채워 작은 나무 밑으로 끌고 가 두들겨 팼다. 대부분은 몸을 쳤지만, 주먹 하나는 그의 입으로 향했다. 그렇게 얻어맞은 후 커티스는, 역시 갱에 들어오려고 애쓰던 그의 친구 스티브와 결투를 벌여야 한다는 말을 들었다. 그런 다음 그 둘이 또 다른 녀석들과 싸우라는 것이었다. 그 둘은 갱단의 요구를 수락했고, 커티스는 마치 자신이 뭐가 되기라도 한 듯이 뿌듯한 기분이 들었다.

그러나 그 기분은 오래 가지 않았다. "뭐라고? 니가 라틴 킹스라고? 너 미쳤구나!" 친척들이 이렇게 말하며 웃음을 멈출 줄 몰랐다. "넌 라틴계가 아냐, 이 녀석아!"

당황스럽기 그지없었다. 커티스는 소속감을 느끼고 싶었지만, 오히려 부끄러워 몸 둘 바를 모를 지경이 된 것이다. 여기는 자신과는 아무 상관 없는 집단이었다. 그래서 다른 곳을 알아보았고, 머지않아 적당한 곳이 나타났다. 바이스 로드Vice Lords라는 갱단이었다. 그 갱단에 친척이 있다는 말을 들은 적이 있었다. 그가 아는 것은 그것이 전부였다. 그 정도면 충분하다고 생각했다.

커티스가 바이스 로드에 입단한 지 얼마 되지 않아 자전거를 타고 웨스트사이드의 YMCA에서 열리는 연극 리허설에 갔다. 당시 열 살이던 그는 연극에서 해적 역을 맡았기에 검은색과 금색으로 된 해적 모자를 쓰고 시내를 가로질렀다. 검은색과 금색은 바로 바이스 로드의 상징색이기도 했다. 시끄럽고 자신만만한 그의 태도는 누가 봐도 금방 눈에 띄었다. 그때 스톤스Stones라는 갱단의 패거리 중 하나가 그를 지켜보더니 다가와 두들겨 팬 후 자전거를 뺏었다. 그때까지 커티스가 가져본 것 중 가장 좋은 자전거였는데 말이다. 그것이 그가 시카고 거리에서 습격당한 첫 사건이었다.

커티스는 교훈을 하나 얻었다. 누군가 항상 자신을 지켜본다는 사실이었다. 자신의 행동거지 하나하나가 바로 일종의 신호였다. 이 바닥이 원래 그랬다. 그가 유난히 남의 미움을 사서 그런 것도 아니었다.

다음 해에 그의 가족이 포스터 파크로 이사를 하자, 커티스는 전혀 망설임 없이 스톤스 갱단에 가입했다. 그저 그 동네 아이들과 어울리고 싶었다. 그는 소속감을 느끼고 싶어서 새 집단에 들어간 것뿐이다. 작년에 그들에게 얻어맞았다는 사실은 별로 중요하지 않았다.

집단을 생각할 때 이해하기 힘든 것이 바로 이런 대목이다. 집단은 갈등을 촉발하기도 하지만, 반대로 집단 때문에 갈등이 사라지기도 한다. 갈등이 지닌 두 번째 역설Paradox No. 2 of Conflict이다. 집단은 의무를 부여하고, 여기에는 남에게 해를 가하는 행동도 포함된다. 그러나 때에 따라서는 남에게 해를 입히지 말고 평화를 유지하라는 의무를 부여하기도 한다. 사람들은 폭력적인 갈등에 개입하기도 하고 벗어나기도 하는데, 그럴 때는 항상 집단이 배후에 있다고 보면 된다.

모두 집단의 규범과 전통에 달린 문제다. 갈등에 대처하는 올바른 방법은 무엇인가? 과연 무엇이 모욕인가? 모욕을 느껴도 참아야 하는 것은 언제인가? 고통이나 위협을 두뇌가 어떻게 판단하느냐는, 최소한 어느 정도는 집단의 리더가 정하는 것이라고 봐야 한다.

갈등 촉진자 Conflict Entrepreneurs

닉슨 대통령의 두 딸 트리시아Tricia와 줄리Julie는 거의 한 몸처럼 붙어 다녔다. 둘 다 결혼할 때 서로의 들러리를 섰다. 아버지가 워터게이트 사건으로 미국 역사상 최초로 임기 중에 물러난 대통령이 될 때까지도 둘의 사이는 가까웠다. 언론인 마가렛 칼슨Margaret Carlson이 쓴 글에는 이런 대목이 나온다. "자매가 함께 웃고, 손 흔들고, 우는 장면이 찍힌 사진이 수천 장이나 된다. 자매 곁에는 늘 아버지가 함께 있다.[7]"

그러던 자매가 부친이 사망한 지 3년 후이자, 워터게이트 사건이 일어

1968년 12월 22일, 뉴욕 플라자호텔에서 열린 데이비드 아이젠하워와 줄리 닉슨의 결혼식. 신부의 자매이자 들러리인 트리시아 닉슨과 함께 서 있다. 출처 : 베트만 기록물 관리소, 제공 : 게티이미지

난 지 25년 후인 1977년에 이르러 그만 고도 갈등에 빠지고 만다. 둘은 부친의 도서관을 운영하는 문제로 의견이 갈렸다. 관리 주체가 가족이 되어야 하느냐, 외부에 맡겨야 하느냐의 문제였다.

동기 간에 사이가 벌어진 이야기는 우리 모두 너무 잘 안다. 배우 자매인 조앤 폰테인Joan Fontaine과 올리비아 드 하빌랜드Olivia de Havilland도 어머니의 장례식이 끝나자마자 서로 말 한마디 주고받지 않았다. 그 후 38년이 지나 폰테인이 세상을 떠날 때까지도 그들은 화해하지 않았다. 독일에서는 아돌프 다슬러Adolf Dassler와 루돌프 다슬러Rudolf Dassler 형제가 함께 스포츠 의류회사를 차렸으나, 서로를 무시했다는 이유로 갈라섰다. 그렇게 생긴 아디다스와 푸마는 지금까지도 경쟁 회사로 남아있다.

실제로 우리가 생각하는 동기 간의 아름답고 이상적인 관계는 현실 세계에서 극히 찾아보기 드물다. 미국인 중에는 동기[8] 간에 아끼는 관계를 유지하고 있다고 답한 사람이 3분의 1밖에 안 된다. 다른 3분의 1은 적대적이거나 경쟁적인 관계에 있다. 나머지 3분의 1은 대체로 형제자매에게 무관심하거나, 마음속으로는 좋아하더라도 대화를 나누는 경우는 거의 없다.

형제, 자매, 남매는 인생을 살아가면서 가장 오래도록 이어지는 관계다. 부모님은 운이 좋아도 인생에서 50대 정도까지만 존재한다. 그러나 동기는 70대나 80대까지 늘 그 자리에 있다. 이렇게 오랫동안 지내다 보면 얼마든지 오해나 원한이 쌓일 수 있고 서로를 홀대하는 일도 일어나기 마련이다. 사실 그들 사이에는 늘 갈등이 있다. 어려서부터 서로 부모의 관심을 독차지하려고 다투는 일들이 차곡차곡 쌓여왔을 것이다. 그것은 마치 평생 지속되는 정치 캠페인 같은 것이다.

한편, 부모님과 친구들이 그들 사이의 갈등에 영향을 미치기도 한다. 그들이 형제간의 갈등을 완화할 수도 있고, 반대로 부추길 수도 있다. 그들이 퍼뜨린 소문이나 의혹 때문에 피해망상과 적대감이 가중되는 경우가 있다. 이들을 갈등 촉진자라고 불러보자. 집단 정체성에 이은 두 번째 불쏘시개인 셈이다.

닉슨 자매의 분쟁에서는 대다수 가족이나 도서관 직원들은 뒤로 물러나 있었던 대신 변호사들이 개입했다. 한 도서관 책임자는 이 싸움의 불길을 부채질했던 것으로 보인다. 도서관 이사 중 한 명은 이런 말을 했다. "그는 닉슨 집안을 웬만큼 싫어하는 사람도 못 할 일을 해냈습니다. 그야말로 가족들 사이에 쐐기를 박아넣었거든요.[9]"

분노의 편지들이 온 세상에 공개되었다. 두 차례나 소송전이 벌어졌다. 도서관 명의로 남겨진 2,000만 달러 규모의 유산이 두 자매가 의견을 달리하는 바람에 꼼짝도 못하고 묶이게 되었다. 한 도서관 직원이 말했다. "자매간의 사이가 단단히 틀어졌지요.[10]"

전형적인 고도 갈등이었다. 모두가 궁색해져 가는 가운데 오직 변호사만 살판이 났다. 분쟁이 시작된 지 5년이 지나 줄리가 이렇게 말했다. "너무나 슬픈 일입니다. 제가 언니를 얼마나 사랑했는지[11]를 생각하면 가슴이 아픕니다." 그녀가 아무리 갈등을 마무리하고 싶어도 이미 시작된 일을 도저히 어쩔 수 없었다. 아마 이 일도 동기 간의 갈등이 흔히 그러하듯 누군가 세상을 뜰 때까지 지속될 수도 있었다.

그러다가 이 악순환에 제동을 건 사람이 나타났다. 판사가 자매에게 갈등을 원만하게 해결하라고 명령한 것이었다. 판사가 말했다. "파티가 열릴 겁니다.[12] 모두가 참석할 거고요."

2002년 어느 더운 여름날, 자매는 마이애미 시내 비스케인 베이의 인터컨티넨탈 호텔에서 비공개로 만났다. 비번 경찰 두 명이 회의장 바깥을 지키고 있었다. 그곳에는 법원이 지명한 중재자가 비밀엄수를 선서한 채 참석했고, 여러 변호사도 자리를 함께했다. 어느 순간, 자매는 참석자들을 피해 둘만의 대화를 나누었다. 두 사람은 새벽 2시가 되기 직전에 합의에 도달했다.

지난 5년간 지속되어온 갈등이 불과 24시간 만에 타결된 것이다. 최종 합의문은 겨우 2페이지 분량이었다. 갈등 촉진자들이 사라지자 자매는 마침내 해방이라도 된 듯했다. 갈등을 건전하게 해결한 셈이었다. 두 여성은 회의장 밖에서 감정에 북받친 포옹을 나누었다. 트리시아가 말했다. "줄리와 나는 50년이 넘도록 서로를 사랑했고, 앞으로도 항상 그럴 것입니다.[13]"

고도 갈등을 예방하는 한 가지 방법은, 주변에 존재하는 갈등 촉진자들을 잘 살피는 것이다. 분쟁이 새로운 국면으로 접어들 때마다 가장 즐거워하는 사람이 누군지 잘 눈여겨봐야 한다. 한탄을 내뱉을 때마다 맞장구치고 아무도 생각하지 못한 잘못을 지적해주는 사람은 과연 누구인가? 이런 사람이 주변에 있으면 금방 눈에 띄므로 가능한 한 멀리하는 것이 바람직하다.

그러나 현실적으로 이것은 매우 어려운 일이다. 특히 자신이 갈등의 당사자인 경우라면 더욱 그렇다. 갈등 촉진자는 대개 내 삶에서 가장 중요한 사람일 경우가 많기 때문이다. 그들은 나를 아끼며, 설득력과 카리스마를 겸비했다. 주로 없어서는 안 되는 인물인 경우가 많다. 심지어 그들이 없이는 '우리'라는 의식 자체가 성립되지 않을 정도로 집단의 정체성을 결정하는 중심인물일 가능성이 크다.

스톤스 갱단에 투신하다

스톤스 갱단의 힘은 특히 그 리더에서 나온 것이었다. 이 집단은 1960년대에 전국적으로 인종 불평등 문제를 제기하면서 유명해진 제프 포트Jeff

Fort **14**라는 젊은이의 주도로 창설되었다. 포드는 사신의 카리스마를 독특한 방식으로 행사했다. 그는 지역 정치인들에게 가난과 싸우는 법을 조언한 것이 인연이 되어 닉슨 대통령의 취임식에 초청받기도 했다.

커티스가 자랄 무렵 지역사회에서 포트의 명성은 가히 전설이라 할 만했다. 그를 둘러싼 수행단이 초등학교 운동장 근처를 지나기라도 하면 아이들은 너도나도 담장에 기어올라 얼굴이라도 한번 보려고 난리를 피웠다. 포트는 이슬람 및 흑인운동의 가치를 설파했고, 젊은 흑인들이 모일 공간을 선사했다. 그는 사우스드렉슬가에 위치한 자신의 건물에 직접 공간을 마련했다(1980년대에 포트는 엘 루크라는 또 하나의 갱단을 창립했고, 커티스는 여기에 또 가입했다. 혼동을 피하기 위해 이 단체 역시 스톤스로 칭하기로 한다. 현재 커티스도 대체로 같은 방식을 따른다).

그들이 사원이라고 부른 이 공간은 철문에 자물쇠가 세 개나 달려있었다. 평소 디스코장과 무기고로 쓰이던 이 공간은 금요일이면 이슬람 사원으로 변신했다. 포트는 운전사가 모는 캐딜락 리무진을 타고 경호원을 대동한 채 시내를 누볐다. 그는 짙은 선글라스를 썼다. 심지어 법정에서도 벗지 않았다. 그의 사원에는 실제 왕관이 있다는 소문이 있었다. 그는 새 구두를 신고 걷다가도 변변한 신발도 없는 아이를 만나면 선뜻 벗어주었다. 커티스 같은 아이들이 보기에 포트는 그야말로 권력 그 자체였다.

포트는 처음부터 대의명분과 소속감을 갈망하는 시카고 청소년과 성인들의 심리를 꿰뚫어 보았다. 그가 불쏘시개가 된 이유도 바로 그것이었다. 그는 본능적으로 갈등의 심리를 이해했다. 그는 스톤스 갱단이라면 누구나 입어야 하는 티셔츠를 만들었고 스톤스의 신성한 가치를 다섯 가지로 정리했다. 그것은 바로 '사랑, 진실, 평화, 자유, 그리고 정의'였다. 스톤스만의 독특한 악수법과 모자 쓰는 법, 벨트 매는 법도 있었다. 스톤스만의 생활양식을 만들어낸 것이다.

어린 소년들이 갱단에 가입하고 싶으면 부모의 허락을 얻어야 했다. 포트는 단원들에게 고등학교를 졸업하라고 권했고 마약과 술을 금지했다. 그러면서도 스톤스는 시카고에서 가장 번창하는 마약 밀매업자[15] 중 하나였다. 1980년대 초까지 사우스사이드에서는 각성제든 진정제든, 혹은 마리화나든 스톤스의 허락을 얻고 그들과 수익을 나누지 않고서는 판매할 수도 없었다. 스톤스는 밀워키와 미니애폴리스, 그리고 오하이오주 콜럼버스에까지 지부가 있다는 소문이 돌았다.

커티스는 이 모든 일에 참여하고 싶었다. 그래서 중학생 시절, 어머니의 편지를 위조해서 스톤스에 가입했다. 그의 친구 제시도 스톤스가 되었다. 제시는 꾸준히 운동해온 덕분에 몸이 아주 튼튼했고 뛰어난 손놀림으로 유명했다. 커티스가 라이벌 갱을 만나 고생하고 있으면 늘 그가 나타나 사람들을 떼어놓곤 했다. 커티스도 제시뿐만 아니라 다른 스톤스 단원이 곤란을 겪을 때 똑같이 도와주었다. 커티스는 이제야 내 편을 만났다는 느낌이 들었다. 그는 매일 모자를 왼쪽으로 쓰면서 더 이상 혼자가 아니라는 것을 알았다.

절반의 진실과 절반의 거짓

집단이 처음 생겨나는 목적은 누군가가 안고 있는 문제 해결이다. 즉 집단은 인종이나 종교, 혈연 등 무언가 사람들을 한데 묶는 가치를 바탕으로 구성된다. 그러다가 문제의 성격이 바뀌면 집단의 속성도 바뀌게 된다. 비교적 평화로운 시절이 수십 년간 이어지다가도 땅이나 돈, 정치 등의 문제로 케케묵은 불만에 새로 불씨를 지피는 일이 일어난다.

집단은 한편으로는 진실이지만, 또 한편으로는 거짓이다. 그리고 갈등이 심해질수록 거짓의 비중은 점점 커진다. 시리아는 최근의 내전으로 무려 50만에 달하는 사람들이 목숨을 잃었다. 사람들은 이 사태를 심각한 인종, 혹은 파벌 간 갈등으로 보고 있다. 그러나 시리아 사태도 처음에는 전혀 집단적 성격을 띠지 않았다. 그것은 고작 낙서 때문에 시작된 일이었다.

2011년 3월, 국경 지대의 한적한 마을 다라Dara'a에서, 10대 청소년들이 고등학교 건물 벽에 페인트로 '자유'와 '이제 당신 차례야'라는 글자를 써넣었다. 당시 튀니지, 이집트, 리비아에 퍼지고 있던 아랍의 봄 운동의 여파로 시리아 대통령 바샤르 알아사드Bashar al-Assad가 권좌에서 내려올 것임을 암시하는 내용이었다. 안과 의사 출신으로 대통령이 된 그는 다음 선거에서도 권좌를 이어갈 예정이었다.

이에 아사드 측의 보안군이 그 소년들을 체포했고, 행방을 알려달라는 부모들의 요구도 거절했다. 아이들은 몇 주간이나 폭력과 고문에 시달렸다. 해당 지역에서 시위가 일어나자 이번에는 보안군이 군중을 향해 발포하여 여러 명의 사상자가 났다. 시위는 다른 도시로 확산해나갔다. 정권은 탱크와 공군력까지 동원해서 시민의 봉기를 무참히 짓밟았다.

이런 갑작스러운 폭력 앞에, 사람들은 자신의 안전을 위해서라도 집단으로 숨어들기 시작했다. 오랫동안 잠들어있던 정체성이 살아난 것이다. 그것은 물리적으로나 정신적으로나 생존의 수단이었다. 그들에게는 대학살의 위기를 헤쳐 나갈 나침반이 필요했기에 당장 손에 쥘 수 있는 수단에 매달릴 수밖에 없었다.

시리아의 지배 세력은 이슬람 알라위파[16]로, 아사드도 이 종파에 속한 인물이다. 그러나 그들이 인구에서 차지하는 비중은 겨우 12퍼센트뿐이다. 반면 수니파는 시리아 인구의 대다수를 차지하면서도 정치권력은 거의 지니고 있지 못했다. 정권의 잔학성이 널리 퍼지면서 수니파 중에는 알라위파 지배 세력을 적으로 인식하고 공격하는 사람이 나타났다. 이에 알라위파는 아사드 정권이 무너지면 수니파의 복수로 자신들이 몰살당하지나 않을까 두려워했다. 그들은 수적으로 열세였기에 스스로를 지킬 군대를 형성하기 시작했다. 그리고 이것은 수니파가 가장 두려워하던 시나리오를 확인해주는 행동이었다.

2011년, 모하메드라는 이름의 수니파 남성이 기자에게 말했다. 본격적인 갈등이 벌어지기 3개월 전으로, 아직 아무도 내전이라는 단어를 입에 올리지 않던 시점이었다. "국민인 우리로서는 양측 사이에 어떤 일도 일어나지 않기를 바랍니다. 그러나 우리는 정권 측 사람들 때문에 어쩔 수 없이 알라위파를 미워할 수밖에[17] 없게 되었습니다."

모하메드는 아사드를 비롯한 기회주의적 리더들의 조작으로 집단 갈등이 불거지리라는 예감이 들었다. 그에게는 어떤 상황이 전개될지 훤히 눈에 들어왔다. 모하메드에게 알라위파의 지인이 문자로 가족의 안부를 묻어왔다. 그는 25년간이나 알고 지낸 지인에게 진실을 말해주었다. 정부군이 도시를 탄압하는 과정에서 가족 두 명이 이미 목숨을 잃었다고 말이다.

그동안 잠들어있던 집단 정체성이 삽시간에 시리아 전역에 되살아났고, 이로써 분열은 점점 깊어져 갔다. 끔찍한 악순환이 시작된 것이다. 수세대가 지나도록 겉으로 드러나지 않았던 종교적, 인종적 불씨가 갈등 촉진자의 기름을 끼얹는 행동으로 활활 타올랐다. 정치학자 게리 바스Gary J. Bass의 책에는 이런 구절이 나온다. "인종 전쟁[18]은 저절로 일어나는 법이 없다. 그것은 항상 누군가의 인위적인 작품이다."

방화범 역할을 하는 지도자는 갈등에 내재된 기회를 포착해 그것을 자신에게 유리하게 이용한다. 아사드 정권은 그의 정적을 시리아 국민과 전 세계 지도자들에게 위험한 존재로 인식하게 만들어야 했다. 따라서 정권은 의도적으로 정적들이 더욱 급진적인 모습을 드러내게 부추겼다. 그들은 과격 성향의 죄수들을 석방했고[19], 심지어 시위대에 무기를 은밀히 공급하기까지 했다.

말도 안 되는 소리로 들릴 것이다. 아사드 같은 독재자가 자신을 무너뜨리려는 사람들을 왜 돕는다는 말일까? 그는 두려움의 속성을 정확히 이해했다. 두려움은 집단 정체성을 더욱 공고히 한다는 것을 그는 알고 있었다. 그는 국민의 분노를 자신이 그들에게 저지른 범죄 행위가 아니라, 서로 싸움을 펼치는 테러리스트에게로 돌려야 했다.

책을 읽는 여러분 중에는 시리아를 멀리 떨어진 남의 나라로 생각하는 분이 많을 것이다. 그러나 나는 갈등에 관해 알면 알수록 이것이 매우 익숙한 패턴이라는 느낌이 들었다. 전 세계의 모든 방화범 지도자들은 우리의 정체성을 고의로 조작한다.

인도의 나렌드라 모디Narendra Modi, 폴란드의 야로스와프 카친스키Jarosław Kaczyński, 미국의 도널드 트럼프Donald Trump, 그리고 터키의 레제프 타이이프 에르도안Recep Tayyip Erdoğan 등은 모두 불 지르기의 대가들이다. 그들은 상대편의 정체성을 고의로 자극해 자신의 인기와 권력을 드높이고 이웃과 이웃 사이에 경멸을 퍼뜨린다. 갱단 두목들이 하는 행동과 조금도 다르지 않다.

정체성을 조작[20]하는 행위에 넘어가지 않기란 인간의 본성에 비춰봐도 너무나 어려운 일이다. 그러나 불가능한 일도 아니다. 먼저 예리한 눈으로 경계심을 발동하는 것부터 시작해야 한다. 우리 마음속에서 새롭게 자극받는 정체성은 없는지 알아챈 다음 이렇게 질문해보아야 한다. "이런 마음이 과연 누구에게 이익이 될까?"

지도자들이 비록 우리 마음속의 최악의 본능을 이용한다지만, 한편으로 그들은 우리에게서 최선의 자아를 끌어낼 수도 있다. 우리 안에 감춰진 자아는 너무나 많아서, 우리는 때에 따라 그것을 소환할 수도, 억누를 수도 있다.

희망의 증거

포스터 파크 농구 코트에서 처음 마주친 다음에도, 커티스는 벤지가 뛰는

3장 갈등의 불쏘시개

장면을 몇 차례 더 볼 기회가 있었다. "빅벤이네!" 그는 그 10대 소년이 큰 키를 흐느적거리며 코트를 누비는 장면을 볼 때마다 이렇게 외쳤다. 그는 종종 코트 바깥에 선 채로 벤지가 자유투를 던지는 장면을 유심히 지켜보곤 했다. 커티스는 벤지의 손을 떠난 공이 네트에 꽂힐 때까지 눈을 떼지 못했다. 넋이 나간 표정으로 말이다.

그때 커티스에게는 벤지가 자신보다 어린 녀석들을 따돌리는 장면이 눈에 들어오지 않았다. 벤지는 그저 계속해서 슛을 날릴 뿐이었다. 마치 열심히 일하는 직장인처럼 그의 깊은 눈은 목표물에 고정되어있었다.

1984년, 벤지는 사이먼직업고등학교 농구팀을 이끌고 주 선수권 대회에서 우승을 차지했다. 시카고 최초의 흑인 시장 해럴드 워싱턴Harold Washington이 빈센즈 가Vincennes Avenue에 위치한 이 학교를 방문하여 축하 메시지를 전하기도 했다. 3월 한 달간 〈시카고 트리뷴Chicago Tribune〉지에 벤지의 이름이 실린 횟수만 최소 20번에 달했다. 그는 이미 지역의 유명 인사였고 이제 전국적인 지명도를 얻을 날도 바로 코앞에 다가와 있었다. 그 신문은 심지어 1면 기사를 할애해서 사이먼 고등학교를 '승리의 학교'[21]로 치켜세웠다.

커티스로서는 이런 일이 중요한 의미가 있었다. 그의 주변 동네가 온통 변화하고 있었기 때문이다. '특정 경계 지역 지정'이란, 흑인 거주 비율이 특별히 높은 지역 주민들에게 은행이 대출[22]을 거부하는 관행을 말한다. 공식적으로는 한참 전부터 불법임이 인정되었지만, 이런 분위기는 여전히 알게 모르게 남아있었다. 커티스의 이웃 중에는 흑인 중산층 주민이 많았다. 그들의 소득 수준은 도시 전체의 평균을 약간 상회하는 수준이었음에도, 대출을 얻어 주택을 수리하거나 새로 매입하기는 상당히 어려웠다. 그의 동네에 있는 121채의 건물 중 절반이 빈집[23]일 정도였다.

시카고에는 아직 크랙*이 유통되지 않았지만, 아이들은 모두 헤로인 등의 약물에 중독된 아저씨나 아줌마들이 있다는 사실을 알고 있었다. 한때 번화가였던 79번 도로 상점가는 점점 마약과 매춘이 성행하고 주류판매점이 들어서는 거리로 변하고 있었다.

그러나 이 도시에는 누가 뭐라 해도 벤지 윌슨이 있었다. 벤지는 코트를 누비는 동안만큼은 그야말로 포스터 파크를 밝히는 희망의 증거와도 같은 존재였다. 그 동네의 정서상, 벤지는 사우스사이드의 아이들이 모두 우러러보는 희망이었다. 특히 스톤스 갱단에 소속된 아이들은 그렇게 생각했다. 커티스도 쉬는 시간에 코트에 나가 뛰어다니며 불가능한 슛을 날릴 때는 마음속으로 자신이 벤지 윌슨이라고 생각했다.

다음 학기에 〈스포팅 뉴스Sporting News〉지는 벤지를 전국 고교 농구선수 랭킹 1위에 선정했다. 벤지가 속한 사이먼 고등학교팀은 다시 한번 주 선수권 챔피언을 향해 승승장구하고 있었다. 벤지는 유명해진 만큼 더 열심히 뛰는 것 같았다. 작년에는 포스터 파크에서 하루에 슛을 300개 정도 던졌다면, 올해는 못 해도 하루에 400개 정도는 쏘는 것 같았다.

11월이 되자 벤지는 자신이 진학할 대학을 3개로 압축해서 고민하게 되었다. 일리노이대학교, 드폴대학교, 그리고 인디애나대학교였다. 벤지는 드폴대학교를 방문했을 때 농구 골대에서 5.5미터 정도 떨어진 곳에서

---

* 덩어리 형태의 저가 코카인 – 옮긴이

스무 개의 슛을 쐈다. 그중에 빗나간 슛은 겨우 세 개뿐이었다. 드폴대학교 농구팀은 전국 2위에 해당하는 수준이었는데도 그 팀에는 벤지에 대적할 만한 선수가 없었다.

그해 가을, 마이클 조던이 시카고 불스로 복귀했다. 그가 그 팀에서 최고의 활약을 하리라는 것은 너무나 당연한 일이었고, 커티스도 홈팀의 미래가 너무나 기대되었다. 그는 벤지도 언젠가는 불스에서 뛰었으면 했다. 조던은 노스캐롤라이나 출신이었다. 그러나 벤지는 바로 사우스사이드 스톤스파 출신이었다.

추수감사절을 코앞에 둔 11월 어느 날, 커티스는 여느 때처럼 할아버지와 함께 소파에 누워 심야 뉴스를 보고 있었다. 그러다가 어떤 뉴스 하나에 그가 벌떡 일어나 귀를 기울였다. 아나운서가 하는 말이, 그날 이른 대낮에 고교 농구스타 벤지 윌슨이 2발의 총격을 당했다는 것이었다. 위치는 벤지가 다니던 고등학교 인근 빈센즈 가였고, 점심시간에 여자친구와 함께 길을 걸어가다가 일어난 사건이라고 했다.

"저 아이가 총격을 입었다니?" 할아버지가 말했다. 커티스는 대답할 수도 없었다. 그는 지금 들은 이야기가 도무지 믿기지 않았다. 총알이 그의 간과 대동맥을 관통했다고 했다. 뉴스가 나오는 바로 그 시간에 의사들이 수술을 집도하고 있었다. 아이들이 병원 주변에서 철야 시위를 벌였다. 벤지가 심각한 상황이라는 말이 돌았다. 벤지는 이제 열일곱 밖에 되지 않았다. 커티스는 제발 벤지가 다시 경기를 뛰게 해달라고 기도했다. 원래는 바로 다음 날 그가 시즌 첫 경기에 나설 예정이었다.

뉴스가 끝나고 커티스와 할아버지는 이어지는 경기 방송을 봤다. 그러나 커티스의 머리에는 뉴스 생각만 가득했다. 자신이 노상 지나다니던 바로 그 빈센즈 가에서 벤지 윌슨이 총에 맞다니. 도저히 있을 수도 없는 일이었다. 도대체 누가 그런 짓을 한단 말인가?

벤지는 오전 6시 정각에 숨을 거두었다. 커티스는 다음날 포스터 파크에서 소식을 들었다. 방송을 듣자마자 가슴이 미어졌다.

고통이 엄습했다. 속이 부글부글 끓어올랐고, 화가 온몸에 퍼지는 듯한 느낌이 들었다.

커티스도 불과 열두 살밖에 안 되는 아이들이 죽기도 한다는 것을 잘 알고 있었다. 마약 밀매 폭력 사태에 연루되어 목숨을 잃는 사람 중에는 나이 많은 사람보다 어린 친구들이 훨씬 더 많은 것이 현실이다. 그러나 영웅이 죽으면 안 된다. 이럴 수는 없다. 온갖 생각이 그의 머리를 맴돌았다. 왜 하필 벤지에게 이런 일이?

커티스는 숨이 막혔다.

'세상에 누가 또 있단 말인가? 이제 아무도 남지 않았어.'

한 아이가 말했다. "그거 알아? 빌리와 오마르가 그를 죽였대."

가슴을 또 한 방 맞은 기분이었다.

빌리와 오마르? 커티스는 누군지 알았다. 같은 동네에 사는 애들이다. 걔들은 아무것도 아닌 그저 평범한 애들이다.

신문 기사에 따르면 열여섯 살의 빌리 무어 Billy Moore가 가까운 거리에서 22구경 캘리버 권총으로 그를 쏘았고, 그때 친구 오마르 딕슨 Omar Dixon이 바로 옆에 있었다고 했다. 〈시카고 트리뷴〉에는 경관 한 명과 인터뷰한 내용도 실려있었다. "무분별하고 무차별적인[24] 사격입니다. 거리

에서 늘 일어날 법한 사건입니다." 그러나 커티스는 무분별이니 무치벌이
니 하는 말을 도저히 믿을 수 없었다. 어떤 면에서는 자신은 그런 태도로
살 수 없다는 생각이 마음속에 있기 때문이었는지도 모른다.

아니, 빌리가 벤지를 못 알아봤을 리 없다. 그는 동네에서 가장 키가 컸
다. 더구나 유명 인물이었다. 한눈에 알아볼 수 있다. 빌리는 벤지를 질투
했던 것이 틀림없다.

그럼 이제 어떻게 할 것인가?

포스터 파크에는 온갖 소문이 꼬리를 물었다. 누군가는 말하길 빌리가
벤지를 뒤쫓았던 이유는 그가 모자를 왼쪽으로 썼기 때문이라고 했다.

실제로 벤지는 모자를 왼쪽으로 썼다.

커티스가 애타게 물었다. "걔들 지금 어딨어?" 그는 빌리와 오마르가
어디 사는지 알았고, 자신이 느끼는 고통을 그들에게도 안겨주고 싶었다.
그들은 가족과도 같은 사람을 해쳤다. 이 도시의 희망을 앗아간 것이다.
도대체 무엇 때문에? 이제 그는 고통마저 잊게 할 정도의 분노를 느꼈다.

장례식은 추수감사절 이틀 후에 열렸다. 관 속에 누운 벤지는 파란색과
금색으로 된 사이먼 고교 농구팀 유니폼을 입고 있었다. 관 옆에는 농구공
모양의 꽃이 벤지의 백넘버 25번과 함께 놓여졌다. 1만 명에 달하는 조문
인파가 거리를 가득 메웠다. 장례식은 세 시간이나 이어졌고, 그동안 트럭
위에 설치된 스피커로 조문객들을 향해 추모 연설이 흘러나왔다. 워싱턴
시장은 갈라진 목소리로 갱단 폭력을 종식하기 위한 단호한 조치를 약속
했다. 제시 잭슨 목사도 이 무분별한 참사를 한탄했다. "슈퍼스타가 땅에
떨어졌습니다.[25] 무방비 상태에서 총에 맞아 차가운 피를 흘렸습니다."

그러나 커티스는 장례식에 참석하지 않았다. 그는 그 시간에 잘못을 바로잡고 있었다. 그 주말에 커티스는 할아버지의 357구경 매그넘 리볼버를 훔쳐 오랫동안 간직해왔던 계획에 착수했다.

"감정의 핵폭탄"

사회적 고통이 도저히 참을 수 없는 지경이 되면 갈등이 폭발한다. 남들에게 배척받는 것도 모자라 굴욕을 느낄 정도가 될 때 벌어지는 일이다.

심리학자이자 의사인 에블린 린드너 Evelin Lindner의 책에는 굴욕[26]을 '감정의 핵폭탄'에 비유하는 대목이 나온다. 그래서 이것은 집단 정체성과 갈등 촉진자에 이은 세 번째 불쏘시개라고 할 수 있다. 굴욕은 우리 마음 깊은 곳에 자리한 자아, 즉 자신을 소중하고 가치 있는 존재로 여기는 의식에 실존적인 위협을 가한다. 린드너는 이렇게 말한다. "굴욕은 한 개인이나 집단을 강제로 깎아내리고, 그들의 자부심과 명예, 존엄을 해치거나 훼손하는 복속의 과정이다."

사람은 누구나 존중받아야 한다. 이것은 생명을 좌우할 정도로 기본적인 욕구다. 마치 산소처럼 말이다. 모든 집단 갈등의 바탕에는 바로 이 존중받고자 하는 욕구가 자리한다. 만약 커티스처럼 우리가 속한 집단의 누군가가 무차별한 폭력의 희생자가 될 수 있는 상황이라면, 우리가 존중받는다고는 도저히 말할 수 없을 것이다. 그것은 산소를 빼앗긴 것에 버금가는 참담한 상황이 될 것이다.

커티스가 벤지의 사망 소식을 듣고 가장 먼저 떠올린 생각이 자신이 사는 세상에 관한 것이라는 점은 의미심장하다. "세상에 누가 또 있단 말인가? 이제 아무도 남지 않았어." 굴욕은 곧 절망을 낳게 된다.

린드너는 소말리아와 르완다에서 갈등에 휘말린 사람들 200명을 만나본 결과, 그들이 희생과 박해를 당하기까지는 굴욕이 결정적인 역할을 했음을 알 수 있었다. 이런 이야기를 당사자들이 직접 하는 경우도 많다. 굴욕을 느낀 사람은 상대방에게도 똑같이 되돌려줌으로써 악순환이 반복된다. 그녀는 사람들은 한번 굴욕을 당하면 거기에 집착하게 된다는 것을 알았다. "어떤 종류든 중독이나 의존[27] 증세는 모두 심각하고 소모적입니다."

그러고 보면 우리는 왜 이렇게 오랫동안 굴욕에 무관심했는지 놀라울 지경이다. 역사책이든, 정치적 갈등을 다루는 뉴스 기사든 굴욕을 다루는 내용은 거의 찾아볼 수 없다. 〈뉴욕타임스〉 칼럼니스트 토머스 프리드먼Thomas Friedman이 전 세계를 돌아보고 깨달은 것도 바로 이 점이다. "국제 문제를 취재해보니, 국제 관계에 영향을 미치는 것 중 가장 과소 평가된 요인[28]이 바로 굴욕이라는 점을 깨달았다."

대다수 언론인은 주로 영토, 석유, 권력 등을 둘러싼 전략이나 경쟁에만 관심을 기울인다. 그러나 모든 갈등의 근본 원인이 되는 굴욕이라는 요소를 빼놓으면 중요한 속사정을 놓칠 수밖에 없다. 굴욕은 게릴라 전사나 갱 단원 못지않게 총리나 장군에게도 큰 고통을 안겨준다.

교도소 정신과 의사인 제임스 길리건James Gilligan은 심각한 범죄를 저지른 죄수들과 인터뷰를 많이 했다. 그는 굴욕이 폭력을 낳는 과정이 마치 담뱃불이 화재로 이어지는 것과 같다는 점을 눈치챘다. 그는 이런 글을 쓴

적이 있다. "나는 지금까지, 굴욕이나 무례, 조롱을 겪지 않고서 심각한 폭력[29]이 발생한 것을 본 적이 없다. 그런 행동은 모두 굴욕을 예방하거나 회복하려는 동기에서 나온 것이다."

이런 악순환에서 결코 벗어날 수 없는 사람들이 있다. 린들러는 이렇게 썼다. "굴욕을 즐기는 사람[30]도 있다. 그들은 여기에 중독된 나머지 치밀하게 상대방이 나를 모욕하도록 조장하거나 유도함으로써 자신이 당했다고 생각하는 굴욕을 '복수'하려고 한다." 린들러는 이런 사람을 조심해야 한다고 경고했다. 이런 사람이 큰 권력을 잡거나 전국적인 규모의 굴욕을 부추기기라도 하면 전쟁이나 집단학살의 위험이 뒤따를 수도 있다.

그러나 굴욕을 당한다는 것은 과연 어떤 것일까? 이것은 무척 까다로운 질문이다. 심리학자 니코 프리다Nico Frijda가 홀로코스트 생존자[31]들에게 들은 바에 따르면, 2차대전 당시 집단수용소 경비원들은 수감된 포로들에게 침구를 완벽한 상태가 될 때까지 몇 번이고 다시 정리하도록 지시했다고 한다. 홀로코스트에서 살아남은 남성들은 이런 일을 당할 때가 매우 굴욕적이었다고 말했다.

그러나 똑같은 일을 겪었던 여성들의 생각은 달랐다. 그저 여러 가지 다른 수모 중의 하나로 여겼을 뿐이다. 양쪽 다 경비원이 수감자를 괴롭혔다는 사실에는 변함이 없다. 그러나 굴욕을 느꼈느냐 여부는 당사자의 정체성과 세상을 보는 관점에 따라 달랐다. 결국 그것은 남자냐 아니냐에 따라 중요할 수도, 그렇지 않을 수도 있는 문제였다.

굴욕이란 객관적인 사실이 아니라는 것이다. 그것은 감정의 문제이며, 감정을 해석하는 문화와 가치의 문제이다. 그렇다고 굴욕이 단지 상상의

3장 갈등의 불쏘시개

산물에 불과하다는 말은 아니다. 극심한 고통이 실재한다. 그러나 현대과학이 밝혀낸 놀라운 사실은 감정과 사고를 결코 따로 떼어 생각할 수 없다는 것이다. 그 둘은 서로 긴밀하게 연관되어있다.

우리가 굴욕을 느낀다는 것은 어떤 사건이 일어날 때 그것을 재빨리 파악해서 세상을 바라보는 기존의 관점에 맞춰 넣는다는 것을 말한다. 낮은 처지에 빠진다는 것은, 그 전에 이미 자신을 높이 여기고 있었다는 것을 의미한다. 예를 들자면, 나는 지금까지 딱 한 번 골프를 쳐봤다. 나는 골프에 관심이 없다. 비록 내가 정성 들여 클럽을 휘두른 결과가 미스샷이 되었다고 해도(실제로도 그랬다.), 그저 약간 기분만 멋쩍을 뿐 그것으로 끝이었다. 굴욕을 느낄 정도는 아니었다. 골프를 잘 치는 것은 나의 정체성과 전혀 상관이 없었기 때문이다. 그런데 만약 타이거 우즈라면 어땠을까? 그 상황에서 틀림없이 굴욕을 느꼈을 것이다. 특히 그 모습이 카메라에 잡히기라도 했다면 말할 것도 없다.

가장 심한 굴욕은 대중을 의식하면서 느낄 때다. 2004년 북아일랜드 평화회담 당시, IRA는 무기를 모두 폐기하기로 합의했다. 상대측은 IRA에게 사진을 찍어서 약속을 지켰는지 증명하라고 요구했다. 그들은 이 요구가 투명성에 관한 것일 뿐, 다른 뜻은 없다고 했다. IRA 지도자는 이 요구를 거절했다. 사진을 찍어달라는 것은 한 발짝 더 나간 요구라는 이유에서였다. 그것으로 평화회담이 멈춰 섰다. IRA의 정치 지도자 제리 애덤스는 이렇게 말했다. "누군가에게는 투명성[32]일지 몰라도 상대방에게는 굴욕이다."

굴욕이 갈등의 핵폭탄임과 동시에 그 성격이 주관적이라면, 그것은 충분히 조작할 수 있다. 고의로 그것을 선동할 수 있는 것이다. 아주 급진적인 생각이다. 특히 오늘날은 감정이란 어떤 사건에 따라 반사적으로 형성된다고 생각하는 사람이 그 어느 때보다 많다. 대학 캠퍼스마다 이른바 '안전지대'라는 것이 출현하는 이유도 바로 이 때문이다. 우발적인 감정에 따라 일어나는 일로부터 사람들을 보호해야 한다고 생각하는 것이다.

그러나 한 세기에 걸친 연구를 통해서도 감정[33]의 형성 과정에 관한 실체적 진실은 밝혀진 바가 없다. 예컨대 과연 분노가 무엇인지에 관한 식별 가능하고 일관되며 객관적인 척도는 존재하지 않는다. 감정에 관한 경험은 문화에 따라, 그것을 이해하고 표현하는 방법과 시기에 따라 너무나 큰 폭으로 달라진다. 다시 말해 감정은 사회를 통해 전달된다. 감정을 만들어내는 데 일조하는 것은 바로 우리 자신이다.

이런 의미에서 굴욕을 느낀다는 것은 산소를 빼앗기는 것과는 또 다른 문제다. 굴욕은 우리의 마음과 경험에서 오는 측면이 있다. 민족주의가 실재하는 것과 마찬가지로 감정 역시 실제로 존재한다. 그러나 양쪽 모두 객관적인 사실이라고 볼 수는 없다.

어쨌든 커티스는 벤지가 세상을 떠난 날 심한 고통을 겪었던 것만은 분명하다. 그러나 만약 평행우주가 존재한다고 가정하고 커티스가 그 사건을 다른 방식으로 받아들였다고 생각해보자.

한 가지 명심해야 할 점이 있다면, 애초에 벤지는 커티스가 누군지도 몰랐다는 사실이다. 사실 그들은 아는 사이가 아니었다. 벤지가 고인이 되었다고 해서 커티스의 일상이 달라질 것은 하나도 없었다. 벤지가 사망했을 때 커티스가 슬픔을 넘어 두려움마저 느낄 수는 있었을 것이다. 그러나 그렇다고 굴욕을 느꼈다고 말할 이유는 없다.

그러나 당시 커티스는 벤지의 사망 소식을 듣자마자 그것을 자신의 가장 깊은 자아, 즉 자신의 자존감에 대한 위협으로 받아들였다. 그는 벤지를 대신해 온갖 감정의 홍수를 경험했고, 그런 점에서 그는 혼자가 아니었다. 그를 비롯한 주변 친구들은 벤지의 농구 경기를 보면서 일종의 집단적 자부심을 경험했다. 그런데 그 영웅이 목숨을 잃었다는 것은 반대로 집단적 굴욕을 경험하는 것과 마찬가지였다. 모두가 우러러보는 인물이 갑자기 가장 낮은 처지로 곤두박질쳤다. 그것도 모두가 보는 앞에서 말이다.

벤지의 사망을 받아들이는 커티스의 태도는 수많은 영향과 경험에서 온 것이리라. 그러나 그중에서도 한 가지를 꼽는다면 갑작스러운 폭력을 경험한 일이다. 커티스는 일곱 살 이후로 난폭한 행위를 바로 눈앞에서 보면서 컸다. 폭력은 비단 갱단 동료들뿐 아니라 가장 가까운 집단, 즉 가족에게도 일상과도 같은 일이었다. 커티스의 어머니가 그녀의 남자친구들로부터 폭력을 당하는 일이 이어졌다. 심지어 커티스도 그들 중 하나로부터 추행을 당한 적이 있었다.

그래서 커티스가 일찌감치 결심한 일 중 하나는, 어머니가 당한 일을 자신은 당하지 않겠다는 것이었다. 자신은 절대로 '먹이'가 되지 않겠다고 굳게 다짐했다. 따라서 그는 언제 일어날지 모를 일에 대비해서 항상 경계를 늦추지 않도록 애썼다. 그의 두뇌는 아주 사소한 낌새도 놓치지 않기 위해 신경을 곤두세웠다. 다른 사람이 자신을 바라보는 시선도 그 실마리 중 하나였다. 모자를 쓴 각도도 마찬가지였다. 이 세상은 온통 위협 요소뿐이었고, 그는 늘 극도의 긴장을 유지하며 살았다.

이것이 바로 만성 스트레스와 트라우마가 사람들에게 미치는 영향이다. 과거의 트라우마를 자극하는 일이 일어날 때마다 우리는 그것을 위협으로 인식한다. 알고 보면 아무것도 아닌데도 말이다. 이렇게 되면 갈등을 피하기가 너무나 어렵다.

커티스가 벤지의 죽음을 받아들이는 데 영향을 미친 요소는 또 있었다. 집단은 세상을 바라보는 관점을 형성하고, 객관적인 사실을 이해하는 일종의 고정틀을 만들어낸다. 리더들은 다양한 감정 중에서도 특히 어떤 것을 더 강조한다.

그래서 각 나라의 언어마다 다른 언어에는 존재하지 않는 감정에 관한 표현이 있다. 예컨대 핀란드어의 시스sisu라는 단어는 내면의 맹렬함, 즉 큰 역경을 앞두고 마음에서 솟아나는 격렬한 감정을 뜻한다. 이것은 핀란드에서 매우 중요한 단어다. 핀란드에는 동토에서 감자를 기르는 일에서부터 세계 최고의 교육제도를 수립하는 데까지, 중요한 업적을 이야기할 때마다 이 말이 빠지는 법이 없다. 그러나 영어에는 시스와 정확히 의미가 일치하는 단어가 없다.

1960년대에 인류학자 장 브릭스Jean Briggs는 북극권의 이누이트족 일파인 우트쿠족[34]과 함께 살면서, 그들이 좀처럼 화를 내지 않는다는 것을 관찰했다. 다시 말해 그들은 화를 내면 안 되는 문화에서 살고 있었다. 어린아이들은 간혹 화를 내거나 성질을 부려도 되지만 여섯 살만 지나도 누구나 당연히 이후마ihuma를 갖춰야 하는 것으로 여겨졌다. 이는 화를 내기보다는 깊은 절제심을 발휘하여 늘 침착하게 미소 짓는 태도를 말한다. 물론 화를 내는 사람도 간혹 있지만, 그리 보기 흔한 일은 아니다.

3장 갈등의 불쏘시개

그러나 세상에는 우투쿠족과 정반대의 문화를 지닌 집단이 많다. 화를 내는 것은 곧 강하다는 표시다. 따라서 누가 나를 노려보거나, 욕설을 하거나 떠미는 것은 곧 위협으로 간주된다. 갱단원의 물리적 안전뿐만이 아니라, 자신의 남성성과 자존감도 반드시 지켜내야 한다. 다른 감정은 억눌러야 한다. 마치 우투쿠족이 화를 억누르듯이 말이다. 다른 사람이 무례를 범했을 때 대응이 없다는 것 자체가 굴욕적인 일이다. 따라서 갱단의 사회에서 굴욕이란 이 세상에 일어나는 무질서하고 부당한 일을 즉각 이해하는 사고의 기본 틀이라고 할 수 있다.

커티스는 그 어린 시절부터 머릿속으로든 현실에서든 위협에 둘러싸인 채 살아왔다. 그는 남들이 자신을 무시한다는 증거를 너무나 많이 목격했다. 커티스는 그 대안을 갱단에서 찾았고, 다른 사람이 압도적인 위력을 앞세워 자신을 무시하거나 겁박할 때 이에 대처하는 법을 그곳에서 배웠다.

빌리와 오마르는 거의 총격이 발생하자마자 체포 및 수감되었다. 이에 따라 재시 잭슨을 포함한 리더들은 해당 청소년들을 신속하게 기소하라고 요구했다. 잭슨이 말했다. "벤저민 윌슨이 추수감사절을 영안실에서[35] 보내야 한다면, 살인자들은 크리스마스를 반드시 교도소에서 맞이해야 합니다."

그러나 커티스는 교도소만으로는 도무지 정의가 구현되었다고 생각할 수 없었다. 그는 이 고통을 멈출 방법을 찾아야 했다. 커티스는 빌리와 오마르가 라이벌 갱단인 '갱스터 디사이플Gangster Disciples'의 단원이라는 것을 알고 있었다. 벤지의 죽음은 우연이 아니라 고의가 분명했다. 커티스는 벤지가 모자를 왼쪽으로 쓰고 있었기 때문에 당한 것이라는 말을 어디선가 들었다. 충분히 타당한 말이었다. 그렇다면 이제 뭘 해야 하는지도 답이 나왔다.

스톤스의 사랑하는 형제가 갱스터 디사이플의 손에 목숨을 잃었다. 빌리와 오마르를 처리할 수 없다면 다른 갱스터 디사이플 놈이라도 좋다. 어떤 집단이든 사람은 충분하니 말이다.

커티스가 말했다. "디사이플[36]의 상징색과 모자 쓰는 법이 다르다는 것 말고는 전혀 아는 것이 없었어요. 그런데 사람들이 그동안 디사이플이 스톤스에게 어떤 짓을 해왔는지 알려줬죠."

스톤스는 이런 식으로 디사이플에 대한 증오심을 부추겼다. 스톤스는 디사이플에 있는 사람들은 모두 무식한 하층 계급뿐이라고 가르쳤다. 커티스가 말했다. "그동안 우리는 다른 사람보다 낫다는 생각을 지니고 있었습니다. 우리가 남들보다 우월하다고 생각하는 한, 전쟁은 언제든지 벌어질 수 있다는 것도 알고 있었지요."

커티스는 또, 디사이플이 총을 쓴다면 자신도 총이 필요하다는 데까지 생각이 미쳤다. 그러나 자신을 지키기 전, 그는 복수에 나서게 되었다. 얼마 후 그는 빌리네 집 근처에서 디사이플 녀석들을 향해 총을 쏘고 있었다. 불과 몇 주 전까지만 해도 같이 문워크를 연습했던 바로 그 친구들에게 말이다.

그는 자신의 행동에 일말의 의심도 없었다고 한다. 정말 조금도 의심하지 않았다. 만약 벤지를 살해한 사람이 디사이플이 아니라 스톤스였다면 어땠을까? 상상하기 어려운 일이 아니다. 난장판 같은 거리에서 흔히 일어나는 일이다. 그러나 그런 일이 일어났을 때 커티스가 어떻게 반응했을

　　　　　　　　　　　　3장 갈등의 불쏘시개

까 하는 문제는 상상하기가 꽤 어렵다.

그가 먼 곳을 응시하며 말했다. "마음이 아팠겠지요. 그러나 차라리 그 편이 훨씬 더 쉽지 않았겠어요? 아마 그랬다면 저 자신을 좀 더 들여다볼 수 있었을 겁니다. 물론 마음은 더 아팠겠지만요. 마음속 응어리를 쥐고 한 구석에 가서 펑펑 울었을 겁니다. 글쎄, 모르겠네요."

당시 커티스의 친구 제시가 벤지의 죽음에 보인 반응은 커티스와 조금 달랐다. 그도 디사이플과의 싸움에 잠깐 가세한 적이 있지만 계속 이어가지는 않았다.

제시는 말했다. "이봐, 이런 갱단 놀음도 좋지만, 나는 뭔가 다른 일을 하고 싶어." 그는 포스터 파크에서 멀지 않은 곳에 자리한 드럭스토어 주차장에서 핫도그를 팔기 시작했다. 제법 돈이 되는 사업이었다.

벤지가 살해당한 후 머지않아 제시가 그 주차장에서 시체로 발견되었다. 시신에는 못이 박힌 나무 방망이로 얻어맞은 흔적이 있었다. 커티스는 열린 관에 누운 제시의 모습을 보고 마음속에서 뭔가 큰 변화를 느꼈다. 제시는 머리에 워낙 큰 손상을 입어 가발을 쓴 모습이었다. 제시의 인생이 철저히 무시된 현실을 도저히 외면할 수 없었다.

커티스는 갑자기 다시 찾아온 이 엄청난 상실감에 어쩔 줄을 몰랐다. 그리고 다시 뼈아픈 결론에 다다랐다. 드럭스토어 주차장은 디사이플의 구역이었다. 그리고 제시가 스톤스라는 것은 누구나 아는 사실이었다. 그들은 벤지에게 그랬듯이 제시 역시 스톤스라는 이유로 죽인 것이다.

커티스는 이제 전쟁에 돌입했다. 오직 그 생각뿐이었다. 다른 것은 눈에 들어오지도 않았다. 거리의 아이들이 단지 자신이 속한 단체 때문에 아무 이유도 거리낌도 없이 무참히 살육되는 세상이 된 것이다.

이렇게 잘못된 일들이 쌓이면서 패싸움은 커티스에게 점점 더 피할 수 없는 현실이 되기 시작했다. 집단 간의 대결은 백지상태였던 의식에 목적과 질서를 부여했다. 모든 일에는 이유가 있는 법이다. 겉으로는 무관해 보이더라도 말이다.

우리는 누구나 세상일을 설명할 이유를 찾는다. 음모론이 끊이지 않는 이유도 바로 인간의 이런 본능 때문이다. 9·11테러사건을 정부가 꾸며낸 음모가 틀림없다고 생각하는 사람이 이토록 많은 이유이기도 하다. 코네티컷주 뉴타운에서 20명의 어린 학생들이 총기 난사로 숨진 사건을 두고도 사람들은 거짓말이라고 한다. 코로나19도 마찬가지다. 사람들은 이런 거짓말에서 비뚤어진 위안을 찾는다. 음모론은 인생이 그리 취약하고 무질서한 것은 아니라고 안심시킨다. 권력자들이 고의로 뒤에서 조종하는 일은 사실상 없다. 그런 일이 있다면 반드시 막아야겠지만 말이다.

제시마저 목숨을 잃자, 그전까지 평범한 갱단원이던 커티스는 진짜 폭력배로 거듭났다. 무기 운반책에 불과했던 그가 이제는 무기를 직접 다루는 사람이 되었다. 그동안 거듭된 나쁜 일들의 인과관계를 추적해본 결과 이 모든 일의 원흉은 역시 디사이플이었다. 이제 방법은 하나뿐인 것 같았다. 다른 것은 눈에 보이지도 않았다.

"구분하기"

"그토록 참혹한 파괴와 살상을 불러오는 전쟁에도 마지막까지 살아남는 매력[37]이 있다. 그것은 바로 우리가 인생에서 그토록 갈구하는 목적과 의미, 즉 삶의 이유를 준다는 것이다."

_크리스 헤지스, 《전쟁은 의미를 주는 힘이다War Is a Force That Gives Us Meaning》

집단 갈등에는 사람들이 흔히 이야기하는 것 이상의 측면이 있다. 이것을 촉발하는 힘은 물론 모든 일을 지나치게 단순화하는 감정과 편견이다. 이런 점만 보면 집단 갈등도 개인 간의 갈등과 비슷해 보인다. 게리가 겪었던 일 말이다. 그러나 집단 갈등은 두 가지 원인으로 인해 그 지속 시간이 훨씬 더 길어질 수 있다.

첫째, 집단은 갈등을 확산한다.[38] 마크 트웨인의 《허클베리 핀의 모험》에 보면 벅이라는 인물[39]이 무려 30년 동안 집안을 사로잡아온 분쟁에 관해 이야기하는 장면이 나온다. "분쟁이란 이런 겁니다. 한 사나이가 다른 남자와 결투를 벌인 끝에 그 남자를 죽였습니다. 그러자 죽은 사람의 형제가 다시 그 사람을 죽입니다. 다음에는 양쪽의 형제가 서로 맞붙습니다. 이어서 사촌들이 나서지요. 그렇게 차례차례 모두가 죽고 난 후에야 분쟁이 멈추게 됩니다. 물론 이 모든 것이 아주 천천히 진행되므로, 오랜 시간이 걸립니다."

감정은 그 어떤 바이러스보다 전염력이 크다. 심지어 감정은 사람들과 직접 만나지 않고도 이야기를 통해 전파된다. 사람들이 갈등을 통해 접하

1972년 8월, 북아일랜드 데리에서 시위 중인 영국군 순찰병 옆에 어린아이들이 있다. 출처 : 이몬
멜로(cain.ulster.ac.uk/melaugh)

는 모든 감정 중에서도 증오야말로 가장 다루기 힘든 것이다. 굴욕이 감정
의 핵폭탄이라면, 증오는 방사능 낙진과도 같다. 왜냐하면 증오심을 품은
사람은 적을 불변의 존재로 보기 때문이다. 적이 항상 악한 존재라면 군이
갈등을 풀기 위해 창의적인 해결책을 고심할 필요가 없다. 적은 결코 바뀌
지 않는다. 그런 점에서 증오는 분노와는 다른 것이다. 분노는 최소한 더
나은 미래가 올 수 있다는 희망을 버리지는 않는다. 분노의 바탕에는 상대
방의 행동을 고치겠다는 목표가 있다. 증오의 논리적 귀결은 상대방의 전
멸이다.

3장 갈등의 불쏘시개

증오가 지속되면 갈등이 증폭되어 결국 대량 학살의 동기가 된다. 한 피험자는 이스라엘 연구자 에런 할페린에게 팔레스타인을 향한 자신의 증오를 이렇게 설명했다. "아랍인들은 절대로 바뀌지 않습니다.[40] 그들은 태어나서 죽을 때까지 믿을 수 없는 사람들입니다. 무덤에 들어간 지 40년이 지났어도 아랍인은 믿을 수 없습니다."

오랫동안 굴욕과 증오가 켜켜이 쌓이다 보면 갈등을 도저히 피할 수 없는 지경에 이른다. 그렇게 갈등에 매달리는 사람이 늘어나면 설사 갈등을 피하는 것이 더 이익이 되는 상황에서도 도저히 그럴 수 없게 된다. 그런 혼란을 피하기 위해서는 자신이 속한 집단을 어쩔 수 없이 배신해야 하기 때문이다. 따라서 너도나도 갈등을 부추기는 말만 하게 되어 집단 갈등은 날이 갈수록 고착된다.

이것은 집단 갈등이 그토록 끈질기게 살아남는 이유 중의 하나이기도 하다. 나쁜 놈을 찾을 수 없으면 그의 자녀나 친구, 심지어 같은 동네 사람을 대상으로 삼기도 한다. 공격 대상은 무궁무진하다.

둘째, 집단은 모든 일의 진행 속도를 한껏 끌어올린다. 집단의 존재로 인해 모든 단계가 무시되어, 결국 갈등은 훨씬 더 가속화된다. 집단의 구성원은 친구나 적을 파악하기 위해 억지로라도 지름길을 찾아 나선다. 1980년대에 시카고에서 디사이플은 별 다섯 개가 새겨진 척 테일러 스니커즈를 신었다. 그것이 스톤스의 피라미드 상징과 비슷하게 보였기 때문이다. 그들의 상징색은 파란색과 검은색이었고 스톤스는 검은색과 빨간색이었다. 디사이플은 모자와 벨트 버클을 오른쪽으로 착용했고, 스톤스는 왼쪽이었다. 갱단들은 자세만 봐도 서로를 구분할 수 있었다. 스톤스는 팔짱을 낄 때 오른팔을 왼팔 위에 올렸던 반면, 디사이플은 왼팔이 위로 올라왔다.

스톤스는 폴로를 입고 페니 로퍼[41]를 신었다. 그들은 프레피룩 패션을 고수했다. 윗세대부터 어엿한 직업과 정원이 딸린 주택을 소유한 집안 출신임을 내비치는 태도였다. 디사이플은 주로 저소득 가정 출신이었다. 최소한 커티스가 보기에는 그랬다. 두 집단 사이에는 비록 근소하나마 계층 격차가 분명히 존재했다. 사실 가난한 사람은 디사이플 뿐만 아니라 스톤스에도 존재했지만, 그들은 그렇게 생각하지 않았다. 집단 갈등이 대개 그렇듯, 실제적인 차이와 가상의 차이가 뒤섞여있었지만, 둘 다 갈등을 지속한다는 점에서는 똑같았다.

그러나 사실 이런 차이는 완전히 제멋대로였다. 만약 커티스가 사는 곳이 다섯 블록만 더 위쪽이었더라도 그는 디사이플에 들어가 모자를 오른쪽으로 썼을 것이다. 그러나 그로서는 이런 장면을 상상조차 하기 힘들었다. 스톤스에 대한 충성심과 디사이플에 대한 증오가 워낙 깊었기 때문이다. 그러나 종교, 정치, 범죄를 막론하고 집단 갈등에 휘말린 사람들이 대개 그렇듯이, 그의 운명은 혈연과 지역이라는 쌍둥이 변수에 따라 얼마든지 바뀔 수 있는 것이었다.

북아일랜드 분쟁에서 나온 사망자는 3,600명이었다. 그때도 역시 양측은 스톤스와 디사이플처럼 서로를 구분하는 법을 고안해냈다. 개신교인들은 주로 영국과 계속해서 연합을 유지하고자 했기에 연합당을 지지했다. 한편 가톨릭교도들은 대영제국과 분리된 아일랜드 연합을 원했으므로 국민당을 지지했다.

그러나 연합당 지지자와 국민당 지지자들은 언뜻 보면 구분하기가 어려웠다. 그들은 명절도 같이 지내고 섬기는 하나님도 같았다. 그래서 그들은 성씨나 스포츠 유니폼으로 서로를 구분했다. 개신교인들은 주로 축구나 럭비 같은 영국 스포츠를 즐겨봤다. 반면 가톨릭 교인들은 헐링* 같은 아일랜드 스포츠를 좋아했다. 윌리엄이나 빅토리아 같은 성을 쓰는 사람은 주로 개신교인이었다. 시머스나 시오반이라는 성을 가진 사람은 가톨릭 교인이라고 간주했다.

그들은 지형에도 집착에 가까운 관심을 기울였다. 가톨릭과 개신교인이 사는 곳은 철저히 구분되었다. 실제적, 가상적 차이를 구분하는 경계가 곳곳에 넘쳐났다. 미간이나 모발 색깔, 심지어 장신구를 어떻게 착용하는지만 봐도 둘을 구분할 수 있다고 말하는 사람들이 많았다. 그들은 이를 두고 '구분하기 Telling'[42]라고 불렀다.

1980년대 초에는 포스터 파크의 두 블록에 갱스터 디사이플과 가까이 지내는 가족들이 주로 살았다. 벤지와 제시가 죽은 후 커티스가 끓어오르는 분노를 쏟아낸 곳도 바로 그곳이었다. 그 두 블록은 전쟁터가 되었다.

사람들은 비교적 덜 폭력적인 집단 갈등에서도 적극적으로 '구분하기'에 참여한다. 민주당 지지자들은 주로 백인 중산층 양성애자[43]들이다. 공화당 지지자의 다수도 역시 백인 중산층 양성애자다. 그렇다면 이 둘을 어떻게 구분할 수 있을까? 이제 미국인들은 사람들의 정치 성향을 짐작하는 근거로 먹고 마시는 법이나 운전 습관[44]까지 들먹인다. 스타벅스나 치폴

---

* hurling, 하키와 유사한 구기 종목 - 옮긴이

레를 즐겨 찾는 사람은 주로 민주당 지지자다. 공화당 지지자들은 던킨도 너츠나 칙필레를 자주 방문한다. 설문조사 결과, 오늘날 미국인들이 누군 가와 어울리거나, 거주하거나, 함께 일하고 싶다고 할 때 그 이유를 물어 보면 이렇게 전혀 신뢰할 수 없는 일들을 근거로 댄다고 한다.

갱단 갈등을 비롯해 다른 분쟁과 마찬가지로, 정치적 선호 역시 생각보 다 훨씬 더 제멋대로인 경우가 많다. 대다수의 미국인은 자신의 정치적 신 념을 '선택'하지 않는다. 대신 부모의 정치적 신념을 그대로 따르는 경우 가 대부분이다. 정치에 관한 모든 대안을 오랫동안 검토하여 합리적인 선 택을 하는 법은 거의 없다. 모든 종교를 일일이 검토하는 사람이 거의 없 듯이 말이다. 그야말로 우연에 맡기는 셈이지만, 그들은 그렇게 생각하지 않는다.

북아일랜드와 미국, 갱단들의 결투와 정치적 양극화를 비교하는 것은 말도 안 된다고 생각될 수도 있다. 그러나 여러 집단이 피상적인 신호에 의존하는 데는 사실 중요한 의미가 있다. 적을 희화화한다는 것이다. 만화 에 나오는 악당은 언제나 쉽게 무시하거나 비하할 수 있다. 갈등의 상황에 서는 희화화된 대상을 경멸하고, 평화로운 시기에는 정치 문제를 언급도 하지 않는 것이 보통이다. 두 가지 모두 상대방을 있는 그대로 인식하지 않으려 한다는 점에서 갈등을 고착화하는 태도다. 만약 미국에서 내일 당 장 민주당 지지자와 공화당 지지자 사이에 폭력 사태라도 일어난다면 어 떤 커피나 샌드위치를 먹느냐가 곧 죽느냐 사느냐의 문제가 될 것이다. 왼 쪽으로 쓴 모자처럼 말이다.

복수의 효과

벤지와 제시가 세상을 뜬 후, 커티스는 춤도 별로 추지 않았다. 그는 정체성에 큰 변화를 겪고 운신의 폭이 점점 줄어들었다. 다른 무엇보다 스톤스라는 사실만 중요할 뿐 나머지는 모두 차단해버렸다. "거친 녀석이 춤도 추기는 너무 어려웠습니다. 그 둘은 정반대라는 생각이 들었어요."

마침 1980년대 중반이 되자 파핑 앤 라킹이 퇴조하고 하우스 음악이 대세가 되었다. 전자 댄스 음악이라는 이 새로운 장르가 탄생한 것도 바로 시카고의 창고 클럽이었다. 게다가 시카고에서 가장 유명한 하우스 음악 DJ나 나이트클럽 멤버는 대개 게이였는데, 커티스는 이들과는 도무지 어울릴 수 없었다.

갱단은 커티스에게 진짜 사나이라면 민첩하고 공격적인 면모를 갖춰야 한다고 가르쳤다. 그들이 설정한 굴욕의 기준은 숨이 막힐 정도로 낮았다. 상대방의 경멸은 결코 용납해서는 안 되며, 그랬다가는 영원히 당하고 살 거라고도 했다. 포스터 파크의 아이들이 아무리 춤을 춰보라고 해도 그는 이제 그곳에서 파핑 앤 라킹을 추지 않았다. 머지않아 그 어디에서도 춤을 추는 일이 없었다. 그는 가슴에 스톤스의 상징인 피라미드 문신을 새겨넣었다. 그는 갱에게 어울리는 일을 제외한 모든 것을 포기했다.

8학년*이 된 어느 날, 어떤 여학생이 커티스를 보고 '게이'라고 했다. 그는 그 소리를 듣고 곧장 그녀를 뒤쫓았다. 이윽고 교실에서 여학생을 찾아

---

* 한국으로는 중학교 2학년에 해당 - 옮긴이

낸 커티스는 모두가 보는 앞에서 그녀의 뺨을 사정없이 후려쳤다. 그는 그 일로 정학을 당했지만 달리 선택의 여지가 없었다고 생각했다. 커티스의 친구 하나는 그가 헐크처럼 변신한 것 같았다고 말했다. 원래 다정하고 조용한 성격이던 그가 갑자기 폭발하더니 사람을 마구 패더라는 것이다.

복수[45]는 굴욕의 고통을 잊는 탈출구다. 최소한 단기적으로는 타당한 방법이라고 할 수 있다. 시간이 지나면 결국 잃는 것이 더 많겠지만 당장은 효과가 있다. 어쨌든 당한 것은 되돌려주어야만 한다.

아무 의미 없는 일들(40퍼센트에 이르는 실업률, 부패한 정치인, 도저히 믿을 수 없는 경찰, 붕괴된 교실 등에 둘러싸여 지내는 지긋지긋한 삶) 속에서 숨죽이고 사느니, 커티스는 뭔가 대의를 위해 자신을 바치기로 결심했다. 그것이 바로 스톤스였다.

사람들은 폭력을 동반하는 갈등에서 결코 놓칠 수 없는 의미를 발견한다. 갈등이 격화될수록 그 의미는 더 소중하게 여겨진다. 불쏘시개는 이 과정을 더욱 재촉한다. 갈등 촉진자는 갈등에서 의미를 찾도록 사람들을 부추기며, 그것은 별로 어려운 일도 아니다. 그들은 어떤 사건이 생기면 이를 '굴욕'으로 포장함으로써 감정이라는 핵폭탄을 터뜨린다.

미국에서 9·11테러가 일어난 직후 오사마 빈 라덴은 다음과 같은 성명을 발표했다. "미국이 지금 겪는 일[46]은 우리가 수십 년 동안 당한 일에 비하면 아무것도 아니다. 우리나라(이슬람 세계)는 무려 80년 동안 이런 굴욕과 수모를 맛보며 살아왔다. 이 땅의 아들들이 살해당하고, 온 나라에 피가 흩뿌려지며, 우리의 안식처가 파괴되는 동안 우리 말에 귀 기울이거나 우리를 보살펴준 사람은 아무도 없었다."

동유럽에서 공산주의가 몰락한 후 천안문 광장 시위를 유혈 진압한 중공 정부는, 특히 젊은 층을 중심으로 대중적 지지를 회복해야 할 필요가 있었다. 그 결과 1991년에 정부 당국은 일련의 교육 선전 활동을 시작했다. 1800년대 중반에 중국이 일본과 서구 제국주의에 의해 집단적 희생을 당했다는 것을 강조하는 내용이었다. 이에 따라 각종 기념 유적이 지정되고 모든 교사와 군인, 그리고 공무원은 애국 교육을 의무로 수강해야 했다. 2004년에는 무려 300여 종에 이르는 영화와 책, 노래 등을 내놓으며 애국심을 고취했는데, 그중에는 《국치를 잊지 말자Never Forget Our National Humiliation》[47]라는 책도 있었다.

갈등 촉진자들은 절대론적인 수사를 동원하여 사람들이 갈등에 집착하여 유연한 사고를 하지 못하도록 방해한다. 작게는 게리의 정치 자문 타냐가 뮤어비치에서 했던 행동이 바로 여기에 해당한다. 그녀는 노동 운동에 종사할 때 써먹었던 거창한 수사를, 게리가 수구 세력을 상대로 펼치는 싸움에도 그대로 적용했다. 타냐는 뮤어비치 인근에서 나와 저녁을 같이 하면서 이렇게 말했다. "제가 사는 세상에는 두 진영만 있습니다. 전쟁이 곧 제 삶이죠."

그녀는 대화에서 세 번이나 수구 세력을 트럼프에, 신진 세력을 오바마에 비유했다. 그는 주민들을 '좋은 사람들'과 '나쁜 사람들'로 구분했다. 그리고 게리가 위원회 권력을 잃은 지 2년이 지난 그때까지도 언제든지 전쟁에 돌입할 수 있다는 뜻을 비쳤다. "마음 한 켠에는 지금이라도 팀을 꾸려서 그들을 쫓아내야 한다고 생각합니다. 우리는 여전히 그럴 힘이 있다는 것을 보여주고 싶습니다."

이렇게 쓰고 보니 그녀의 말은 차라리 한 편의 풍자극처럼 들리기도 한다. 도대체 누가 동네 선거를 그런 식으로 말한단 말인가? 그러나 직접 만나서 들어보면 타냐는 정말 진지한 태도로 말한다. 그녀의 말은 깊은 확신에서 우러나오는 힘과 호소력을 지니고 있다. 도저히 거부할 수 없을 정도로 말이다.

그녀의 말을 듣자니, 우리가 전쟁 중이라고 마치 나를 끌어당길 듯이 호소하던 또 다른 사람이 기억났다. 당시 나는 〈타임〉 기자로서, 마이클 체르토프Michael Chertoff 국토안보부 장관을 인터뷰하던 중이었다. 우리는 전속 기사가 운전하는 검은색 리무진을 타고 워싱턴DC를 빠르게 가로지르고 있었다. 그러나 그는 내가 던지려는 질문에는 별로 대답할 생각이 없었다. 9·11이 발생한 지 5년이나 지난 시점이었지만, 그는 여전히 걱정스러운 듯했다. 그는 나에게 테러리즘에 관해 알려주려고 했다. 그는 내가 묻지도 않았는데 이 말을 계속해서 반복했다. "우리는 지금 전쟁 중입니다."

나는 9·11사태를 맨해튼에서 취재한 바 있다. 당시 우리 부부는 그곳에 살고 있었다. 전투기가 하늘을 가로지르며 울리던 굉음, 수천 명의 미국인이 먼지를 뒤집어쓴 채 곳곳에 흩어진 바위를 피해 거리를 헤매던 광경, 그 이후 몇 주 간이나 공중에 떠돌던 역겨운 냄새 등이 아직도 생생하게 기억난다. 나는 오랫동안 그 공격을 포함한 다른 사건을 취재하면서 많은 희생자와 생존자들의 이야기를 들었다. 그리고 그 이야기를 책으로 썼다. 따라서 나에게 테러는 추상적인 이야기가 아니었다. 나는 그것이 어떤 것인지 너무 잘 안다.

그러나 그날 검은 리무진 안에서, 내가 수많은 테러 전문가들이 조언해

3장 갈등의 불쏘시개

준 대로 테러리스트를 그들의 행동에 따라(전쟁 시의 상대 국가와 비교해서) 범죄 조직처럼 다루어야 한다고 말했지만, 그는 조금도 귀 기울이려 하지 않았다. 그는 테러는 범죄와 전혀 다른 것이라고 말했다. 테러는 '실존하는 위협'이었다. 테러는 그와 그의 부서에 매우 중요한 것이었다. 어쩌면 테러와 관련된 예산이 훨씬 더 중요한 것이 아니었을까 짐작된다.

물론 그런 이야기는 타냐보다는 체르토프가 하는 편이 훨씬 더 타당하다는 생각도 든다. 그러나 경험에 비춰볼 때 누군가의 입에서 전쟁(물론 실제 전쟁은 아니다.)이라는 말이 나오면 일단 스스로 이런 질문을 하게 된다. "이 말은 과연 누구에게 도움이 될까?" 거창한 언어는 갈등 촉진자들이 우리 감정을 조작하려는 하나의 수단이다. 그런 말은 중요한 세부 사항을 깔끔하게 정리함으로써, 우리가 치러야 할 대가도 잊은 채 나가 싸우고 희생하도록 부추긴다.

ISIS의 잇따른 공격으로 100여 명의 사망자가 나온 지 몇 주 후인 2015년의 어느 날, 파리에서는 대니얼 로벤포어 **Daniel Rovenpor** 연구팀은 수많은 파리 시민들[49]을 상대로 앞으로 또 벌어질 공격에 대한 프랑스 정부의 계획이 담긴 문서를 읽어보라고 부탁했다. 문서는 두 종류였는데, 그 중 하나는 이것을 '계산된', 혹은 '평가된' 조치라고 불렀고, 또 다른 하나는 이 대책을 좀 더 거창한 용어, 즉 '예상보다 강력한', 또는 '전면전'으로 표현하고 있었다. 문서를 읽어본 파리 시민 중, 좀 더 거창한 용어를 접한 사람들은 절제된 용어를 읽은 쪽보다 현재의 갈등 상황에 더 큰 의미를 부여하는 반응을 보였다. 그들은 다음과 같은 말에도 대체로 동의하는 편이었다. "최근의 테러 상황 때문에 삶의 목적이 더 생긴 듯한 기분입니다."

복수를 선동하면 집단의 사기와 사명 의식이 진작되어 결국 내부 결속으로 이어진다. 갈등 촉진자들은 이 점을 잘 알기에 갈등을 말할 때는 꼭 우리의 입장과 세상을 바라보는 종교적 관점으로 묘사한다. 절대로 꺼지지 않는 성스러운 불빛이라도 되는 듯이 말이다.

복수는 굴욕의 아픔을 잊게 해줄 수는 있지만, 거기에는 뼈아픈 대가가 따른다. 복수는 철저한 헌신이 필요한 일이고, 그러다 보면 복수의 일념 자체가 감옥이 되어버린다. 커티스는 어디를 가도 거리를 이리저리 훑어보는 버릇이 생겼다. 누가 뒤쫓지는 않는지, 주변에 서는 차는 없는지 하고 말이다. 어떤 장소에서도 가장 늦게 나가려 했고, 누구에게도 등을 보이지 않으려고 애썼다. 학교에 갈 때도 매일 다른 길을 골랐다.

결국 디사이플 갱단의 가족들은 포스터 파크를 떠나야만 했다. 이웃들의 태도도 점점 쌀쌀맞게 변해갔다. 커티스가 갈 수 없는 구역이 아예 포스터 파크 전체가 되어버렸다. 그는 열두 살이 될 때까지 총격을 두 번이나 받았다. 한 번은 발에, 또 한 번은 옆구리였다. 누가 그랬는지는 뻔하다. 디사이플이었다.

살인의 도시

냉전이 끝난 이후, 모든 종류의 전쟁이 급격히 줄어들었다. 전쟁이 일어나더라도 과거에 비해 사망자가 감소했다.

왜 그럴까? 인류가 전쟁을 예방하고 평화를 유지하는 능력이 향상되었을 수도 있다. 평화회담을 촉진하고 준수사항을 감시하기 위해 유엔을 비롯한 여러 제3의 기관에 의존하는 비율도 과거보다 높아졌다. 이들 기관이 비록 완전치는 못하겠지만, 최소한 인류의 적대적 본능보다는 협력하고자 하는 본능을 촉진하기 위해 고안되었다. 아무도 자신을 내세우지 못하는 바하이교의 선출 과정처럼, 이들 기관은 고도 갈등을 차단하는 기능을 자체적으로 갖추고 있다.

이런 기관은 실패하는 경우가 많다. 인류는 이런 상호협력 면에서는 아직 걸음마 단계다. 아직 갈 길이 멀다. 그러나 전쟁과 폭력이 점차 줄어들고 있다는 것만은 틀림없는 사실이다. 감사한 일이다.

오늘날 폭력 사태로 인한 사망자의 10명 중 8명[50]은 시카고처럼 분쟁지대와는 거리가 먼 것으로 알려진 곳에서 나온다. 2015년을 기준으로, 전쟁과는 상관없는 브라질에서 살해된 사람 수가 전쟁 중인 시리아보다 더 많았다. 세계 곳곳에서 끝도 없이 계속되는 이런 폭력은 커티스가 시카고에서 자라면서 매일 지켜본 갱단 간의 혈투와 닮았다. 다른 곳에서는 무장단체나 조직범죄로 인해 발생하는 살인 사건도 많다.

인류가 전쟁을 성공적으로 예방하는 한편으로, 전 세계 곳곳에서 아직 전쟁이 아닌 폭력이 끝날 날은 요원해 보인다. 예를 들어 2018년에 시카고는 왜 로스앤젤레스나 뉴욕보다 훨씬 더 폭력이 난무했을까? 시카고에서 겨우 500킬로미터 떨어진 미주리주 세인트루이스[51]는 왜 살인 사건 발생률이 세 배나 더 높을까? 2018년에 세인트루이스의 살인 발생 건수는 콜롬비아의 칼리, 멕시코의 치와와, 그리고 과테말라의 수도보다 더 높았다.

수 세기 동안 학자들이 고질적인 폭력이 일어나는 원인을 밝히기 위해 애써왔다. 혹시 그것은 가난과 문화의 작용인 것일까? 한정된 자원을 둘러싼 경쟁 때문일까? 아니면 라이벌 집단의 수 때문일까?

인종이나 종교적 집단이 존재[52]한다고 한 나라가 내전에 휘말리는 것 같지는 않다. 다양한 사람이 모여 살면서도 놀라울 정도로 평화를 누리는 지역도 있다. 예를 들어 암스테르담에는 무려 180개의 국적을 지닌 사람들이 산다. 주민의 절반이 이민 1세대, 혹은 2세대에 해당한다. 그런데도 2018년에 암스테르담에서 살인 사건의 피해자가 된 사람은 겨우 14명에 불과했다. 내가 사는 워싱턴DC에서 살해된 사람은 최소한 그 열 배는 될 것이다. 워싱턴DC의 규모는 암스테르담보다 오히려 조금 작은데도 말이다.

총기 소지의 영향은 어떨까? 당연히 연관이 있다고 봐야 한다. 고성능 무기 없이는 많은 인명이 살상되는 일을 설명하기 어렵다. 전 세계에서 총기를 소지한 민간인[53] 중 절반은 미국인이다. 인구는 전 세계의 5퍼센트에 불과한데도 말이다. 짐작하는 바와 같이 미국의 살인 사건 발생률[54]은 주요 선진국 평균보다 50퍼센트나 더 높다.

집단의 존재가 갈등을 고조시키는 원인이라면, 총기는 그 갈등을 살인으로 끝맺게 하는 가장 중요한 요인이다. 그러나 다른 복잡한 사회 문제와 마찬가지로, 폭력적인 갈등은 마치 화학 공식처럼 여러 가지 요소의 상호작용에 따라 빚어진다. 총도 중요하지만 다른 요소도 마찬가지다. 여러 가지 악화 요인이 복합적으로 작용한 결과다.

경찰력이나 정부가 약해서 그렇다는 견해는 어떨까? 정부가 흔들리거나 실패하면 폭력이 그 빈 자리를 차지한다. 충분히 타당한 이야기다. 그러나 정부가 약해지는 원인은 무엇일까? 단순히 경제 실패에만 원인을 돌릴 수는 없다. 강력 범죄와 GDP[55]가 반드시 직접 관련된다고 보기는 힘들다.

외교정책 전문가 레이첼 클라인펠트Rachel Kleinfeld에 따르면 특히 민주국가에서 가장 까다로운 문제가 국가의 공모행위[56]라고 한다. 예컨대 파키스탄에서는 정보기관이 이슬람 테러단체에 돈과 무기를 제공하여 정치적 반대 세력과 싸우게 한다. 한편으로 정부는 이슬람 과격파의 위협을 강조하며 이런 예산을 정당화한다. 부패가 전염되는 과정이다.

이럴 때 정상적인 사람들은 정부에 더 이상 기댈 수 없다는 것을 알고 다른 방식으로 정의를 구현하고자 한다. 폭력이 일상화되고, 사회는 퇴보한다. 클라인펠트의 책에는 이런 대목이 나온다. "평범한 사람들이 충동적으로 변하고, 쉽게 화를 내며, 폭력을 당연하게 받아들인다." 이런 상태가 되면 정부는 더 이상 질서를 회복하기 어렵게 된다. 국가가 낳은 괴물이 사회를 집어삼키는 것이다.

시카고 최초의 갱단은 의용소방대원을 하다가 그만둔 백인들[57]이었다. 시카고의 소방 업무를 직업 소방대원들이 맡게 되자 갱단은 동네 술집으로 모여들었고, 정치인들이 이들의 뒤를 봐주기 시작했다. 19세기 말, 이 정치인들은 주로 아일랜드 출신 이민자들로 구성된 이른바 '운동부' 조직을 만들었는데, 이들은 유권자들을 겁박하여 그들의 지도자가 재선될 수 있도록 강요했다. 그 후 50년 동안 이 갱단은 인종차별에도 앞장섰다. 시카고 정치인들은 인종 제한 규정을 입안하여 흑인들이 백인 전용 구역에서 부동산을 매입하거나 임대하지 못하도록 만들었고, 그러고도 법으로 할 수 없는 나머지 일은 이 갱단이 도맡아서 처리했다. 그들은 당시 시카고 정계를 장악한 이른바 '민주당 머신'이라는 정치 조직에 반대표를 던진 흑인들을 공격했고, 폭력과 위협을 동원해 흑인 가정이 백인 동네에 들어오지 못하도록 막았다.

그들은 남의 손을 빌려 추악한 일을 처리함으로써 자신들의 권력을 지켰다. 당시 시카고에서는 마치 오늘날의 파키스탄에서처럼 국가 기관이 폭력 세력과 공모 관계를 맺고 있었다. 마피아 두목 알 카포네가 활동했던 주 무대가 시카고라는 사실은 결코 우연이 아니다. 그는 1920년대에 그곳에서 주류 밀매, 매춘, 도박 등으로 수백만 달러 규모의 사업을 일구었다. 이 당시 시카고는 살인 사건 발생률이 전국 도시 지역 평균의 24배에 달하는 바람에 그야말로 '살인의 도시'[58]라고 불리기까지 했다.

이른바 '민주당 머신'이 다른 도시에서 힘을 잃기 시작한 지 한참 후에도 리처드 데일리 Richard J. Daley 시장은 마치 봉건시대의 영주처럼 시카고를 장악하고 있었다. 1955년부터 1976년까지, 데일리는 약 3만 5,000개에 달하는 후원 직종을 관리하면서, 이들을 활용해 민주당원들의 지지를 끌어내고 공화당 지지자들이 발붙일 곳이 없도록 만들었다.

커티스가 태어난 이후 시카고에서는 무려 30여 명에 달하는 시의원[59]들이 부패 혐의로 유죄 선고를 받았다. 즉, 그 기간에 시의회 의원 5명 중 1명은 부패를 저질렀다는 뜻이었다. 연방 정치 무대에서 부패 사건[60]에 연루된 사람도 미국의 어느 대도시보다 시카고가 더 많았다. 리베이트와 뇌물 사기의 배후에는 역겨운 속사정이 숨어있다. 미국에서 유일하게 살인 사건을 조작한 판사[61]도 바로 시카고에서 나왔다. 그는 갱단 폭력과 관련된 세 건의 살인 사건을 조작한 혐의로 유죄를 선고받았다.

오늘날 시카고를 파키스탄에 비유할 수는 없다. 그러나 역사적으로 정부 권력을 등에 업은 폭력 세력과 국가나 도시 차원에서 벌어지는 부패 행위는 끊임없는 폭력의 악순환을 불러왔다. 많은 것이 바뀌었지만 아직도 해결해야 할 일이 산더미다. 지금도 시카고 길거리에서 유혈 폭력이 난무하는 현실은 이런 뒷이야기를 모르면 결코 이해하기 힘들다.

살인 사건이 한 번 일어날 때마다 시카고시가 치러야 하는 비용은 150만 달러에 달한다. 그러고도 제대로 해결되는 사건은 거의 없다. 시카고에서 백인을 한 명 살해하면 무사히 모면할[62] 확률이 50퍼센트에 달한다. 흑인을 살해하면 이 확률은 78퍼센트로 올라간다. 2019년 시카고 WBEZ 방송에서 나온 말이다. 경찰도 못 믿고, 시 또는 주 정부도 마찬가지다(일리노이주는 주정부 신뢰도[63] 면에서 전국 꼴찌를 달리고 있다). 따라서 자연스럽게 폭력 단체가 이 무너진 사법 체계의 공백을 메우게 된다.

오늘날 시카고에서 가장 극심한 폭력 사건이 일어나는 장소는 소수의 몇몇 동네에 한정되어있다. 이런 곳에서 활동하는 집단들은 대결 구도를 가속화하고 유혈 복수를 일상화하여 이곳을 전국에서 가장 불안정한 위험에 빠뜨린다. 이런 폭력은 마약 시장과는 거의 상관이 없다. 주로 개인적인 불만[64]이 소셜미디어를 통해 타오르거나 현실의 총격전으로 폭발하여 피를 부르는 앙갚음으로 이어지는 것이다.

이 소수의 동네 중 하나가 바로 커티스가 나고 자란 포스터 파크 주변이었다.

"사랑스러운 북받침"

"사람은 폭력을 통해 자신의 실존적 부조리를 탈출하고, 인생의 허무함을 채우며, 자신과 타인에게 권력을 행사하는 짜릿한 경험을 얻을 수 있다."

_ 앨리슨 자미에슨 Alison Jamieson,

《심장 충격: 이탈리아 테러와의 갈등 The Heart Attacked: Terrorism and Conflict in the Italian State》

커티스는 어머니와는 평생 사이가 좋았다. 그러나 그가 스톤스에 가입할 무렵 어머니가 코카인과 헤로인에 중독된[65] 덩치 큰 남자와 재혼했다.

그래서 커티스는 춤이 아닌, 스톤스에 어울릴 만한 새로운 취미를 찾았다. 운동이었다. 부엌에 역기를 한 벌 마련해놓고 열심히 운동하다 보니 날이 갈수록 몸이 커지고 튼튼해졌다. 그는 안방을 차지한 괴물로부터 자신과 어머니를 지켜야겠다고 생각했다.

그리고 새롭게 시작한 미식축구에서도 꽤 뛰어난 실력을 선보였다. 가족들은 대학팀과 프로 구단을 거론하기 시작했다. 세상일이란 모르는 것이니까. 미식축구 덕분에 훈련도 매일 꼬박꼬박하면서 생활이 착실해졌다. 갱단 활동까지 점점 뜸해졌다. 마침내 8학년 졸업식에 연설자로 선정되었고, 과학기술 고등학교 입학시험을 보기도 했다. 그의 인생에 갱 말고도 다른 일이 생긴 것이다.

그러나 졸업식을 불과 며칠 앞둔 어느 날, 디사이플 한 명이 동네에서 모자를 왼쪽으로 쓰고 걸어가던 그의 모습을 포착했다. 그리고 야구방망이를 휘둘러 커티스를 때려눕혔다. 눈을 떴을 때는 구급차 안이었다. 결국 졸업 연설은 뇌진탕 때문에 못 하게 되었다. 머리가 부어 졸업 사각모를 쓰는 데도 애를 먹었다.

고등학교에 진학해서는 친구가 운전하는 자동차가 가로등을 들이받을 때 뒷좌석에 앉아있었다. 그 일로 무릎 전방십자인대가 파열되었고, 미식축구와의 인연이 끝나고 말았다. 미식축구팀 감독은 직접 집으로 찾아와서 자신이 뛰었던 하이라이트 장면이 담긴 사진집을 기념품으로 주었다.

커티스가 가장 괴로웠던 것은 어머니를 뵐 면목이 없다는 사실이었다. 부끄럽다는 표현으로는 부족했다. 커티스로서는 어머니가 자신에게 아주 넌더리를 낼 것으로 생각했다. 춤을 춘다더니 그것도 못 하게 됐고, 미식축구를 할 줄 알았는데 그만두어야만 했다. 가족들 모두 그를 희망으로 여겼는데 이제는 아무짝에도 쓸모없는 인생이 되었지 않은가.

이제 그와 그의 가족에게 남은 길이 무엇일지 알 도리가 없었다. 앞날을 볼 수 없는 이런 상황은 결국 갈등을 부추기는 가장 큰 요인이 된다. 이제 남은 것은 디사이플과의 일대 혈전뿐이라는 것은 누가 봐도 뻔한 일이었다. 결코 끝날 수 없는 싸움이 될 터였다.

1989년 3월, 그가 열일곱 살이던 때 커티스는 골목길에서 쓰러진 어머니를 발견했다. 어머니는 의붓아버지가 휘두른 칼에 가슴을 찔렸다.[66] 그는 어머니를 찌른 후 그녀의 지갑을 털어 마약을 샀다.

커티스는 어머니를 구해내지 못했다. 그렇게 운동을 열심히 했어도 말이다. 같은 갱단에 있는 든든한 우군도 소용없었다. 심지어 그는 어머니에게 그날 밤 총을 들고 있으라고 신신당부하기까지 했다. 아무리 애를 썼어도 그가 가장 두려워한 사태를 막지 못한 것이다. 그의 유일한 친구이자 댄스 파트너가 이렇게 세상을 떠나고 말았다. 자동차 사고의 여파로 아직 목발을 짚고 있었다는 것은 핑계에 불과했다. 어머니의 보호자를 자처했 건만, 이제 세상에는 그만 홀로 남았다.

그 순간 커티스에게는 오로지 이런 짓을 한 인간을 찾아서 죽여야겠다 는 생각뿐이었다. 아주 천천히, 고통스럽게 죽여주겠다고 결심했다. 자신 이 겪은 이 엄청난 고통을 달래줄 방법을 어떻게든 찾아야만 했다. 이런 부당한 일을 되돌리는 유일한 길은 복수밖에 없었다. 그것만이 이 소년이 지금까지 시카고에서 스톤스로 살아오면서 얻은 결론이었다. 사나이로서 꼭 해야 할 일을 당국에 의지할 수는 없다. 따라서 그는 스톤스의 형제들 에게 도움을 요청했다.

그들은 함께 의붓아버지의 가족이 있는 집으로 갔다. 여전히 목발을 짚 은 그는 갱단 동료들을 대동한 채 대문을 두드렸다. 아무도 대답하지 않았 다. 목발을 짚지 않은 성한 발로 문을 걷어찼다. 마침내 누군가 대답하면서 하는 말이, 의붓아버지가 집에 없다는 것이었다. 그는 그 말을 믿지 않았다.

커티스는 유리창에 던져 집안을 밝힐 요량으로 화염병을 가져온 터였 다. 그러면 집 안에 있는 사람들이 모두 혼비백산해서 달아날 것이다. 그 래서 화염병을 가지러 차로 돌아갔다. 와인 병으로 만든 것이었다. 그러 나 막 던지려는 찰나, 스톤스 단원 중 하나가 그를 가로막았다. "우리가 여 기 온 건 그 사람 때문이지, 가족이 아니잖아." 친구의 말에 커티스는 주춤 했다. 고도 갈등의 역설을 그대로 보여주는 한 장면이었다. 집단이 폭력을 선동할 수도 있지만, 동시에 자제할 수도 있다는 역설 말이다.

나흘 후, 커티스의 의붓아버지가 체포되었다. 그는 1급 살인 혐의로 기소되어 결국 35년 형을 선고받았다. 그러나 커티스를 찾아와 위로해주는 사람은 아무도 없었다. 할머니가 있었지만, 커티스의 어린 동생들을 돌봐주느라 정신이 없었을 뿐 아니라 당신부터 슬픔을 가누지 못했다. 이 시기에 그에게 가족이라고는 정말 스톤스 뿐이었다.

이후에는 폭력이 훨씬 더 스스럼없는 일이 되었다. 커티스는 방아쇠를 당길 때마다 말 그대로 눈앞에 의붓아버지가 생생히 떠올랐다. 사람들을 해치는 일로 응어리를 풀었다. 디사이플과의 싸움은 일종의 대리전이 되었다. 심리학에서 말하는 대체현상이 일어난 것이다. 그는 시카고의 무너진 관료사회를 향해 총을 겨눌 수 없었다. 그는 의붓아버지도, 그의 농구 영웅 벤지를 쏜 소년도 죽이지 못했다. 그가 안고 있는 고통의 실제 원인은 그의 눈앞에 없었다. 그렇다고 싸움을 멈출 수는 없었다. 오히려 더욱 부채질할 뿐이었다.

토니 모리슨Toni Morrison의 《가장 푸른 눈》*에는 이런 구절이 나온다. "우리는 분노를 통해 존재감을 느낀다.[67] 분노는 현실이자, 실재이다. 가치를 자각하는 마음이다. 그것은 사랑스러운 북받침이다." 비록 엉뚱한 사람일지언정, 인간은 누군가에게 위력을 행사하는 데서 의미를 찾는다.

그해 10월, 스톤스 갱단이 금요 정기 기도를 드리던 '사원'에 연방 수사관들이 들이닥쳤다.[68] 약 50여 명의 연방 요원들은 사원을 포위한 채 대형 해머와 토치램프로 대문을 부쉈다. 그들은 스톤스의 고위급 간부 대부분을 체포했고, 그중 65명에 대해 공갈, 살인, 납치, 방화, 마약 등의 혐의

---

* 노벨문학상 수상 작가인 저자의 대표 소설 - 옮긴이

를 적용하여 기소했다. 그 시점에서 스톤스의 창설자 제프 포트는 이미 국내 테러 혐의로 유죄를 선고받고 구속된 상태였다.

일련의 사태를 겪으며 스톤스는 리더십 공백 상태에 빠졌고, 그 바람에 커티스가 모든 단계를 건너뛴 채 리더로 급부상했다. 정작 자신은 누군가의 리더십이 간절히 필요했던 바로 그 시기에 말이다.

커티스는 이제 가족을 지키는 책임도 떠안아야 했다. 어린 동생들이나 친척들만큼은 어머니와 같은 일을 당하게 둘 수 없었다. 가족들은 무슨 일이 있을 때마다 그에게 구원을 요청했고, 그는 그럴 때마다 대원들을 보내 가족을 지켰다.

커티스가 말했다. "우스운 건, 아직 어린 나이였는데도 저를 두려워하는 어른들이 생겼다는 거죠. 무력감을 느끼고 있던 그때 오히려 권력을 쥐게 된 겁니다."

어느 날, 그가 맥도널드에서 일하고 있는 여자친구를 만나러 간 일이 있었다. 매장에 들어선 그는 습관처럼 사방을 훑어보며 위협 요소를 찾아보았다. 프라이팬을 다루던 남자가 모자를 오른쪽으로 쓰고 있었다. 커티스는 그를 한번 흘끗 본 후 매니저를 찾았다. 그리고 그 친구를 내보내고 말했다. 디사이플 녀석이 여자친구 옆에서 얼씬대는 꼴을 볼 수는 없었다. 절대로 안 될 일이었다.

나중에 다시 찾아왔을 때도 모자를 오른쪽으로 쓴 그 디사이플 녀석이 아직 그대로 있었다. 도저히 참을 수가 없었다. 꼭 그가 눈앞에서 자신을 놀리는 것처럼 느껴졌다. 이제는 달리 선택의 여지가 없다고 생각했다. 커티스와 그의 친구는 카운터를 훌쩍 뛰어넘어 매니저를 두들겨 패기 시작했다.

어느 날 동네 치안 모임에 다녀온 할머니가 울음보를 터뜨렸디. "모임 내내 하는 얘기가 너에 관한 것뿐이지 뭐니. 너네 일당이 지금 온 동네를 망쳐놓고 있어." 그는 그 순간을 결코 잊을 수 없다. 그가 아는 한 세상에서 가장 강한 분이 지금 눈앞에서 울고 계셨다. "사람들이 내 손자를 짐승 대하듯이 욕하는 소리를 내가 꼭 들어야겠니."

그때는 그야말로 속에서 헐크가 튀어나와 날뛰던 시기였다. 한때 춤을 추던 소년이었던 시절은 아득히 먼 옛날처럼 느껴졌다. 과연 앞으로 어떤 일이 닥칠까 두려울 때도 있었다. 그래서 술과 마약만은 철저히 멀리했다. 자제력을 잃은 지 이미 오래되었지만 더 이상 악화되는 일만은 막아야 했다.

어머니가 돌아가시고 한 달쯤 지났을 때, 커티스와 몇몇 갱단원이 어떤 사람을 깨진 병으로 때렸다.[69] 얼마나 세게 때렸는지 그 남자는 결국 사지가 마비되고 말았다.

얼마 후 커티스가 또 한 번 총에 맞았다. 이번에는 머리였다. 그전까지 바이스 로드 패거리와 싸우고 있었지만, 길거리에서 한번 대화로 해결 지은 바 있었다. 몇 초 후, 싸움이 끝난 줄 모르고 있던 다른 바이스 로드 한 명이 커티스에게 또 한 발을 쐈다. 집단에는 다양한 분파가 섞여 있게 마련이다.

커티스는 아무 말도 할 수 없는 상태로 집 현관 앞에 누워, 경찰관 한 명이 자신을 두고 포기하는 게 낫겠다고 말하는 소리를 들었다. 그가 즉사하지 않은 것은 기적이었다.

그래도 겨우 졸업은 했다. 그러나 19세를 맞이한 지 3개월 되던 날, 그는 포스터 파크에서 네 블록 떨어진 곳에서 장전된 스미스앤드웨슨

357구경 리볼버를 소지한 혐의로 체포되었다. 그전에 한 여성이 경찰에 전화해서 커티스가 집에 와서 그녀의 친척에게 살해 협박을 가했다고 신고했다. 커티스는 유죄를 시인했고 이후 2년 반의 징역형이 선고되었다. 갱단에서 차지하는 비중을 고려하여 그가 투옥된 곳은 최고 보안 시설을 갖춘 스테이트빌 교도소였다.

커티스는 감옥에서 어쩌면 벤지를 살해한 범인을 찾을지도 모른다고 생각했다. 아니면 의붓아버지를 만날 수도 있었다. 희망이라고는 그것뿐이었다.

자기 최면

이 책을 읽으면서 '나는 갱단도 아니고 유혈 복수와도 상관없는데'라고 생각하실 분도 있을 것이다. 지금 당장만 보면 그렇다. 어쨌거나 이런 이야기가 정치 양극화와 무슨 상관이 있단 말일까? 지난해 크리스마스에 내가 동생과 싸웠던 일과는 관련이 있을까?

물론 커티스의 사연은 극단적인 예일 것이다. 그러나 이를 통해 우리가 일상에서 겪는 일들의 진상을 좀 더 명쾌하게 이해할 수 있다. 다행히도 누구나 폭력이 일상처럼 권장되는 세상에 사는 것은 아니다. 그러나 마치 타르 웅덩이처럼 득보다 실이 많은 분쟁에 사로잡히는 기분이 어떤 것인지는 누구나 잘 알고 있다. 그런 갈등은 배우자나 동료, 혹은 전혀 모르는 사람과도 빚어질 수 있다. 그러나 기분은 모두 엇비슷하다. 그런 상대방과 대화를 나누는 장면을 머릿속으로 상상해본 적이 있을 것이다. 화가 가라앉고 나면 그때의 느낌이 생생하게 기억난다. 왜 그랬는지도 모르게 감정이 폭발했던 상황, 이건 분명히 잘못된 일이라고 생각한 원인이 떠오른다. 심지어 그때는 미처 몰랐던 원인을 깨닫기도 한다.

나를 '위해' 이런 일을 해주는 존재가 바로 집단이다. 인생의 다른 일로 잠깐 정신이 흐트러지더라도, 그럴 때마다 집단은 어김없이 이 갈등을 상기시킨다. 집단의 구성원들은 끊임없이 내가 당한 모든 부당한 일을 열거하며 불씨가 수그러들지 않도록 도와준다. 이런 일은 라디오 토크쇼와 트위터에서도 벌어진다. 집단은 마치 갈등이 영원한 불꽃이라도 되는 듯, 절대로 사라지지 않도록 지켜준다.

이런 일은 감옥까지도 당연히 이어진다. 커티스는 감옥에서 벤지의 살해범이나 의붓아버지를 만나지 못했다. 그러나 그는 자신의 집단이 영속해야 한다는 이상을 찾았다. 그는 감옥에서 비로소 스톤스의 진정한 실체를 배웠다. 교도소의 갱단 고위급 간부 중에 제프 포트의 형제가 한 명 있었던 것이다. 그에게는 조직을 움직이는 명령 체계가 있었다.

"지금까지 한 번도 본 적이 없었던 예절이었습니다." 특정 시간만 되면 모두가 함께 기도했다. 이슬람은 말이 아니라 생활양식 그 자체였다. 명령이 주어지면 그대로 실행했다. 어떠한 질문도 용납되지 않았다. 그곳에는 영화 〈대부〉가 그대로 재현되어있었다. 커티스는 큰 감명을 받았다.

그는 스톤스의 설립 정신과 내규, 서약 등을 읽고 외웠다. 스톤스의 고위급 리더들과 몇 시간이나 대화하며 그들의 이야기에 귀를 기울였다. 그는 엄청난 훈련과 헌신을 바칠 능력이 있었고, 거기 있던 다른 스톤스 구성원도 그 점은 마찬가지였다. "저는 어떤 일에든 한번 발을 담그면 깊이 빠져듭니다." 그가 크게 웃으며 말했다.

감옥 안에서 스톤스는 디사이플에 비해 수적으로 열세였지만, 싸움만 붙었다 하면 절대 지는 법이 없는 것 같았다. 사람 수가 부족하면 조직력과 헌신으로 어떻게든 메웠다. 볼 때마다 감탄이 절로 나왔다. 커티스는 마침내 집단의 정체성에 동화될 수 있는 영적 사다리를 만난 셈이었다. 맥도널드 가게에서 벌인 싸움판 따위와는 차원이 다른 고통을 다스릴 수 있게 된 것이다. 커티스는 지금까지도 스톤스의 신조를 외운다.

어둠에서 벗어나 빛으로 나아가자
블랙스톤은 우리에게 용기를 준다
블랙스톤은 우리에게 빛을 준다
블랙스톤은 그 누구에게도 없어서는 안 될 것을 준다.
그 행복을 우리는 스톤 러브라고 한다.

집단 갈등에서 차지하는 이상의 중요성이 감정에 비길 수는 없다. 그러나 이상도 중요하다. 거창한 언어가 그렇듯이, 이상도 폭력을 정당화하는 역할을 한다. 이상이 없이는 갈등에 그토록 깊은 목적의식을 품기는 어려울 것이다. 인간은 이상을 통해 대의명분을 획득한다.

1993년, 커티스는 감옥에 들어갈 때보다 훨씬 더 큰 책임감과 확신을 지닌 채 출소했다. 그때쯤에는 시카고도 많이 변한 상태였다. 드디어 크랙 코카인이 지역 곳곳에 퍼져 거액을 벌어들이고 있었다. 이후 스톤스와 디사

3장 갈등의 불쏘시개

이들 간의 폭력이 급증하면서 시카고의 살인 사건 발생률도 정점을 찍었다.

"시내 곳곳에 시체가 널브러져 있었지요." 커티스의 말이다. 그는 시카고 시내를 돌아다니기 시작했다. 그가 가는 곳마다 무장한 경호원이 그를 둘러싸고 있었다. 당시 무기징역을 살고 있던 스톤스의 창립자 제프 포트도 시카고에서 활동할 때는 그런 모습이었다.

커티스는 지금껏 구경도 못 해본 정도의 돈을 벌었다. 자동차를 샀고, 스트립 클럽도 하나 운영하기 시작했다. 그렇게도 옹호하던 이슬람의 교리나 스톤스의 가치와 정면충돌하는 행동이었지만, 그는 개의치 않았다. 어쨌든 금요 기도는 꼬박꼬박 빠지지 않았으니까 괜찮다고 생각했다. 인간은 원래 적이 존재할 때는 자신의 위선을 깨닫지 못하기 쉽다.

2년 후, 스물두 살의 나이에 커티스는 다시 총기 혐의로 기소되었다. 3년 6개월 형을 선고받았다.

출소 후, 그는 또 체포되었다. 이번에는 코카인 소지 혐의였다. 이 사건은 운 좋게도 기소 중지로 결론이 났다. 그러나 그는 구금되어있는 동안 시간이 많다 보니 이런 궁금증이 생겼다. "경찰은 어떻게 하필 그날 내가 거기 있는 줄 알았을까?" 이 질문은 스톤스 형제들만 대답할 수 있을 것이다. 이번이 처음이 아니지만 이런 의심이 들었다. 그들은 과연 스톤스와 돈 중 어디에 충성하는 것일까? 참 대답하기 힘든 질문이었다.

High Conflict

OUT OF

2부
갈등에서 나오다

CONFLICT

4장 시간 벌기

Buying Time

1999년 어느 날 시카고 사우스 사이드 상공을 나는 비행기.
존 고든이 촬영했다. 출처 : 시카고역사박물관, ICHi-174009

커티스는 나이가 들수록 감옥에 가지 않는 요령을 터득했다. 그는 법을 공부했고, 그중에서도 "마약과의 전쟁"이라는 지뢰밭을 자세히 파고들었다. 법에 따르면 크랙 코카인 소지는 일반 코카인에 비해 처벌이 훨씬 더 가혹했다. 그래서 커티스는 크랙 코카인을 절대로 몸에 지니지 않았다. 만약 일반 코카인 5킬로그램을 소지하다 붙잡히면 징역 10년 형을 받지만, 이마저도 같은 양의 크랙 코카인에 비하면 훨씬 낮은 형량이었다. 커티스는 여차하면 일을 그만두고 들어가서 10년만 살면 된다고 생각했다.

커티스는 어머니날이나 돌아가신 어머니의 생일이 돌아올 때마다 가슴에 중압감이 몰려오는 것도 점차 익숙해졌다. 아직도 의붓아버지나, 자신의 농구 영웅을 살해한 빌리를 만날지도 모른다는 환상을 지니고 있었지만, 그래도 예전보다는 머릿속에 있는 헐크 스위치를 훨씬 더 잘 간수할 수 있게 되었다. 그는 결혼도 했다. 그 옛날 맥도널드에서 일하던 여자친구였다. 자녀는 넷을 두었다. 갱단에서 맡았던 일 중 가장 난폭한 분야는 일부 그만두었다. 그런 일은 다른 젊은 친구들이 대신 도맡았다. 세월이 흘러 30대에 접어든 커티스는, 이제부터는 행동을 조심하든지 아니면 감옥에서 살아야 한다는 것을 어렴풋이나마 눈치채고 있었다.

그러던 어느 날, 아들의 4학년 졸업식에서 예기치 못한 일이 일어났다. 커티스는 그즈음, 언제라도 다시 감옥에 갈 수 있다고 짐작하고 있었다. 연방 수사관들은 시카고의 갱단 두목들을 호시탐탐 노리고 있었고, 그의 주변 사람들은 죄다 붙들려갔다. 자신도 그렇게 되리라는 것은 거의 시간 문제였다.

그러나 그날은 그의 아들과 같은 반 학생들이 함께 일어서서 시카고를 상징하는 노래 "당신은 내 삶의 의미 You're the Inspiration"를 부르고 있었다. 물론 뻔한 가사라는 것은 그도 알았다. 그러나 아들이 노래하는 것을 듣고 있노라니 어쩐지 그 노래가 가슴을 찌르듯이 아프게 다가왔다.

커티스의 아들은 자폐증이 있었는데, 커티스는 그 이유가 충분히 짐작이 갔다. 아내가 그 아이를 임신했을 당시 그녀를 난폭하게 대한 적이 있었다. 게다가 커티스는 아이를 자동차 뒷좌석에 태운 채 상대편 갱 단원을 쏘러 다니기도 했고, 심지어 그러다 총에 맞은 적도 있었다. 그 엄청난 소리에 아이가 겁에 질리지 않았다면 그것이 오히려 이상한 일이었다. 어디가 잘못되었는지는 뻔한 일이었다. 문제는 결국 아버지이자 갱단 두목인 자신이었다.

당신은 내 삶의 의미
당신은 내 영감의 존재[1]

그는 노래를 들으면서 곰곰이 따져봤다. 만약 오늘 자신이 연방 수사관들에게 붙잡히면, 감옥에서 나올 때쯤이면 아들은 열여덟 살이 된다. 그 생각이 들자마자, 평생토록 자신에게 해온 거짓말들, 예컨대 벤지 윌슨이 살해된 일, 스톤스의 일원으로 보낸 자신의 인생, 지금까지의 그 모든 모욕을 폭력으로 갚아야 한다는 의무감 등이 한순간에 무너져 내렸다.

가장 큰 거짓말은 지금까지의 모든 행동이 가족을 위해서였다는 것이었다. 가족을 지키고 먹여 살리려면 어쩔 수 없었다는 것이다. 이제 더 이상 그런 거짓말은 믿을 수 없었다. 가족을 위해 마약을 판다면, 넉 대나 있는 자동차는 다 뭐란 말인가? 갑자기 사라져서 10년이나 모습을 감추는 게 과연 가족을 위한 일인가?

당혹감과 좌절이 밀려왔다. 눈물이 저절로 쏟아져 내렸다. 자리에 그대로 선 채 지금까지 여러 차례나 했던 기도를 드렸다. 신이시여, 저에게 한 번만 더 기회를 주십시오. 아내가 두 번이나 그를 쳐다봤다. '저 이가 지금 우는 건가?' 그녀는 생각했다. 커티스는 남들 앞에서 눈물을 보이는 사람이 아니다. 지금까지 살면서 한 번도 운 적이 없었다. 그는 맥도널드에서 모자 때문에 매니저를 두들겨 팬 사람이 아니던가?

그러나 커티스도 그 이유를 자신의 입으로 설명할 수는 없었다. 당시만 해도 그것은 그의 방식이 아니었다.

이후, 커티스는 정상적인 생활로 돌아오려고 애썼다. 평소처럼 마약 운반책을 다시 맡았다. 그런데 이번에는 자동차에 물건을 싣고 출발하는 순간 뭔가 느낌이 조금 달랐다. 짜릿한 기분도, 권력도, 의미도 느껴지지 않았다. 우울하기만 했다. 항상 그랬듯이 마약을 여러 개의 가방에 나눠 담아 조직원들에게 분배해야 했지만, 이 모든 일이 아무 의미가 없다는 생각이 들었다. "내가 지금 이걸 왜 해야 하지?"라는 의문이 머리에서 떠나지 않았다. 아무리 생각해도 스스로 납득할 이유가 떠오르지 않았다.

집으로 돌아온 그는 아무것도 할 수 없었다. 일주일이나 집에 틀어박힌 채 아무도 만나지 않았다. 전에는 한 번도 없던 행동이었다. 평소 같이 일하던 사촌이 아무리 전화해도 받지 않았다. 머리로는 무슨 일을 해야 하는지 알면서도 몸이 꼼짝도 하지 않는 것 같았다. 드디어 사촌이 직접 찾아와 마약을 달라고 요구했다. 커티스는 순순히 응했다. 가지고 있던 크라이슬러 자동차도 한 대 내주었다. 마약을 판 돈으로 커티스가 할 일을 대신 해 줄 사람을 구했다.

이것이 바로 이른바 포화점 Saturation point에 도달했을 때 나오는 전형적인 행동이다. 포화점이란 갈등으로 인한 손실이 이득보다 더 커지는 지점을 말한다. 커티스는 바닥을 쳤다. 고도 갈등을 겪는 사람이라면 누구나 반드시 마주치는 결정적인 순간을 지난 것이다. 커티스에게는 마약 무더기를 가방에 담을 의욕은 더 이상 남아있지 않았다. 그의 마음은 원하는 것을 너무나 많이 가진 사람과 별로 다르지 않았다. 이혼을 눈앞에 두고도 협상을 변호사에게 다 맡긴 부부의 심정이었다. 재선에 나서지 않겠다고 선언한 국회의원의 모습이었다. 전투조를 몰래 빠져나가 다시는 돌아오지 않는 유격대원과도 같았다.

약 6개월 후, 커티스는 사촌에게 전화했다.

"나는 그만둘 거야. 네가 다 가져라."

침묵이 이어졌다. 커티스는 문득, 사촌이 암호를 기다리고 있다는 것을 깨달았다. 혹시 그가 잡히기라도 하면 마약이나 돈, 총 등 남아있는 것은 모두 사촌이 없애버리도록 미리 약속해둔 암호가 있었다. 그러나 커티스는 암호를 대지 않았다. 그날뿐 아니라 그 후에도 그는 아무 말도 하지 않았다.

어색한 침묵이 계속 이어졌다.

마침내 사촌이 침묵을 깼다.

"대장, 무슨 일이에요? 붙잡혔어요?"

"아니"

그리고는 또 침묵이었다.

이 정도면 설명할 방법은 하나밖에 남지 않았다. 사촌이 드디어 소리 질렀다. "이런 젠장, 지금 나를 엿 먹이려는 거예요?"

커티스가 짜증을 냈다. "이봐, 그게 아니야, 나 진짜 그만뒀다니까."

그는 사촌에게 거액의 현금과 약간의 마약을 건넸다. 자신이 가지고 있던 스트립 클럽 운영권도 내어줬다. 처음으로 홀가분한 기분이 들었다. 그 야말로 숨을 쉴 것 같았다. 그동안 자신을 무겁게 억누르던 거짓을 벗어 던지고 이제야 스스로 일어선 것 같았다. 그리고 자신에게 이렇게 말했다. "이제는 붙잡혀도 상관없어. 설사 감옥에 가더라도 아들에게 떳떳할 수 있어. 난 그만뒀어."

포화점

고도 갈등은 세상 모든 곳에서 일어난다. 이름도 제각각이다. 필리핀 군도의 민다나오에서는 리도rido[2]라는 이름으로 불린다. 갱단 간의 갈등과 마찬가지로 리도 역시 처음에는 오해에서 시작된다. 어떤 사람의 땅에 소 한 마리가 들어와 농작물을 해치는 것이 눈에 띄었다. 그래서 그 사람이 소를 팔아버렸다. 소를 도둑맞았다고 생각한 소 주인은 복수를 결심했다. 씨족 단위의 충성심이 금세 전면적인 불화로 번졌다. 머지않아 두 사람 다 총격을 당했다.

소문은 살인으로 이어진다. 사소한 오해가 한 집단의 위신을 깎아내리는 굴욕으로 발전한다. 리도는 선거 주기에 맞춰 고조되기도 한다. 시카고에서와 마찬가지로, 관련 당사자 모두는 이런 불화 때문에 최소한의 고통을 안고 살아갈 수밖에 없다.

이런 고통이야말로 고도 갈등의 가장 큰 약점이자, 누구나 노릴 수 있는 급소와도 같다. "리도를 겪으며 살다 보면 마치 내 집안이 감옥처럼 느껴진다." 분쟁의 최전선에 섰던 사람이 한 이 말은 마치 오늘날 시카고 갱단원이 하는 말과 똑같이 들린다. "일도 할 수 없고, 집 밖을 나서지도 못하며, 아무도 도와줄 수 없다. 적이 언제 내 목숨을 노릴지 모르기 때문이다."

고통은 포화점을 불러온다. 그리고 그것은 절호의 기회이기도 하다. 갱단원에게는 그 기회가 총에 맞아 병원에 누워있는 동안에 찾아올 수도 있다. 특히 동료들이 아무도 찾아주지 않는 경우라면 말이다. 언제 붙잡힐지 몰라 불안한 체 이들이 부르는 노래를 듣는 순간도 마찬가지다. 그러나 포화점은 반드시 깨닫고 붙잡아야만 찾아오는 것이다. 그렇지 않으면 모르고 지나가 버린다. 폭력의 당사자가 포화점을 맞이하기까지 다른 사람의 도움이 그토록 중요한 이유도 바로 이 때문이다.

필리핀에서 발생하는 리도가 공식적 사법 체계 속에서 해결되는 경우는 거의 없다. 사람들이 포화점을 깨닫는 데는 주로 다른 갱단원의 도움이 크게 작용한다. 이때 여성의 역할이 크게 작용한다. 그들은 보복 공격의 대상에서 제외되는 경우가 많고, 따라서 일종의 '방패'로서 대화를 여는 창구가 될 수 있다. 그러면 부족의 원로와 지도자들이 네트워크를 가동하여 피해 복구에 나선다. 주로 희생자의 유가족에게 위로금으로 보상하는 방법을 동원한다. 이렇게 앞길이 막막한 상황에서 여성과 원로들이 갈등을 완화하고 화해의 길을 튼다.

방패 역할을 하는 사람들은 우리 주변에서도 많이 찾아볼 수 있다. 그들의 영향력은 어마어마하다. 1809년, 존 애덤스 및 토머스 제퍼슨과 두루 가깝게 지내던 한 사람이 조용히 양측의 대화 재개를 주선했다. 독립선언서의 공동 서명자이기도 했던 벤자민 러쉬Benjamin Rush[3]는 이후 몇 년에 걸쳐 아주 매끄러운 솜씨로 두 사람에게 포화점을 경험하게 해주었다. 그는 두 사람 사이를 오가며 양측 모두 화해를 간절히 바라고 있다는 말을 전했다.

심지어 그는 꿈에서 애덤스가 제퍼슨에게 편지를 보낸 후에 두 사람이 화해하는 모습을 봤다고 애덤스에게 말하기도 했다. 그것이 과연 사실인지는 아무도 모른다. 그러나 그는 애덤스에게 꿈 이야기를 하면서, 애덤스가 편지에 썼다는 단어를 말해준 다음 그 단어를 실제로 사용하라고 조언하기까지 했다. 더구나 그는 애덤스를 너무나 잘 알았기에 그 이야기를 하면서도 칭찬하는 것을 빼놓지 않았다. '소수의 위대한 사람들만 아는 관대한 성품'의 소유자인 애덤스라서 그런 품위 있는 태도를 보여줄 수 있다고 한 것이다.

정말 낯간지러운 말이다. 그러나 분명히 효과가 있었다. 1812년 새해 첫날, 애덤스는 제퍼슨에게 간단한 편지를 썼다. 러쉬가 꿈에서 봤다는 내용대로였다. 제퍼슨도 답장을 보내왔다. 이후 14년 동안, 두 사람은 158통의 편지를 주고받았다. 다음은 애덤스가 쓴 편지의 일부다. "당신과 내가 서로 자신의 마음을 설명하기 전까지는 둘 다 죽어서는 안 되오." 두 사람은 비록 의견이 항상 일치하지는 않았지만, 세상을 뜰 때까지 늘 건전한 갈등을 유지했고 고도 갈등에 빠지지도 않았다. 그들은 미국 독립 50주년 기념일인 1826년 7월 4일에 똑같이 숨을 거두었다.

"사람들은 내 거짓된 모습을 좋아했다."

고도 갈등에서 벗어날 때 한 가지 문제점은 아무것도 변하지 않는다는 것이다. 적들은 아직 나를 적으로 여긴다. 친구들도 여전히 나를 예전 그대로인 줄 알지, 내가 원하는 모습으로 봐주지 않는다.

처음 6개월 동안 커티스는 '일'을 그만두려고 애쓰면서도 스톤스를 완전히 떠나지는 않았다. 무엇보다, 그는 한 달 생활비가 9,426달러나 드는 기존의 생활양식을 유지하려고 했다. 그러나 곧 현실에 부딪혀야 했다. 자동차에 압류가 들어왔다. 그는 이제 갱단 두목이 될 수도, 마약 시장에 개입할 수도 없었다. 폭력을 저지르지 않는 한 마약 시장에는 발을 붙일 수도 없었다.

그래서 차를 포기했다. 먼 동네 아파트로 이사도 갔다. 가장 훌륭한 선택이었다. 그를 찾을 수 없다면 돈을 요구할 수도 없을 것이다. 그의 헐크 같은 모습이 필요해도 도움을 요청할 수 없다. 그는 이렇게 자신만의 공간을 마련했다. 말 그대로, 이제 새로운 정체성을 구축할 수 있는 공간이었다.

그러나 유혹은 끊이지 않았다. 호출기가 쉴 새 없이 울려대던 시절이 그리울 때도 있었다. 자신이 중요한 사람이라는 그 느낌을 결코 잊을 수 없었다.

한편, 건전한 일자리를 찾는 일은 마치 로또에 당첨되기를 바라는 것이나 다름없었다. 범죄 기록이 산더미처럼 쌓인 데다, 경찰들은 모두 그를 갱단 두목으로 알고 있었다. 갱단을 이끄는 일 말고는 해본 적이 없었으므로, 고용주에게 내세울 만한 이력도 있을 리가 없었다.

다른 사람들 역시 예전의 커티스를 그리워했다. 그들은 커티스의 변한 모습을 몰랐고, 특별히 알고 싶지도 않은 것 같았다. 커티스는 이렇게 말했다. "사람들은 그동안 나의 거짓된 모습을 좋아했던 것 같습니다."

커티스 부부는 10대 시절부터 함께 지낸 사이였다. 그들은 서로의 한쪽 면은 매우 잘 알았다. 그러나 커티스가 그의 말대로 '변화'한 이후로 그의 아내는 더 이상 그를 안다고 할 수 없을 정도가 되었다. TV에서 오프라 윈프리가 차를 없앴다는 이야기를 듣고 울음을 터뜨리는 남편이 너무나 낯설었다. 갑자기 '평화'라는 말만 입에 달고 살았다. 그녀가 알던 싸움

꾼은 이제 온데간데없이 사라지고 말았다.

비로소 올바른 인생을 살겠다고 결심하자마자, 아내는 그를 떠나겠다고 말하기 시작했다. 덜컥 겁이 났다. 지금까지 자신이 사랑했던 많은 사람이 감옥에 가거나 세상을 떠났다. 그러나 그들 중에 제 발로 떠난 사람은 아무도 없었다. 아내의 반응은 커티스의 가장 큰 두려움을 확인해주었다. 고도 갈등을 탈출하려는 사람이 반드시 마주쳐야 하는 두려움이었다. 자신의 유일한 가치는 바로 예전의 모습, 즉 갈등에 빠져있던 모습이며, 그것이 없이는 자신은 아무것도 아니라는 현실이었다.

어느 날, 가장 어려운 형편에 있던 그에게 사촌이 신형 벤츠 S550을 몰고 나타났다. 가격이 10만 달러나 되는 고급 승용차였다. 사촌이 열어젖힌 트렁크에는 마약이 가득 들어있었다.

"요즘 형이 없으니까 영 재미가 없어. 나를 좀 도와줘."

커티스는 트렁크를 물끄러미 내려다보았다. 사촌이 어릴 때처럼 공을 던져준 느낌이었다. 자신을 필요로 하는 사람이 있다는 것이 기분 좋았다. 딱 석 달만 일하면 빚도 모두 갚고, 형편이 풀리고, 결혼 생활도 정상으로 돌아올 수 있다는 계산이 섰다. 당분간은 모든 사람의 걱정을 붙들어 맬 수 있다.

동요

고도 갈등에서 빚어나려는 사람은 누구나, 예전의 생활과 이제 막 시작한 미래의 내 모습 사이에서 흔들릴 때가 반드시 온다. 그 시기가 몇 년이나 지속되기도 한다. 고도 갈등에서 벗어나는 과정은 일직선이 아니다. 이 원리는 정치에도 그대로 적용된다.

라디오 및 TV 방송 진행자 글렌 벡Glenn Beck은 미국 정가에서도 가장 대표적인 갈등 촉진자다. 그는 약 10년간이나 폭스뉴스와 CNN, 그리고 자신이 직접 운영하는 TV 방송국을 통해 적극적으로 정파 갈등을 부추겨 왔다. 갈등 촉진자들이 다 그렇듯이 그 역시 과장된 비유와 음모론을 동원하여 시청자들에게 도덕적 우월감을 심어주었다.

폭스뉴스를 진행하던 초기 14개월 동안, 벡과 그의 방송에 출연한 사람들은 히틀러[4]란 이름을 115번, 나치는 134번, 파시즘 172번, 홀로코스트 58번, 그리고 요제프 괴벨스를 8번씩 언급했다. 벡은 그의 주요 시청자층인 백인들이 가장 두려워하는 지점을 어떻게 공략해야 하는지 알았다. 그래서 당시 대통령인 버락 오바마를 '백인을 뿌리 깊이 증오하는[5]' 인종주의자로 몰아붙였다. 그는 특유의 피해망상, 격분, 히스테리 등을 발휘해 가며 수백만 시청자의 분노에 불을 지폈다.

그러던 벡이 2014년쯤부터는 이상한 행동을 하기 시작했다. 그때부터는 출연하는 방송마다 전에 볼 수 없었던 후회하는 듯한 발언과 함께 애매하고 미묘한 심경을 내비쳤다. 벡은 전국 방송에 나와서 이렇게 말했다. "진즉에 통합의 언어를 좀 더 사용했으면 좋았을 걸 그랬습니다. 제가 이 나라를 분열로 몰아간 역할[6]을 한 것 같아 안타깝습니다. 분열은 우리의 본 모습이 아닙니다."

벡의 말은 전혀 믿을 것이 못 된다. 갈등을 부추겨서 이득을 본 사람은 바로 그가 아니던가. 그러나 벡이 솔직하지 못한 점을 고려허더라도 그의 행동은 도무지 이해할 수 없다. 어느 모로 보나 자신의 이익에 반하는 것이었기 때문이다. 벡은 도널드 트럼프가 '위험할 정도로 불안한[7]' 사람이라며 그의 출마를 반대했다. 공화당 지지자를 비롯해 자신의 방송을 보는 거의 모든 시청자와 결별하는 행동이었다.

벡은 이민자들에 관한 트럼프의 자극적인 수사에 반대하는 뜻으로 미국과 멕시코의 접경 지역에 가서 200만 달러 상당의 장난감과 음식을 나눠주었다. 오랫동안 그를 지지해왔던 시청자들은 격분했다. 그는 BLM* 운동가 몇몇을 자신의 스튜디오로 초대해 대화를 나누기도 했다. 그는 〈뉴요커〉지와의 인터뷰에서 이렇게 말했다. "미국 흑인들의 삶[8]에는 제가 경험해보지 못한 독특한 점이 있습니다. 그래서 그들의 말을 들어보는 일은 꼭 필요했습니다."

미국 사회가 점점 더 양극화되는 가운데, 벡은 좌익 진영 인사들을 향해 자신처럼 갈등의 함정에 빠진 노예 신세가 되어서는 안 된다는 경고를 보냈다. 그중에는 코미디언 겸 해설가이기도 한 사만다 비 Samantha Bee [9]도 있었다. 그는 비가 진행하는 프로그램에 직접 출연하는 보기 드문 광경을 연출했다. 그리고 이렇게 말했다. "저는 이 사회에 해악을 끼쳤습니다. 이제 더 이상 그러고 싶지 않습니다. 압니다. 저는 분열에 일조했어요. 기꺼이 인정합니다. 제가 드리고 싶은 말은, 여러분이 똑같은 실수를 반복하지 말라는 겁니다. 저는 우리 모두 그렇게 하고 있다고 생각합니다. 페이스북

---

* Black Lives Matter, 흑인 차별 반대 운동 – 옮긴이

에서, 또 트위터에서 일어나는 일들을 보십시오."

이런 말은 벡이 하기에는 상당히 부담스러운 내용이었다. 그는 오늘날 미국의 갈등-산업 복합체를 만든 장본인이라고 해도 과언이 아니다. 그가 이룩한 미디어 제국은 바로 악마화와 두려움을 바탕으로 건설되었으므로, 그가 방향을 튼다는 것은 거의 불가능에 가까운 일이었다. 사실 그는 크리스타 티펫Krista Tippett[10]의 팟캐스트에 출연해서 그 점을 거의 인정한 적도 있었다. "글쎄요, '사업을 포기하더라도 지금 당장 그만두면 되잖아요.'라고 해봤자 말처럼 쉬운 일이 아닙니다. 매일 출근해서 저만 바라보는 직원이 300명이나 있어요. 그런데 제가 갑자기 바뀐다고요? 당장 300명의 일자리가 날아갈 텐데요?"

벡이 그렇게 말한 지 3개월이 지난 후, 그는 머큐리라디오아츠Mercury Radio Arts와 블레이즈방송The Blaze의 직원을 각각 20퍼센트씩 해고할 수밖에 없었다. 자신이 트럼프에 반기를 든 것 때문에 떠난 시청자가 많다는 사실도 그는 알고 있었다. "보수주의 사고에서 충성심[11]은 매우 중요한 요소입니다."

오래된 불쏘시개 본능은 언제고 되살아날 수 있다. '통합'의 언어를 좀 더 말하지 못한 점을 후회한 지 불과 3개월 후에, 그는 오바마를 가리켜 '독재자 중의 독재자'이자 '소시오패스[12]'라고 했다.

벡의 본심이 어떠했든 간에, 그가 자신의 정체성과 집단, 그리고 사업을 놓고 치열하게 고민했다는 점만큼은 틀림없다. 그는 시청자들에게 오바마를 향한 증오 대신 새로운 대의명분을 향한 열정을 불러일으키고자 했다. 예컨대 그는 인신매매나 아동 학대 같은 문제에 관심이 있었다. 그

4장 시간벌기

러나 어떻게 시작해야 할지 몰랐다. "그런 내용을 생생히게 진달할 방법은커녕, 제 시청자[13]들이 과연 얌전히 봐줄지도 의문이었습니다." 뮤어비치 지역봉사 위원회를 이끌던 게리처럼, 벡 또한 머리로는 새로운 길을 열고 싶은데 몸은 과거의 틀에 사로잡힌 채였다.

2018년, 그는 MAGA• 로고가 들어간 모자를 쓰고 TV에 출연해 자신의 마음이 바뀌었으며 2020년 대선에서 트럼프에게 표를 주겠다고 말했다. "트럼프가 대통령 재임 중에 해낸 일은 정말 놀랍습니다![14] 놀라워요!" 그러나 새로운 벡이 과거의 벡으로 돌아가기에는 이미 때는 늦었다. 2019년 11월, 벡의 케이블TV 채널은 방송을 중단했다.[15] 그와 그의 라디오 쇼는 계속해서 어정쩡한 태도를 유지했다.

뿌리 깊은 갈등의 정체성과 단절하는 길이 똑바르게 이어지는 법은 거의 없다. 심지어 이렇게 흔들리는 모습을 평생 보여주는 사람도 있다.

거리두기

그날 사촌이 벤츠를 몰고 왔을 때, 커티스에게는 귀중한 자원이 하나 있었다. 그것은 바로 물리적으로나 정신적으로나 거리를 두고 생각할 수 있다는 점이었다. 그가 트렁크를 내려다보면서 사촌의 제안을 들었을 때, 그의 머리에는 분명히 알고 있던 사실이 하나 떠올랐다. 이 갈등에는 결코 끝이

• Make America Great Again, 도널드 트럼프의 선거운동 및 국정 운영 구호 – 옮긴이

없다는 점이었다. '딱 세 달만에 복귀하라고? 그건 말도 안 되는 소리야.' 커티스는 생각했다. 이 갈등은 마치 저절로 움직이는 영구기관 같은 것이다. 서로를 향한 공격은 끝없는 복수를 불러 갈등이 영원히 이어지게 만든다. 마치 정치와 같다.

현실적인 걱정도 있었다. 커티스는 살고 싶었다. 그는 아이들과 함께 시간을 보내고 싶었다. 이제 갱단 일에서 마음이 떠난 만큼, 돌아가 봤자 예전처럼 활약하지 못할 것임을 그는 알았다. 거리에서 경계를 늦추는 등의 실수라도 저질렀다가는 살아남지 못할 것이다.

"아니, 난 안 할래." 이윽고 나온 그의 말에 사촌은 실망했다.

"형은 나보다 훌륭한 사람이야." 사촌은 이렇게 대답하며 트렁크를 닫았다.

"아냐, 나는 그럴 만했고, 넌 아직 때가 안 됐을 뿐이지. 하지만 언제든지 네가 준비만 되면 같이 이야기할 날이 올 거야."

차를 몰고 떠나는 사촌을 바라보는 그의 마음이 편치만은 않았다. 자신만 옳다고 생각할 수는 없었다. 외로웠다.

일주일 뒤, 커티스가 밖에 나갔다 들어오는데 차고에 이웃집 사람이 있었다. 그 사람이 말하길, "이봐요, 당신 사촌이 큰일 났어요."라는 것이었다.

커티스는 처음에 무슨 말인지 못 알아들었다. 그는 다시 차를 몰고 사촌 집으로 가서야 소식을 들었다. 사촌이 납치되어 살해당했다는 것이다.

커티스의 마음에 가장 먼저 떠오른 것은 옛날식 사고방식이었다. "빌어먹을, 내가 함께 있었다면 이런 일은 없었을 텐데." 그것은 너무나도 익숙한 감정, 즉 죄책감과 회한이었다.

두 번째로 든 생각은 달라진 자신의 마음에서 온 것이었다. 만약 사촌과 함께 있었더라면 자신도 죽은 목숨이었을 거라는 생각이 든 것이다. 지금쯤 가족들이 우는 앞에서 관 속에 누워있는 사람은 바로 자신이었을 것이다. 충분히 상상할 수 있는 장면이었다. 그러나 이런 생각도 놀랍기는 마찬가지였다.

왜 그는 언제나처럼 복수를 결심하지 않고 이런 생각을 하게 되었을까? 그가 겪는 고통을 누군가에게 갚아주겠다는 생각은 왜 하지 않았을까?

나이가 들면 사람이 변한다. 그래서 범죄와 폭력에서도 자연스럽게 멀어지게 된다. 사람은 나이가 들수록 현명해진다. 그러나 커티스에게는 이것이 꼭 나이 때문만은 아니었다. 우선 그는 갈등에서 자신을 멀리 떼어놓고 있었다. 그는 포화점을 경험하고 손을 뗀 후부터, 길거리에서 일상처럼 벌어지는 복수의 악순환을 벗어났다. 그 영향은 실로 컸다. 그 덕분에 그는 다른 생각을 할 여유를 얻었다. 자신의 진정한 자아가 무엇인지 고민할 수 있었다. 복수는 이제 그의 유일한 관심사가 아니었다. 스톤스라는 정체성은 더 이상 그의 유일한 충성의 대상이 아니었다.

어떤 사람이든, 어떤 식의 분쟁이든, 시간과 공간은 고도 갈등에서 벗어나는 핵심 열쇠가 될 수 있다. 커티스는 이를 두고 '시간 벌기'라고 한다. 여기에는 여러 가지 방법이 있지만, 효과가 있다는 것만큼은 분명하다. 필리핀에서는 여성을 비롯해 방패 역할을 하는 사람들이 거짓 소문을 조사하고 진상을 밝혀 폭력이 고조되는 사태를 미리 막아선다. 반목을 일삼던 게리의 고객들은 이해의 순환고리라는 방법으로 시간을 번 다음, 차분한 대화를 통해 서로를 이해해갔다.

소셜미디어의 가장 큰 위험은 그것이 갈등을 격화시킨다는 것이다. 소셜미디어는 원래 우리에게 즉각적인 반응을 부추기고 시간과 공간을 앗아가도록 만들어진 것이다. 그런 점에서 소셜미디어는 자동화기와 같다. 따로 장전할 필요도 없으므로 가까운 사람들이 나를 제지하거나 제정신을 차리도록 도와줄 새도 없이 일이 저질러진다.

게리가 정치적 갈등을 겪을 때, 자신에게 무슨 일이 일어났는지 깨달을 만한 시간과 공간은 그가 선거에서 패배한 후에야 주어졌다. 그의 이상에 비추어볼 때 이상과 얼마나 동떨어진 현실이란 말인가. 사람들은 직장에서 해고되거나, 이혼하거나, 병상에 누운 후에야 이런 깨달음을 얻게 된다. 위기로 인해 예상치 못했던 깨달음을 갑자기 얻는 사람도 있다.

시간 벌기는 나라 전체에도 해당되는 일이다. 1990년대 동유럽의 조지아[16] 정부는 다양한 집단의 환심을 사기 위해 기업의 리더와 마피아 보스들에게 부동산이나 국가 기관을 넘겼다. 부패의 층을 켜켜이 쌓는 것은 엄청난 위험을 동반하는 일이었으나, 기존의 갈등 촉진자들이 정부의 과실을 함께 나눌 수 있었으므로 결과적으로 폭력이 급격히 감소한 것은 사실이었다. 조지아 정부는 제도를 정비하고 대중의 신뢰를 회복함으로써 그 공백을 메웠다.

사촌이 죽은 후에 커티스는 오히려 자신의 결정이 옳았음을 알았다. 물론 여러 가지 문제가 있었으나 이제는 어떤 의심도 남아있지 않았다. 그 경험 덕분에 과거로 돌아가는 것에 관해서는 일말의 미련도 버릴 수 있었다. 살아가는 일이 쉽지만은 않았으나 과거를 향한 유혹은 점점 줄어들었다.

그는 이제 새로운 정체성을 찾아야 한다는 사실을 깨달았다. 그가 말했다. "뭔가 다른 것으로 대체해야만 했지요." 그는 너무나 오랫동안, 인생에 공허함을 느낄 때마다 디사이플을 향한 복수로 그 자리를 채우며 살아왔다. 그러나 만족감은 잠깐이고 늘 또 다른 상실과 새로운 복수의 열망이 그 뒤를 이었다. 이제는 그런 것보다 더 중요한 일들이 생겼다. 아버지, 남편, 이슬람 등이 그것이었고, 어느 것 하나 우열을 가릴 수가 없었다.

이 또한 고도 갈등을 떠난 사람이라면 누구나 마주치는 이야기다. 포화점에 도달하는 것만으로는 부족하다. 갈등이 떠나간 자리를 채울 새로운 역할과 새로운 삶의 목적이 꼭 필요하다. 그러지 않으면 언젠가는 다시 타르 웅덩이에 빠지게 된다.

"젠장, 난 당신을 죽이려고 했었소."

1970년대 중반, 팔레스타인해방기구 Palenstinian Liberation Organization, PLO 에는 문제가 하나 있었다. PLO는 팔레스타인 사람들이 당한 굴욕을 복수하기 위해 '검은 9월단'이라는 비밀 특공대를 창설한 바 있었다. 이 무자비한 부대는 머지않아 세계에서 가장 무시무시한 테러 조직이 되었다. 1971년, 검은 9월단은 이집트 카이로의 쉐라톤호텔 로비에서 요르단 총리를 저격하여 살해했다. 다음 해에는 뮌헨올림픽 선수촌에 잠입하여 11명의 이스라엘 선수를 인질로 잡았고, 끝내 학살했다.

그러나 시대가 변했다. 새로운 외교 질서가 수립되자 과거 테러 행위가 팔레스타인의 발목을 잡았다. PLO 의장 야세르 아라파트 Yasser Arafat 는 검

1972년 뮌헨올림픽에서 이스라엘 선수들이 인질로 잡힌 가운데, 팔레스타인 검은 9월단원 하나가 선수촌의 어느 건물 발코니에 모습을 드러내고 있다. 출처 : 에버렛 개인 소장품.

은 9월단을 해체할 수밖에 없었다. 이렇게 목숨을 걸고 고도 갈등에 인생을 바친 훈련된 암살자들을 그는 어떻게 설득할 수 있었던 것일까?

대테러 활동 전문가 브루스 호프만Bruce Hoffman에 따르면, 아라파트의 대리인단은 수개월에 걸친 토론 끝에 비상한 해결책[17]을 내놓았다고 한다. 그들은 검은 9월단원들에게 중동 각지에서 모집한 약 100여 명의 팔레스타인 여성들을 소개해주었다. 그리고 단원들에게 마음에 드는 여성과 사귀라고 했다. 그중에 결혼하는 쌍이 나오면 가구와 TV가 딸린 아파트 한 채와 3,000달러 그리고 건전한 직업을 새로 주겠다고 했다. 결혼한 부부가 아이를 낳을 때마다 5,000달러를 준다고도 했다. 마치 거대한 맞선 자리를 마련한 것이나 다름없었다. 이 계획의 목적은 특공대원들이 과거의 자아를 버리고 새로운 정체성을 발견하도록 해주자는 것이었다.

맞선 작전은 관련자 모두가 깜짝 놀랄 만큼 훌륭하게 성공했다. 나중에 아라파트 측의 장군들이 호프만에게 귀띔해준 바에 따르면 검은 9월단원 전원이 결혼했다고 한다. 이들에게 외국에 나가 정부를 대신해 평화로운 사업을 펼칠 의향이 있느냐고 물어볼 때마다 그들은 번번이 거절했다. 그들은 체포되거나 살해될 위험을 떠안을 생각이 없었다. 커티스처럼 그들도 아버지와 남편이라는 새 역할을 갖게 된 것이다. 그 과정에서 그들이 원래 지니고 있던 갈등과 관련된 정체성은 점차 사라져갔다.

커티스에게는 스톤스라는 기존의 정체성을 버린 후 이상한 일이 일어났다. 사실은 그저 우연일 뿐이었지만 시기가 하필이면 맞아떨어졌다. 똑같이 커티스라는 이름을 가지고 있던 어떤 사람이 오토바이 사고로 숨진 일이 있었다. 죽은 커티스 역시 같은 동네에서 어린 시절을 보냈다. 고등학교도 같이 나왔다. 이 뉴스를 접한 사람 중에는 죽은 사람이 커티스 톨러라고 생각한 사람이 많았다.

며칠 후 사람들이 커티스를 찾아와 두 팔을 벌려 따뜻하게 안아주었다. 그로서는 전혀 예상치 못한 일이었다. 친구와 가족들은 모두 그의 이름을 불렀고, 커티스의 대답에 다들 안도의 한숨을 내쉬었다. 그들 모두 커티스가 죽은 줄 알았지만 이렇게 멀쩡히 살아있었던 것이다.

그러나 커티스는 사람들이 이렇게나 자신을 아낀다는 사실에 깜짝 놀라고 말았다. 그는 자신의 가치를 오로지 갈등에 관여하던 자신의 역할로만 인식하고 있었고, 이제 그 헐크 같은 모습을 벗어던졌는데도 여전히 사람들이 자신을 사랑한다는 사실이 놀랍기만 했다. 그들이 커티스를 생각하는 마음은 자신이 스스로 생각하는 것보다 더 큰 것이었다. 여기서 그는 희망을 봤다.

커티스는 서서히 갈등이 떠난 마음의 자리를 다른 것으로 채우기 시작했다. 그는 포스터 파크에서 문워크를 추던 어린 시절부터 늘 호기심이 왕성한 소년이었다. 세상이 돌아가는 방식을 이해하려는 열망을 버린 적이 한 번도 없었다. 그래서 미국의 인종과 폭력의 역사를 공부하기 위해 더 많은 책을 읽기 시작했다.

그는 카터 우드슨Carter G.Woodson의《흑인이 받은 잘못된 교육The Mis-Edu-cation of the Negro》[18]이라는 책을 읽었다. 그는 이 책이 비록 1933년에 출간되었지만, 그 메시지는 지금도 여전히 유효하다고 생각했다. 교사였던 우드슨은 이 책에서, 역사적으로 흑인들은 학교에서 자신이 불결하고 무가치한 인종이라는 완전히 잘못된 교육을 받았다고 지적한다. 그는 흑인들을 알게 모르게 억압해온 거짓된 신화를 폭로한다.

우드슨의 책에는 이런 구절이 있었다. "사람의 생각을 통제할 수 있다면 그 사람의 행동은 걱정할 필요 없다. 어떤 사람이 스스로 열등감을 느끼도록 해 놓으면 그에게 열등한 지위를 억지로 강요하지 않아도 된다. 그가 알아서 그 자리로 찾아가기 때문이다."

커티스는 이 글을 읽고 지금까지 깨닫지 못했던 더 큰 문제가 보이기 시작했다. 그렇다고 그런 상황이 자신의 과거를 정당화할 수는 없지만, 최소한 설명할 수는 있었다. "그 책 덕분에 제가 속해있던 세상을 벗어나 새로운 시각을 얻었습니다." 그는 인종주의에 대한 무지를 다룬 J. A. 로저스의 1917년 작 소설《슈퍼맨에서 인간으로From 'Superman' to Man》를 읽었다.

커티스는 스톤스나 디사이플 모두 스스로 만들어낸 올가미에 묶인 존재라는 사실을 깨달았다. '이 모든 폭력이 도대체 누구를 위한 것인가'라는 근본적인 물음이 싹트기 시작했다.

춤과 미식축구를 그만둔 후 그의 정체성이라고는 갱단원만 남고 나머지는 모두 사라졌다. 그로부터 20년이 지난 지금, 그는 자신의 존재가 다시 한번 확대된다는 느낌이 들었다. 인생이나 자신 속에는 더 많은 모습이 숨어있었다. 그는 1900년으로 거슬러 올라가는 우세니 유진 퍼킨스Useni Eugene Perkins의 역사책,《1900년대 시카고 흑인 갱단의 폭발Explosion of Chicago's Black Street Gangs》도 읽었다.

"이 모든 일의 배후에는 저의 한계를 훨씬 뛰어넘는 큰 맥락이 있었음을 알게 되었습니다. 블랙스톤이 문제가 아니었습니다. 이 문제는 흑인에 관한 것이었습니다!" 시카고를 비롯한 미국 사회의 구조적 인종차별을 인식했다고 해서 커티스의 사기가 꺾인 것은 아니었다. 오히려 그는 기운이 솟는 것 같았다. 그의 말대로 '근본 원인을 이해하게' 된 것이다.

심리학에서는 이를 '재범주화recategorization'라고 한다. 한 사람이 그동안 갇혀있던 좁은 틀을 깨고 나와 더 큰 범위의 정체성을 인식하는 현상을 말한다. 커티스는 재범주화 덕분에 적과 자신을 보는 시야가 넓어졌다. 그는 오랫동안 머릿속에서 자신을 괴롭히던, 자신은 결함이 있는 존재라는 생각에 비로소 의문을 제기하기 시작했다. 어쩌면 자신은 문제가 없는 사람일지도 몰랐다. 디사이플 역시 마찬가지였다. 갱단끼리의 아귀다툼보다 훨씬 더 큰 문제가 있었다. 그는 아들로서, 또 아버지로서도 실패했다고 생각했지만, 그것은 부차적인 문제임을 깨달았다. 물론 틀린 말도 아니었으나 그것이 전부는 아니었다. 그는 이제 사소한 문제는 모두 잊어버리고 더 큰 문제를 두고 고민하기 시작했다.

커티스가 말했다. "진짜 문제는 갈등의 유혹이 아니었어요. 우리 흑인들이 그동안 겪어온 모든 일의 결과가 고작 서로를 죽이는 거라고요? 갱단보다 훨씬 더 중요한 문제는 바로 우리 조상이라는 것을 알게 되었습니다."

그는 그간의 고민을 한 차원 뛰어넘는 유리한 고지를 확보했다. 자기 자신, 과거의 갈등, 그리고 새로운 목적 등을 바라보는 관점이 일관성을 띠게 되었다. 이렇게 관점이 확대되는 현상이야말로 그동안 내가 만나본, 고도 갈등에서 빠져나온 모든 사람들의 이야기에 들어있는 일관된 화두였다. 일단 어떤 계기를 통해 넉넉한 시간과 공간을 갖게 된다. 그 계기란 아이가 태어난 일이나 사랑하는 사람의 죽음, 또는 감옥에서 있었던 일, 아니면 평화조약 서명 등이 될 수도 있다. 그리고 그 소중한 공간과 적절한 조건 속에서 새로운 변화가 싹트고 자라난다.

이 시기에 포스터 파크에서 오랫동안 평화 운동에 몸담아온 가톨릭 사제 마이클 플레거Michael Pfleger[19]가 눈여겨본 일이 있었다. 커티스의 달라진 행동이었다. 그는 이제 문제를 일으키지 않았다. 여전히 포스터 파크에 모습을 드러내기는 했지만, 전과는 전혀 다른 모습이었다. 그에게 변화가 일어나고 있음을 알 수 있었다. 그래서 플레거 신부는 커티스가 눈에 띌 때마다 말을 걸어보았다.

"예상외로 그는 대단히 똑똑하고 지혜로운 사람이었습니다. 깜짝 놀랐지요. 그는 젊은이들과 나이 든 사람 사이에 가교역할을 충분히 할 만했습니다. 저는 그런 사람을 보면 배울 점을 찾으려고 합니다."

어느 날 플레거 신부가 커티스에게 갱단원들이 농구를 즐길 수 있도록 '피스 리그Peace League'를 만들 계획이라고 말했다. 이 리그에는 당시 가장 설쳐대던 4대 갱단이 참여할 텐데, 디사이플을 상대로 경기할 스톤스 팀에서 커티스가 코치를 맡아주면 어떻겠냐는 것이었다. 이것은 지역 아동을 돕는 한 방편이었다. 물론 플레거도 커티스를 돕는 셈이었다. 그는 커티스가 이 지역에서 맡아야 할 새로운 역할을 꿰뚫어 보고 원래 살던 곳으로 돌아올 명분을 마련해준 것이었다. 그것은 플레거가 그동안 성당과 길거리에서 설교해온 철학과도 맞닿는 일이었다. 그는 평화 행진이 있을 때마다 이렇게 말했다. "우리는 법적 조치나 정부만 바라보고 기다릴 수 없습니다. 우리가 사는 곳의 형제들에게 손을 내밀어야 합니다. 그들을 무조건 악마라고만 생각하지 마십시오![20] 그들이 깡패에 불과하다고 말하지 마십시오! 우리가 그들을 아들딸처럼 사랑하고 존중한다는 것을 그들에게 알려줍시다."

커티스는 썩 내키지 않았다. '그놈들은 서로 총질이나 해대는 녀석들이다. 그런 자들을 데리고 농구 리그를 개최한다고?' 말도 안 된다고 생각했다. 그러나 시카고가 낳은 레전드급 농구 스타 아이제이아 토머스Isiah Thomas도 팔을 걷어붙이고 돕겠다는 것이었다. 커티스는 플레거 신부가 한다면 하는 사람이라는 것도 알고 있었다. 결국 그는 동의했다. 그리고 평소 알고 지내던 시간과 공간이 필요한 젊은이들과 만나 이야기를 나누기 시작했다. 플레거의 조언과 시스파이어*의 도움으로, 커티스는 모든 사람이 회피하는 동네로 걸어 들어가 그곳의 젊은이들을 만났다. 지금까지는 갈등에 목숨을 걸어왔던 그가, 이제는 평화를 위해 똑같은 위험을 감수한 것이다.

리그 개막을 준비하던 시기에 커티스는 제대로 잠조차 이루지 못했다. 그가 말했다. "온갖 생각이 다 드는 바람에 정신을 차릴 수가 없었지요." 농구 연습을 할 때는 언제라도 무슨 일이 터질 듯이 조마조마한 분위기였다. 연습장 밖에는 다른 갱단원들이 총을 든 채 당장이라도 서로 싸울 기세로 대기하고 있었다.

경기는 디사이플 구역에 자리한 플레거 신부의 성당에서 열릴 예정이었다. 스톤스가 가기에는 너무나 위험한 곳이었다. 만에 하나 무슨 일이 있을지도 모른다고, 걸어가도 충분할 거리를 굳이 버스를 맞춰 선수들을 안전하게 수송하기도 했다.

2012년 9월 22일, 버스가 성당 주차장에 도착했다. 출전 선수는 모두 48명이었다. 시카고 불스Chicago Bulls 소속의 데릭 로즈Derrick Rose, 조아킴 노아Joakim Noah, 타지 깁슨Taj Gibson 같은 대스타들이 코치를 자처하고 나섰다. 현역 NBA 심판 두 명이 경기 진행을 돕기 위해 와주었다. 수천 명의 관중이 몰려드는 바람에 성당 체육관이 터져나갈 지경이었고, 결국 입장하지 못한 채 발길을 돌린 사람도 수백 명이나 되었다. CNN, ABC, ESPN의 카메라맨들이 총출동했다. 이슬람 선교단체인 네이션오브이슬람The Nation of Islam 사람들은 경호를 맡았다.

경기는 치열하게 진행되었다. 심한 파울이 있었던 것은 물론이다. 그러

- CeaseFire, 시카고시가 추진하는 폭력 예방 프로그램으로, 현재는 큐어바이얼런스Cure Violence라는 이름으로 불린다.

4장 시간벌기

나 폭력 행위는 단 한 건도 없었다. 바로 지난주까지만 해도 거리에서 서로 총을 쏴대던 사람들이 같은 코트에서 뛰고 있었다. 그들은 갱단원이라는 신분을 잠시 잊고 다른 정체성을 강하게 느꼈다. 그들은 최소한 그날만은 선수이자 팬이었으며, 시카고 시민이었다.

모두 끝나고, 커티스는 안도의 한숨을 크게 내쉬었다. 이렇게 일이 순조롭게 돌아간 것이 놀랍기만 했다. "그날, 모든 사람이 모든 일을 내려놓고 경기에 집중한 모습은 정말 믿을 수 없는 광경이었습니다." 그것은 포스터 파크 바로 옆 동네에서도 조건만 맞으면 사람들이 무슨 일을 해낼 수 있는지를 보여준 소중한 증거였다.

언젠가 이 젊은이들이 이런 경험을 하루뿐만 아니라 더 오래도록 지속하여, 보기보다 세상이 훨씬 더 크다는 사실을 깨닫는 날이 오지 말라는 법도 없었다. 어쩌면 이것이 바로 그가 할 수 있는 일이자, 그의 과거에 의미를 부여하는 일이 될지도 모른다는 생각이 들었다.

2014년, 커티스는 아내와 헤어졌다. 그녀가 떠나는 것을 지켜보는 마음은 죽는 것보다 더 아팠다. 지금까지 수많은 사람이 그의 곁을 떠났지만, 이번에는 정말 배신을 당한 듯한 기분이었다. 새로운 생활을 시작한 그녀의 모습을 소셜미디어에서 확인한 그는, 예전의 모습으로 돌아가지 않기 위해 안간힘을 써야 할 정도로 다시 한번 고통이 온몸에 엄습했다.

정말 외로운 나날이었다. 그러나 시간이 조금씩 흘러갈수록 그의 새로운 자아는 점점 더 강해졌고, 과거의 자신과도 단호히 결별할 수 있었다. 그는 어떤 사람의 소개로 영화감독 스파이크 리 Spike Lee를 만났다. 리 감독은 커티스에게 시카고 사우스사이드를 무대로 벌어지는 갱단 폭력을

시카고에서 열린 제1회 피스 리그 농구 경기를 보러 온 관중들의 모습. 출처 : 성 사비나 성당.

다룬 영화 〈시라크Chi-Raq〉의 단역을 맡았다. 커티스는 〈스티브 하비 쇼The Steve Harvey Show〉와 〈데일리 쇼The Daily Show〉 등에 출연하여 갱단 폭력 문제를 공식적으로 언급하기 시작했다.

피스 리그는 고정적인 대회로 자리 잡았다. 참가팀도 여섯 개, 여덟 개로 점차 늘어났고, 12주 동안 매주 월요일 밤에 모여 먼저 식사와 멘토링 시간을 가진 다음 농구 경기가 펼쳐지는 식으로 진행되었다. 그뿐만 아니라 고등학교를 마치고 싶은 청소년을 대상으로 고교졸업인증 과정 수업을 개설했고, 취업 면접을 위한 인턴 프로그램과 정장도 제공했다. 시카고 불스 선수 한 명은 젊은이들이 함께 NBA 경기를 즐길 수 있도록 홈경기 입장권 250장을 선물한 적도 있었다.

커티스와 그의 아내는 별거한 지 2년 반 만에 다시 뭉쳤다. 두 사람 모두 과거와는 전혀 다른 사람이 되어있었다. 또한 두 사람은 별거 후에 달라진 서로의 모습을 그대로 인정해줄 수 있었다. 커티스는 마치 과거의 자신과 새로운 자신이 DNA의 두 가닥처럼 공존하는 듯한 기분이 들었다.

그로부터 머지않아 커티스는 마침내 빌리를 만났다. 수십 년 전에 고교 농구 스타 벤지를 쐈던 그 사람, 자신이 평생토록 찾아내 죽이려고 별러왔던 바로 그 남자였다. 그날은 금요일이었다. 커티스는 그날 폭력 예방 프로그램을 운영하는 사우스사이드의 한 무슬림 단체에서 기도 모임에 참석 중이었다. 그 자리에는 빌리도 있었다. 늘 그렇듯이 그 자리에 나와 기도를 막 시작한 참이었다. 놀랍게도 평생의 숙적인 커티스와 빌리가 한 자리에서 똑같은 기도를 드리고 있었던 셈이다.

그들은 이제 중년에 접어든 사람들이었다. 빌리의 턱수염은 하얗게 새어있었다. 그러나 커티스는 그를 보자마자 열두 살 때의 모습이 바로 떠올랐다. 곧바로 분노와 고통으로 가슴이 저몄다. 오래된 전쟁의 상흔을 누가 건드린 듯한 느낌이었다. 맥박이 빨라지는 것이 느껴졌다. 그러나 커티스는 이제 새사람이었다. 그는 빌리에게 걸어가 인사를 건넸다.

"젠장, 나는 당신을 죽이려고 했던 사람이오." 그리고 깊이 묻어두었던 쓴웃음을 껄껄 내뱉었다. 그러나 그는 마치 유령을 보듯이 빌리에게서 시선을 뗄 수 없었다. 잠시라도 한눈을 팔면 그를 놓칠 것만 같았다.

빌리는 같은 동네에 살던 커티스를 알아보지 못했다. 그러나 그는 이미 여러 차례 이런 만남을 경험한 적이 있었다. 그는 벤지 윌슨을 살해함으로써, 시카고의 모든 이들의 마음에 깊은 상처를 남겼다. 그 누구도 자신을 용서하지 않으리라는 것도 그는 잘 알고 있었다.

빌리도 커티스를 향해 미소를 지으며 이렇게 말했다. "제가 당신 손에 순순히 죽으리라고 생각했어요?" 그리고 이럴 때마다 늘 하던 말을 꺼냈다. "그때 어떤 일이 있었는지 말씀드려도 될까요."

커티스는 잠시 멈칫했다. '벤지 윌슨을 살해한 디사이플 갱스터의 변명을 내가 정말 들어야 하나?'

그는 숨을 한번 크게 들이쉬었다.

"에라, 그럽시다." 그렇게 두 사람은 대화를 시작했다.

다른 이야기[21]

1984년의 그 날 아침, 빌리는 자기 나름의 정의를 구현하러 아침 일찍 집을 나섰다. 그 전날 사촌 동생 신디Cindy가 강도를 당한 일이 있었다. 그녀는 자신이 다니던 고등학교 근처 오락실에서 게임을 하고 있었는데 어떤 아이가 나타나 그녀의 지갑에서 10달러를 꺼내 쥐었다. 그녀가 돌려달라고 하자, 그 아이는 "이 년아, 돌려받고 싶으면 가져가 봐!"라고 하더니 돈을 바지 주머니에 집어넣고 그 자리를 떠나버렸다.

빌리는 그 소리를 듣고 화가 머리끝까지 치밀었다. 이것은 돈이 아니라 위신의 문제였다. 그는 신디의 학교를 찾아간 것이 아니라 더 좋은 방법을 생각해냈다. 그것이 자신의 의무라고 생각했다. 그는 당시 열여섯이었고, 몇 년 전에 아버지가 폐암으로 돌아가셨다. 그렇지 않아도 마음속의 원한을 풀 데만 찾아다니던 소년이었다.

빌리도 커티스처럼 포스터 파크에서 그리 멀지 않은 곳에 살았다. 그는 어린 시절의 거의 절반을 가장 좋아하는 야구를 하며 그곳에서 보냈다. 그러나 고등학교에 들어간 후에는 많은 것이 달라졌다. 그는 갱스터 디사이플의 단원이었고, 포스터 파크는 스톤스가 장악하고 있었다. 빌리의 아버지도 한때 스톤스에 가입한 적이 있었지만, 그것은 벌써 옛날 일이었다. 그 당시로서는 빌리가 포스터 파크에 간다는 것은 너무나 위험한 일이었다.

빌리는 사촌 동생의 돈을 찾아주기 위해 다음날 그녀가 다니는 고등학교에 가기로 마음먹었다. 만약의 경우를 위해 숙모 침대 밑에서 찾아낸 22구경 리볼버를 가지고 가는 것이 낫겠다고 생각했다. 돈을 뺏어간 아이를 만약 만난다면 총을 가지고 있는 편이 더 안전하겠다는 생각이었다. 그는 이 총을 그저 든든한 방패막 정도로 생각했을 뿐이다. 그는 허리띠에 총을 꽂아 넣고 친구인 오마르와 함께 학교로 갔다.

빌리와 오마르는 신디의 학교 밖에서 빌리가 아는 아이에게 달려들었다. 그 아이는 주변의 모든 사람을 다 알고 있었고 누가 돈을 훔쳐 갔는지 안다며 자신이 찾아주겠다고 말했다. 말하자면 그 자리에 나타난 중재자였던 것이다. 아이는 자기 주머니에서 돈을 꺼내 사촌에게 주라며 빌리에게 건넸다. 문제가 해결된 셈이었다.

빌리와 오마르는 흡족한 마음으로 그 자리를 떠나 빈센즈 가를 걸어왔다. 그때는 춥기로 소문난 시카고의 겨울이었던 데다 아침부터 바람이 불었다. 그는 몸을 데우느라 인도에서 이리저리 몸을 움직였다. 그러다가 지금 여기서 뭘 하고 있나 하는 생각이 들었다. 이제 돈을 찾았으니 빨리 학교에 가서 돌려줘야 했다.

바로 그때, 지금까지 빌리가 본 사람 중에 가장 키가 큰 녀석이 나타나더니 자신을 세차게 밀치는 것이었다. 그 바람에 빌리는 길바닥에 넘어질 뻔했다. 처음에는 그 녀석이 누군가에게 쫓기고 있다고 생각했다. 그렇지 않고서야 자신을 그렇게 세게 밀어붙일 리가 없었다. 그러나 그 녀석은 유유히 보도를 걸어가고 있었다. 그는 잔뜩 화가 난 채로 같이 가던 여자친구에게 거친 목소리로 말하고 있었다. 아마도 둘이 좀 싸우는 중인 것 같았다. 빌리는 잠시 기다려봤다. 키 큰 녀석이 뒤돌아서서 '이봐 미안해.' 정도는 말해줄 줄 알았다. 그러나 그는 마치 아무 일 없었다는 듯이 계속 걷기만 했다.

키 큰 녀석이 한발씩 내디딜 때마다 빌리는 참을 수 없는 모욕을 느꼈다. 마치 자신이 아무것도 아니라고 말하는 것처럼 느껴졌다.

빌리가 소리쳤다. "이봐, 미안하다는 말은 안 할 거야?"

그 녀석이 뒤돌아섰다. 트렌치코트 차림의 그는 엄청나게 커 보였다. 그리고 마치 빌리가 그를 무례하게 대하기라도 했다는 듯이 오히려 자기가 먼저 벌컥 화를 냈다.

"꺼져 이 검둥이야! 내가 너한테 미안할 일이 뭐가 있어!"

빌리는 정말 어이가 없을 지경이었다. "이 검둥이 새끼야, 네가 먼저 밀었잖아! 네가 나한테 사과해야지." 사람들이 모두 보고 있었다. 도저히 그냥 넘어갈 수 없었다.

그가 바로 벤지였다. 그는 여자친구를 놔두고 빌리에게 다가왔다. 그는 조금도 물러서지 않았다. 그러나 빌리는 저렇게 덩치 큰 친구와 싸우고 싶지는 않았다. 너무나 갑자기 일어났던 데다 도무지 말도 안 되는 일이었다. 그러다가 빌리는 믿을 만한 구석이 있다는 생각이 떠올랐다. 그는 자켓 지퍼를 내리고 허리춤에 찬 총을 녀석에게 보여주었다. 이것으로 마무리될 것으로 생각했다.

그러나 소용없었다. 벤지는 물러설 생각이 없었다. 그는 힘으로 맞서야 한다는 점에서는 빌리와 생각이 같았다. 약한 모습을 드러낼 줄도, 물러설 줄도 모르는 사람이었다.

벤지의 여자친구가 소리를 지르기 시작했다. "그 사람 총을 가졌잖아! 벤, 총이 있다고!"

벤지는 전혀 신경 쓰지 않았다. "그래서 지금 나를 쏘겠다고?"

이제 빌리가 밑천이 바닥난 것 같았다. "이봐, 가까이 다가오지 마!"

벤지가 빌리에게 달려들었다. 아니면 자신을 제지하려는 여자친구에게서 벗어난 행동인지도 몰랐다. 동작이 너무 빨라서 둘 중 어느 쪽이었는지 구분하기 힘들었다.

그때 빌리가 총을 꺼내 들었다. 갑자기 할아버지가 하신 말씀이 생각났다. "총이란 진짜 쓸 생각이 아니면 아예 꺼내 들지도 말아야 한다." 내가 쏘지 않으면 이 녀석이 총을 뺏어 나를 쏠 것이 틀림없다고 생각했다.

빌리는 두 방을 쐈고, 둘 다 벤지에게 명중했다. 벤지가 비틀거리며 뒤로 물러났다. 엄청나게 피를 흘렸다. 무엇보다 그는 충격을 받은 표정이었다. 이게 도대체 무슨 일이야?

세상이 얼어붙은 듯한 그 순간, 모든 것이 바뀌고 말았다. 빌리는 결코 되돌릴 수 없는 짓을 저질렀다. 누구보다 그가 잘 알았다. 벤지를 향한 분노는 금세 걱정으로 바뀌었다. 그는 다른 무엇보다 벤지가 살아남기만을 간절히 바랐다. 그가 갱단과 얼마나 관계있는지는 관심도 없었다.

빌리는 벤지의 여자친구가 소리 지르는 것을 뒤로하고 반대 방향으로 달아났다. 나란히 늘어선 집들과 철책 울타리를 지나 달리면서도 머릿속은 자신이 쏜 그 녀석 생각뿐이었다. 빌리가 나중에 쓴 회고록에는 이런 말이 나온다. "그는 나에게 가장 중요한 사람이 되었다. 나는 키 크고 낯선 이 친구의 목숨 때문에 괴로워서 발버둥 쳤다."

그가 사촌의 집에 도착해보니 TV가 켜져 있었다. 이후 정규 방송이 중단되고 속보가 흘러나왔다. "농구 스타 벤지 윌슨, 갱단 두 명에게 피격, 강도 사건이 분명."

화면에 비친 얼굴이 눈에 익었다. 그가 쏜 바로 그 녀석이었다. TV는 온통 그에 관한 이야기뿐이었다. 빌리가 유명인을 쏜 것은 이번이 처음이었다. 자신이 얼마나 엄청난 일을 저질렀는지 깨달은 그는 마음이 괴로웠다. TV에 나오는 저 녀석을 쏜 사람이 바로 그였다! 게다가 뉴스에서는 이를 두고 갱단이 연루된 강도 사건이라고 말하고 있었다. 마치 그가 핵폭탄이 연결된 도미노를 건드린 것 같았다. 그 이후로는 1초 1초가 지날 때마다 상황이 악화되는 것 같았다.

앞으로 어떻게 해야 할지 감도 잡히지 않았지만, 사촌의 집에서 떠나야 한다는 것만은 분명했다. 무작정 집을 나가 비틀거리며 동네를 걸었다. 언제든 자신을 붙잡으러 경찰이 덮칠 것만 같았다. 무엇보다 어머니를 만나 이야기하고 싶었다.

그날 한밤중에 경찰이 숙모 집에 있던 빌리를 체포했다. 경찰서로 데려간 그들은 빌리를 혼자 남겨둔 채 심문했다. 그날 누군가의 주머니를 털은 적이 있느냐고 캐물었다. 그는 아니라고 답했다. 그는 당시 상황을 몇 번이고 반복해서 말했다. 그러나 그가 뭐라고 말하든 소용이 없었다. 이미 자기 손을 떠난 일이었다. 도미노는 이미 무너져버렸다. 결국 그는 변호사를 불러달라고 했다. 경찰관이 나가고 변호사가 들어왔다. 그러나 빌리는 그가 피고를 위한 변호사가 아니라고 했다. 오히려 그는 기소 검사[22]였다.

검사는 빌리로부터 서명을 받아낼 문서를 가져왔다. 거기에는 빌리가 벤지를 털려고 했다는 내용이 들어있었다. 빌리가 자백도 하기 전에 미리 써둔 것이었다. 빌리는 검사에게 그 내용이 사실이 아니라고 계속해서 이야기했다고 한다. 그러나 검사는 거기에 서명해야만 엄마를 볼 수 있다고 말했다.

빌리는 결국 서명했다. 이제 검사는 빌리를 강도 혐의로 기소할 수 있게 되었다. 단순 살해범보다 형기가 훨씬 더 길어질 것이다. 정부의 행동은 제시 잭슨이나 커티스, 그리고 이 도시가 하는 짓과 똑같았다. 그것은 복수였다. 만약 정부 뜻대로 되지 않을 때는 변호사가 알아서 짜맞추면 된다.

이후 빌리는 유치장으로 이송되었고, 그곳에서 TV 방송을 볼 수 있었다. 그날 아침, 다시 한번 속보가 흘러나왔다. 빌리는 수갑을 찬 채 창살 너머로 방송을 지켜봤다.

이미 상황은 끝났다. 벤지는 숨을 거두었다. 최악이었다. 빌리는 유치장에 주저앉아 현실을 받아들였다. 그가 한 사람의 인생을 망친 것이다. 마치 조그만 유리 조각들이 후벼내는 것처럼 가슴이 아팠다. 전에는 한 번도 겪어보지 못한 절망이 엄습했다. 아버지가 세상을 뜰 때도 이렇지는 않았다. 머릿속에는 자신이 신의 피조물을 파괴했다는 생각밖에 없었다.

빌리와 오마르는 수많은 TV 카메라가 보는 앞에서 수갑을 찬 채 보석 심리를 받기 위해 판사 앞에 섰다. 판사가 보석을 기각하자, 나이 든 여성 보안관 대리 한 사람이 빌리 쪽으로 몸을 기울이며 말했다. "네가 그 아이를 죽였지! 사형 판결만 나면 내가 직접 전기의자 스위치를 올려주마, 이놈아!"

쿡 카운티 법무 당국은 빌리와 오마르 모두 성인으로 보고 심리를 진행했다. 배심원들은 약 한 시간여 만에 두 사람 모두에게 살인과 강도 미수 혐의로 유죄 판결을 내렸다. 배심원 한 명은 나중에 이렇게 말했다. "논란의 여지가 없었습니다. 만장일치였지요."[23]

재판 과정에서 갱단에 관한 이야기는 전혀 언급되지 않았다. 판사는 갱단이 연루된 증거가 없다면서 검사에게 그 부분은 거론하지 말라고 명령했다. 그러나 이 재판을 다루는 뉴스에서는 계속 갱단 이야기가 흘러나왔다.

빌리는 벤지 윌슨을 살해한 죄로 19년 9개월을 복역했다. 총을 쏘지 않은 오마르도 16년이나 수감 생활을 했다. 총격 사건 이후 빌리 측 입장의 사연이 세상에 알려진 적은 없었다. 강도 행위는 없었고, 갱단과도 무관한 일이었다. 말도 안 되는 판결이었다. 우리 편과 상대편이라는 구도를 깨는 일은 좀처럼 쉽지 않다. 한쪽은 스타 농구선수고 상대편은 갱단이다. 스톤스와 디사이플, 햇필드 가문과 맥코이 가문도 마찬가지다.

오늘날 시카고의 거리에서 일어나는 폭력 사건의 주인공은 대부분, 비틀린 자아를 가진 젊은이들의 손에 무시무시한 무기가 들려진 모습이다. 물론 그들은 갱단일 것이다. 심지어 상대편 갱단이라도 마찬가지다. 그러나 속사정을 알고 보면 눈에 보이는 것이 다가 아니라는 것을 알 수 있다.

그런 속사정이야말로 이런 일이 끊이지 않고 일어나는 한 이유가 된다.

지금 와서 생각해보면 그날 벤지는 테두리 없는 베레모를 쓰고 있었다. 빌리는 똑똑히 기억했다. 그 모자가 기울어진 방향은 왼쪽도 오른쪽도 아니었다. 챙이 없었으니까.

"30년 전에 우리가 친구였다면 어땠을까?"

커티스는 빌리의 말을 끝까지 다 들었다. 지금껏 자신이 생각해온 것과는 너무나 달랐지만, 충분히 믿을 만한 내용이었다. 그는 본능적으로 빌리의 말이 사실이라는 것을 알 수 있었다. 그 역시 평생을 시카고에서 살면서 이런 슬픈 사연을 수도 없이 접했다. 한 젊은이가 다른 이를 향해 우연히 총을 쏴댄 어이없는 이야기들 말이다. 너무나 익숙한 스토리여서 소름이 끼칠 정도였다.

빌리가 말을 마치자 커티스는 한 가지 생각이 떠올랐다. 자신이 이런 생각을 할 줄은 꿈에도 상상치 못한 것이었다. '나라도 그랬을 것 같군.' 만약 10대 시절에 길거리에서 누군가에게 떠밀렸는데 그가 벤지 윌슨인 줄 몰랐다면 자신도 절대 굽히지 않았을 것이다. 그 장면이 생생히 머리에 그려졌다.

'그 자리에 내가 있었더라도 아마 그를 쐈을 거야.' 그렇게 생각하니 갑자기 머리가 어지러워졌다. 빌리와의 만남을 통해 그가 생각해온 디사이플과 벤지 윌슨 사이의 스토리가 완전히 흔들리고 말았다. 평생토록 굳게 믿어왔던 스토리가 사실이 아니라는 것이었다. 왼쪽으로 모자를 쓴 사람은 그 자리에 없었다. 갱단 갈등은 애초에 있지도 않았다. 생각하면 할수록 지금껏 몸 바쳐온 이 모든 분쟁이 모두 의문투성이가 되고 있었다. 심지어 가장 기초적인 것조차 의심이 들었다. 지금껏 그가 아무런 의심 없이 당연하게 여겼던 일들 말이다.

이제야 드는 의문은 이것이었다. 벤지 윌슨이 정말 스톤스이긴 했던 것일까? 그가 농구 경기를 할 때 보면 분명히 모자를 왼쪽으로 쓰고 있었다. 커티스가 아는 것은 그것뿐이었다. 그러니 이제 생각해보면 모든 것이 다 불확실했다. 그냥 열심히 뛰느라 우연히 모자챙이 왼쪽으로 돌아간 것뿐인지도 모른다. 일부러 그런 것이 아니라는 이야기다. 모자가 비뚤어진 것뿐만 아니라, 모든 것은 그저 우연일 뿐이었다.

이것이 바로 고도 갈등의 또 다른 특이한 점이다. 고도 갈등은 일방적이다. 분쟁의 악순환이 일어나는 원인은 주로 머릿속에 든 생각이다. 심지어 상대방은 우리 머릿속에 이런 고도 갈등이 소용돌이치고 있다는 사실을 꿈에도 모르고 있다. 다시 말해 우리는 자신도 모르는 사이에 갈등에 휘말려있을지도 모른다는 것이다. 커티스는 그동안 자신도 모르는 분쟁에 휩싸인 적이 얼마나 많았을까? 그동안 얼마나 많은 사람이 그의 목숨을 노렸을까? 꽤 많았을 것이 틀림없다.

당시는 이미 커티스가 고도 갈등에서 벗어난 지도 오래된 때였다. 그러나 빌리가 들려준 이야기는 그가 고도 갈등과 멀어져야 할 또 다른 이유가 되기에 충분했다. 그와 빌리는 실제로는 전혀 적이 아니었던 셈이다. 그들은 예나 지금이나 서로 비슷한 사람이었다. 그는 이제야 그 사실을 알게 되었다. 이제 와 생각하니 모든 일이 그저 우스꽝스러울 뿐이었다. 그들은 서로 같은 동네에 살았고, 같은 공원에서 놀았다. 그 옛날 백플립을 잘하던 아이, 핫도그를 팔다가 총에 맞아 죽었던 그 제시도 알고 보니 두 사람 모두와 친한 사이였다. 그때는 몰랐지만 두 사람은 제시의 장례식장에도 같이 있었다. "우리는 차이점보다 공통점이 훨씬 더 많은 사이였습니다."

커티스는 왜 진작에 이런 사실을 몰랐을까 하는 한탄이 밀려왔다. 그의 머릿속은 온갖 종류의 "그랬다면 어땠을까?"라는 생각들이 스쳐 갔다. 우리도 그런 생각을 할 때가 많다. 커티스는 이렇게 자문해봤다. "30년 전에 우리가 친구였다면 어땠을까?" 그동안 생각해왔던 모든 그림이 마치 만화경을 들여다보듯 온갖 모양으로 달라지고 있었다.

고도 갈등에 휘말리지 않기는 너무나 어렵다. 그러나 일방적인 고도 갈등에 깊이 빠진 와중에도 정신을 똑바로 차리고 이 갈등의 복잡성을 이해하는 방법은 많다. 그중의 하나가 이른바 접촉 이론Contact theory[24]이라는 것이다. 이것은 사람들이 특정 조건에서 함께 시간을 보내다 보면 상대방을 다른 시각으로 바라볼 수 있다(재범주화)는 것으로, 심리학계에서는 이미 잘 알려진 이론이다. 이런 만남을 통해 그동안 켜켜이 쌓인 오해가 상당 부분 풀리고, 무엇보다 갈등이 고조되는 속도가 줄어들고 차분히 생각할 여유가 생긴다. 사람은 일단 만나다 보면 서로 조금이라도 호감이 생기고, 그리고 나면 상대방이 머릿속에서만 생각해온 모습과는 사뭇 다르다는 것을 알게 된다. 그동안은 모자를 오른쪽으로(혹은 왼쪽으로) 쓴 사람은 무조건 적이라고만 여겼을 테지만 말이다.

접촉 이론은 전 세계에 걸쳐 500여 건이 넘는 실험을 통해 그 효과를 증명해왔다. 칠레의 아이들, 모로코로 이주한 벨기에 고등학생들, 그리고 영국의 죄수들도 이 효과를 분명히 경험했다. 우리는 실제로 일어난 사실 보다 사람들과의 관계를 통해 바뀌는 경우가 훨씬 더 많다. 2005년 7월 7일, 런던의 지하철과 버스에서 테러가 발생했을 때, 이 사건이 있기 전부터 무슬림[25]과 교류를 맺어온 사람들은 이후에도 무슬림에 대해 별다른 편견을 보이지 않은 것으로 나타났다.

얼핏 당연한 결과로 보이지만, 실제로 이런 효과를 발휘하는 이유는 무엇일까? 한 가지 이유를 들자면, 우리가 말하는 스토리는 관계의 영향을 받기 때문일 것이다. 우리는 어떤 사람과 교류를 나누기 시작하면 더 이상 그를 한 가지 일로만 판단할 수 없게 된다. 플레거 신부와 커티스가 갱단 원들을 모아 농구 경기를 개최한 이유도 바로 이것 때문이다. 관계를 맺음으로써 서로에 대한 무지를 극복하자는 취지였다. 아울러 빌리의 그 복잡한 이야기에 커티스가 귀를 기울였던 이유이기도 하다.

이제 막 친분이 쌓인 사람을 희화화하는 행동은 부적절할 뿐 아니라 어쩐지 배신행위처럼 느껴진다. 인간은 온갖 종류의 집단과 얽힌 사회적 동물이므로 배신을 매우 불편하게 여긴다. 사람들의 여러 면모를 골고루 알게 되면 타르 웅덩이에 쉽게 빠지지 않는다. 물론 우리는 앞으로도 적에 관한 부정적인 이야기를 들을 것이고, 그들과 견해를 달리 할 일도 많을 것이다. 그러나 사람들과 한번 인간적인 관계를 트고 나면 그들을 매몰차게 거절하거나 인간 이하의 존재로 취급하는 행동은 점점 어려워지게 된다.

오랫동안 유전자 변형작물 반대 운동에 헌신했던 영국의 환경운동가

마크 라이너스를 기억하는가? 이 책의 서두에서 우리는 그가 마침내 고도 갈등을 벗어나던 장면을 지켜봤다. 심지어 그는 과거에 자신이 공격했던 농부들에게 사과하기까지 했다. 그러나 그가 변할 수 있었던 이유는 무엇일까?

그날 밤 옥수수밭에 숨어들었던 일 이후, 마크는 본업인 편집자와 작가로 복귀했다. 시간이 지나면서 그는 과학자들이 하는 이야기를 듣기 시작했다. 그는 유전자 변형작물 반대 운동을 하는 것 외에, 기후 변화에 관한 책도 쓰고 있었다. 그러기 위해서는 과학자들의 말에 귀를 기울일 수밖에 없었다. 그러다 보니 자연스럽게 그들 중 몇몇과는 친분을 맺게 되었다.

그가 만나본 과학자들은 모두 지구를 구하겠다는 사명감을 지니고 있었다. 그 점에서는 그와 다를 바가 없었다. 그들은 공통점이 많았다. 서로 개인적인 이야기를 함께 나누고 협력하면서, 그들은 단순히 알고 지내는 정도를 넘어서는 관계를 형성했다. 그는 이념보다는 실험적인 증거를 중시하는 그들의 엄격한 태도를 존경하게 되었다. 자신의 오류를 기꺼이 수용하려는 그들의 자세에 대해서도 마찬가지였다. 머지않아 그들의 기준을 자신의 책에도 반영했다. 그는 엄밀한 과학적 연구 결과를 이해하려고 노력했고, 이를 수용했으며, 그가 주장하는 내용의 출처를 밝히는 데에도 최대한 노력을 기울였다.

2008년에 출간된 마크의 책은 과학 저술에 주어지는 영국 최고의 상인 왕립학회상을 수상하기도 했다. 이 상을 받은 것은 학계로부터 본격적인 과학작가로 인정받기 시작했다는 것을 의미했다. 학계는 그를 부끄러워하지도, 외면하지도 않았다. 오히려 그는 중요한 인물로 대접받았다. 수상 연설에 나선 마크에게서 작물을 무자비하게 베어내던 운동가의 모습은 더 이상 찾아볼 수 없었다. "세계 최고의 과학 연구기관인 왕립학회로부터 인정받은 사실이 저에게는 너무나 큰 기쁨이자 영광입니다."[26]

그로부터 사흘 후, 그는 〈가디언〉지에 유전자 변형작물을 공격하는 칼럼을 썼다. 물론 그 내용은 이전에도 여러 차례 밝힌 바와 같았다. 그러나 그를 향한 학계의 비평을 의식해서 쓴 것으로는 이것이 처음이었다. 그가 학계의 비평과 의혹을 깊이 의식한 이유는, 당시 그는 이미 수준 높은 학자들과 너무나 많은 교류를 나누고 있었기 때문이었다.

마크가 유전자 변형작물에 반대하는 이유는 겉으로 보기에는 영양과 안전 문제 때문인 것 같았다. 물론 그것도 사실이었다. 그러나 그 이면에는 모든 갈등이 그렇듯이 소속감이 자리하고 있었다. 마크는 오랫동안 거대 기업을 상대로 훌륭히 싸우면서 운동가로서의 목적의식과 정체성을 유지해왔다. 그는 그렇게 오랫동안 옳은 일을 해왔다는 것을 삶의 원동력으로 삼았다. 그러나 시간이 지날수록 그의 내면에는 과학 저술가라는 또 다른 정체성이 자라고 있었다. 그는 또 하나의 분야에서 소속감을 느꼈다. 자신이 속할 다른 집단을 찾은 것이다. 마치 커티스처럼 말이다.

그러나 그가 새롭게 찾아낸 정체성은 과거의 정체성과 충돌했다. 이후 몇 년 동안 그는 이 둘 사이에서 도무지 접점을 찾을 수 없었다. 과거의 갈등을 일으키던 자아와 새로운 정체성 사이에서 여러 차례나 흔들리기를 반복했다. 그 점에서는 글렌 벡의 모습을 보는 것 같았다. 마침내 마크는 자신의 양심 때문에라도 달라진 자신을 크고 분명하게 못 박아 두어야겠다고 생각했다. "솔직하게 말하지 않고 계속 숨어다니기만 해서는 아무 소용이 없었습니다."

결국 마크는 옥수수밭에서 경찰견에게 쫓긴 지 14년 만에, 영국 옥스퍼드에서 농부와 과학자들이 주최한 컨퍼런스에 나가 자신이 고도 갈등의 유혹에 빠졌었다고 고백하기에 이르렀다. 그동안 그가 그토록 아껴왔던 가치를 정면으로 부인해버린 것이다.

그는 이렇게 말했다. "저는 환경운동가로서, 그리고 세상 누구나 건강하고 몸에 좋은 음식을 스스로 선택할 권리가 있다고 믿는 사람으로서, 더 이상 비생산적일 일을 계속 할 수 없습니다. 저는 지금 과거에 했던 행동을 전적으로 후회하고 있습니다."[27]

권력

접촉 이론은 매우 정교한 기술이다. '상대편'과 만나기만 하면 되는 일이 아니다. 함께 농구 경기를 한다고 해서 저절로 상대방이 이해되는 것은 더더욱 아니다.

만남을 통해 오히려 갈등이 더 악화될 수도 있다. 1940년대에 폴 무센Paul H. Mussen이라는 학자가 뉴욕에 사는 백인 청소년 106명을 상대로 연구한 사례가 있다. 그들은 여름 한 달간 같은 수의 흑인 청소년들과 함께 통합 캠프 활동[28]에 참여했다. 캠프 활동을 마친 후 백인 청소년 중 약 4분의 1은 인종에 대한 편견이 상당히 줄어든 모습을 보여주었다. 그러나 오히려 편견이 커진 이들도 역시 4분의 1에 달했다. 그 아이들에게는 만남이 오히려 더 안 좋은 영향을 미친 것이다.

북아일랜드의 가톨릭 교인과 개신교인은 서로를 너무 잘 안다. 그들은 그 비좁은 땅에서 수십 년을 같이 살아왔다. 그런데도 그들은 1960년대 말에 갑자기 불거져 나온 고도 갈등을 시작으로, 무려 30년이 넘도록 피나는 싸움을 벌였다. 지금까지 북아일랜드 분쟁을 통해 총 3만7,000건의 총격과 1만6,000건의 폭격이 발생했다고 한다. 북아일랜드에서는 왜 접촉 이론이 소용없었던 것일까?

접촉 이론에는 몇 가지 전제 조건이 필요하다. 첫째, 만남에 참여하는 사람들의 사회적 지위가 대략 같은 수준이면 이상적이다. 아니면 최소한 만남이 일어나는 공간과 하위문화만이라도 서로 엇비슷해야 한다. 이것은 북아일랜드의 가톨릭 교인에게는 전혀 맞지 않는 조건이다. 그들은 정치, 주택, 직장 등 모든 면에서 주변인 신세를 면치 못한다. 미국 역시 백인과 유색 인종 사이에는 비슷한 면이라고는 찾아보기 힘든 것이 현실이다.

둘째, 양측의 만남을 지지해줄 권위 있는 제삼자가 있다면 큰 도움이 된다. 사원이나 교회가 될 수도 있다. 어쩌면 유엔이나 다른 나라의 지도자가 나서줄지도 모른다. 누가 되었든 권위 있는 누군가가 지지 의사를 표명해준다면 만남에 큰 힘이 될 뿐 아니라 최소한의 신뢰를 끌어낼 수 있을 것이다.

셋째, 만남이 그저 대화에만 그치는 것이 아니라 공통의 문제를 해결하는 협력으로까지 이어진다면 더할 나위가 없다. 이렇게만 된다면 경쟁이 아니라 협동의 본능이 되살아날 수 있다. 승리보다는 협력을 향한 갈망이 일어나게 된다. 마크의 경우, 그와 기후 과학자들은 지구를 온난화 위기에서 구해낸다는 목표를 공유하고 있었다. 그는 이런 공동 목표가 있었기 때문에 그들과 함께 새로운 정체성을 창출해낼 수 있었다. 더구나 이것은 과거의 정체성을 고집하는 일보다 훨씬 더 쉽다.

마지막으로, 만남에 참여하는 사람들은 모두 자발적인 마음과 협조적인 태도를 지녀야 한다. 어떤 목표가 됐든 말이다. 이런 태도는 이혼 중재에 참여한 부부에서, 인종 간 대화를 시작한 사람들까지 모두 적용된다. 동기부여는 매우 중요하다. 고도 갈등에 계속 머물러있거나, 상대방을 지배하고자 하거나, 자신의 우월함과 상대방에 대한 경멸에 안주하기를 원하는 사람은 분명히 계속 그럴 것이다. 그리고 상대편 진영은 계속해서 감정에 상처를 입거나, 폭력에 노출될 수밖에 없을 것이다.

1940년대에 흑백 인종이 다 모인 캠프를 연구한 결과에서도, 캠프가 끝난 후에 오히려 편견이 더 심해진 아이들은 역시 평소에도 더 반항적이고 공격적인 성격을 지니고 있었다. 그들은 늘 불만을 입에 달고 살았는데, 집에서도 여러 가지 문제를 안고 있었을 것이다. 그들에게는 그 캠프가 오히려 자신의 상처를 쏟아내고 누군가를 희생양[29]으로 삼을 놀이터였는지도 모른다.

접촉 이론을 통해 최고의 성과를 거두려면 참여하는 모든 사람이 충분한 동기와 차분한 태도를 갖추고, 나아가 기꺼이 위험을 감수하고 불편을 견뎌낼 의지가 있어야 한다. 이것은 가장 중요한 요건들이다. 빌리와 커티스의 경우, 2016년에 드디어 두 사람이 만났을 때 이미 필요조건은 마련되어있었다. 갱스터 디사이플과 스톤스가 한 자리에서 만난 셈이었지만, 이미 그때는 두 사람 다 그런 정체성은 뒤로한 채 이제는 폭력 예방이라는 더 큰 목표를 공유한 상태였다.

사람들은 좀처럼 고도 갈등에서 벗어나지 않으려 한다. 마크가 전 세계를 돌아다니며 기후 변화 문제의 해결책을 제시하면서 알게 된 사실도 바로 이것이다. 그는 이렇게 말했다. "제가 사람들의 수동적인 태도에 도전하는 발언을 해보면 꼭 극심한 분노의 반응이 나오곤 합니다." 사람들은 자신이 안전하고 순수하다고 생각하는 개념에 위배되는 것이라면 그 어떤 것이라도 거부한다. 어쩌면 그들은 자신들의 정체성이 되어버린 종말론적 서사[30]를 포기하고 싶지 않은 것인지도 모른다.

마크는 가끔 강연장을 가득 메운 청중을 향해 이렇게 말할 때가 있다. "탄소 요정이 나타나 지팡이만 한번 흔들어서 지구상의 화석류 탄소를 모두 사라지게 했으면 좋겠다는 분은 손을 들어주십시오." 그러면 보통 1퍼센트 정도만 손을 든다. 그가 생각하기에 이 탄소 요정은 바로 원자력 발전이라는 것이 오랜 연구에 따른 결론이다. 원자력은 기후 변화의 해결책일 뿐만 아니라 안전한 에너지원이기도 하다. 그러나 여전히 많은 사람, 특히 좌익 진영의 사람들은 이런 사실을 거들떠보려고도 하지 않는다.

마크는 이렇게 말했다. "제가 볼 때 기후 변화 문제를 정말로 해결하고 싶은 사람은 별로 없는 것 같습니다. 그저 기후 변화를 이용해서 사람들에게 그들의 관점을 주입하려는 것뿐이지요." 이것은 마치 갈등 연구자 할페린이 이스라엘 시민들에게 아랍 평화 제안을 들어본 적이 있느냐고 물었을 때 그들이 보인 반응과 으스스할 정도로 닮은 모습이다. 그때도 들어봤다고 대답한 사람은 극소수에 불과했다. 고도 갈등이란 이렇게 우리의 시야를 가려 많은 것을 볼 수 없게 만든다.

사람들은 대개 포화점에 다다르거나 내면에서 또 다른 정체성이 자리 나면 고도 갈등에서 벗어나기를 원한다. 이때가 바로 접촉 이론이 가장 큰 효과를 발휘할 기회다. 그러나 그렇다 하더라도 접촉 이론은 말 그대로 이론일 뿐이다. 이론만으로는 기존의 틀을 바꿀 수 없다. 커티스와 빌리가 오해를 풀고 관계를 회복했다고 해서 갱단 폭력의 근본 원인이 바뀐 것은 아니다. 진정한 변화를 위해서는 기존의 시스템으로부터 이익을 취하는 사람과 고착된 구조를 향한 압박이 끈질기게 지속되어야 한다. 권력을 쥔 사람들은 편견이 다소 해소되었다고 해서 쉽게 기득권을 내려놓는 법이 좀처럼 없다. 그들은 정치, 법률, 경제, 사회 등의 분야에서 조직적인 운동으로 압박을 가해야 겨우 정신을 차린다.

그러나 또 한 가지, 압박만으로도 충분치 않다는 사실을 명심해야 한다. 변화가 유지되기 위해서는 은행 계좌나 토지사용 제한법 등 여러 제도적 조치가 바뀌어야 한다. 무엇보다 사람들의 의식과 가정에서 혁신적인 변화가 이루어져야 한다. 그러지 않으면 사람들은 기어이 또 새로운 빠져나갈 수단을 마련하게 될 것이다. 1950년대에 미국에서 백인과 흑인 아동이 함께 다니는 통합 학교가 설립되었지만, 백인 학부모들은 결국 새로운 사립학교를 열거나 교외로 빠져나가고 말았다. 법 제도는 바뀌었는데 사람들의 의식이 따라가지 못한 사례는 전 세계에서 얼마든지 찾을 수 있다. 갈등은 늘 눈에 보이지 않는 밑바닥에서 끓어오르고 있다.

"누구를 위해서 이런 일을 하나?"

오늘날 커티스가 시카고에서 하는 일은 실로 어마어마하다. 기본적으로는 갱 단원들이 자신이 거쳐 온 과정을 그대로 밟게 함으로써 고도 갈등에서 벗어나게 해준다는 것이지만, 그는 이 모든 일을 훨씬 더 빠르게 해낸다는 목표를 설정했다. 자신처럼 몇 년이 아니라 단 몇 개월 만에 그렇게 하겠다는 것이다. 매우 정교한 솜씨가 필요하면서도 가슴 아픈 순간을 견뎌내야 하는 일이 대부분이다. 그러나 가끔은, 마치 시간이 바뀐 것처럼 전혀 다른 세상이 펼쳐지기도 했다. 아이들이 시계를 뺏으려고 서로를 죽이는 일이 거짓말처럼 사라진 것이다.

2016년, 오바마 정부 교육부 장관 안 던컨Arne Duncan이 시작한 시카고 CRED•에 커티스가 합류한다. 던컨은 시카고 출신으로, 어린 시절 커티스의 영웅이었던 벤지 윌슨과 함께 농구를 하면서 자란 사람이다. 당시 그의 죽음을 애도하던 시카고 시민들 속에는 던컨도 있었다. 이후 워싱턴으로 갔다가 성인이 되어 다시 시카고로 돌아온 그가 CRED를 시작한 목적은 단 하나였다. 총격에 노출되거나 누군가를 쏠 위험이 가장 큰 이들을 집중적으로 관리함으로써, 시카고의 총기 폭력 발생률을 급격히 줄이겠다는 것이었다.

이 일을 위해 그가 가장 먼저 손을 내민 사람이 커티스였다. 당시 커티스는 이미 4년이 넘도록 시카고의 폭력을 분쇄하기 위해 애써온 터였다.

• CRED는 진짜 경제 살리기Create Real Economic Destiny의 약자다.

그는 여러 곳에서 큰 위험에 노출된 청소년들을 상담하거나, 극심한 갈등에 휘말린 사람들을 격리시키고자 노력했다. 그러나 그런 일은 모두 단기 처방에 지나지 않는다는 것을 던컨은 알았다. CRED의 목표는 단지 사람들이 폭력을 그만두게 만드는 데 그치지 않고 완전히 새로운 정체성을 찾아내도록 돕는 일이었다.

이를 위해 커티스와 그의 동료들은 시카고 전체를 골목골목 돌아다니며 가장 위험한 갈등이 벌어지는 곳이 어디인지 파악하기 시작했다. 그들은 방대한 범죄 기록을 토대로 총격 사건을 추적하여 가장 난폭한 갱단과 '패거리 cliques'를 8개로 압축했다. 최근 들어 시카고에는 갱단보다 조금 작은 규모의 이 패거리들이 유독 기승을 부리고 있었다. 그리고 이들 여덟 개 집단과 대결을 벌이는 라이벌 갱단과 패거리의 실체도 파악했다.

이렇게 신원 파악 작업을 마무리한 다음, 그들은 10명의 전직 갱단 출신들을 팀원으로 합류시켰다. 이들은 원래 현직 갱단과 패거리들로부터 친분과 신망을 두루 얻는 사람들이었고, 팀에 합류해서도 먼저 현장에 나가 그들과 관계를 더 돈독히 하는 일부터 시작했다.

"우선 네트워크를 확보하는 과정이 필요했습니다." 커티스의 동료 잘론 아서 Jalon Arthur가 해준 말이었다. 그들은 젊은이들과 어울려 농구도 하고 책이 든 봉투를 나눠주기도 하며 거리를 누볐다. 그러면서 각 집단마다 총격을 주로 담당하는 사람은 누구며, 결정권자는 누군지 등을 속속들이 파악했다. 그들이 가장 알고 싶은 이들의 명단이었다. 그들은 이 핵심 멤버들을 만나 CRED 프로그램에 들어오면 정신 상담과 고정 수당, 그리고 직업훈련 프로그램 등을 제공하겠다고 제안했다. 물론 다른 갱 단원들을 데리고 오면 더할 나위 없다는 말도 덧붙였다.

커티스가 젊은이들에게 자주 하던 질문이 있다. "누구를 위해 이러는 거니?" 다시 말하자면 이것은 인생의 목적을 생각해본 적이 있느냐는 질문이었다. 아들 때문인가? 신을 위해서인가? 아니면 할머니인가? PLO가 검은 9월단원들에게 결혼을 주선했던 것처럼, 커티스는 그들에게 잊고 있던 과거의 정체성을 떠올리게 하거나 새로운 정체성을 찾는 길을 열어주려고 했다.

한편, 커티스를 비롯한 CRED의 팀원들은 거리의 갈등이 잠깐이나마 멈추는 틈을 노리고 있었다. 그 틈이란 게 우연히 찾아오든, 눈보라가 몰아치든 어떤 것이라도 좋았다. 그런 시기가 찾아온다면 시간과 공간을 버는 일종의 계기로 활용할 수 있었다. 아서가 말했다. "만약 어떤 이유로든 2주나 한 달 정도만 양쪽 모두 총에 맞거나 죽는 사람이 나오지 않는다면, 우리는 그 틈을 타서 대화를 시작할 수 있습니다."

그렇다고 커티스가 아들의 졸업식에서 그랬던 것처럼, 젊은 녀석들이 알아서 포화점에 도달할 때까지 마냥 기다릴 수는 없었다. 아서가 말했다. "사람들이 제풀에 지칠 때까지 기다린다면 족히 수십 년은 걸릴 겁니다. 그럴 수는 없죠. 우리가 먼저 계기를 마련해야 합니다. 그러다가 저항에 부딪히더라도 절대 포기하면 안 됩니다. 그때는 또 다른 절호의 기회를 마련하기 위해 노력하는 겁니다."

그들은 절호의 기회가 찾아오자, 양측이 사소하면서도 실제적인 약속에 합의하도록 했다. 예를 들면 상대편 구역에 침범하지 않는다거나, 자신이 있는 곳을 페이스북에 노출하지 않는다거나, 소셜미디어에 상대편을 멸시하는 내용을 포스팅하지 않는다는 등의 내용이었다. 이것은 전 세계에서 갈등이 벌어지는 현장마다 협상가들이 추구하는 내용 바로 그대로였다. 베네수엘라, 아프가니스탄, 르완다 등 그 어디에서도 협상가들의 당면 목표는 경계선을 확정하고 다소간의 시간과 공간을 확보하는 것이다.

최근에는 누군가를 경멸할 수 있는 기회가 실로 무한에 가깝게 주어진다. 갱 단원들은 그렇지 않은 사람보다 온라인에서 보내는 시간이 일주일에 두세 시간이나 더 많다.[31] 그들 역시 여느 갱 단원처럼 위협과 모욕, 자랑을 주고받는다. 그러나 소셜미디어 공간일수록 그런 일을 훨씬 더 효율적으로 할 수 있다. 수천 명을 모욕하는 일을 단 한 번에 해치울 수 있기 때문이다. 악의가 있건 없건, 글 한 줄이나 사진 한 장만으로 폭력을 불러올 수 있다. 요즘은 폭력이 그렇게 촉발된다. CRED가 하는 일 중에도 그들이 관리하는 갱단원의 소셜미디어 계정을 감시하는 일이 상당한 비중을 차지할 수밖에 없다.

2019년 여름, CRED의 자원봉사자 한 명이 시카고 웨스트사이드 지구의 노스론데일에서 오전 일곱 시 경에 올라온 페이스북 포스팅 한 건을 확인했다. 문제가 있었다. 노스론데일의 K타운 구역*에 속한 갱단원 한 명의 얼굴이 페이스북에 노출되어있었다. 그런데 이 친구가 서 있는 곳은 자신의 활동 구역이 아니었다. 그는 K타운에서 약간 동쪽으로 떨어진 라이벌 갱단 구역에 서 있었다. 그는 손에 총을 든 채, 그곳에 있다는 사실을 자랑하는 듯한 표정을 짓고 있었다. 라이벌 갱단이 그들의 구역을 잠시 비

---

* 그 구역의 도로명 앞자리가 모두 K로 시작해서 붙은 별명이었다.

워둔 것 같았다(갈등이 더 격화되는 일이 없도록 하자는 CRED의 요청에 따라, 그 갱단의 이름은 밝히지 않는다).

사실 그곳은 CRED의 주선으로 양측이 이미 불가침 협정을 맺은 장소였다. 협정에 따르면 갱 단원들은 상대편 구역에 들어갈 수 없다고 되어있었다. 아울러 소셜미디어를 통해 상대방을 자극하는 행동도 금지사항이었다. 이 친구는 협정 내용을 두 가지나 위반한 셈이었으니, 상대편이 보기에는 보복에 나설 수밖에 없는 상황이었다. 분쟁이 시작되는 것은 늘 이런 식이다. 햇필드 가문의 경우에서 봤듯이, 리더라고 늘 모든 구성원을 통제할 수는 없다. 집단에는 수많은 사람이 존재하기 마련이다.

자원봉사자는 그 포스팅 화면을 저장한 다음 CRED 팀원들과 공유했다. CRED 팀은 관련 당사자와 포스팅 내용에 비춰볼 때, 이 정도면 4단계 위협에 해당하는 사건이라고 판단했다. 최악의 위기 상황이었다는 뜻이다. 자원봉사자는 자신이 담당하던 상대편 갱 단원과 연락을 취했다. 하필 페이스북에서 경멸의 대상이 되었던 그 사람이었다.

그리고 이렇게 말했다. "우리가 갈 때까지 조금만 기다려주세요."

그날 아침 아홉 시경, CRED 팀장 제이슨 리틀Jason Little이 사진에 나온 그 구역에 도착했다. 그 구역을 담당하던 갱 단원들이 페이스북 포스팅을 본 것은 물론이었다. 그들은 무기를 든 채 몰려나와 구역을 장악하고 있었다. 금방이라도 복수전을 펼칠 기세였다. 그는 조금만 기다려달라고 요청했다.

"딱 두 시간만 기다려주세요."

갱단원의 입장에서는 이런 모욕에 대응하는 것은 선택 사항이 아니라 당연한 의무였다. 그러나 이들은 리틀 팀장과 그 팀을 잘 알았고, 또 존중했다. 리틀 역시 젊은 시절에는 그들처럼 생활한 경험이 있었다. 그도 커티스처럼 그들의 갈등을 이해하고 저지할 수 있다는 점에서 이제 그들에게는 일종의 방패와도 같은 존재였다. 그러나 페이스북에 그 포스팅이 떠 있는 한, 언제라도 폭력이 발발할 가능성이 충분했다. 말 그대로 시한폭탄이나 마찬가지였다. 리틀이 말했다. "포스팅이 점점 더 퍼져나가서 그것을 보고 깔깔대는 사람이 많아질수록, 위험은 점점 더 커지는 상황이었습니다."

정오쯤 되어 포스팅이 사라졌다. 그동안 CRED 팀은 K타운 갱단과 협력 관계에 있던 다른 조직과 연락이 닿았다. 그 갱단이 포스팅을 내린 것이다. 클릭 한 번으로 살인 사건이 일어날지도 모를 위험을 예방한 셈이다. 아서가 말했다. "그러지 않았으면 또 한 번 총격전이 벌어질 것이 불을 보듯 뻔했습니다."

그날, 리틀 팀은 드디어 기회를 포착했다. 그들은 불가침 협정을 원상태로 되돌렸다. 양측은 상대편을 자극하는 포스팅을 다시는 올리지 않고, 서로의 구역을 침범하지도 않기로 합의했다. 이 합의는 6개월 후에도 그대로 지켜지고 있었다.

리틀이 말했다. "그들 중에 죽거나 감옥에 가고 싶은 녀석은 아무도 없었습니다. 드러내놓고 말은 하지 않지만 이미 감옥에 다녀온 녀석들이 많지요. 그들은 다시 감옥에 갈 생각이 없어요. 게다가 티셔츠에 자신의 얼굴이 인쇄되기를 원하는 녀석도 없습니다." 그들의 신뢰를 얻고 갈등의 속사정을 제대로 이해하기만 하면 분명히 갈등의 진행 속도를 늦출 수 있다.

불가침 협정이든 평화조약이든 관계가 성립되면 그때부터 인계철선으로 작용한다. 그로 인해 마련된 의사소통 채널은 폭력이 일어나는 순간부터 작동된다. 나는 평화 협정에 대해 알면 알수록 이것은 이름부터 잘못되었다는 생각을 떨칠 수 없다. 협정은 평화를 가져다주지 않는다. 그것은 갈등이 발생하는 속도를 늦추어 시간을 버는 역할을 한다. 평화가 유지되는 것은 그 때문이다.

갈등 해결사

평화조약의 유무와 상관없이, 갈등의 속도를 늦추는 일에는 엄청난 자제력이 필요하다. 커티스 같은 사람은 개개인에게 시간과 공간을 마련해줌으로써 각자의 감정을 다스리도록[32] 하는 법을 알고 있다. 사실 우리도 미처 깨닫지 못하는 사이에 이미 이런 방법을 쓰고 있다. 단, 이런 기술을 얼마나 제때 의도적으로 해낼 수 있느냐가 문제일 뿐이다.

갈등을 해결하려면 가장 먼저 불쏘시개를 피해야 한다. 커티스에게 이것은 새 아파트로 이사 간 일이었다. 그가 만나는 갱단원들 역시 거주지를 옮기는 것이 가장 좋은 방법이다. 도저히 여건이 허락하지 않는다면 최소한 일상에서 불쏘시개 역할을 하는 사람들과 만나지 말아야 한다.

정치적 갈등을 벗어나려는 사람은 케이블TV를 보지 말거나 트위터 계정을 삭제하는 것이 좋을 것이다. 이혼을 앞둔 사람들이라면, 모든 것을 걸고라도 싸워야 한다고 부추기는 갈등 촉진자들과 만나는 시간을 줄여야 한다(변호사가 갈등 촉진자일 수도 있다. 그러면 변호사를 바꾸는 편이 낫다).

그들과의 만남을 도저히 피할 수 없는 형편이라면 다른 전략이 필요하다. 감정에 영향을 덜 받도록 상황을 바꾸는 것도 좋은 전략이다. 자신이 갱단의 일원이라면 문신을 지우는 것도 한 가지 방법이 될 수 있다. 혹은 거리에 나설 때는 야구모자를 똑바로 써보면 좋을 것이다. 이혼 절차를 밟고 있는 사람들은 우연히 전 배우자를 마주칠 때를 대비해 같이 상의할 온건한 주제를 몇 가지 준비해놓는 것도 좋은 방법이다.

감정이 격해진 상황에 놓인 사람이라면 누구나 심호흡을 크게 하는 것이 가장 검증된 방법이다. 숨을 천천히, 깊게 들이쉬고 내뱉기를 반복하면 체신경계(타율 신경계)와 자율 신경계(심근육을 비롯해 우리가 의식적으로 통제할 수 없는 기관들) 모두를 진정시킬 수 있다. 호흡은 바로 이 둘 사이를 연결하는 역할을 한다. 특수부대 요원이나 무술가, 그리고 임신한 여성 근로자들이 호흡법을 훈련하는 이유도 바로 이것 때문이다. 호흡은 결정적인 순간에 사용할 수 있는 최고의 수단이다.

이른바 '전투 호흡'이든, 명상이든, 모두 호흡과 관련이 있다. 그러나 제대로 활용하기 위해서는 훈련이 필요하고 특히 스트레스를 받는 상황에서 가장 큰 효과가 있다(내가 만나본 한 경찰관은 녹음된 사이렌 소리를 들으면서 의식적으로 호흡하는 법을 훈련했다고 한다. 이후 그는 경찰차에서 사이렌을 울릴 때마다 저절로 깊은 호흡을 할 수 있게 되었다.) 경찰관들이 배워서 요긴하게 써먹은 호흡법이 하나 있다. 속으로 넷을 셀 때까지 숨을 들이쉬고, 숨을 참으면서 넷까지 세고, 또 넷 셀 동안 내뱉은 다음, 다시 넷을 세면서 참는다. 그리고 이를 반복한다. 다른 방법이 모두 소용없을 때는 호흡만 제대로 해도 갈등을 늦출 수 있고, 그만큼 다시 생각할 시간을 벌 수 있다.

간단하지만 효과적인 방법이 또 있다. 머리를 식히는 것이다. 비록 갈등이 진행되는 상황이더라도 일부러 다른 일에 정신을 쏟아보는 것이다. 커티스는 가끔 자신이 상대하는 젊은이를 어린 시절의 순박하고 귀여운 모습으로 상상해보곤 한다. "저는 누구를 만나더라도 그의 모습에서 제 손자를 발견합니다. 저로서는 그런 모습을 찾아내야만 일을 풀어갈 수 있거든요." 마음속으로 상대방을 바라보는 틀을 바꾼 것이다. 그들도 날 때부터 갱단원이었던 것이 아니라 다들 한때는 어린아이였고, 첫니 뽑던 순간이 있었으며, 신발 신는 법을 배우던 때가 있었고, 춤추기를 좋아했던 시절이 있었다.

가장 수명이 오래 가는 방법은 역시 재평가다. 이것은 제다이 전사들의 마음 훈련법에 비유할 수 있다. 상황을 보는 틀, 즉 내면의 사고방식을 바꾸는 방법이다. 커티스는 오랜 시간에 걸쳐 자신의 마음속에서 일어나는 갈등을 스톤스와 디사이플 간의 관계에서 흑인 전체와 부패한 사회 시스템 간의 문제로 바꿔냈다. 그는 갈등을 바라보는 틀을 바꿈으로써 그의 적을 다시 규정했다.

인류학자이자 협상 전문가인 윌리엄 유리William Ury는 세계 곳곳에서 벌어지는 갈등의 현장에 이 방법을 적용한다. 오래전에 그는 베네수엘라 정부와 반정부파 사이에서 중재역을 맡았던 적이 있다. 내전이 코앞에 닥친 어느 날 밤, 우고 차베스[33] 대통령이 예정된 회의에 세 시간 늦겠다고 연락이 왔다. 차베스는 자정이 다 되어서야 나타났다. 그러나 유리가 말을 꺼내자마자 차베스가 그를 향해 소리를 지르기 시작했다. 모든 사람이 지켜보는 앞에서 말이다. 차베스는 유리의 코앞에까지 바짝 다가가더니 거의 30분간이나 소리를 질러댔다.

유리는 당황스럽고 화가 치밀어올라 도저히 이 상황을 견디기 어려울 정도였다. 그는 18개월이나 이 갈등을 해결하기 위해 애써온 만큼, 자신의 노력이 물거품으로 돌아가게 놔둘 수가 없었다. 그래서 바로 그 자리에서 상황을 '재평가'하려고 안간힘을 썼다. 그가 사용한 방법은 이른바 '발코니로 물러서기'라는 것이었다. 그는 자신이 "정신적, 감정적 발코니"로 물러나 이 상황을 바라보는 장면을 상상했다. 상상 속의 그 발코니는 "고요하고, 관조적이며, 자기 절제가 가능하고, 오로지 자신의 목적과 성과에만 집중할 수 있는 곳"이다.

그는 그렇게 정신적으로 거리를 둔 상태에서 자신의 선택지가 무엇인지 생각해봤다. 여기서 변명을 늘어놓거나 대들었다가는 오히려 갈등이 고조될 뿐이라는 것을 그는 잘 알았다. 마치 게리가 편지를 쓴 일로 주민들의 화만 돋운 것이나 마찬가지다. 발코니에 서보니 이런 갈등의 함정이 훤히 내다보였다.

그래서 유리는 갈등의 정의를 바꿔보기로 했다. 이 상황을 다르게 해석하기 시작한 것이다. 어쩌면 이것은 모욕당한 것이 아니라 차베스를 더 잘 이해할 기회가 찾아온 것인지도 몰랐다. 이렇게 생각하자 감정을 다스리기도 훨씬 더 쉬워졌다. 나중에 유리는 이렇게 말했다. "저는 그의 말에 충분히 귀를 기울이며 그의 속마음이 뭔지 알아들으려고 노력했습니다." 그의 말은 게리가 사람들에게 이해의 순환고리 방법을 가르칠 때 전하고자 하는 내용과 정확히 같은 것이었다. 비록 사람들이 사실과 다른 말을 하더라도, 정성을 다해 들어주는 것만으로 갈등의 악순환은 멈출 수 있다.

이윽고 차베스의 목소리에서 노기가 잦아들면서 한껏 올라갔던 그의 어깨도 얌전히 내려왔다. 그리고 이렇게 말했다. "좋아요, 유리씨, 내가 어떻게 하면 되겠소?" 역시 차베스도 여느 사람과 다름없이 남의 말을 듣기 전에 우선 다른 사람이 자기 말을 들어주었으면 하는 마음이 앞섰던 것뿐이다.

유리는 한 가지 제안을 내놓았다. 그는 모두가 잠시 갈등을 멈출 필요가 있다고 말했다. 마침 크리스마스가 코앞에 와 있었다. 차베스가 휴전을 제안하면 어떨까? 그래서 모든 사람이 가족과 평화로운 시간을 보낼 수 있다면 말이다. 차베스는 그 제안을 실천에 옮겼다.

눈앞에서 누군가가 소리 지르는데 '발코니로 물러서서' 생각하는 것이 말처럼 그리 쉬운 일은 아니다. 유리는 마치 압박을 받으면서도 냉정을 유지하는 우주비행사와 같았다. 그러나 우리도 집에서 이것과 똑같은 방법을 실천할 수 있다는 증거가 있다. 놀랍게도, 여기에 드는 시간은 21분이면 충분하다.

결혼한 부부가 느끼는 만족도는 세월이 흐를수록 점점 감소하는 것이 보통이다. 안타까운 일이지만 이미 충분한 데이터로 뒷받침된 사실이라고 할 수 있다. 그러나 부부가 함께 '발코니에 서는 법'을 연습해보면 전혀 예상치 않았던 일이 일어난다. 사회 심리학자 엘리 핀켈Eli Finkel 연구팀은 총 60쌍의 부부[34]에게 7분의 시간을 주고 최근 있었던 부부싸움에 관한 내용을 각자 '다른 관점에서' 기록해보라고 했다. 특히 '양측 모두를 아끼는 제삼자의 중립적인 관점'을 상상해보라는 말도 덧붙였다.

다시 말해 그들은 그 순간만큼은 게리와 같은 중재자가 되어보는 셈이었다. "우리가 싸웠을 때 아내는, 남편은 도대체 무슨 생각이었을까? 저 사람은 그날 말다툼에 이겨서 좋은 점이 무엇이었을까?" 그런 다음, 앞으로 또 부부싸움이 벌어질 때는 상대방이 어떤 생각을 할지를 생각해보라고 했다. 그리고 넉 달, 또는 1년마다 한 번씩 이런 것에 관해 글을 쓰는 시간을 가지도록 했다.

이렇게 제삼자의 관점에서 부부간의 갈등을 글로 기록해본 쌍들은 그렇지 않은 쌍들에 비해 자신들의 갈등 문제를 덜 걱정하는 것으로 알려졌다. 더 중요한 것은, 시간이 지날수록 부부생활의 만족도가 떨어지는 현상이 이들 부부에게서는 나타나지 않았다는 사실이다. 그들은 여전히 갈등을 겪었지만, 이전과는 양상이 달라졌다. 그들은 이제 건전한 갈등이 무엇인지 알게 된 것이다.

하나뿐인 아들의 죽음

2019년 가을, 빌리와 커티스, 그리고 나는 포스터 파크를 함께 거닐었다. 빌리가 옛날에 자신이 농구를 하면서 놀던 자리를 가리켰다. 커티스는 우리에게 절친 제시와 함께 백플립을 연습하던 담벼락을 보여주었다. 그는 나지막한 그 시멘트벽을 바라보며 말했다. "이렇게 보니 제가 생각하던 것보다 훨씬 작네요."

그 벽 바로 뒤에는 벤지 윌슨이 뛰어놀던 농구장이 있었다. 공원 운동장 한구석에 사각형 아스팔트 바닥으로 된 그 농구장 역시 작아 보이기는 마찬가지였다.

빌리는 벤지를 살해한 죄로 복역 기간을 채운 다음, CRED의 협력 단체에서 일자리를 얻었고, 이후 CRED에 정식으로 채용되었다. 그렇게 빌리와 커티스는 한 직장에서 범죄를 예방하는 일을 하게 되었고, 때로는 그들이 자라난 거리를 함께 걷기도 했다. 그들은 함께 평화 행진에 나섰고, 적어도 일주일에 한 번씩은 만나 대화를 나누었다.

그렇게 고요하고 아름다운 저녁의 거리를 걷다 보면 이 동네가 얼마나 폭력으로 얼룩진 곳이었는지 깜빡 잊을 때가 많았다. 깔끔하게 정돈된 집들이 공원을 에워싸고 있었다. 공원은 녹음이 우거져 쾌적한 분위기였다.

2019년 가을 포스터 파크에서 빌리(왼쪽)와 커티스가 걷고 있다. 두 사람 모두 이곳에서 자라났고, 벤지 윌슨도 사망하기 전까지 이곳에서 농구하며 놀았다. 아만다 리플리가 촬영했다.

프레거 신부는 지금도 해마다 피스 리그 농구 대회를 개최한다. 대회는 제법 그럴듯한 틀을 갖추었다. 선수 선발을 위한 트라이아웃과 드래프트 제도까지 시행하고 있었다. 리그 참가팀 선수단은 온갖 종류의 갱 단원으로 구성되었기에 대회가 열린다는 사실 자체만으로도 작은 기적인 셈이었다. 그래도 그날 저녁에 밖에서 노는 청소년은 별로 없었다. 포스터 파크는 여전히 언제 갑자기 총격이 벌어질지 모르는 위험한 곳이었다.

2017년, 빌리의 아들이 운전하는 차가 공원 근처를 지나던 중에 누군가가 다가와 총을 쏘기 시작했다. 빌리는 우리가 함께 걷던 그 날, 그 자리를 가리켜 보여주기도 했다. 사건이 벌어진 후 빌리는 공원에 허겁지겁 달려왔지만, 이미 현장에는 경찰이 둘러쳐 놓은 출입 통제 테이프 안에 천으로 뒤집어씌운 자동차만 한 대 있었다. 그의 아들은 아직 그 안에 있었다.

빌리는 그 천을 보자마자 하나뿐인 아들이 죽었다는 것을 알았다. 그는 흐느껴 우는 아내를 부둥켜안은 채 자신도 눈물을 쏟아냈다. 그의 머릿속에는 다시 벤지가 떠올랐다. 그리고 벤지의 어머니를 생각했다. 자신이 지금 느끼는 이 고통을 이미 오래전에 자신이 누군가에게 안겨주었다는 생각이 들었다. 평생토록 견뎌왔던 그 어떤 고통보다도 아픈 것이었다. 그 순간, 그는 무서운 사실을 깨달았다. 아들의 죽음은 바로 자신이 벤지를 살해한 벌이라는 것이었다. 마치 이런 응징을 받기 위해 33년을 기다려온 것 같다는 생각이 그를 사로잡았다.

빌리의 아들은 열여섯 발의 총탄을 맞았다. 빌리는 머지않아 용의자가 누구인지 전해 들었다. 그가 듣기로는 사람을 잘못 봐서 일어난 일이었다고 했다.

사람을 잘못 봤다. 이렇게만 말하면 마치 사고라도 일어난 듯이 평범하게 들린다. 그러나 이 말에는 깊은 뜻이 숨어있다. 이 말은 오직 인간사회에만 존재하는 비극을 묘사한다. 사람을 잘못 보고 무려 열여섯 발이나 총을 쏴댔단 말인가.

사람을 잘못 본 결과로 발생한 살인 사건이 얼마나 많을까를 생각해본다. 위협에 못 이겨, 혹은 짐작만으로 사람을 특정했을 것이다. 원래 죽일 생각은 없었는데 총을 쏘게 된 사고도 있다. 무엇보다 그들은 살인을 저지르고도 자신이 원하는 것을 얻지 못하는 경우가 대부분이다.

커티스는 디사이플을 상대로 복수하겠다는 일념에 그 오랜 세월을 바쳤지만, 그런 마음을 먹게 된 이야기는 알고 보니 사실이 아니었다. 그는 이제 벤지가 스톤스였기 때문에 살해당한 것이 아니라는 사실을 안다. 이제는 벤지가 과연 스톤스였는지도 확신이 없다. 30년이 지난 지금에야 발코니에 서서 보니, 그간 겪었던 고도 갈등 중 많은 것들이 그저 사람을 잘못 알아봐서 일어난 일이었다. 그중에는 심지어 전쟁마저 포함된다.

빌리의 아들이 살해된 지 4년이 지난 지금도 살해죄로 체포된 사람은 아무도 없다. 빌리는 총격을 저지른 그 젊은이가 언젠가 자신이 일하는 곳에 찾아오기를 희망한다. 그는 그 젊은이를 용서할 기회를 얻기를 바란다. 그가 다른 사람들에게 용서받기를 간절히 바랐듯이 말이다.

5장 공간 확보

Making Space

2020년 캘리포니아 뮤어비치, 게리가 애완견 아티와 함께 자신의 집 근처에서 산책하고 있다. 트리시 맥콜이 촬영했다.

악순환을 끊다!

뮈어비치 바닷가에서 시작되는 좁은 길은 언덕 위에 있는 주민센터까지 이어진다. 게리의 집을 나서서 이 길을 따라가면 5분 정도 시간이 걸린다. 언덕 위에 도착하면 북미 지역에서 가장 멋진 광경을 만난다. 해안을 따라 녹색 벨벳 같은 산맥이 늘어서 있고, 천천히 넘실대는 파도 위로는 푸른 하늘이 넓게 펼쳐져 있다. 해 질 녘에는 멀리 보이는 샌프란시스코의 하늘이 태평양을 밝히며 반짝인다.

2018년 1월 25일, 게리는 이 모든 광경이 눈에 들어오지 않았다. 그날 저녁 일곱 시가 되기 조금 전, 그는 비장한 심정으로 언덕길을 올랐다. 사실 얼마 전에 그는 이미 포화점에 도달한 상태였다. 수구 세력이 선거에서 자신의 동맹 세력을 완파했기 때문이었다.

그 패배로 인해 오히려 갈등이 잠시 멈춰 섰다. 게리가 상황을 파악하기에 충분한 시간이었다. 그는 갈등 중재의 세계적 권위자라는 명성을 등에 업고 자신의 고장을 치유하기 위해 정치에 입문했다. 그러나 결국 2년이라는 소중한 기간을 타르 웅덩이에 빠진 채 허비했을 뿐이다. 그는 가족을 실망시켰고, 이웃과 멀어졌으며, 마음의 평화를 잃어버렸다. 심지어 이모든 일은 그가 무료로 봉사한 결과였다. 남은 것은 굴욕뿐이었다.

사실 게리는 이제 어떻게 해야 할지 몰랐다. 남은 3년의 임기를 포기하고 노후 생활을 보내거나, 아니면 아무 힘도 없이 어색하게나마 임기를 마치는 방법도 있었다.

결정을 내리기가 어려웠다. 한편으로는 자신이 사임하면 마치 어린아이가 화를 내며 박차고 나가는 것 같은 약한 모습으로 보일 것 같았다. 그것으로 모든 것이 끝이라고 생각했다. 그 순간 실패는 결정되고 더 이상여지는 없을 것이다.

만약 임기를 포기하지 않는다면 또 다른 기회를 바라볼 수는 있다. 어떻게든 만회할 기회가 찾아올지도 모를 일이다. 혹시 다른 방법으로 지역을 위해 일할 기회가 올 수도 있다. 그러나 그것이 단지 자부심 때문만은 아니지 않을까 하는 생각이 들었다. 남아있는 것이야말로 자신의 명예를(혹은 승리를) 회복하는 방법이 아닐까? 그만두는 것이 오히려 굴욕적인행동인지도 몰랐다. 게리 프리드먼도 인간이라는 것을 인정하는 셈이니말이다.

어느 쪽으로 결정하든, 이번 위원회에는 참석해야 했다. 그가 주재하는마지막 회의였다. 그가 나타나지 않는다면 겁쟁이로 보일 것이 뻔했다. 그래서 그는 내키지 않는 마음으로 바다를 뒤로한 채 언덕길을 올랐다.

게리는 정각 오후 7시 3분에 개회를 선언했다. 주민센터 벽난로에서는 장작이 타닥거리며 타오르고 있었다. 사람들이 서로 인사를 나누며 착석했다. 모르는 사람이 보면 여느 때와 다름없이 화기애애한 분위기였다.

1분 뒤, 위원회는 수구 세력 멤버 중 한 명을 게리 대신 위원장에 앉히는 투표에 들어갔다. 그가 완전히 밀려나는 순간이었다.

바로 그때, 게리가 깜짝 놀랄 만한 행동을 했다. 그는 악순환을 끊고 나섰다. 그가 그 수구 세력 사람이 새 위원장이 되는 데 '찬성표'를 던진 것이다. 그리고 2분 뒤, 역시 수구 세력에 속한 휴가 부위원장에 지명되었다. 이번에는 게리가 지명순서 2위에 오르기까지 했다. 기억하다시피 휴는 불과 몇 달 전에 게리가 그 악명높은 고발 편지를 보낸 바로 그 당사자였다. 그런데 지금 그에게 더 많은 힘을 실어주는 표를 준 것이다. 게리는 이 과정에서 별다른 말도 없었다. 게리는 이후 세 시간 동안 침착한 표정을 유지하려고 애썼다. 회의는 10시 조금 못 미쳐 끝났다. 평소 게리가 끝내던 시간보다 한 시간이 더 걸린 셈이다.

갈등을 연구하는 사람들은 우선 전체적인 그림을 그려보려고 한다. 갈등은 일종의 시스템으로서, 각 요소가 서로 맞물려 돌아가는 순환고리 형태를 띠기 때문이다. 갈등에 영향을 미치는 요소는 마치 날씨처럼 서로 복잡하게 얽혀있다. 그러므로 작은 변화만 일어나도 전체에 영향을 미칠 뿐 아니라, 우리가 미처 예상하지 못한 방향으로 전개되곤 한다.

선거 패배도 마치 눈보라나 팬데믹처럼 갈등을 흔들어놓을 수 있다. 시스템이 흔들리는[1] 순간은 언제라도 찾아올 수 있고, 거기에 거대한 기회가 숨어있다. 그것을 계기로 상황이 개선될 수도 있지만, 반대로 훨씬 악

5장 공간 확보

화될 수도 있다.

게리는 오래된 정적들에게 찬성표를 던짐으로써 시스템을 흔들었다. 그는 갈등을 구성하는 패턴 중 하나를 자신이 통제할 수 있게 고의로 바꾸었다. 당연한 일이지만 그날 밤 게리의 투표는 크게 보면 상징적인 행동이었다. 사실 그가 어떤 선택을 하든 그 자리는 수구 세력이 차지하게 되어 있었다. 게리는 수적으로 열세였다. 그러나 상징적인 양보가 갈등에 미치는 영향은 상당하다. 그것은 순환고리를 무너뜨리고 모든 사람의 경계를 풀어버린다. 비록 잠깐이나마 아무도 없는 빈 공간이 열린다.

안와르 사다트 이집트 대통령은 1977년 11월에 예루살렘을 방문함으로써 아랍 지도자로는 최초로 이스라엘을 방문하여 이스라엘 지도자들에게 평화를 촉구한 사람이 되었다. 그는 바로 몇 년 전만 해도 유대교의 최고 명절인 대속죄일에 이스라엘을 상대로 기습공격을 감행함으로써 이른바 욤 키푸르 전쟁*을 촉발시켰고, 그 결과 수천 명의 전사자를 냈던 바로 그 사람이었다.

그러나 사다트가 이스라엘에 도착해서 홀로코스트 기념비를 방문하고 이스라엘의 알아크사 모스크를 참배한 후 평화를 촉구한 행동은 결국 갈등의 순환고리를 무너뜨리는 효과를 냈다. 사다트는 이스라엘 의회 의사당인 크네세트에 나가 아랍어로 연설했다. "오늘 우리 앞에는 우리가 진실된 마음을 열기만 하면 얼마든지 붙잡을 수 있는 평화의 기회가 열려 있다는 점을 말씀드립니다. 언제 또 찾아올지 알 수 없는 기회입니다. 만

---

* 아랍 측에서는 10월 전쟁이라고 한다.

약 우리가 이 기회를 놓치거나 헛되이 써버린다면, 이 음모에 가담한 자는 전 인류의 저주[2]를 피할 수 없을 것입니다."

사다트의 행동은 상징적인 양보였을 뿐, 그 이상의 의미는 별로 없었다. 그러나 그의 행동은 결국 약 1년 후 캠프 데이비드에서 평화회담이 열리는 길을 마련했다. 이스라엘 뉴스 매체들은 수십 년이 지난 지금도 사다트의 역사적인 방문 기념일이 돌아올 때마다 잊지 않고 기사를 낸다.

물론 뮈어비치의 상황을 중동의 위기에 비할 수는 없다. 갈등이 있다 하더라도 그것 때문에 목숨이 경각에 달린 사람은 아무도 없다. 그러나 사람들의 심리는 크게 다르지 않다. 게리가 그날 수구 세력에 투표한 것은 항복의 표시가 아니라, 갈등의 구조를 허물기 위한 대단히 의도적인 방법이었다. 그는 설사 위원직에 남아있더라도 어차피 그 함정을 벗어나야 한다는 사실을 깨달았다. 그렇다면 그가 그들의 정적이 아닌 다른 어떤 존재가 될 수는 없을까? 만약 존 애덤스가 제퍼슨의 내각에 자진해서 합류했더라면 역사가 어떻게 바뀌었을까?

위원회는 다음번에 열린 회의에서 게리의 재직 시절에 설치된 모든 소위원회를 없애는 안을 투표에 부쳤다. 그 조치는 게리를 향한 뼈아픈 힐책이었다. 소위원회는 게리가 남긴 유산이었다. 오래전 샌프란시스코 심포니를 중재할 때 그랬던 것처럼, 모든 사람을 한 자리에 불러 모으는 그만의 독특한 방식이기도 했다.

그러나 게리는 여기에도 찬성표를 던졌다. 물론 이것 역시 상징적이고 의도적인 양보였다. 그는 나에게 이렇게 말했다. "저는 옳고 그른 것보다는 무엇이 더 생산적인 방법일까에 훨씬 더 관심이 갔습니다."

1977년 11월 19일, 이집트 대통령 안와르 사다트가 이스라엘의 벤 구리온 공항에 도착했다. 모세 밀너가 촬영했다. 출처: 이스라엘 GPO 아카이브

게리는 위원회에 남기로 했다. 처음에는 과연 그것이 옳은 선택인지 의심도 들었지만, 날이 갈수록 점점 확신이 생겼다. 그러는 한편으로는 이 모든 일이 일어난 배경, 즉 자신만 아는 중요한 속사정을 잊지 않고 있었다. 이 점이 중요하다.

그는 어떻게 그럴 수 있었을까? 먼저, 그는 뒤늦게나마 가장 중요한 내면의 목소리를 받아들였다. 그는 스스로 자신의 뒷조사를 했다. 평소에 해온 명상이 큰 도움이 됐다. 그는 고요하게 앉은 자세로 자신의 감정에만 온 신경을 기울였다. 그런 훈련을 통해 위원회가 진행되는 동안이나 이웃집을 지나쳐갈 때 그런 감정이 떠올라도 훨씬 쉽게 알아챌 수 있었다.

그는 단순히 갈등을 줄이려고 새 위원회의 방침에 얌전히 순응하는 데

는 관심 없었다. 사실 그는 이혼을 중재할 때 이런 태도를 보이는 사람을 너무나 많이 봤다. 그런 행동은 늘 실수일 뿐이며, 나중에는 결국 후회하게 된다. 그는 중재할 때 '타협'이란 말을 한 적이 없다. 타협은 마치 항복이나 실패와 같은 뜻으로 들린다. 게리는 비록 명상은 많이 했어도 평화주의자는 아니었다. 그는 갈등이 우리를 성숙하게 한다고 생각했다. 적어도 그럴 가능성은 믿었다. 그는 실제로 그런 모습을 많이 봤다. 그래서 이혼부부에게 했던 질문을 자신에게도 똑같이 던졌다. 이 모든 일의 배경은 무엇일까? 그것이 왜 나한테 중요한 일일까? 이 상황에서 내가 원하는 것을 얻는다면 그것은 무엇일까?

수많은 생각과 자신을 향한 비난이 머리를 어지럽혔다. 그러나 마침내 그는, 갈등을 해결하는 더 나은 대안이 있음을 보여주는 것이 그가 가장 원하는 일임을 깨달았다. 그러나 자신의 관점을 다른 사람에게 강요하는 것은 소용없는 일이었다.

그는 결국 40년 동안 갈등을 중재하면서 터득한 방법으로 돌아왔다. "중요한 변화는 강요로 이루어지지 않는다. 그것은 진정한 이해로만 달성된다. 이해는 쉽게 얻는 것이 아니므로, 결국 인내가 필요하다."

게리의 숨은 속사정은 결국 '이해'였다. 그는 이웃들이 비록 끝없는 불화를 겪는 중에도 서로 이해하도록 돕는 것이 자신의 역량이자 정체성이라고 믿었다. 그것이 바로 갈등을 해결하는 더 나은 대안이었고, 그에게 가장 중요한 일이었으며, 그가 발언할 때나 찬성표를 던질 때 바라보는 자신만의 나침반이었다.

안타깝지만 게리는 뮈어비치의 지배구조를 개혁하는 일에 실패했다.

바하이교의 선출 시스템처럼, 자기 자랑이 금지되고 모든 사람의 생각을 모두가 공유하는 문화를 만들어내지는 못했다. 그러나 적대적인 정치문화를 다소나마 바꾸기 위해 그가 할 수 있는 일은 분명히 있었다. 더구나 그것은 당장 할 수 있는 일이었다.

마법의 비율 Magic ratio

게리는 우선 수구 세력과 신진 세력이라는 양자 구도를 깨기 위해 노력했다. 그는 이 일을 마라톤 훈련처럼 체계적으로 진행했다. 그는 정적들을 다시 인격적으로 대우하는 방법을 날마다 찾아 나섰다. 어느 날은 수구 세력에 찬성표를 던졌다가 다음 날은 자신의 소신대로 투표하는 식이었다. 그는 한 사람 한 사람을 독립된 인격으로 대하기 시작했다. "평소 저를 미워하던 사람과 마주칠 때마다 미소를 지어주었습니다. 건강은 어떠냐고 묻는 것도 잊지 않았죠. 상을 당한 분이 있으면 꼭 애도를 표했습니다."

집단 정체성이 지닌 가장 큰 덕목은 다양한 구성원이 각자 개성을 발휘할 잠재력을 지닌다는 점이다. 그저 보수 대 진보, 백인 대 흑인의 구도로 한데 묶을 수 있는 사람은 아무도 없다. 우리는 한편으로는 스포츠팬이기도 하고, 교회 신자일 수도 있으며, 개를 데리고 사는 사람, 또는 누군가의 부모이기도 하다. 게리는 자신을 비롯한 다른 모든 이들이 지닌 또 다른 정체성을 살리려고 노력했다. 수구 세력에 속한 누군가를 만나면 그 집 마당에 핀 장미 이야기를 꺼냈다. 두 사람 모두 가지고 있던 정원사로서의 정체성을 일깨운 그의 행동은 당연히 의도적이었다. 갈등 촉진자들도 정반대의 목적으로 우리 속에 있던 다른 정체성을 부추겨오지 않았던가.

그가 짐짓 대문을 열어둔 채로 집을 나섰던 어느 날, 수구 세력으로 분류되는 어떤 사람이 그를 불렀다. 그리고 그의 개 아티가 돌아다니다가 자기 집에 들어왔다고 말했다. 희망이 보이는 순간이었다.

당면한 갈등을 떠나 이렇게 사소하게나마 긍정적인 교류를 이어나가면 분명히 도움이 된다는 것은 누구나 알지만, 우리는 이마저도 일상생활에서 실천하지 않는 것이 현실이다. 잠깐이나마 기분 좋은 이런 만남이 쌓이다 보면 '우리'를 정의하는 범위가 확장되기 시작한다. 수도 요금 문제로 격론이 벌어지던 시절만 해도 게리의 이웃은 그저 '그들' 중 하나였을 테지만, 정원에서 만난 그녀는 이제 '우리'가 되었다.

이런 가벼운 만남이 꾸준히 쌓이다 보면 중요한 판단과 해석이 필요한 순간에 튼튼한 방패가 되어 고도 갈등으로 이어지는 큰 실수를 막아준다. 심리학자인 존 가트맨과 줄리 가트맨 부부는 갈등을 겪고 있는 약 3,000쌍의 부부를 상대로 수년간 연구한 결과, 갈등을 건전하게 관리할 줄 아는 부부들은 평소 긍정적인 대화를 나누는 횟수가 부정적인 대화보다 다섯 배나 더 많다는 사실을 발견했다. 그들은 이 5대 1정도의 비율을 '마법의 비율'[3]이라고 불렀다.

남극[4] 연구기지에서 겨울을 함께 보낸 65명의 남성에게 그들이 단결할 수 있었던 이유를 물어본 결과, 그중 40퍼센트는 함께 노래하고 게임을 즐겼던 일이 큰 도움이 되었다고 답했다. 노래는 통합의 요소로 가장 널리 언급되는 것으로, 함께 술 마시는 것보다 훨씬 더 큰 효과가 있다.

화성 모의 탐사에 참여해 다섯 명의 낯선 사람과 8개월이나 함께 갇혀 지냈던 야심 찬 우주비행사 조시 에얼릭을 기억하는가? 그들이 고도 갈등에 빠지지 않았던 이유 중에는 그들이 훈련 기간에 마법의 비율을 준수했던 것이 크게 작용했다.

그는 이렇게 말했다. "우리는 항상 함께 식사했습니다. 훈련도 늘 다 같이 했고요. 어느 한 사람도 빼놓지 않으려고 노력했습니다." 그들은 일부러 엉뚱한 행동도 했다. 금요일 밤이면 밤마다 꼬박꼬박 '포트 나이트' 행사를 열었다. 매트리스를 모두 한쪽으로 치워둔 채 로프와 시트로 널찍한 요새를 만들어놓고 일곱 살 먹은 아이들처럼 한데 어울려 놀았다. 갖가지 핑계로 식사 자리를 마련하거나 깜짝 파티도 열었다.

"특별한 날이 돌아오면 무조건 축하했습니다. 생일이든, 기념일이든 말이죠. 케이크를 굽고 장식물을 달았습니다." 그들은 '대원 간의 단결'을 임무의 하나로 인식하여 매일 실천했다. 어쩔 수 없이 갈등이 생길 때도 있었지만, 그래도 이런 노력 덕분에 악순환에 빠지는 일만은 피할 수 있었다.

그들의 행동이 무엇을 뜻하는지는 이제 여러분도 알 것이다. 일과 후에 재미있게 지내거나 동료의 생일 케이크를 준비하는 일 등은 어색한 자리도, 억지로 하는 추가 업무도 아니다. 그것은 언제 닥칠지 모를 중요한 순간을 위한 투자이자, 긍정적인 대화와 부정적인 대화의 양을 마법의 비율로 관리하는 방법인 셈이다.

마찬가지로, 게리는 평소 그렇게도 싫어하던 잡담을 자신이 먼저 더 하기 시작하면서 '우리'의 범위에 수구 세력을 포함하려고 애썼다. 중요한 것은 게리가 이웃에게 정원 이야기를 물어본 것이 진심이었다는 점이다.

물론 그것 말고는 꺼낼 이야기가 별로 없는 것도 사실이었지만, 그런 것은 아무래도 좋았다. 어쨌든 그는 진심을 담아 이웃집 정원을 걱정해주었다. 그의 말은 겉치레가 아니었다. 그것은 그에게 즐거운 일과였다.

"안개도 없이 뜬 보름달"

게리가 자신의 속사정을 명심하고, 양자 구도를 깨뜨린 것 외에 시도한 또 다른 변화는 '불쏘시개들로부터 거리를 둔 일'이었다. 애초에 그가 갈등을 시작한 것도 알고 보면 다 그들 때문이었다. 그는 매듭을 풀듯이 갈등을 하나씩 풀어갔다. 그는 첫 선거운동에서 자문을 맡았던 타냐에 대한 의존도를 줄였다. 그녀는 '죽이다', '때려 부수다', '깡패' 등과 같은 단어를 즐겨 썼다. 물론 게리도 아버지 밑에서 일할 때부터 그런 단어를 늘 접해왔으나, 결국 자신에게 아무런 도움이 되지 않았던 것이 분명했다.

그는 타냐의 도움을 고맙게 생각했고 정치에 관해서는 그녀가 자신보다 훨씬 더 경험이 많다는 점도 알았다. 그러나 그것은 게리가 원하는 방식이 아니었다. 그는 타냐에게 말했다. "사람들을 적대시하는 것은 내 방식이 아닙니다. 나는 그런 식으로 살고 싶지 않습니다."

그는 그녀와 우호적인 관계를 유지했으나, 정치 문제에 관한 조언은 아내에게 다시 맡겼다. 그는 가끔 위원회 일로 통화를 할 때 스피커폰을 켜두곤 했다. 그러면 트리시가 다른 일을 하면서도 통화 내용을 같이 들을 수 있었다. 그럴 때는 통화가 끝난 후 꼭 그녀에게 의견을 구했다. 자신의 목소리가 너무 날카로웠는지, 참을성 없게 굴었는지 등을 물어보았다. 그녀는 객관적으로 지켜보았으므로 훨씬 정확하게 판단할 수 있었다.

이 모든 과정은 원하는 만큼 빨리 진행되지 않았다. 갈등에서 벗어나는 길은 일직선이 아니었다. 모든 갈등이 마찬가지다. 게리는 가장 중요한 것을 지켜내기 위해 많은 것을 포기했다. 물론 그렇게 하기가 마음이 편할 리가 없었다.

위원회에서도 발언 차례가 돌아오면 숨을 크게 들이쉬면서 감정을 자제하느라 고생한 적이 한두 번이 아니었다. 그가 많은 시간을 들인 일은 주로 자신의 고집을 다스리는 것이었다. 그는 마음속으로 늘 다음의 세 가지 질문[5]을 던지는 습관이 있었다.

'그 말을 할 필요가 있을까?'

이 질문에 긍정적인 답이 나오면 또 이렇게 자문했다.

'그 말을 꼭 내가 해야 할까?'

이 또한 그렇다면, 다시 질문해봤다.

'지금 당장 내가 그 말을 해야 할까?'

여기까지 가서야 아니라는 판단이 내려지는 순간이 많았다. 놀라웠다.

자신의 가치관에 충실하는 것은 게리에게 여전히 중요한 일이었다. 만약 위원 중에 누군가가 주민의 신뢰를 저버린 채 뭔가 의심쩍은 일을 꾸미고 있다고 판단되면, 그는 거침없이 그렇다고 말했다. 그러나 그는 그럴 때조차 그 말을 '잘 알아듣게' 전하려고 오랜 시간을 고민했다.

'알아듣게' 말하려면 어떻게 해야 할까? '알아듣게' 말하려면 듣는 사람의 마음과 그들에게 가장 중요한 것이 무엇인지 파악해야 한다. 이것은 게리가 주민들의 속사정을 이해할 때도 꼭 필요한 부분이다. 핵심은 경청이 불러오는 연쇄작용이 중요하다는 것이다. 경청을 통해 시간을 확보하면 그들에게 가장 중요한 일이 무엇인지 알아내고 이해할 수 있다. 비록 그 생각에 동의는 하지 않더라도 말이다.

우리가 특정한 정치 관념을 형성하는 데는 일반적으로 여섯 가지의 도덕적 기반이 작용한다고 한다. 이것은 사회심리학자 조너선 하이트Jonathan Haidt의 책《바른 마음》에 나오는 내용이다. 그 여섯 가지 기반은 '보살핌, 공정, 자유, 충성, 권위, 존엄'이다. 이것이 바로 인간의 거의 모든 정치적 행동을 이해하는 열쇠다. 이런 덕목은 대체로 보수주의자나 보수주의 매체들에서 주로 언급되며, 특히 충성과 권위, 자유, 존엄이 더 중시되는 편이다.

도덕에 관한 우리 마음의 속사정을 이해하면 비로소 '알아듣게' 말하는 법을 터득할 수 있다. 예를 들어 사회 심리학자 로브 윌러Robb Willer와 매튜 파인버그Matthew Feinberg의 연구에 따르면, 좌파 성향의 사람들이 보수 성향의 미국인을 상대로 기후 변화 문제의 심각성을 설득할 때는 자연의 '순수함[6]을 보존해야 한다'는 점에 주로 호소한다고 한다. 그러나 좌파 정치인들은 거의 언제나 지구를 '보살펴야' 한다는 말을 주로 한다. 모든 사람이 그렇듯이 그들 역시 자신의 도덕적 관념에 맞는 언어로만 말하는 까닭에, 많은 국민은 그들의 말을 '알아듣지' 못한다.

내 생각을 버리고 상대방의 도덕적 관념에 맞춰 말하기는 여간 어려운 일이 아니다. 그것은 본능을 거스르는 일이다. 그러기 위해서는 훈련과 겸손, 교양, 공감 등의 덕목을 갖추어야 한다. 윌러와 파인버그는 좌파 성향

311

의 사람 중 20퍼센트 정도는 아무리 효과가 좋다고 해도 보수주의자를 설득하기 위해 자신의 주장을 재구성할 생각이 없다는 사실을 발견했다. 이것은 고도 갈등에서 나타나는 전형적인 현상이다. 자신의 관념을 바꾸는 일은 아무리 사소하고 심지어 자신에게 이로운 것이라 하더라도 생각조차 하기 싫은 큰 위협으로 여겨지는 것이다.

어느 날, 새 도로가 나고 있던 어느 동네 주민이 자기 집 앞 진입로를 확장할 비용을 지원해달라고 위원회에 요청했다. 그것은 기존의 대규모 공사에 추가하기에는 시간과 돈이 너무 많이 드는 요구였다. 게리는 그녀의 요구가 불공정하다는 점을 들어 반박할 수도 있었다. 한 사람이 원하는 일에 주민 전체의 세금을 쓸 수 없다고만 말해도 충분히 논리적이었을 것이다. 게리뿐만 아니라 많은 주민이 수긍할 수 있는 말이었겠지만, 그는 그렇게 말하지 않았다. 그래봤자 그녀는 전혀 '알아듣지' 못할 것이다. 그는 똑같은 말이지만 다른 식으로 말했다. "이 점을 생각해보세요. 그렇게 해드리면 다른 이웃들도 다들 귀댁 진입로 앞에서 차를 돌리려고 할 텐데요." 그 말을 듣고 그녀는 생각을 바꿨다.

이것이 그저 교묘한 말장난일 뿐일까? 그럴지도 모른다. 그렇다면 프랑스에 가서 프랑스어로 말하는 것은 말장난이 아닌가? 혹시 진정한 의사소통을 위해 '알아듣게' 말했을 뿐인 것은 아닐까?

한 가지 흥미로운 이야기를 덧붙이고자 한다. 주차장 확장공사 건은 게리가 이야기해준 것이 아니다. 나는 이 이야기를 그의 지난 천적 휴에게서 들었다. 휴는 게리의 행동이 바뀌었다는 것을 눈치챘다. 휴는 이렇게 말했다. "요즘 보면 그는 옛날의 중재자로 돌아온 것 같습니다. 말투도 달라졌어요." 휴는 이제 뮈어비치를 떠나야겠다고 생각하지 않는다. 사실 그는 이 동네가 마음에 든다고 내게 말했다. 그리고 중요한 일이 있을 때마다 게리와도 기꺼이 힘을 합친다.

물론 게리는 여전히 짜증을 내곤 했다. 위원회가 자신의 업적을 송두리째 망치고 있다는 푸념을 트리시와 자녀들에게 늘어놓는 일이 많았다(사실 그것도 틀린 말이 아니다). 그러면서도 그는 기분이 얼마나 홀가분한지 모른다고 했다. 불안과 희망, 체념과 활기를 번갈아 경험하며 살았다. 고도 갈등에 빠졌다가 벗어난 사람들은 이렇게 흔들리는 모습을 보일 때가 많다.

새 체제가 들어선 지 몇 개월이 지났을 때, 게리는 특별 회의[7]를 요청해야겠다는 생각이 들었다. 위원 중 한 명이 규정을 어긴 게 확실했기 때문이다. 그러나 이런 의문이 들었다. "내가 지금 누구에게 특별 회의를 요청하려는 거지?" 그러자 그는 자신의 정의감과 선을 위해, 즉 자신을 위해 이러는 것임을 인정할 수밖에 없었다.

그래서 그는 포기했다. 이따금 주문처럼 외는 말을 다시 반복했다. "나는 중요한 사람이 아니야, 이것도 별로 중요한 일이 아니야." 그는 특별 회의에서 그 사람을 난처하게 만들지 않으면서도 위원들에게 책임을 지울 방법을 생각해냈다.

어느 날 내가 게리를 찾아가 보니, 그는 이미 '개인적 혼란'을 회복한 지 오래였다. 그가 한 말이기도 했다. 우리는 뮈어비치를 함께 걸었다. 게리가 말했다. "세상에, 멋진 여름밤이군요. 안개도 없이 보름달이 떴네요. 그동안 별것도 아닌 일로 아웅다웅한 것 같아요." 그런 말을 들으니 참 다행이라는 생각이 들었다. 그가 얼마나 많이 변화했는지 알 수 있었다.

고도 갈등이 야기하는 문제 중 하나는 이런 자잘한 기쁨의 순간이 눈에 보이지 않는다는 점이다. 기쁨을 느끼기 위해서는 호기심을 지녀야 한다. 타르 웅덩이에 빠진 사람은 호기심을 발휘할 여유가 없다.

그다음에는 우리가 어떤 집을 지나치는데 게리가 나지막한 목소리로 말했다. "이 집 사람들은 저를 미워해요." 그러나 그렇게 말하면서도 그는 웃고 있었다. 또 어떤 집을 지나치면서는 이렇게 말했다. "나는 이 사람을 믿지는 않지만, 좋아해요." 그의 말에서 복잡한 심경이 느껴졌다. 자신의 표현처럼, 그는 '긴장을 유지하고' 있었다. 선과 악, 우리와 그들이라는 구도에서는 벗어났지만 말이다. 이제 그의 마음속에는 복잡함을 담을 여유가 생겨난 것이다. 다시 말해 그는 세상을 좀 더 정확하고 온전하게 바라보고 있었다. 어떤 사람을 좋아하면서도 신뢰하지 않는 것은 충분히 가능한 일이다. 우리 주변에도 이런 사람이 있지 않은가.

이것은 게리와 커티스가 가진 공통점이었다. 두 사람은 인종이나 나이, 배경 면에서 너무나 다르다. 게리 주변에서 일어나는 사소하고 온건한 분쟁은 커티스가 겪은 갱단 갈등에 비하면 그저 우스운 수준이다. 그러나 그들의 내면을 들여다본다면 두 사람이 지닌 복잡한 심경이 서로 얼마나 똑같은지 놀라게 될 것이다. 그들 자신이나 주변 사람들에 대해서도 마찬가지이다. 두 사람이 이런 생각에서 벗어난 방식은 서로 달랐지만, 둘 다 호기심과 겸손이 그 바탕이 되었다는 점에서는 같았다. 아울러 게리는 집 근처의 불교센터에서 명상 훈련을 받았고, 커티스는 갱단 시절에 입문한 이슬람을 통해 영적 훈련을 했다. 커티스와 게리는 이런 차이점과 함께 내면의 강인함이라는 공통점을 가지고 있다. 긴장을 유지하면서도 자신의 소중한 가치를 잃지 않는 태도 말이다.

"이 결혼에서 승자는 과연 누구인가?"

어느 날 게리가 운전하는 미니쿠퍼의 조수석에 내가 앉아있는데, 휴가 전화를 걸어왔다. 휴는 위원회 구성원 자격으로 마을 담장 설치 공사를 감독하고 있었다. 그런데 한 주민이 담장 높이에 불만이 있다고 했다.

"그 사람과 이야기해봤습니까?" 게리가 물어봤다.

"아뇨." 휴가 답했다.

게리는 고개를 갸웃했다. "그녀에게 전화하면 뭐라고 할 것 같습니까?" 그는 호기심 어린 목소리로 이렇게 말했다. 옛날에 그가 운영하는 중재 훈련을 받아봐서 익히 아는 목소리였다.

"사실은요, 그 여자 분이 얼마나 말을 걸기 힘든 사람인지…" 휴는 망설이며, 말을 잇지 못했다.

게리가 빙그레 웃으면서 말했다. "예, 나도 압니다." 그러고 나서 잠시 뒤 내가 예상치 못했던 말을 했다. "하지만 당신은 공감 능력이 충분한 분이잖아요. 그녀야말로 우리처럼 말을 들어줄 사람이 간절히 필요하고요. 그분들에게 그런 기회가 얼마나 드문지 생각해보세요."

"그 말도 맞네요." 휴가 말했고, 잠시 침묵이 이어졌다. "당신이 그렇게 말할 줄 알았어요. 내 전화해보리다."

불과 2분 남짓한 대화였지만 그날 밤 게리가 아내 트리시에게 이 이야기를 해주었을 때 그녀의 눈에는 눈물이 가득 고였다. 그가 마법을 불러온 것이다.

그로부터 머지않은 어느 날, 게리가 고된 하루를 마치고 자전거로 집에 막 도착하려는 참인데 이웃집 사람이 그를 큰 소리로 불렀다. 그는 우선 겁부터 났다. '아이고, 이번에는 또 무슨 불평을 늘어놓으려는 거지?' 그래도 일단 웃으면서 손을 흔들어주었다.

그녀는 게리네 집 앞까지 헐레벌떡 뛰어왔다. 그리고 "고맙다는 말을 드리고 싶어서요."라고 말했다. 지난번 위원회가 열리기 전에, 그는 그녀가 도로 건설에 관해 불만이 있다고 하길래 주민회의 때 일어나 말해보라고 격려해준 적이 있었다. 그리고 회의에서 그녀가 발언하는 동안, 게리는 그녀의 말에 끝까지 귀를 기울였다. 그녀는 그에게서 존중받는다는 기분을 느꼈다며 "비로소 사람 대접받은 것 같았습니다."라고 했다.

게리는 이런 순간을 맞이할 때면 선거에서 이길 때와는 또 다른 감정을 느꼈다. 선거처럼 짜릿하지는 않았지만, 훨씬 더 오래 가는 무언가가 있었다. 게리의 삶은 이웃의 삶과 서로 얽혀있기 때문이었다. 수십 년 전 그가 제이와 로나처럼 이혼을 앞둔 부부를 처음 중재하던 시절에도, 그들 부부 중 누가 지더라도 진정한 '승자'는 존재하지 않았다.

적대관계란 양측이 완전히, 모든 면에서, 그리고 영원히 결별할 때만

성립하는 개념이다. 그러나 현실에서 그런 관계가 존재하는 경우란 극히 드물다. 세상에는 '수구 세력'도 '신진 세력'도 없다. 협상 전문가 유리가 흔히 하는 말이 있다. "그런 말은 마치 '이 결혼에서 승자는 누구입니까?'[8]라고 말하는 것과 같다." 이웃 간의 말다툼이나 정치적 대결도 마찬가지다. 타냐가 늘 입에 달고 살듯이 상대편을 '때려 부수는' 일이 일어나더라도 그저 한순간 도파민만 분출될 뿐이다. 물론 기분은 좋다. 짜릿한 느낌이 든다. 나아가 중요한 법적·정치적 승리를 통해 제도가 바뀌고, 그 변화가 다른 분야에까지 영향을 끼칠 수도 있다. 대단한 일이다.

그러나 머지않아 또 양육권 분쟁이나 선거, 총싸움 등이 다가오리라는 것 또한 사실이다. 길고 긴 역사라는 관점에서 보면 우리는 모두 한 가족이다. 상징적으로나 실제로나 이것은 사실이다. 지구촌을 무대로 사는 우리는 과거 어느 때보다 서로를 의지하고 있다. 나의 승리가 이웃에 모욕을 안겨주는 것이라면 그것을 과연 이긴 것이라고 볼 수 있을까. 루스 킹Ruth King의 책《인종을 염려한다Mindful of Race》에는 이런 구절이 나온다. "분노는 혁명이 아니라[9] 시작에 불과하다."

평소 정치 문제에 적극적인 한 친구는 내가 이런 말을 하면 화를 낸다. 내가 하는 말에 나도 화가 날 때가 있다. 갈등이 눈앞에 보이는데 승자가 아무도 없다고 말하면 누구나 큰 낙담에 빠질 수밖에 없을 것이다. 내 친구는 확신에 찬 눈빛으로 이렇게 말하곤 한다. "사람은 싸워야 할 때가 있는 법이야." 물론 그 말도 맞다. 싸우고, 시위하고, 단결해서 돌파구를 열어야 할 때가 분명히 있다. 어떤 면에서 우리에게는 갈등이 필요할 때가 그렇지 않을 때보다 더 많다고도 할 수 있다. 그러나 상대방에 대한 이해가 빠진 갈등은 고작해야 반쪽짜리에 불과하다.

게리가 뮤어비치의 고도 갈등에서 벗어나던 약 2년 동안 다음과 같은 일이 일어났다. 도로 보수공사가 완료됐다. 수도 요금이 인상되었다. 회의 분위기가 개선되었다. 주민사회는 분열 없이 발전했다. 어느 날, 수구 세력의 한 위원이 게리가 마지막 회의에서 분쟁에 대처한 모습에 감사한다는 음성 메시지를 그의 전화에 남겼다. 그는 어느 한쪽을 편들 필요 없이 두 사람 모두 이해할 수 있을 것 같아 얼마나 다행인지 모른다고 게리에게 말했다. 게리는 전화로 그 메시지를 나에게 들려주기까지 했다. 그 일은 그에게 너무나 큰 의미로 다가왔다.

이 모든 일은 그의 예상보다 훨씬 더 어려운 과정이었다. 그러나 결국 게리는 뮤어비치 주민들이 게리 자신도 포함하여 서로를 좀 더 이해하는 데 공을 세웠다. 그는 마침내 정치를 바꾸는 일이 가능하다는 것을 증명해 냈다.

게리와 커티스를 지켜보면서 나는 더욱 긴장을 유지해야겠다고 생각했다. 정치적 충돌이 벌어지는 와중에도 긴장의 끈을 놓지 않겠다고 결심했다. 결혼에 승자는 없다는 말을 명심해야겠다. 우리는, 전 세계는 한 가족이다.

그렇다면 이제 무엇을 해야 할까?

"전쟁은 인간의 마음속에서 생기는 것이므로,

평화의 방벽을 세워야 할 곳도 인간의 마음속이다."

_ UNESCO 헌장 서문

해가 저물기 직전에 헬리콥터가 나타났다. 그중 석 대는 UFO처럼 열대우림 바로 위를 미끄러져 날았다. 2009년 11월 9일 밤이었다. 산드라 밀레나 베라 부스토스Sandra Milena Vera Bustos와 그녀의 남자친구는 안데스산맥을 가로지를 채비를 모두 마쳤다. 남의 눈에 띄지 않게 그들이 속한 게릴라 부대로 들어가려면 밤에 이동해야 했다.

그녀의 귀에 헬리콥터 날갯소리가 들렸다. 끊임없이 울려대는 그 소리는 콜롬비아 전역의 게릴라 대원들이 매일 듣는 전쟁 음악이었다. 이번에는 소리가 갑자기 들리는 것으로 보아 지상에서 아주 가깝다는 뜻이었다. 가슴이 철렁 내려앉았다.

산드라가 밖을 내다보니 헬리콥터에서 군인들이 사다리를 타고 내려오고 있었다. 하나, 둘, 셋, 열, 열다섯, 도무지 끝이 보이지 않았다. 누군가가 그들에게 자신들의 위치를 이야기해준 것이 틀림없었다. 이제 수십 명의 군인이 고작 네 명의 게릴라 부대원들을 꽁꽁 둘러쌌다. 그녀는 자신의 AK-47 소총을 찾아봤다. 다른 방에 놔둔 모양이었다. 시간이 없었다. 산드라와 세바스티안은 가옥을 뛰쳐나와 몸을 숨길 산비탈을 찾아보았다.

하루 이틀이 아니었다. 지난 반세기 동안 군대와 반군 사이에는 마치 고양이가 쥐를 잡는 듯한 광경이 연출되었다. 이런 일은 주로 콜롬비아 오지에서 벌어졌다. 갑작스러운 총격으로 들판이나 정글이 흙먼지로 뒤덮이면 지붕이 날아가고 동물들의 사체가 산산이 흩어지곤 했다.

산드라는 숨죽인 채 바위 뒷쪽 덤불에 몸을 숨겼다. 기관총 소리에 이어서 비명이 들렸다. 세바스티안인가? 그랬다, 그가 틀림없었다. 마치 자신이 맞은 것처럼 심장이 오그라들었다. 그녀는 미친 듯이, 그러나 입을 꾹 다문 채 기도할 수밖에 없었다.

다른 게릴라 부대원 한 명이 머리 위로 소총을 치켜든 채 투항한 모습이 멀리 보였다. 어쩌면 자신도 저렇게 해야 할지 모른다. 하려면 지금 해야 한다. 감옥에 가겠지만, 적어도 목숨은 부지할 것이다. 달리 무슨 수가 있단 말인가?

그러나 그때 다시 총성이 울리고 그 대원이 바닥에 쓰러졌다. 손을 머리 위로 들고 있었는데도 군인이 그를 쐈다. 그녀는 이제 깨달았다. 투항해봤자 소용없었다.

산드라는 바위 뒤에서 네 시간이나 얼어붙은 듯이 있었다. 심장이 고

6장 고도 갈등 해체하기

동치고 사지가 떨렸다. 그러면서도 딸 생각이 났다. 목걸이에 매달린 은색 돌고래를 만져봤다. 몇 년째 단 하루도 벗지 않은 목걸이었다. 드디어 군인들의 목소리가 멀어지기 시작했다. 그녀는 이를 악물고 도망치기 시작했다. 정신없이 산비탈을 질주하는 그녀의 검은 꽁지머리가 덤불에 휘날렸다.

그런데 이게 뭔가? 사람들의 목소리가 들렸다. 속도를 줄였다. 아래쪽에 더 많은 군인이 보였다. 등 뒤에는 오히려 더 많았다. 그녀는 식량도, 물도, 무기도 없이 갇혀버린 것이다.

무장 해제

우리는 모두 두 개의 세계에서 산다. 외부 세계와 내면의 세계다. 그리고 이 둘은 항상 서로 소통한다. 고위층의 서명으로 성립되는 공식 평화조약은 외부 세계에서 벌어지는 일이다. 이것은 당연히 중요한 일이다. 그러나 이 책은 또 다른 평화를 말하고 있다. 그 평화는 보통 사람들이 고도 갈등에서 벗어날 때 (혹은 벗어나는 데에 실패할 때) 내면에서 일어나는 개인적 차원의 일이다.

게리와 커티스의 경우 그 변화는 주로 스스로 이루어낸 일이다. 그들은 악전고투를 겪은 끝에 그 길을 개척해냈다. 똑같은 일을 글렌 벡을 비롯한 많은 사람은 못 해낸 이유이기도 하다. 정해진 길은 없다. 그러나 만약 존재한다면 어떨까? 마을, 나아가 국가가 나서서 많은 사람이 고도 갈등에서 벗어날 수 있는 길을 만들어낸다면 어떨까?

지난 수십 년간 60개가 넘는 나라들이 이 길을 찾으려고 애써왔다. 이 실험의 공식 명칭은 무장 해제, 복무 해제, 또는 재통합 등으로 불린다. 처음에 이것이 뜻하는 바는 주로 무장을 해제한다, 말 그대로 무기를 모아 폐기한다는 뜻이었다. 그러나 시간이 흐를수록 중재자나 정부나 추가 조치가 필요하다는 사실을 깨달았다. 추가 조치를 취하지 않으면 언제라도 갈등이 재점화될 수 있기 때문이었다. 그러기 위해서는 사람들이 새로운 정체성을 갖추도록 할 필요가 있었다. 그 방법은 대개 그들에게 돈과 정치 권력, 교육 등을 제공하는 것이었다.

그런데 생각해보면 이것은 매우 급진적인 발상이라고 할 수 있다. 얼마 전까지만 해도 국가의 적이었던 이들에게 정부가 수백만 달러의 돈을 쓴다는 것이다. 똑같은 그 정부가 지금까지 테러리스트, 반역자 등으로 부르고, 납치, 폭파, 강간, 마약 밀매, 소년병 모집 등의 책임을 물었던 바로 그 사람들에게 말이다.

이런 시도는 엄청난 실패로 끝날 수도 있다. 누구나 상상할 수 있는 일이다. 시에라리온[1]에서 시행한 재통합 과정에서는 눈에 띄는 변화가 전혀 없었다. 지원 서비스를 받지 못한 사람이나 받은 사람이나 성공적으로 사회에 복귀한 정도는 똑같았다. 고도 갈등의 원리를 정확하게 뒤집어 이용하는 것은 매우 어려운 일이다. 그러나 그 일을 어떻게 해낼 것인가는 이 시대가 당면한 가장 중요한 질문이다. 한두 사람이 아니라 인구 대다수가 고도 갈등에서 빠져나오는 길을 어떻게 만들 수 있을 것인가?

나는 이 질문의 해답을 찾기 위해 보기 드문 전문 지식을 축적해온 나라를 방문했다. 콜롬비아는 77년이 넘게 갈등으로 분열해온 나라였다. 형과 아우, 국가와 게릴라군 사이에 벌어진 이 참혹한 내전을 통해 사망한 사람은 대략 25만 명[2]에 달했다(정확한 숫자를 파악하기는 힘들다. 비교를 위해 지난 세기에 벌어진 아랍과 이스라엘의 전쟁[3]에서 나온 사망자를 모두 합하면 콜롬비아의 약 절반이 된다).

콜롬비아는 넓게 펼쳐진 신비로운 지역이다. 남아메리카에서 가장 먼저 성립된 민주주의 국가이기도 하다. 이 나라는 작가 가브리엘 가르시아 마르케스, 화가 페르난도 보테로, 가수 샤키라 등을 배출했다. 또 미국에서 유통되는 코카인의 가장 큰 공급처이기도 하다. 커티스가 속했던 시카고 갱단이 취급하는 코카인을 포함해서 말이다.

콜롬비아는 수십 년간 부패와 마약 밀매로 인한 혼란을 겪으면서 오히려 그 덕분에 사람들을 고도 갈등에서 건져내는 경험을 축적해왔다. 이 나라의 무장 해제 La Desmovilización 과정은 어느 모로 보나 한 편의 서사시였다. 이 계획은 야심만만했고, 막대한 돈이 필요했으며, 복잡한 일이었다. 2001년부터 진행된 정부의 재통합 프로그램에 따라 무장 해제된 사람은 약 5만 2,000명에 달했다.

2016년 정부는 이 나라의 가장 오래된 게릴라 집단인 콜롬비아 무장 혁명군 Revolutionary Armed Forces of Columbia, FARC과 불안한 평화 협정을 체결했다. 그러나 한때 게릴라에 몸담았던 사람 중 대부분은 평화조약이 체결되기도 전에 이미 갈등을 벗어났었다. 그들은 커티스처럼 차례차례 무기를 내려놓고 새로운 삶을 가꾸기 시작했다. 우리가 아는 한 그들 중 지금까지 다시 갈등이나 범죄 세계로 돌아간 사람은 거의 없다.

오늘날 콜롬비아는 재통합 프로그램을 통해 게릴라 출신 한 명당 수만 달러의 예산을 집행하고 있다. 전 세계에서 진행되는 유사 프로그램들의 평균과 비교해도 네 배가 넘는 금액이다. 이것은 사람들을 고도 갈등에서 구출하는 프로그램으로는 유례가 없을 정도로 막대한 규모의 투자다. 그러나 콜롬비아는 여전히 심각한 문제를 안고 있다. 평화 협정은 정치가와 범죄자들의 뻔뻔한 갈등 유발 행위로 언제 깨질지 모를 위기에 놓여있다.

어쨌거나 이것 한 가지는 분명하다. 콜롬비아에는 공식적으로든 그렇지 않든 수백만 명의 '갈등 전문가'가 존재한다는 사실이다. 그곳은 수많은 사람이 어떻게 한꺼번에 고도 갈등에 빠졌다가 또 빠져나올 수 있는지를 보여주는 실험의 현장이다.

정글 속으로

산드라가 열네 살쯤이던 어느 날, 그녀의 이웃집 앞에 세 명의 남자가 탄 자동차가 한 대 섰다. 이웃집 할머니는 무슨 일인지 알아보러 손자를 안은 채 밖으로 나왔다. 이 여인은 지역 주민들이 모두 잘 아는 사람이었다. 그녀는 훈타junta라고 하는 주민회의의 위원으로, 이 고장에 들어오는 수많은 무장단체와 협상하여 분쟁을 해결해왔다. 그녀는 마치 커티스와 빌리가 시카고에서 그렇듯이 이 지역의 방패 노릇을 하는 사람이었다.

자동차에 탄 남자 중 두 명은 두건으로 얼굴을 가리고 있었다. 산드라가 지켜보는 가운데 나머지 한 명이 차에서 내리더니 아무 말도 없이 그

2020년 2월 콜롬비아 보고타 시내에서 자동차를
탄 산드라의 모습. 니콜로 필리포 로소가 촬영했다.

녀를 사살했다. 산드라의 눈에는 모든 광경이 슬로우모션으로 지나가는 것 같았다. 할머니가 쓰러지면서 안고 있던 아기도 바닥에 떨어졌다. 차는 유유히 사라졌다.

산드라의 부모는 가난한 사람들 편에 선 좌익정당 소속이다. 이 당의 뿌리는 원래 공산주의였다. 즉 산드라 가족은 늘 쫓기는 신세였다. 지난 십여 년의 세월 동안 우익 단체들은 이 당의 지도자와 추종자들을 조직적으로 제거해왔고, 그 결과 그들의 손에 목숨을 잃은 사람이 수백 명에 달했다. 산드라가 피신한 횟수는 지금까지 기억하는 것만 열 번이 넘었다. 그러다가 열네 살 때는 결국 학교를 그만둘 수밖에 없었다. 잠시라도 어느 한 곳에 자리 잡고 살 수가 없어서였다.

산드라가 집 밖에서 이웃이 살해당하는 현장을 목격한 것도 바로 그런 시기였다. 그녀는 말없이 그 광경을 지켜봤다. 그리고 어른들이 뛰어나오는 것을 봤다. 이어서 그들이 우는 소리가 들렸다. 할머니와 아기는 모두 그 자리에서 숨을 거두었다.

그때가 바로 산드라가 이 싸움에 몸을 던지기로 결심한 순간이었다. 더 이상 지켜볼 수만은 없었다. 그리고 직접 나서서 싸우기 시작했다. 싸움의 상대는 준군사 조직들이었다. 그들은 자신의 부모님을 살던 곳에서 쫓아냈고, 그들이 누리던 권력과 땅, 부에 해가 되는 사람들을 무참히 살해해왔다. 산드라는 공포에 질린 그 순간을 계기로 이 길에 접어들었다.

산드라는 가족의 곁을 떠나 공산당 반군, 즉 FARC에 가입했다. 그녀는 아직 어린 소녀에 불과했지만, 당시에는 그것이 별로 드문 일도 아니었고 지금도 마찬가지다. 오늘날 전 세계의 전투 현장에서 싸우는 소년병은 약 30만 명에 달하고 그중 40퍼센트는 여자아이들이다.[4]

산드라도 여느 게릴라 전투원처럼 새 이름을 골랐다. 말 그대로 다른 사람이 된 것이다. 산드라는 이제 자신을 '리세트'라고 했다. 그러나 부모로부터 물려받은 윤기 나는 검은 머리와 넓은 얼굴을 가진 그녀에게 동료들은 '리틀 인디언'이라는 별명을 붙여줬다. 이후 산드라는 사람들을 혼동시켜 따돌리기 위해 수많은 이름을 쓰게 된다.

"이봐, 더 이상 미루지 마"

2014년, 콜롬비아는 16년간 예선에서 탈락한 끝에 드디어 세계에서 가장 인기 있는 스포츠 대회인 월드컵 본선에 출전했다. 당시 대표팀을 이끌던 최고의 선수가 부상으로 나서지 못했으므로, 성적에 대한 기대는 별로 높지 않았다. 그러나 제임스 로드리게스James Rodriguez라는 붉은 뺨의 젊은 선수가 나타나 이 공백을 메우기라도 하듯 첫 네 경기에 다섯 골을 넣으면서 깜짝 스타로 등극하자, 온 나라가 열광에 빠졌다.

6월 28일, 콜롬비아는 16강전에서 우루과이와 만났다. 이 경기에서 이기면 콜롬비아 역사상 최초로 8강전에 진출하게 된다. 콜롬비아의 거의 모든 국민이 이 경기를 지켜봤고, 그중에는 후안 파블로 아파리시오Juan Pablo Aparisio도 있었다. 메데인에 사는 이 스물한 살의 대학생은 기적이 일어나기를 간절히 바라면서 숨죽인 채 경기를 지켜봤다.

전반 28분, 로드리게스는 축구 역사상 가장 아름다운 골을 터뜨렸다. 왼발 발리슛으로 날린 공이 23미터를 날아가 크로스바 아래로 아슬아슬하게 들어갔다. 환상적인 골이었다. 후안 파블로를 비롯한 주변의 모든 사람이 일제히 환호성을 지르며 뛰어올랐다. 끓어오르는 애국심으로 너무나 신이 났지만, 한편으로는 이상한 기분이 들었다. 이 순간만큼은 콜롬비아의 모든 사람이 하나가 된 것 같았다.

경기 도중에 공익 광고가 한편 방송되었다. 평소에 자주 나오던 금연이나 음주 운전 경고 등의 내용이 아니었다. 이제 고도 갈등에서 벗어날 것을 촉구하는 메시지였다. 아나운서가 게릴라 전투원들을 향해 대놓고 말했다. "이봐, 더 이상 미루지 마, 최고의 경기를 관전할 자리를 마련해놨어. 어서 무장 해제하자."

그것은 당시 정부가 반군에게 투항을 종용하기 위해 계속 내보내고 있던 선전 광고[5]였다. 후안 파블로는 그때야 비로소 깨닫고 충격을 받았다. 왜 누군가는 저런 광고가 먹힌다고 생각했을까?

콜롬비아 내전은 후안 파블로가 태어나기도 훨씬 전인 1960년대에 시작되었다. 당시는 극소수의 기득권층이 콜롬비아의 토지와 부, 정치권력을 독점하고 있었다. 이런 상황에서 FARC를 비롯한 마르크스주의 단체들은 공정 사회의 실현을 요구하며 국가를 상대로 무기를 들었다. 그러자 부유한 지주들은 자신들을 지키기 위해 직접 군대를 조직했다. 이를 준군사 조직이라고 한다. 산드라의 이웃집 할머니를 살해한 군인도 바로 이 준군사 조직 중 하나에 속해있었다. 콜롬비아에서 불쏘시개 노릇을 하는 주동자들은 도시와 농촌, 부자와 빈자 간의 오래된 분열을 부추기는 방식으로 갈등에 불을 질렀다.

해가 갈수록 콜롬비아 군대도 준군사 조직과 함께 FARC를 상대로 싸우기 시작했다. 둘을 서로 구분하기조차 어려울 때도 있었다. 그러는 동안 미국도 내전을 지원하고 나섰다. 콜롬비아 군대에 경제적, 군사적 지원을 제공한 것이다. 미국은 처음에 공산주의자들과의 전쟁에 개입했고, 이어서 마약과의 전쟁, 마침내는 테러와의 전쟁을 명분으로 내걸었다. 대부분의 전쟁이 그렇듯이 이 전쟁 역시 처음 계획대로 흘러가지는 않았다. 폭력은 더 큰 폭력을 불러왔다. 양극화와 부패, 불평등은 점점 더 확대되었다.

이 분쟁에 관련된 세력들은 너나 할 것 없이 이루 말할 수 없는 일을 저질렀다. FARC는 끔찍할 정도로 많은 사람을 납치했다. 준군사 조직이 무고한 사람을 살해한 숫자도 무시무시할 정도였다. 군대는 수천 명의 농민을 학살한[6] 다음, 시체에 전투복을 입히고 총을 들려놓은 채 그들을 전투원이라고 우겨댔다. 그들은 고작 공식 기록에 나타나는 게릴라 사망자 수를 늘리려고 이런 짓을 했다.

보통 사람들의 삶은 모든 면에서 악화했다. 고도 갈등의 분명한 신호였다. 콜롬비아 내전으로 발생한 사망자의 열 명 중 여덟 명은 민간인이었다. 거의 800만 명에 달하는 콜롬비아인이 이 갈등으로 인해 고향에서 쫓겨나 제 나라 안을 떠도는 난민[7] 신세가 되었다.

대부분의 콜롬비아인과 마찬가지로 후안 파블로 역시 평생을 이런 분

6장 고도 갈등 해체하기

쟁 속에서 살아왔다. 분쟁은 마치 암이 재발하는 것처럼 늘 자신을 따라다 녔다. 그의 절친 중에는 아버지가 극우 준군사 단체에 납치된 사람이 있었 다. 아버지는 끝내 돌아오지 못했다. 그의 아버지는 단지 큰 커피 사업을 운영한다는 이유로 FARC로부터 납치 대상으로 지목되어 있었다. 후안 파 블로가 아는 한 이 게릴라들은 도저히 구제 불능인 자들이었다. 이 세뇌된 전쟁광들을 세상에 어느 누가 설득한들 무기를 내려놓게 할 수 있단 말인 가? 그가 보기에 무장 해제 선전 활동은 말도 안 되는 순진한 짓이었다.

그날 콜롬비아는 16강전을 이겨 준준결승에 진출했다. 로드리게스는 국민적 영웅이 되었다. 상대 팀 감독조차 그가 이번 대회 최고의 선수라고 칭찬할 정도였다. 엿새 후, 콜롬비아는 브라질을 만나 뼈아프게 패배했다. 그러나 이후에도 후안 파블로의 머리에서 떠나지 않는 생각이 하나 있었 다. 콜롬비아가 지닌 힘은 어쩌면 모두가 생각하는 것보다 더 클지도 모른 다는 생각이었다.

포위

헬리콥터의 기습공격을 받았던 당시, 산드라는 이미 9년째 FARC에 몸담 고 있었다. 그녀와 세바스티안은 그 직전에 다른 지역의 정치적 직책을 맡 아 막 파견되어온 터라 희망에 차 있었다. 그들은 함께 협력해야 할 처지 였다. 그녀가 처음 합류했을 때 그랬던 것처럼 이 작은 고장 사람들에게 게릴라 운동의 이념을 설명하는 일이 그들의 몫이었다. 그녀는 그 일이 좋았다. 이념, 정의, 마르크스주의 혁명가 체 게바라, 더 공정하고 진보한 세상에 관한 비전 등을 이야기하는 것이 좋았다. 아직 실현되지 않은 세상이지만 말이다. 그녀는 사람들의 돈을 뺏는 등의 지저분한 일도 별로 할 필요가 없었다. FARC는 대원들이 죄책감을 덜 느끼도록 돈을 '경제 단위'라고 불렀다. 그들은 납치든 마약 밀매든 수단과 방법을 가리지 않고 돈을 모았다.

주변 동료들과 달리 산드라는 군복을 입고 AK-47 소총을 든 모습을 사진으로 남기지 않았다. 그것은 그녀의 스타일이 아니었다. 물론 무기를 다룰 줄 알았지만, 다행히 아직 아무도 죽인 적이 없었다. 이따금 어쩔 수 없이 사람을 위협하는 것조차도 끔찍이 싫었다. 그런 날은 종일 속이 메스꺼웠다. 오랫동안 이런 정치적 임무로 복귀하기를 원했던 것도 그 때문이었다.

그러나 다른 이유도 있었다. FARC 대원은 아이를 낳는 것이 허용되지 않았다. 여성 게릴라 대원이 아이를 가지면 보통 낙태를 종용받는 일이 다반사였다. 그녀가 세바스티안의 아이를 가졌을 때는 겨우겨우 예외를 인정받아 가까스로 산달을 채웠다. 그러나 아이를 낳은 지 1년 만에 그녀는 다시 정글로 복귀하라는 명령을 받았다. 딸아이는 보고타에 있는 세바스티안의 친척 집에 맡겨놓았다. 귀엽고 동그란 얼굴의 딸 타마라는 이제 네 살이 되었지만, 산드라는 자신과 세바스티안이 둘 다 죽으면 타마라는 고아가 될 수밖에 없다는 두려움을 떨칠 수 없었다.

시카고의 커티스와 중동의 검은 9월단원과 마찬가지로, 산드라 역시 갈등에서 벗어나 위험을 다른 시각으로 바라볼 수 있었던 원동력은 바로

　　　　　　　　　　　　　　　　　　　6장 고도 갈등 해체하기

부모라는 정체성이었다. 그녀는 불침번을 설 때마다 매복을 당하지 않을까 걱정했다. 트럭을 몰고 어디로 갈 때도 늘 폭탄이 터지는 장면이 눈에 떠올랐다. 그녀는 여전히 FARC로서의 목적의식과 소속감, 의무 등을 잊지 않았다. 그러나 그 어떤 이유로도 이 세상에 딸을 혼자 남겨둘 수는 없었다. 최소한 딸아이에게 부모는 살아있어야 한다고 생각했다. 그녀는 타마라가 사는 곳에서 조금이라도 가까운 지역에, 그것도 덜 위험한 일을 맡으러 가는 것이 다행이라고 여겼다. 계획이라고는 그것뿐이었다.

그후 군인들이 그들을 둘러쌌고, 세바스티안을 죽인 것이다. 기습공격을 당한 후 열흘 내내, 산드라는 그 산기슭을 떠돌아다녔다. 체력이 떨어지면서 시간 감각도 놓쳐버렸다. 그녀는 주머니에 늘 간직하고 있는 성녀 마르타의 그림을 만지작거리며 기도드렸다. 그것은 오래전에 어머니가 물려준 선물이었다.

이윽고 그녀는 커티스가 아들의 졸업식에서 그랬듯이, 이제는 그만둬야겠다고 결심했다. 이번에만 살아남는다면 분쟁에서 벗어나 아이를 돌보겠다고 마음먹었다. 다시 산드라로 돌아가는 것이다. 물론 고통스러운 결정이었다. 동지들이 그녀를 배신자로 간주하리라는 것도 알고 있었다. FARC가 탈영자에게 내리는 벌은 곧 죽음이다.

그러나 그녀는 이제 포화점에 다다랐다. 그동안 입은 손해는 더 이상 견디기 어려울 정도가 되었다. 마침내 그녀는 한 농가의 문을 두드렸고, 그들은 음식과 물을 내어주었다. 그녀는 그곳에서 몸과 마음을 추스르며 가족과 재회할 준비를 마쳤다. 언니에게 연락해 자신을 데리러 와달라고 부탁했다. 산드라가 그녀에게 말했다. "이제는 그만두고 싶어. 다시는 이런 일을 하지 않을 거야."

선전의 패러다임을 바꾸다.

월드컵의 짜릿한 승리를 지켜본 지 4년 후, 후안 파블로는 경제학 박사 과
정을 밟고 있었다. 지도교수는 그의 논문[8]을 지도하면서 가능한 한 말도
안 되는 아이디어를 파고들어 보라고 조언했다. 엉뚱하면 엉뚱할수록 좋
다는 말도 덧붙였다. 마침 콜롬비아는 2018년 월드컵 본선 진출권을 막
획득한 참이었다. 후안 파블로의 머리에는 그 광고가 다시 떠올랐다. 그
광고가 과연 효과가 있었는지 갑자기 궁금해졌다. 30초짜리 영상으로 사
람들이 고도 갈등에서 벗어난다는 것이 가능한 일일까?

그의 의문은 진지했다. 그러나 호기심을 품을 만한 이유가 있었다. 당
시 그는 그 정반대 경우도 가능하다는 것을 알게 되었다. 르완다의 사례였
다. 2014년, 데이비드 야나기자와-드로트 교수는 1994년 르완다 집단학
살[9] 기간에 라디오방송국이 투치족을 말살하라고 선동한 방송의 효과를
연구한 바 있었다. 이 경우, 메시지를 들을 수 있었던 곳은 오직 라디오방
송이 수신되는 마을뿐이었다. 이 나라에는 라디오 신호가 안 잡히는 곳마
다 자연발생적인 통제집단이 있었다.

결과는 충격적이었다. 르완다에서는 라디오 수신율이 높은 곳일수록
살인 사건의 빈도도 높았다. 전체 폭력 사건 중 10분의 1은 바로 이 라디
오방송과 관련이 있는 것으로 나타났다. 수만 명이 사람들이 단지 폭력을

선동하는 방송 메시지 때문에 같은 국민을 공격했다. 이 라디오방송으로 목숨을 잃은 르완다 국민은 약 5만 명에 이르렀다. 말의 힘은 컸다. 르완다 전역의 갈등 촉진자들은 라디오방송을 통해 증오를 부추김으로써 총을 쏘게끔 한 셈이다.

후안 파블로는 여기서 궁금증이 발동했다. 똑같은 말로 정반대의 일을 할 수는 없을까? 매체에 나오는 전직 게릴라 전투원들의 인터뷰에 따르면 FARC 대원들은 언제 어디서나 마치 종교처럼 콜롬비아 축구 대표팀의 경기를 중계방송으로 듣는다고 했다. 그들은 국가를 상대로 총을 들고 싸우는 처지임에도 축구 국가대표팀을 광적으로 응원했다. 그러니 게릴라 대원들도 알게 모르게 무장 해제 선전을 다 듣고 있다고 봐야 했다.

한편, 콜롬비아 정부는 무장 해제 추진 기록을 계속 관리하고 있었으므로, 후안 파블로는 2001년부터 2007년에 걸쳐 FARC를 탈퇴한 인원수를 월 단위로 파악할 수 있었다. 이는 총 1만 9,000명이 넘는 이탈자에 관한 방대한 데이터이자, 소중한 정보의 보고였다.

르완다와 달리 콜롬비아는 라디오방송 미수신 지역이 거의 없었다. 그러나 콜롬비아는 열대 기후인 데다 지형적인 특성 때문에 지역별로 강수량에 차이가 있었다. 그런데 비가 올 때는 라디오 수신율이 급격히 떨어진다는 사실을 알게 되었다. 따라서 후안 파블로는 축구 경기가 열릴 때의 기후 상황에 따라 어느 지역의 FARC 대원들이 무장 해제 선전을 들을 가능성이 있는지 판단할 수 있었다. 그리고 경기가 끝난 후 그 지역의 무장 해제율과 강수 지역의 비율을 서로 비교할 수도 있었다. 즉 이것은 일종의 자연 실험이었다.

축구 경기가 열릴 때마다 정부와 방송사 간의 계약에 따라 선전 광고가 실제로 방송되었는지 확인하기 위해, 후안 파블로는 방송사를 상대로 총 200여 건에 달하는 국가대표팀 경기 방송 자료를 확인하게 해달라고 요청했다. 방송사는 이를 거절했다. 그래서 다시 정부에 요청해보았다. 역시 거절이었다.

그래도 후안 파블로는 포기하지 않았다. 그는 축구와 조국이라는, 자신이 깊이 사랑하는 두 대상의 교차점에 대해 일종의 오기가 발동했다. 그래서 트위터에 1,000달러의 상금을 걸고, 혹시 어느 축구 광팬이 경기를 모두 녹화해둔 자료가 있는지 찾아 나섰다. 거의 도박에 가까운 일이었지만, 후안 파블로는 콜롬비아의 축구 열기를 어느 정도 믿는 구석이 있었다.

몇 시간 만에 반응이 왔다. 콜롬비아에서 유명한 축구 사이트를 운영하는 어느 열성 팬이었다. 그들은 메데인의 한 쇼핑몰에서 만나 거의 모든 경기의 중계방송이 녹음된 USB 드라이브와 1,000달러를 교환했다.

이후 몇 개월간, 후안 파블로는 부모와 형제까지 총동원해서 녹음자료를 전부 들어봤다. 얼마 안 가 무장 해제 메시지의 데이터베이스가 확보되었다. 그는 또 NASA가 운영하는 열대강우관측위성 자료를 통해 콜롬비아의 1,122개 지방 중 국가대표팀 경기 라디오 중계가 들린 곳이 어디인지를 다 조사했다. 심지어 그는 저녁에 벌어진 경기를 따로 파악하기도 했다. FARC 대원들이 라디오를 가장 많이 듣는 시간대가 바로 저녁이었기 때문이다.

그 결과 놀라운 사실이 드러났다. 비가 내리지 않는 저녁 시간에 축구 중계를 들은 게릴라 집단이 그렇지 않은 게릴라 집단에 비해 평균 스무 명이나 더¹⁰ 경기 바로 다음 날 무장 해제에 합류한 것으로 밝혀졌다. 평소 일일 이탈자보다 10배나 더 많은 숫자였다. 더구나 이들 지역의 무장 해제자 비율은 경기가 끝난 후 일주일까지도 높은 수준을 유지했다.

이에 비해 널리 이름이 알려진 FARC 지도자가 죽었을 때는 약 36명 정도의 무장 해제자가 나왔다. 그러나 이렇게 고위급 리더가 처형되는 일은 콜롬비아 내전 전체를 통틀어도 겨우 손에 꼽을 정도에 불과했다. 후안 파블로의 데이터에 따르면 축구 경기에 붙는 선전 메시지가 훨씬 더 큰 파급력이 있었다. 축구 경기는 훨씬 더 자주 벌어질 뿐만 아니라 사람의 생명과 재산을 희생할 필요도 거의 없었다.

축구 광고가 왜 이렇게 큰 효과를 내는지 아는 사람은 아무도 없다. 분명히 많은 요인이 서로 작용하여 무장 해제에 영향을 미치게 될 것이다. 게다가 역선전이 늘 긍정적인 효과만 내는 것도 아니다. 앞으로 살펴보겠지만, 콜롬비아에서 제작된 광고 중에는 훨씬 더 설득력이 있다고 생각했던 것도 실패로 끝난 경우가 많다.

그러나 후안 파블로는 이제 창의적인 메시지의 위력을 충분히 인정하게 되었다. 그는 나에게 이렇게 말했다. "우리는 사람을 죽이지 않고도 고도 갈등에서 빠져나오게 할 수 있습니다. 그리고 선전은 그들을 구출하는 매우 효과적인 수단입니다." 그의 연구에 따르면 약 9년 동안 지속된 축구 광고가 2016년에 FARC와 체결한 공식 평화 협정보다 더 많은 무장 해제자를 배출한 것으로 나타났다.

물론 우리가 모르는 내용도 많을 것이다. 그러나 한 가지 분명한 점은, 게릴라 전투원을 포함한 우리 모두의 마음속에는 여러 가지 정체성이 존재한다는 사실이다. 우리는 그 모든 정체성을 올바르게 구현해야 한다.

"보이지 않는 시민"

산드라의 언니가 그녀를 이 북새통에서 꺼내려고 오토바이를 타고 왔다. 그들은 저녁 무렵에 떠나 산길을 아홉 시간이나 달린 끝에 보고타에 도착했다. 어둠 속을 달리는 산드라는 넋이 나갈 것만 같았다. 언제 군인들이 자신을 죽일지 몰라 두려워하던 그녀는 이제 탈영자가 되어 FARC의 손에 목숨을 뺏길까 봐 무서워하는 신세가 되었다. 그래서 세바스티안의 죽음은 미처 생각할 겨를도 없었다. 그런 생각은 아예 잊어버렸다. 대신 머릿속에는 오직 타마라 생각뿐이었다.

산드라는 보고타에 도착하자마자 딸과 재회한 후에야 비로소 안심할 수 있었다. 그러나 마음이 놓인 것도 잠시뿐이었다. 어머니의 아파트에 숨어 지내던 산드라는 거대한 장벽을 만난 것 같았다. 그녀에게는 두 가지 최악의 선택이 놓여있었다. 하나는, 도시에서 가족과 이대로 지내다가는 머지않아 당국의 손에 체포될 것이 분명하다는 것이었다. 아니면 그녀가 먼저 정부에 투항하는 방법이 있었다. 그 경우에도 역시 자신을 기다리는 것은 죽음뿐이었다. FARC에 있으면서 귀가 따갑도록 듣던 말이, 잡히면 모든 정보를 털어놓을 때까지 고문만 당하고 결국 죽는다는 것이었다. 정말이지 선택지는 하나도 없었다. 타마라를 키울 생각이 없다면 모를까 말이다.

산드라도 정글에 있으면서 라디오 공익 광고를 들은 적이 있었다.

6장 고도 갈등 해체하기

FARC 대원들을 상대로 무장만 해제하면 밝은 미래를 약속한다는 내용이었다. 그러나 그런 말을 믿었던 적은 한 번도 없었다. 콜롬비아 군대는 그녀의 친구를 죽였고, 준군사 조직과 결탁하여 가족을 쫓아내고 이웃을 살해한 집단이다. 동료들은 그 방송이 모두 거짓말이라고 했고, 그녀는 동료들의 말을 믿었다.

그런데 이제 이 좁은 공간에 갇힌 채 자신을 겨우 알아보기만 할 뿐 엄마라고 부르지도 않는 딸과 다시 친해지려고 애쓰던 그녀는, 어떻게 하면 이곳을 탈출할 수 있을까만 필사적으로 궁리했다. 그녀는 매일 아침 눈을 뜨자마자 묘수를 짜내느라 골몰했다. 직업을 구해 가족을 부양하고 싶었다. 학교도 다시 다니고 싶었다. 그러나 방법은 떠오르지 않았다.

산드라의 사연을 들을 때마다 얼마나 시카고 갱단의 이야기와 흡사한지 놀라울 지경이다. 친척 집에 숨은 채 어디에도 나서기가 무서워 꼼짝도 못했다는 것부터 그렇다. 정확한 인원수는 알 수 없지만, 할 수만 있다면 벗어나고 싶으나 어쩔 수 없이 고도 갈등에 빠져 사는 사람이 지금 당장만 해도 수백만 명에 달한다고 봐도 좋을 것이다.

세바스티안이 죽은 지 두 달 후인 2010년 1월, 산드라는 언니의 컴퓨터로 구글 검색을 해보았다. 그녀가 찾아낸 것은 콜롬비아 정부 산하의 이른바 '재통합' 업무를 담당하는 부서였다. 이미 게릴라 부대원들을 향해 무장 해제를 선전하던 광고에서 여러 번 들어본 이름이었다.

홈페이지 상단에 배열된 '재통합 경로'[11]라는 툴바를 클릭했다. 전향한 일반 게릴라 대원들은 투옥되거나 처형되지 않는다고 나와 있었다. 오히려 그들이 새 삶을 살 수 있도록 지원제도가 뒷받침된다는 것이었다. 그녀는 여전히 의심을 거둘 수 없어 입술을 꽉 깨물었다.

마치 취업 모집 안내처럼 전향 과정이 버젓이 나와 있었다.

1. 가까운 곳에 있는 무장 해제 사무국을 찾는다.
2. 면담에 참석한다. 자신이 게릴라 부대원이었음을 정부가 확인하면 입증 서류를 받게 된다.
3. 해당 인증서에 근거해 몇 가지 권리를 취득한다.

각자의 사정에 따라 개인 맞춤형 재통합 계획이 수립된다. 여기에는 상담 프로그램과 매월 지급되는 학자금이 포함된다. 무엇보다 홈페이지에서 가장 눈에 띈 내용은 정부가 전향자를 향해 동료를 밀고하라고 강요하지 않는다는 것이었다.

산드라는 홈페이지에 나온 내용을 읽을수록 궁금증이 발동했다. 그렇다고 정부를 믿는 것은 아니었다. 절대로 신뢰할 수 없었다. 그러나 처음으로 마음속에 희미한 빛이 비치기 시작한 것만은 틀림없었다. 자신이 선택할 수 있는 길이 눈앞에 공식적인 활자로 펼쳐져 있기 때문인지도 몰랐다. 아니 달리 선택할 수 있는 길이 없었기 때문이라는 말이 정확할 것이다. 이유가 무엇이든, 그녀는 이제 과거처럼 그 선전 문구를 그저 외면하지만은 않았다. "그 순간, 희망을 느꼈어요."

이것이 바로 콜롬비아에서 얻는 첫 교훈이다. 사람들을 갈등에서 구출하는 데 꼭 필요한 일은 바로 길을 마련하는 것이다. 그 길은 안전하고, 합법적이며, 찾기 쉬워야 한다. 내전 상황이라면 정부 기관이 투명하고 단계적인 절차를 제시하는 것이 바로 그 길이 될 수 있다. 최근 미국을 비롯한 여러 나라가 극심한 정치 양극화를 겪는 것처럼 물리적 폭력이 동반되지

6장 고도 갈등 해제하기

않는 고도 갈등의 경우라면, 합법적이고 쉽게 다가갈 수 있는 중립적 제삼자가 포화점에 다다른 사람들에게 새로운 대안을 제시해줄 필요가 있다.

나는 보고타 외곽의 폐허로 변한 소아차Soacha라는 곳의 한 재통합 추진 사무국을 방문했다. 아이들을 위한 대기실에는 조그만 의자와 장난감들이 놓여있었다. 어떤 엄마가 갓난아이에게 젖을 물리고 있었다. 이 기관이 미처 못 이뤄낸 중요한 일도 너무나 많다. 그러나 그곳이 존재하는 것만으로도 의미가 있다고 느껴졌다. 나는 그곳에서 시카고의 CRED를 떠올렸다. 갱단원이 마음 편히 방문해서 새로운 자아를 발견할 수 있는 곳 말이다.

산드라가 인터넷을 통해 재통합 프로그램이 있다는 것을 알게 된 무렵, 어릴 적부터 알고 지내던 디에고라는 친구가 그녀를 찾아왔다. 그는 이제 경찰관이 되어있었다. 그러나 그는 그녀를 체포하려는 것이 아니라 전향을 설득하러 온 것이었다. 이윽고 며칠 후, 산드라는 그와 함께 웹사이트에 나온 재통합 담당 사무국 중 한 곳에 가는 데 동의했다. 그는 커티스와 빌리가 시카고 갱단원들에게 그랬던 것처럼 그녀에게 갈등을 벗어나는 길을 제시해준 사람 중 하나였다. 그러고 보면 갈등에서 벗어나는 길에는 동행자가 결정적인 역할을 하는 셈이다. 아주 위험한 길을 걸어가야 하는 사람이 혼자 그 길을 갈 수 있다고 보는 것만큼 어리석은 생각도 없을 것이다.

웹사이트에 나온 사무국의 위치는 보고타의 금융 지구에 자리한 호텔 테켄다마 건물 1층이었다. 2010년 2월 초에 산드라는 디에고와 함께 그 호텔로 갔다. 그녀는 "그때는 너무 무서웠어요."라고 말했다. 정글에서 나온 지 이제 불과 두 달도 안 된 그녀가, 인구 1,000만 명의 도시를 가로질러 적과 마주하러 가고 있었다. 그녀는 호텔 근처에 서 있던 고성능 무기로 무장한 경비원들 곁을 지나쳐 걸어갔다. 호텔 문을 열고 대리석 바닥의 로비를 가로질러 전향할 사무국을 향해 걸어가는 그녀의 심장이 터질 듯이 쿵쾅거렸다. 숨을 크게 들이쉬자고 몇 번이나 되뇌어야 했다.

그녀는 도착한 다음 좁은 대기실로 안내되어 그곳에서 기다렸다. 15분이 너무나 길게 느껴졌다. 목에 건 목걸이의 돌고래를 만지작거렸다. 경찰과 군인들이 지나가며 그녀의 행색을 눈여겨보는 것이 느껴졌다. 적진에 총도 없이 홀로 남아 발가벗겨진 듯한 기분이었다. 손이 떨렸다. "너무 무서웠어요. 도대체 어떤 일이 일어날지 감도 못 잡겠더라고요. 제 선택이 옳았기를 바랄 뿐이었습니다."

드디어 젊은 직원 하나가 그녀와 면담하기 위해 나타났다. 그가 제복을 입지 않은 것을 보니 조금 안심이 되었다. 그는 여러 가지 질문을 했다. "FARC에는 언제 가입했나요? 왜 이렇게 오래 머물러있었나요? 지금에서야 나오려는 이유는 뭔가요?" 그는 대답을 꼼꼼히 받아 적었다. 그녀가 정말 FARC 대원이 맞는지 확인해야 했다. 그래야 그녀가 프로그램 지원 대상이 될 수 있었다.

콜롬비아뿐만 아니라 여러 나라에서, 무장 해제 프로그램은 이 제도의 허점을 이용해 아무 상관도 없는데 혜택을 받으려는 사기꾼들의 놀이터가 되고 있다. 그래서 확인 절차는 충분한 타당성을 갖춘 일이었다. 그러나 이것은 산드라 같은 사람들을 불안한 상황에 몰아넣는 일이기도 했다. 국방부에서 만난 낯선 사람이 산드라에게 한 말은 사실상 이런 내용이었다. "당신이 내 적이라는 것을 증명해보시오. 당신이 국가를 향해 저지른 범죄가 뭔지 말해보시오. 당신이 정말 반역자가 맞는지 나를 납득시켜 보란 말이오. 그래야 내가 돈을 줄 거 아니오!"

산드라가 끝까지 말하지 못한 내용도 있었다. 그러나 자신이 정말 FARC 대원이었음을 그가 확신할 수 있을 만큼은 다 말해주었다. 그 시점에서 그녀가 재통합 지원 대상 자격이 된다는 말을 들었다면 비로소 마음 놓고 숨을 쉴 수 있었을 것이다.

그러나 그때 같은 방에 있던 대령 한 명이 산드라와 이야기하자고 나섰다. 그는 제복 차림에 무장까지 하고 있었다. 그는 산드라에게 FARC 사령부가 어디냐고 물었다. 하필 거기는 세바스티안의 아버지와 타마라의 할머니도 있는 곳이었다. 산드라는 아무것도 말할 수 없다고 말했다. 그러자 그는 무장 해제 자격을 보류하겠다고 협박했다. 산드라는 금세 온몸에 땀이 흥건해졌다. 결국 두려워하던 일이 그대로 닥치는 것 같았다.

산드라는 자신에게 가장 소중한 가치를 저버릴 수 없었다. 그녀가 FARC에 가입했던 이유는 자신의 두 눈으로 똑똑히 지켜본 불의와 싸우기 위해서였다. 이후 FARC는 자신에게 말 그대로 가족과 같았다. 그들을 적의 손에 넘기는 행위는 너무나 심각한 배신이었다. 게리와 커티스처럼, 산드라도 자신에게 가장 소중한 것이 무엇인지 알고 있었다. 그리고 그것을 절대 포기할 수 없었다.

그녀는 그 어느 때보다 확신에 찬 목소리로 말했다. "저는 제 권리를 압니다." 그녀는 홈페이지에서 읽은 내용을 토씨 하나 안 틀리고 그대로 옮겼다. 만약 그가 인증서류에 서명해주지 않으면 항의 신청을 하겠다고 말했다. 그녀는 이미 절차를 훤히 꿰고 있었다. 총은 내려놓을 수 있지만, 가족을 포기할 수는 없었다.

콜롬비아에서 얻는 두 번째 교훈이 여기에 있다. 사람들을 고도 갈등에서 벗어나게 하려면, 그들에게 마지막 남아있는 정체성마저 배신하게 해서는 안 된다. 그것은 갈등의 차원을 넘어서는 정체성이자, 그들을 갈등에서 벗어나게 하는 유일한 가치다. 넬슨 만델라Nelson Mandela는 이런 글을 남긴 바 있다. "사람은 자신이 믿는 바대로 살아갈 권리를 부정당하면[12] 결국 범법자가 될 수밖에 없다."

산드라는 대령에게 협박당한 지 3개월 만에 결국 무장 해제 자격을 취득했다. 어쨌든 정부는 약속을 지킨 셈이었다. 그녀는 자신의 재통합 계획을 지원해줄 사무국 직원을 만났다. 그는 주로 교육과 일자리를 중심으로 필요한 일을 도와주었다. 그녀는 매월 76달러의 생활비를 지원받는 한편 야간 학교에도 진학하게 되었다. 이 외에도 지침에 따라 매달 두 번씩 사회복지사를 만난다는 조건을 지키면 매월 76달러씩을 추가로 받을 수 있었다. 큰돈은 아니었지만, 새 출발을 한다는 데 의미가 있었다.

이즈음, 산드라는 한 노점상에서 장부 정리하는 일자리를 구했다. 또 지침에 따라 야간 학교에 다니며 꼬박꼬박 사회복지사도 만났다. 그러는 동안 어머니가 타마라를 돌봐준 덕분에 이 모든 일이 가능했다.

산드라가 '재통합' 과정에 접어들었다고 말하면 대단히 발전한 것같이 들린다. 물론 그것은 사실이었다. 그러나 그것은 너무나 외로운 시기이기도 했다. 커티스도 처음에 그랬듯이 말이다. 그녀는 정글에서 탈출했지만 아무 데도 숨을 곳이 없었다. 이웃이든, 그 누구에게든 자신의 과거를 털

6장 고도 갈등 해체하기

어놓고 이야기할 수 없었다. 취업 면접을 보러 가서도 지난 10년은 훌쩍 건너뛴 채 그저 주부였다고만 말할 수밖에 없었다. 그녀는 사회학에서 말하는 이른바 '보이지 않는 시민'이었다. 너무나 고독한 삶이다. 매일 가면을 쓰고 사는 인생이다. 숨어서 살아야 하는 사람은 어디에도 소속하기 어렵다.

산드라는 평생 그토록 많은 폭력을 지켜보며 살아왔음에도, 트라우마 상담을 받아본 적이 없었다. 그녀는 그것이 이 프로그램의 가장 큰 약점이라고 말했다. 내가 봐도 그렇다. 시카고의 CRED를 제외하면 거의 모든 재통합 프로그램이 간과하는 대목이 바로 이 부분이다. 산드라도 첫 3년 동안은 사회복지사를 꼬박꼬박 만나는 것이 사실상 아무 의미가 없는 일이었다. 상담자는 매번 다른 사람으로 바뀌는 바람에 그녀에 대해 아는 것이 하나도 없었다. 상담 시간이라기보다는 차라리 가석방 심사면접에 더 가까운 자리였다.

그러나 그런 환경 속에서도 희망의 빛이 보이기 시작했다. 산드라는 고등학교 과정을 마치고 경영학 준학사 학위를 취득했다. 그리고 티셔츠 공장에 취직했다. 그리고 마침내 갈등에 관여한 적이 없는 세르지오라는 남자를 만났다. 그녀는 그 남자에게 자신의 사연을 이야기해주었고, 그는 끝까지 경청했다. 그녀가 FARC와 상관없는 사람과 사랑에 빠지게 된 것은 실로 깜짝 뉴스라고 할 만했다.

그들은 2012년에 사내아이를 낳고 세르지오 주니어라는 이름을 붙여주었다. 두 달 뒤, 콜롬비아 정부는 쿠바의 하바나에서 FARC와 협상을 시작했다. 이 소식이 언론에 흘러나왔고, 콜롬비아 대통령은 좌익 게릴라 단체와 '탐색 회담'을 시작했다고 확인했다. 산드라는 이제 가족과 함께 성장해가는 새로운 미래를 꿈꿀 수 있게 되었다.

그런데 사장이 그녀의 잦은 결근에 불만을 품기 시작했다. 그녀는 사회복지사와 면담하기 위해 한 달에 이틀씩 휴가를 내면서도 왜 자리를 비우는지는 말하지 않고 있었다. 결국 그녀는 인사부서 책임자에게 자신이 재통합 프로그램 중이라는 말을 '과정을 밟고 있다'고 완곡하게 말했다. 다음 날, 그 인사 책임자가 그녀를 해고하며 말했다. "당신을 데리고 있기가 너무 위험합니다."

산드라는 다시 한번 표류하는 신세가 되었다. 자신의 현재 모습이 아니라 과거 때문에 벌을 받은 것이다. 이것 역시 고도 갈등을 벗어난 사람들이 흔히 마주치는 일이다. 새로운 집단에서 자신의 자리를 막 찾자마자 갑자기 쫓겨나는 것 말이다. 공장을 떠나는 그녀의 마음에는 허탈과 좌절이 밀려들었다.

이제 또 처음부터 다시 시작해야 했지만, 집에 갓 태어난 둘째가 있는 그녀에게는 무엇보다 돈이 간절히 필요했다. 그러나 그녀는 자신을 해고한 그 사람을 이해한다고 말했다. 그가 FARC에 관해 아는 거라곤 TV에서 본 내용이 전부였다. 그녀는 '그들' 중 하나, 즉 테러리스트일 뿐이었다. 불과 얼마 전까지 자신도 경찰과 군인들을 그렇게 생각했다는 점을 떠올렸다.

그녀는 다른 직장을 찾아보기 시작했다.

크리스마스 작전

콜롬비아 사람들을 갈등에서 벗어나게 만든 요인은 또 있었다. 축구와 관련 없는 어둠의 힘이었다. 예를 들어 콜롬비아 군대가 공격에 나서 FARC의 주요 대상을 제거하는 데 성공하면, 더 많은 FARC 대원들이 이탈의 대열에 합류했다.

또 다른 패턴은 마약 및 돈과 관련이 있었다. FARC는 세계에서 가장 막강한 마약 밀매 조직[13] 중 하나로, 코카인 재배업자부터 구매자, 운반책 등 공급사슬의 모든 단계에서 '세금'을 거두어갔다. 2005년 콜롬비아 군대가 조사한 바에 따르면 FARC가 최고 전성기를 누릴 때 코카인 사업으로 벌어들인 돈은 무려 약 5억 달러에서 10억 달러 사이에 이른다고 했다. 따라서 콜롬비아 페소화가 미국 달러와 비교해 강세를 보일 때마다 FARC의 수익은 반대로 줄어들게 된다. 엔조 누시오Enzo Nussio와 후안 우가리자Juan Ugarriza의 연구에 따르면 그런 시기에는 FARC 대원 이탈률이 증가한다[14]는 것이었다.

다시 말해 반란군은 전장에서의 손실이든, 수익의 감소든, 원인과 상관없이 굶주리고 지쳤을 때 갈등을 벗어나는 경우가 많았다는 것이다. 이것은 매우 타당한 분석이다. 커티스가 자신의 열정에 의구심을 품게 된 것도 연방 수사관이 자신과 동료 갱 두목들을 향한 포위망을 좁혀왔을 때였듯이, 게릴라들 역시 이런 순간에는 압박을 느끼지 않을 수 없다. 세상에 죽고 싶은 사람은 없다. 그것은 메데인이든 시카고든 알레포든, 어디나 똑같다. 게다가 헬리콥터에 쫓기느라 매일 밤 캠프를 옮겨 다니다 보면 사람이

기진맥진해진다.[15]

    쉽게 말해 사람은 고생하면 포화점에 도달한다. 상황이 너무 나빠지면 아무리 게릴라 부대원들이라 하더라도 숨어있던 정체성이 불거져 나와 고도 갈등에서 벗어나는 계기를 마련하는 순간이 온다.

    누시오와 우가리자의 연구에 따르면, 흥미롭게도 다른 형태의 선전전은 별로 효과가 없었다고 한다. 예를 들어 2010년에 콜롬비아 국방부와 협력 관계에 있던 한 글로벌 광고회사는 콜롬비아 정글 지대에서 아홉 그루의 커다란 나무를 파란색 크리스마스 전등으로 장식한 다음, 그 옆에 '정글에 크리스마스가 올 때쯤에는 집에 갈 수 있다. 무장 해제하자.'라는 포스터를 걸어두었다. TV 화면에 나온 이 광경은 정말 멋져 보였다. BBC에서 〈60분〉에 이르는 전 세계 언론 매체는 이 캠페인을 '크리스마스 작전'으로 불러가며 보도했고, 광고회사는 전향자 수에서 보이는 유의미한 변화를 거론하며 선전이 성공했다고 주장하기도 했다.

    그러나 연구자들이 조사한 결과는 그렇지 않았다. 통계 자료에서 다른 변수를 제거한 후 조사한 결과, 2010년, 2011년, 2012년의 크리스마스 작전 기간과 그 직후에 FARC 전향자 수에는 유의미한 변화가 없었던 것으로 밝혀졌다. 아니, 오히려 그 캠페인은 전향자 수와 마이너스의 상관관계를 보인 것으로 나타났다. 즉 캠페인이 끝난 후 전향한 FARC 대원 수는 평소보다 더 줄어들었다.

    어째서 축구 광고는 성공했는데 크리스마스트리는 그렇지 못했을까? 확실하게 말할 수는 없지만, 아마도 축구 광고를 보는 사람 수나 그 잠재력과 관련이 있다고 볼 수 있다. 그 광고를 본 게릴라 대원이 더 많았다면,

무엇보다 축구 경기에 대한 그들의 관심이 그만큼 많았던 것이 이유가 될 수 있다.

광고 메시지 자체가 더 효과적이었다는 것도 또 하나의 대답이 될 수 있다. 예컨대 정부가 초기에 퍼뜨린 축구 광고는 게릴라들의 가족에 초점을 맞춰 빨리 집으로 돌아가 어머니를 만나자고 촉구하는 내용이었다. 나중에 광고회사가 들어오면서 바뀐 광고는 축구 자체에 집중하여 반군들도 콜롬비아 축구팀과 하나라는 점을 강조했다. 그러나 후안 파블로는 가족을 강조한 첫 번째 광고의 효과가 더 컸고, 결국 전향자도 더 많이 나왔다는 사실을 밝혀냈다.

후안 파블로가 말했다. "가족 간의 관계에 호소하는 캠페인이 가장 효과적인 것으로 보입니다." 나 역시 모든 종류의 갈등에서 변함없이 듣게 되는 주제가 바로 가족이다. 숨어있던 가족 정체성을 되살리는 것은 사람들을 고도 갈등에서 구출하는 데 큰 도움이 된다. 이것은 이혼 법정과 갱단 폭력, 내전 등 어디서나 변함없는 진실이다.

그러나 이 모든 것들은 고도 갈등에서 벗어나는 사람이라면 누구나 맞이하는 출발점에 불과하다. 군대의 폭격, 환율 변동, 그리고 축구 광고 등은 전향률을 촉진할 수는 있지만, 그것으로 FARC를 무찌르지는 못한다. 전향자의 자리는 금세 신입 대원으로 메꿔지며, 이들은 대개 소년병이다. 한편, 군사적 공격은 수천 명의 민간인 사상자를 유발한다. 이로 인해 고도 갈등의 악순환이 끊임없이 계속되면서 다음 세대로 이어지는 아픈 사연의 씨앗이 된다.

포화점은 평화 협정과 마찬가지로 고도 갈등을 혁파하는 첫 단계에 불과하다. 어쩌면 가장 쉬운 단계일지도 모른다. 모든 것은 그 후에 어떤 일이 전개되느냐에 달려있다.

신분증과 고도 갈등의 상관관계

마리아나 디아즈 크라우스Mariana Diaz Kraus는 정부 재통합 기관 등에 근무하면서 콜롬비아의 무장 해제를 위해 12년 동안 일해왔다. 산드라가 포화점에 도달한 후 찾아간 곳도 바로 그 기관이다. 그녀는 나에게, 정부 자체 조사 결과 무장 대원들이 전향을 결심하는 데 가장 큰 촉매제는 역시 가족임이 확인되었다고 말했다. "그들을 무장단체에서 꺼내는 힘은 바로 가족입니다." 그러나 그것으로 충분하지는 않다.

고도 갈등에서 빠져나온 사람을 그 자리에 머물러있게 하는 가장 현명한 방법은 그들에게 새로운 정체성을 찾아주는 것이다. 그들이 새로운 역할을 되찾고 가꿀 수 있게 돕는 일이다. 왕립학회는 마크 라이너스에게 과학 저술상을 부여함으로써, 그에게 과학작가라는 새로운 정체성을 공식적으로 확인시켜주었다. 그들이 의도했든 아니든, 그는 이 상 때문에라도 유전자 변형작물 반대 투쟁을 벌이던 과거의 정체성으로 쉽게 회귀할 수 없었다.

콜롬비아에서는 실제로 사람들에게 신분증을 지급하는 것이 큰 도움이 된다. 과거 전투원이었던 사람들은 대부분 정글에서 나올 당시 정부가 발행하는 공식 신분증을 지니고 있지 않았다. 크라우스가 말했다. "그들

콜롬비아 소아차의 집에서 촬영한 산드라와 그녀의 아들 세르지오 주니어의 모습. 니콜로 필리포 로소가 촬영했다.

에게 신분증을 보여주며 이렇게 말하면 엄청난 효과가 있습니다. '보세요, 이게 바로 당신이에요. 사진, 이름, 지문까지 다 보이죠? 이제 당신은 당당한 시민으로서 정부에 합법적으로 여러 가지를 요구할 권리가 있어요.'"

언뜻 듣기에는 조그마한 절차에 불과한 것 같지만, 이것은 실질적으로나 정신적으로나 매우 중요한 것이었다. 콜롬비아에서는 이 주민등록번호가 있어야 비로소 은행 계좌 개설권과 투표권, 건강보험 등을 얻을 수 있고, 심지어 신발 한 켤레라도 살 수 있었다. 전직 전투원들은 크라우스에게 신분증을 자랑스럽게 꺼내 보여주곤 했다. 그것은 합법적인 시민임을 증명하는 배지와도 같았다.

크라우스는 또 다른 강력한 전략 중의 하나로 전직 전투원의 가족을 직접 돕는 것을 꼽았다. 아이들을 학교에 보내주고, 부모들의 일자리를 찾아주며, 그들에게 주택과 의료보험을 보장해주는 등의 노력을 한 개인이 아니라 가족 단위로 추진하는 것이다. 크라우스는 이렇게 말한다. "내가 내린 결정 덕분에 가족이 잘살게 되었다고 느끼면 웬만해서는 그 결정을 되돌릴 수 없습니다."

산드라의 이야기를 듣다 보면 끊임없이 등장하는 것도 바로 가족이다. 산드라의 언니는 말 그대로 그녀를 갈등의 현장에서 데리고 나왔다. 언니와 엄마는 자신들만 먹고살기에도 빠듯한 형편에도 그녀를 집에 반겨주었다. 그들의 사랑과 도움이 없었다면 그녀가 어떻게 버텨냈을지 상상조차 하기 어렵다. 그녀는 말했다. "가족은 제게 떼려야 뗄 수 없는 존재입니다."

그런 점에서 산드라의 이야기는 다른 수천 명의 이야기이기도 하다. 2016년, 엔조 누시오와 그의 동료 올리버 카플란Oliver Kaplan은 콜롬비아 경찰과 군대의 기록[16]을 바탕으로 1,485명의 전직 전투원들을 샘플 조사해보았다. 그들 중 무장 해제 후 4년에서 9년 사이에 경찰에 체포되거나 군사 작전을 통해 포로로 붙잡힌 사람이 몇 명이나 되는지 알아보기 위해서였다. 그들 중 경찰이나 군대의 체포 명단에 다시 이름이 보이는 사람은 거의 없었지만, 14퍼센트 정도는 예외였다. 왜 하필 그들은 범죄나 갈등에 다시 연루되었던 것일까? 어째서 나머지 대부분은 그 명단에 오르지 않았던 것일까?

가장 중요한 요인은 역시 자녀가 있었느냐의 여부였다. 아이가 있는 사람 중에는 다시 불법적인 일을 저지르는 비율이 40퍼센트에 못 미쳤다. 놀랍게도 전직 전투원들이 성공적으로 사회에 적응하는 데는 일자리를

6장 고도 갈등 해체하기

찾는 것보다 가족의 단단한 결속이 뒷받침되느냐가 더 크게 작용하는 것으로 드러났다.[17]

우리가 확인한 바와 같이, 애초에 많은 사람이 고도 갈등에서 빠져나오게 된 이유도 바로 가족이었다. 가족들은 사랑하는 이들을 갈등에서 구해내고 다시 거기에 휩싸이지 않도록 지켜주는 방패가 될 수 있다. 가족은 그들에게 포화점에 도달했다는 사실을 일깨워주기도 한다. 게리의 아내와 아이들도 그랬고, 커티스의 아들도 마찬가지였다. 전 세계의 가족들은 자신들이 시작하지도 않은 고도 갈등에서 사랑하는 사람을 빼내기 위해 분투한다. 그렇다면 사람들을 고도 갈등에서 구해내고 싶을 때는 그들의 가족을 돕는 편이 좋다는 결론이 나온다. PLO가 검은 9월단원들에게 결혼을 주선했듯이 말이다.

이런 일을 정치적인 방법으로 이루어내기는 쉽지 않다. 갈등은 깊은 원한과 불신을 낳는다. 너무나 당연한 일이다. 예전에는 콜롬비아 사람들에게 설문조사를 해보면 10명 중 8명은 전투원 출신을 믿지 못한다[18]는 반응이 나왔다. 그런 두려움과 멸시는 산드라나 그녀의 가족과 같은 사람들에게 돈과 지원을 제공하는 데 큰 걸림돌이 된다. 콜롬비아 사람 중에는 전직 전투원에게 어떠한 지원도 제공하면 안 된다고 말하는 사람이 절반이나 된다.[19]

다시 말해 고도 갈등을 빠져나온 사람들을 도울 때 전직 전투원과 그 가족 외에도 신경 써야 할 그룹이 또 있다는 것이다. 그 제3의 그룹은 바로 대중이다. 사실 그들 역시 다른 의미에서 갈등의 피해자라 할 수 있다. 보통 사람들의 의견은 중요하다. 그들이 계속해서 산드라 같은 사람을 적으로 간주한다면 갈등은 결코 끝날 수 없다. 산드라는 고립과 소외를 벗어나지 못한 채 한을 품게 될 것이다.

그런 점에서 보면 크리스마스 작전은 어쨌든 긍정적인 효과를 낸 것인지도 모른다. 그 광고가 비록 많은 게릴라 대원들을 정글에서 끌어내지는 못했지만, 다른 모든 사람이 품고 있던 양자 대결 구도를 깨는 효과를 발휘한 것은 사실이다. 여러 매체가 그 광고를 언급하는 바람에 일반 시민들에게까지 노출되었다. 게릴라 대원의 어머니가 그들에게 집에 돌아오라고 애원하는 목소리를 보통 사람들도 들었다. 물론 이것만으로 실제 효과를 끌어내는 데는 어림도 없었지만, 그것은 중요한 시작이었다.

엘 브렉시트 콜롬비아노

산드라는 공장에서 해고당한 그해에 비비아나라는 새로운 사회복지사를 배정받았다. 그녀는 이후 3년 동안 그 자리를 계속 지켰다. 그때부터 산드라에게는 사회복지사 면담 시간이 억지로 하는 일이 아니라 유익한 기회가 되었다. 비비아나는 트라우마 상담 분야에 전문 지식은 없었지만 산드라를 꾸준하게 지지해주는 좋은 코치였다. 그녀는 산드라에게 정부든 FARC든, 어느 누구의 도움도 기다리지 말고 자신의 인생을 스스로 개척하라고 격려해주었다.

2016년 10월, 콜롬비아에서는 정부와 FARC 사이에 맺어진 평화 협정을 두고 찬반을 묻는 국민 투표가 개최되었다. 투표가 반드시 평화를 보장하는 것은 아니겠지만, 전 국민의 관심을 불러일으키는 방법으로는 충분한 것 같았다.

사실, 양자 대결 구도의 위력을 생각하면 이것은 위험한 도박이었다. 반세기 동안 끌어온 내전을 투표 한 번으로 끝내자는 것이었으므로, 정치적 갈등 촉진자들이 여러모로 장난칠 여지가 너무 많았다. 그래도 다들 이 투표는 당연히 통과된다고 생각했다. 여론 조사기관마다 내놓는 예측도 마찬가지였다.

산드라는 평화 협정에 찬성표를 던졌다. 그날 밤늦게, 그녀는 잠자리에 들면서 투표 결과를 보기 위해 TV를 켰다. 아이들과 남편도 함께 이불을 뒤집어썼다.

투표 결과는 온 세상을 충격에 빠뜨렸다. 평화 협정은 단 0.5퍼센트에 채 못 미치는 차이로 부결되었다. 전쟁에 직접 희생당한 사람들은 대부분 찬성표를 던졌다. 그러나 콜롬비아 국민의 3분의 2는 아예 투표장에 나가지도 않았다. 산드라는 결과를 듣고 가슴이 덜컥 내려앉았다. 그녀와 남편은 TV에서 눈을 뗄 수 없었다. 조금 전까지만 해도 축하할 생각에 들떠 있던 그들은, 이제 침대에 앉아 아이들을 부둥켜안은 채 눈물만 흘리고 있었다. "희망이 송두리째 날아가 버린 기분이었습니다."

지금 와서 되돌아보면 콜롬비아 평화 협정이 부결된 것은 갈등 해결을 위해 지배층만의 노력이 아니라 밑바닥 민심을 설득하는 일이 얼마나 중요한지 잘 보여준 사건이었다. 지도자들이 평화 협정에 서명하거나 사법 체계를 개혁함으로써 프로세스를 시작할 수는 있다. 그러나 그것은 바깥 세계에서 일어나는 일이다. 과연 우리는 보통 사람들의 삶의 현장에서 벌어지는 일에는 얼마나 많은 관심을 기울이고 있을까?

사람들은 내부 세계에 거의 관심을 기울이지 않는다. 크리스마스트리 광고는 훌륭한 시도였지만, 여전히 많은 콜롬비아인은 게릴라 출신들을 경멸하거나 두려워하면서 그들을 인간 이하의 존재로 취급했다. 누가 그들을 탓할 수 있겠는가? 이미 수십 년 동안 정치인들은 그들의 목적에 맞게 FARC를 악마화해왔다. 뉴스 매체 역시 오로지 정부의 시각으로만 이 갈등을 보도해왔다. 따라서 보통 사람들은 어릴 때부터 FARC라고 하면 아예 문명의 적이라고만 생각해왔다.

이것 역시 갈등 촉진자들이 남겨놓은 또 하나의 해악이다. 갈등 촉진자들은 고도 갈등의 종식을 위해 언젠가는 끌어안아야 할 '그들'을 악마 같은 존재로 만들어놨다. 이것은 도저히 넘을 수 없을 것 같은 장벽처럼 보인다. 우리가 적을 악마로 만들었다면, 이제는 그들을 다시 인간으로 되돌려놔야 한다.

그들을 인간으로 되돌리는 방법은 여러 가지가 있지만, 그중에 하나는 훌륭한 스토리를 이용하는 것이다. 그 효과는 어떤 평화 협정보다 더 클 수도 있다. 마케도니아[20]의 비영리단체 서치포커먼그라운드Search for Common Ground,SFCG가 만든 아동용 TV 프로그램에는 다문화로 구성된 네 가족이 한 아파트에서 수다를 떨며 사는 놀라운 이야기가 나온다. 그 프로는 보기 드물게도 네 가족의 각각 다른 언어가 총출동하면서도 엄청난 인기를 끌었다. 마케도니아 어린이라면 그 프로그램을 최소한 한 번씩은 다들 봤고, 그 프로에 관해 부모와 이야기를 나눠본 아이도 절반에 이른다고 한다. 그 프로를 보기 전에는 다문화 가정 아이를 자기 집에 초대할 수 있다고 말한 어린이가 30퍼센트 정도였다. 그런데 여덟 편이 방송되고 난 후 이 비율은 60퍼센트로 증가했다.

적을 인간으로 되돌리는 데는 시간이 필요하다. 성공하기 어려운 일이기도 하다. 그러나 이 일은 평화회담만큼이나 중요하다. 다른 곳들도 마찬가지지만 콜롬비아는 이 일을 간과했다.

내가 산드라의 감정이 격해진 모습을 본 것은 그녀가 투표 당일 밤에 있었던 일을 이야기할 때뿐이었다. 그 오래전 일을 말하면서도 그녀의 눈에는 눈물이 고였다. "제 아이들이 지금처럼 증오와 두려움이 가득한 콜롬비아에 살아야 한다는 생각에 겁이 덜컥 났습니다." 그녀는 한눈에 봐도 여전히 두려워하는 표정이었다. 우리는 타르 웅덩이에서 벗어날 수 있지만, 자신의 조국까지 함께 건져낼 수는 없다.

국민투표 부결은 '콜롬비아의 브렉시트El Brexit colombiano'로도 불리며 정부와 FARC가 서둘러 다시 협상 테이블을 차리는 계기가 되었다. 그들은 평화 협정 조항을 일부 수정하여 다시 한번 체결에 이르렀다. 그러나 투표 결과가 이미 협상을 근본적으로 무너뜨린 탓에 평화는 깊은 상처를 입은 후였다. 마치 영국의 브렉시트처럼, 투표는 모든 사람에게 찬성과 반대 중 어느 편이냐를 택하도록 강요하는 것이었다.

그로부터 얼마 후, 평화 협정 반대 운동을 주도했던 정치인인 이반 두케 마르케스Iván Duque Márquez가 콜롬비아 대통령에 당선되었다. 새 정부는 협정 조항의 많은 부분을 조직적으로 외면하거나 무력화했다. 한편 평화 협정이 체결된 이후에도 약 1,000여 명의 사회 운동가와 지역별 강성 인사들이 수십 년 전에 산드라의 이웃이 당했던 것처럼 살해되거나 처형당했다. 또 다른 사연들이 매일매일 깊게 뿌리내리고 있었다. 그 사이에 반체제로 돌아선 FARC는 이미 약 4,000명에 이르는 콜롬비아인을 모집해 다시금 이 갈등에 끌어들이고 있었다.

이듬해, 산드라는 재통합 과정을 공식적으로 수료한 뒤, 재통합 기관에 일자리를 얻었다. 그녀는 자신이 도움을 받았던 것처럼, 다른 사람들도 똑같이 갈등을 벗어날 수 있도록 도와주었다.

생애 처음으로 매일 출근할 곳이 생겼다. 지금까지 자신의 과거를 숨기기만 했던 그녀가, 이제는 과거를 기반으로 다른 사람을 돕는 일을 하게 되었다. 진정한 자아를 찾게 된 셈이다. 평화를 향한 길이 한 발짝도 더 나아가지 못한다는 정치 현실에 무력감을 느끼기도 했다. 그러나 게리와 커티스가 그랬던 것처럼, 그녀는 자신에게 가장 소중한 가치를 고수하는 법을 찾았고, 자신이 겪은 갈등의 본질을 잊지 않는 법을 터득했다. 그녀는 여전히 콜롬비아의 정의를 위해 투쟁하고 있었다.

게릴라군에서 탈퇴한 지 10년째가 되던 어느 날, 산드라는 자신이 사는 동네의 어느 기업에서 열리게 된 워크숍 운영업무를 맡았다. 워크숍의 취지는 기업의 오너들에게 재통합 과정을 자세히 설명하여 그들이 전직 전투원들에게 취업의 문을 열 수 있도록 권장하는 것이었다. 산드라는 이것이 평화를 지탱하는 데 결정적인 역할을 한다고 생각했다.

그런데 여기에는 또 다른 이야기가 숨어있다. 그녀와 함께 일하게 된 사람 중에 하이메Jaime라는 남자가 있었다. 그런데 그가 바로 오래전에 그녀의 이웃집 할머니를 살해한 그 준군사 조직의 일원이었다는 것이다. 산드라는 또 한 번 가슴이 서늘해지는 것 같았다. 이번 워크숍의 중요성을 너무나 잘 아는 그녀로서는 지금 와서 자신만 빠질 수도 없었다. 그러나 날짜가 하루하루 다가올수록 점점 가기가 무서워졌다.

워크숍 기간 중 어느 날, 산드라와 하이메가 만났다. 그들은 각자 기억하던 옛이야기를 서로 나누었다. 익히 아는 내용이었지만 조금씩 다른 부분이 있었다. 알고 보니 그는 산드라보다 한 해 먼저 무장 해제에 참여했다고 했다. 산드라는 그에게서 인간적인 면이 느껴진다는 것을 인정할 수밖에 없었다.

어떤 면에서는 안심이 되기도 했다. 평생 준군사 부대원 출신을 이렇게 가까이에서 대면한 것은 처음이었다. 혼란한 기분과 해방감이 동시에 찾아왔다. 산드라와 하이메는 그 이듬해까지도 가끔 업무 관련 문자를 주고받고 필요할 때는 서로 도왔다. 정확히 말하면 그들은 친구도 적도 아니었다.

예방 조치

고도 갈등에서 해방된 사람들은 실제로 존재한다. 우리는 그런 일을 직접 목격했다. 게리, 커티스, 그리고 산드라는, 비록 방식은 다르지만 모두 자신에게 찾아온 포화점을 스스로 깨닫고, 발목을 잡고 있던 갈등의 악순환을 직접 끊어냈다. 그들은 각자가 겪어온 갈등에 뿌리내린 속사정을 깊이 파고들었다. 그들은 자신과 적들이 각각 속해있던 집단들끼리의 대결 구도를 혁파했다. 그런 다음 불쏘시개들과 의도적으로 거리를 둔 채 살아갔다.

콜롬비아에서 산드라가 겪었던 일을 보면, 사람들이 고도 갈등에서 벗어나 그 상태를 유지하는 데에는 정부와 가족, 이웃이 도움이 될 수도 있지만, 그렇지 못할 수도 있다. 주변 사람들이 그들을 도와주는 방법이 있다. 그들에게 고도 갈등에서 벗어나는 분명하고 합법적인 길을 마련해주고, 이제는 갈등에서 벗어나 아이의 부모, 시민, 직원, 이웃, 또는 농구선수로 살아갈 수 있게 격려해주는 것이다.

천만다행으로 이 글을 읽는 우리 중에 지금 당장 내전이나 갱단 간의 복수에 휘말린 사람은 극히 드물다. 그러나 우리 생활에 스며있는 갈등을 제대로 파악해야 한다는 점에서는 우리도 그들과 다를 바 없다. 총 9개국에 걸쳐 실시한 한 설문조사에 따르면, 응답자의 85퍼센트가 직장에서 갈등[21]을 겪고 있다고 대답했다고 한다. 그중에는 건전한 갈등도 있었지만, 직장 갈등이 인신공격으로 비화하는 것을 경험했다고 답한 비율도 4분의 1에 달했다. 갈등이 '항상', '자주' 일어난다고 답한 비율은 약 3분의 1이었다. 불건전한 갈등에 유독 쉽게 노출되는 직종도 있다. 간호사[22] 중에는 지난달만 해도 언어폭력을 경험한 적이 있다고 대답한 사람이 무려 열 명 중 아홉에 달했다. 그럴 때 언어폭력의 주체는 주로 의사들이라고 했다.

가정에서는 더 심한 갈등이 벌어질 수도 있다. 우리 주변에 관계가 소원해진 가족[23]이 얼마나 많고 그 기간이 얼마나 오래 지속되는지를 알면 깜짝 놀랄 것이다. 미국 성인의 4분의 1은 현재 사이가 멀어진 친척이 있다고 한다. 이는 6,700만 명에 해당하며, 미국인 중 알레르기를 앓는 사람보다 더 많은 숫자다. 이렇게 사이가 소원해진 성인 중에는 서로 연락을 끊은 지 4년이 넘은 경우도 절반에 달했다. 그리고 이런 일은 주로 부모와 자녀, 혹은 형제들 사이에 벌어진다고 했다. 또, 관계에 문제가 생긴 사람의 대부분은 관계 문제 때문에 마음에 고통을 겪고 있다고 대답한다.

유일한 선택이 그것뿐일 수도 있다. 어느 한쪽이 학대를 경험했거나 건전한 갈등으로 발전시킬 의지가 전혀 없는 경우라면 특히 그렇다. 그러나 관계가 소원해지면 대체로 고도 갈등이 고착되는 것이 보통이다. 오해는 증폭되고, 대화는 타르 웅덩이에 고인 아스팔트처럼 경직된다. 이럴 때는 그 누구도 갈등에서 교훈을 얻거나 성장하는 것이 불가능하다. 상실감은 누구에게나 고통을 안겨주지만, 특히 아이들에게는 그 고통이 더욱 심하다.

미국의 법조계는 여전히 갈등-산업 복합체가 장악하고 있다. 특히 가족법 분야가 그렇다. 이혼하는 부부의 약 4분의 1은[24] 정도의 차이가 있을 뿐 '고도 갈등'에 빠져있다고 봐야 한다. 다시 말해 미국에서만 고도 갈등에 빠진 이혼 부부가 매년 약 19만 5,510쌍[25]이 나온다는 뜻이다. 그들이 겪는 고통을 모두 한 병에 담는다면 작은 도시를 통째로 날려버릴지도 모른다. 이혼까지는 아니지만 수십 년을 고도 갈등에 빠진 상태로 지내는 부부도 있다. 심리치료사들은 그들을 '갈등에 익숙해진' 부부라고 부른다.

물론 우리가 고도 갈등의 함정에 빠져가면서까지 다른 사람과 함께 살 필요는 없다. 온갖 정치적 난장판이 우리가 사는 안방으로까지 파고든 현실을 생각해보라. 사람들은 매일 아침 컴퓨터를 켜자마자 뉴스 기사를 검색하고 점수를 매겨본다. 오늘 결혼하는 부부 중에 승자는 누구인가? 그들도 마찬가지로 갈등에 익숙해진 사람들이다.

고도 갈등은 매우 흔한 일이다. 고도 갈등은 늘 우리를 끌어들인다. 빠져나올 길은 분명히 있지만, 산드라가 보여주었듯이 그 길은 끝이 없고 외로운 길이다.

타르 웅덩이에서 탈출하는 가장 좋은 방법이 있다. 애초에 발을 들이지 않는 것이다. 한번 빠져들면 벗어나기가 매우 어렵다.

6장 고도 갈등 해체하기

7장 단순화에서 벗어나기

Complicating the Narrative

뉴욕시의 브네이제슈룬 유대교 회당. 키이스 베드퍼드가 촬영했다. 출처 : 로이터통신.

한 유대교 공동체의 문제

맨해튼 어퍼웨스트사이드에는 브네이제슈른B'nai Jeshurun[1]이라는 거대한
유대교 회당이 있다. 이곳은 1800년대에 독일계와 폴란드계 유대인들이
설립했다. 일명 BJ라고 불리는 이 곳은 이후 수 세기를 거치는 동안 미국
에서 가장 큰 영향력을 지닌 유대인 공동체였다. 웨스트 88번로에 위치한
무어 양식의 이 유대인 성소는 지금도 약 2,400명에 달하는 뉴욕 유대인
들의 정신적 고향이기도 하다.

200년에 조금 못 미치는 역사를 자랑하는 BJ는 언뜻 보기에는 상관없
는 것 같은 정치적 논란 때문에 거의 해체될 위기에 놓여있다. 모든 일은
2012년 말에 시작된 일 때문이었다. 당시 유엔은 팔레스타인을 비회원
옵저버 국가로 승격하는 안을 투표에 부쳤다. 이런 변화는 상징적인 의미
에 그쳤지만, 통과된다면 유엔 총회에 팔레스타인 대표단이 참석할 권리

를 얻게 되는 것만큼은 분명했다.

미국과 이스라엘의 정치인들은 이 안을 반대했다. 그러나 BJ의 좌익 성향 랍비들은 찬성한다는 견해를 내비쳤다. "어제 있었던 표결은 세계 모든 시민에게 위대한 순간[2]이었습니다." 랍비들은 교인에게 보낸 이메일에서 이스라엘 역시 65년 전에 유엔으로부터 독립국으로 승인받았다는 점을 상기시켰다. "세계 모든 나라의 국민은 승인받을 권리가 있습니다."

이 메일은 온 도시를 떠들썩하게 하더니 급기야 〈뉴욕타임스〉 첫 페이지를 장식했다. 기사 제목은 이렇게 되어있었다. "유대교 회당의 유엔 팔레스타인 투표 찬성, 교인들을 시험에 빠트려".[3] BJ에 출석한 지 15년째를 맞이한 이브 번바움 Eve Birnbaum이라는 교인은 신문과의 인터뷰에서 이렇게 말했다. "교회가 이런 입장을 공개 표명하고 이메일을 보낸 것에 놀라는 교인이 많습니다. 랍비와 교단이 교인들이 믿는 바와 정반대 입장에 선 데 대해 저 역시 크게 실망했습니다."

헌금을 중단하는 사람이 나타났다. 회당을 떠나겠다고 협박하는 사람도 있었다. 랍비 측은 충격을 받았다. 롤리라는 애칭으로 더 잘 알려진 BJ의 수석 랍비 호세 롤란도 마탈론José Rolando Matalon은 이렇게 말했다. "그 공격성과 적대감은 마치 지진 같았습니다. 제가 사랑하고 존경했던 교인들이, 저는 그분들도 저를 존경한다고 믿었건만, 어느 날 갑자기 무서운 말들을 쏟아냈던 겁니다."

랍비 롤리는 어떤 자리에서나 온화한 인품으로 돋보이는 사람이었다. 뿔테안경을 쓴 그는 자신의 조국 아르헨티나 특유의 경쾌한 억양으로 말했다. 아랍 국가에서 주로 쓰는 현악기인 우드 연주가 그의 취미였다. 그는 오랫동안 BJ에 봉직하면서 금요일 밤 예배가 뉴욕 시민들에게 노래와 박수, 춤이 어우러지는 즐거운 행사로 알려지는 데 공헌했다. 당시 그는 이미 30년째 회당을 이끌어온 터였지만, 그동안 자신이 교인들을 과연 얼마나 알고 있었는지 갑자기 의문을 품을 수밖에 없었다.

랍비 측은 교인들과 긴급 모임을 열었다. 랍비들은 이 자리에서 또 하나의 서한을 발표했고, 그 서한 역시 〈뉴욕타임스〉에 실렸다. "우리의 편지로 인해 마음이 상한 분들에게 유감을 표합니다.[4] 이스라엘의 안전과 민주주의, 평화를 기원하는 우리의 마음에는 추호의 변함이 없습니다."

그리고 랍비들은 우리가 뜻밖의 불안한 갈등과 마주쳤을 때 하는 행동을 했다. 그들은 아무 일도 없었던 것처럼 그냥 넘어가려고 했다. 그들은 시간이 흐르면 혼란이 저절로 가라앉고 모든 것이 정상으로 돌아오리라고 생각했다. 물론 이스라엘에 관한 그들의 의견은 여전히 표명할 수 있기를 바랐다. 그래도 교인들이 과거처럼 자신들을 지지해주겠거니 생각했다.

바로 그 이듬해, 랍비 롤리가 펠리시아 솔Felicia Sol이라는 BJ의 또 다른 랍비와 함께 한 통의 짧은 서한에 서명했다. 뉴욕시장이 강력한 친이스라엘 로비 단체에 충성을 맹세한 일을 비판하는 내용이었다. 그러자 갑자기 갈등이 다시 불타올랐다. 이번에는 〈워싱턴포스트Washington Post〉가 대서특필했다.

랍비들은 이번에도 이스라엘에 대한 태도를 의심받게 되었다. 아이들의 유대교 성인식을 모두 BJ에서 치렀던 번바움은 이번에는 회당을 떠나고 말았다. "우리가 마치 이방인이 된 듯한 기분이었습니다."[5]

스물다섯 살의 BJ 교인 샘 러바인Sam Levine도 랍비의 행동에 대해 '용서도, 변명도 할 수 없다.'[6]는 말을 남긴 채 회당을 떠났다. 랍비들이 "유리한 지위를 발판으로 자신의 이익만 추구하면서 유대인 사회의 결속을 강화하기는커녕 정반대의 행동을 했다"고 말하면서.

이런 비판들은 롤리에게 깊은 상처를 입혔다. 그는 이스라엘에서 살았고 그곳에서 공부했다. 그는 지금까지 이스라엘에 관한 수많은 교육 프로그램을 운영했고, BJ 교인들을 데리고 여러 번 이스라엘을 방문한 사람이다. 그동안 이스라엘 정부의 특정 정책을 몇 차례 비판한 것도 그가 이스라엘을 너무나 아끼기 때문이다. 그런데 그런 자신을 향해 '반이스라엘'이라고? 도저히 이해할 수가 없었다.

BJ 공동체에서 아이들을 키우고 사랑하는 이들의 장례까지 치렀던 사람들이 더 이상 돌아오지 않겠다고 선언했다. 고도 갈등으로 번질 수 있는 요소가 충분히 축적되었다. 베일에 싸인 속사정, 이스라엘을 둘러싼 강력하고 환원주의적인 찬반양론, 여기에 비난과 방어라는 악순환이 힘을 싣고 있었다.

롤리는 자신의 선택지가 무엇인지 고민했다. 첫 번째로 BJ를 떠나는 방법이 있었다. 이스라엘에 관한 자신의 시각에 좀 더 공감할 수 있는 교인들이 있는 곳으로 가는 것이다. 두 번째는 자신의 주장을 그대로 고수하는 방법이었다. 자신의 의견에 동의하지 않는 사람들이 다 떠날 때까지 계속 싸우다 보면 결국 자신과 비슷한 교인들만 남게 될 것이다. 세 번째 선택지는 입을 다무는 것이었다. 다른 종교 지도자들이 그런 것처럼 이스라엘이나 다른 민감한 사안에 대해 자신의 신념을 더 이상 거론하지 않는 것이다. 2013년에 미국인 랍비 500명[7]을 대상으로 조사한 바에 따르면, 지난 3년 동안 이스라엘에 관해 공개적인 발언을 한 적이 없다고 대답한 사람이 절반이었다고 한다.

그러나 그중 어떤 것도 옳은 선택이라는 생각이 들지 않았다. 그는 떠날 수도, 싸울 수도, 스스로 입을 막을 수도 없었다. 그는 이렇게 말했다. "저는 모든 교인의 의견이 똑같은 곳에서 일하고 싶지 않았습니다. 오히려 논란이 있는 곳이 좋다고 생각했습니다."

교인들의 사고에 도전하는 것도 그가 하는 일 중 하나였다. 어떻게 보면 의견 충돌은 모든 종류의 성장에 꼭 필요한 일일지도 몰랐다. 최소한 그는 늘 그렇게 생각했다. "성직자의 길을 택한 이상 그런 긴장은 피할 수 없다고 생각합니다." 그러나 이렇게 갈등의 악순환이 빚어진 경우는 긴장이 높아진다고 성장에 도움이 되는 것은 아니었다. 오히려 그 반대였다. "이런 식으로 계속해서 자기 생각만 고집하다가는 모든 것이 파괴될 지경이었습니다."

롤리가 BJ에 오기 전에 전임자로 있던 랍비는 마셜 메이어Marshall Meyer라는 사람이었다. 그는 아르헨티나에 있을 때 인권운동에 앞장섰던 전설적인 인물이었다. 메이어는 목숨을 걸고 군사 정부에 저항했고, 그의 사회정의 운동노선은 보수적 유대인 기득권층의 분노를 끌어냈다. 이제 롤리는 전임자가 물려준 유산의 무게를 온몸으로 느끼고 있었다. 상황을 악화시키지 않으면서도 용기 있게 행동할 방법은 과연 무엇일까?

7장 단순화에서 벗어나기

제4의 방법 Fourth way

롤리는 몇 개월을 고민한 끝에 네 번째 방법을 찾아냈다. 그는 떠나지도, 싸우지도, 침묵을 지키지도 않기로 했다. 그 대신 모든 교인과 함께 갈등의 본질을 깊이 파헤쳐보기로 했다. "그 방법밖에 없었습니다."

그러기 위해서는 도와줄 사람이 필요하다는 것을 롤리는 알았다. 교인한 명은 그에게 중동에서 이스라엘과 팔레스타인 사이의 중재역을 맡았던 전문가를 초빙해올 것을 강력히 추천했다. 아무려면 BJ의 문제가 그보다야 어렵겠느냐는 생각이었다. 정치적 갈등을 대화로 해결하는 단체 리세팅더테이블Resetting the Table의 공동 창립자이자 랍비이기도 한 멜리사웨인트라웁Melissa Weintraub은 BJ에 처음 방문하자마자 긴장을 감지했다. "사람들은 양 진영으로 나뉘어 상대방에 관해 여러 추측만 품은 채 그 이상의 대화는 포기하고 있었습니다. 영락없이 양극화된 이 세상의 축소판으로 보였습니다."

웨인트라웁은 우선 750명의 교인을 대상으로 설문조사를 해본 후, 약 3분의 1에 해당하는 사람들이 이스라엘에 대해 공격적인 시각을 지니고 있음을 알게 되었다. 랍비들도 미처 깨닫지 못했던 사실이었다. 그들 중 절반은 긴장이 불거질 것이 두려워 이스라엘에 대한 자신의 속마음을 다른 교인이나 랍비에게 밝히지 못하겠다는 생각이 '자주', 또는 '가끔' 들었다고 말했다. 웨인트라웁은 오랜 경험에 비춰볼 때 이것이 매우 실망스러운 상황임을 알아챘다. 서로의 의견 차이를 말하지 않으면 상대방의 견해를 분명히 이해할 수도 없고, 지적, 감정적으로 성장할 기회도 놓치게 된다.

다음으로 웨인트라웁은 BJ 교인들과 깊은 대화를 나누었다. 그것은 온갖 종류의 까다로운 갈등을 경험해온 베테랑에게도 벅찬 일이었다. 50명과 대화를 나눈 시점에서 이미 심각한 상황임을 알 수 있었다. 웨인트라웁은 이렇게 말했다. "거의 해결이 불가능해 보였습니다. 사람마다 원하는 것이 다 다를 정도로 다양한 목소리가 있었습니다." 그런 와중에도 미국 유대인 사회에서 BJ가 미치는 영향력을 생각할 때 이런 시도 자체가 중요하다는 점에는 다들 공감하는 분위기였다. 한 교인은 이렇게 말했다.

> 우리끼리의 의견 차이도 극복하지 못하면서 어떻게 팔레스타인 사람들과의 차이를 해결할 수 있겠습니까? 우리는 함께 사는 법을 배워야 합니다. 저는 그분들을 제거할 생각도 없고, 그분들이 저를 없애리라고 생각하지도 않습니다. 우리는 어떻게 하나가 될 수 있을까요?

이혼 부부 제이와 로나의 경우와 똑같은 상황이었다. 그들은 고착 상태에 빠져있었다. 그 후에는 어떻게 되었을까? 중재자들은 이후 약 1년에 걸쳐 BJ에서 모두 스물다섯 가지의 프로그램을 진행했다. 수백 명의 교인이 참가하는 워크숍과 운영진 대상의 집중 훈련 과정, 랍비와 수뇌부 중심의 심층 회의 등이 체계적으로 운영되었다. 회당 수뇌부의 한 사람인 어브 로젠탈Irv Rosental은 이렇게 말했다. "여러 가지 회의적인 견해가 많았습니다. 랍비들이 진지한 태도로 임할지, 과연 효과는 있는 것인지 등 말이죠."

교인들은 약 40명씩 조별로 모여 각자 이스라엘에 얽힌 사연이나 정의 감과 의무감 사이에서 갈등하는 속마음 등을 털어놓았다. 롤리가 말했다.

"모임은 밤낮을 가리지 않고 몇 시간이나 계속되었습니다. 아주 힘든 과정이었지요."

그러나 시간이 흐를수록 모종의 변화가 일어났다. 교인들은 겉으로 드러난 문제의 이면을 들여다보기 시작했다. 이스라엘은 그저 이스라엘만이 아니었다. 이스라엘 문제는 충성심과 역사, 자녀의 미래에까지 연결된 사안이었다. 한 여성은 자기 집안에도 홀로코스트로 목숨을 잃은 친척이 정말 많았다고 소개하면서, 어릴 때부터 이스라엘에 대한 비판은 신성모독에 가까운 행동으로 알았다고 말했다. 어브가 말했다. "저와는 이스라엘을 보는 시각이 너무나 다른 사람들이 있었습니다. 그러나 그들이 살아온 사연을 듣다 보니 어느 정도 이해를 할 수 있었습니다."

사람들이 원하는 목표는 서로 같다는 사실을 서서히 깨닫게 되었다. 그것은 이스라엘의 안정과 안전이 보장되는 것, '그리고' 팔레스타인 사람들이 독립과 존엄을 회복하는 것이었다. 사람들의 의견이 (근본적으로) 나뉘는 대목은, 어떻게 그것을 달성하느냐 하는 문제였다.

또 하나 드러난 사실은 진영이 둘만 있는 것이 아니라는 것이었다. 극단적인 견해를 취하는 사람도 있었지만, 양면적인 태도를 보이는 이들이 더 많았다. 그들은 두 가지 견해를 어떻게 통합해야 할지 몰라 당황하고 있었다. 그들은 어떻게 질문하느냐에 따라 대답을 바꾸고는 했다. 애초에 쉽게 대답하기 어려운 질문이기 때문이었다. 외적 갈등 못지않게 내면의 갈등도 치열하게 벌어지고 있었다.

마침내 그들은 자신의 견해를 기꺼이 표현하면서도 '다른 사람의 의견에 대해 불편함을 감수하는' 지점에까지 이르렀다. 게리와 커티스가 그랬듯이, 그들도 긴장을 견뎌냈다. 그들은 제4의 길을 찾아냈다.

우리는 갈등을 결코 피할 수 없다. 갈등 없이는 우리 자신을 변호하고 도전에 맞서는 일이 불가능하다. 갈등을 통해 우리는 더 나은 사람이 될 수 있다. 마하트마 간디가 말했듯이, "솔직한 의견 차이는 발전하고 있다는 좋은 신호다." 그러나 갈등은 조건만 맞으면 언제든지 정직하지 못한 의견 차이를 불러오고, 고도 갈등을 일으킬 수 있다.

힌트가 있다면 그런 조건을 피해야 한다는 것이다. 우리 고장에, 우리의 예배 장소에, 우리의 가족과 학교에 방벽을 세워, 건전한 갈등을 향한 길은 열어놓되 고도 갈등에 빠질 길은 차단해야 한다. 고도 갈등이 싹트기 전에 미리 예방할 수 있는 이른바 갈등의 관리 기반을 마련해야 한다. 그러기 위해서는 개개인의 사연을 자세히 살피고, 진영대결 사고방식에 빠지지 않고, 불쏘시개가 될만한 것들을 몰아내야 한다. 그렇게 하지 않으면 의도적으로 갈등에 호기심을 불어넣게 된다.

이런 기반구조를 건설하면 갈등에 대한 내성이 생겨난다. 그렇게 되면 갈등을 그저 받아들이기만 하는 것이 아니라 그로부터 더 강해지는 법을 배울 수 있다. 그러나 여기에는 상당한 시간과 노력이 필요하다. 웨인트라웁은 이렇게 말했다. "우리를 초대해서 워크숍을 열면 모든 것이 달라진다고 생각하는 분들이 많아요. BJ의 경우, 직원들의 시간과 자원을 총동원해서 이 일에 매달렸습니다. 변화는 워크숍 한 번으로 찾아오지 않습니다. 심지어 일주일 내내 해도 마찬가지입니다."

BJ가 구축한 갈등의 관리 기반은 계속해서 검증을 거치게 된다. 신체 운동도 그렇듯이 갈등에 대한 내성은 끊임없는 유지관리가 필요하다. 그

7장 단순화에서 벗어나기

러나 시간이 지나면서 긴장을 수용하는 일이 이상하게도 편안해지는 순간이 온다. 그렇다고 갈등이 해결되지는 않지만, 모든 사람이 갈등의 본질을 더 똑똑하게 직시할 수 있다. 그리고 의견 충돌을 만날 때마다 신성한 어떤 것을 침해한 것이 아니라 일종의 수수께끼로 보는 마음의 여유와 호기심이 생긴다. 한 교인은 그것을 이렇게 말했다.

저는 지금까지 이스라엘에 관한 이야기는 극소수의 친구들과만 나누며 살았습니다. 그런데 워크숍이 내용도 너무 좋았고, 저 개인적으로도 의미가 컸기 때문에 이스라엘을 새로운 눈으로 보는 계기가 되었습니다. 사실 저는 이스라엘 이야기를 하고 싶었고, 사람들 앞에서도 먼저 그 이야기를 꺼내고 싶고, 그들이 두려워할 필요도 없다는 것을 깨달았습니다. 이제는 사람들과 그 이야기를 하는 것이 걱정이 아니라 호기심으로 다가옵니다. 왜냐하면 그들과 제가 굳이 같은 관점일 필요가 없거든요.

어려운 대화 연구소

유대인 공회당에서 브로드웨이를 따라 3킬로미터만 올라가면 눈에도 잘 띄지 않는 곳에 창문도 없는 '어려운 대화 연구소Difficult Conversation Lab, DCL'8라는 건물이 나타난다. 이곳에서 컬럼비아대학교 연구진은 언제나 뜨거운 이슈인 이스라엘 문제에 관해 의견을 달리하는 낯선 사람들을 둘씩 짝지어 대화의 장을 마련했다. 연구진은 그 두 사람이 같은 공간에서

20분간 주어진 주제를 놓고 토론을 벌이도록 했다. 그리고 둘의 대화를 녹음했다.

사회심리학자 피터 콜먼Peter T. Coleman이 나에게 말했다. "현실에서 벌어지는 힘겨운 갈등[9]을 있는 그대로 연구하기는 매우 어렵습니다. 이 방법이 그나마 우리가 할 수 있는 최선이지요." 그는 약 10년 전에 동료 학자들과 함께 이 연구소를 시작했다. 지금까지 이곳을 비롯해 전 세계에 포진한 계열 연구소들은 약 500건의 격앙된 대화를 분석해왔다.

연구가 늘 성공적인 것은 아니다. 정해진 20분을 미처 못 채우고 중단되는 대화도 있다. 더 이상 놔뒀다가는 소송이나 폭력, 또는 다른 불쾌한 일로 번질 것이 눈에 보이기 때문이다. 사람들은 너무나도 쉽게 좌절과 비난에 빠져든다.

그러나 '다른' 대화도 있다. 콜먼이 관찰한 바에 따르면 이런 대화를 나누는 사람들 역시 좌절과 비난을 경험하지만, 동시에 다른 감정도 느낄 줄 안다는 것이었다. 호기심이나 심지어 유머 또는 이해 같은 것들이다. 그들은 질문을 던졌다. 답답한 대화에 빠진 사람들보다는 확실히 질문이 더 많았다. 그들은 긍정적인 감정을 겪다가도 부정적인 감정에 빠졌고, 다음에는 다시 긍정으로 돌아오는 모습을 보였다. 대화가 고착된 사람들에게는 없었던 유연성을 증명해 보인 것이다. 이것이 바로 건전하고 건강한 갈등의 특징이다.

물론 그 후에도 그들의 의견 차이는 여전했다. 이 대목은 중요하다. 낯선 사람과 나눈 20분의 대화로 마음 깊이 품고 있던 신념이 바뀔 사람은 아무도 없다. 인간의 두뇌는 그런 식으로 돌아가지 않는다.

그러나 충분한 시간을 들여 더 많은 사람과 이런 대화를 나누다 보면, 특히 상대가 자신이 신뢰하는 사람일 경우, 그들은 충분히 생각을 바꿀 수 있다. 물론 그렇지 않을 수도 있다. 그러나 호기심은 변화의 선결 요건이다. 호기심이 성장을 보장해주지는 않지만, 호기심 없이는 내면의 유의미한 변화를 기대할 수 없다. 마치 햇빛과 물이 있다고 모든 생물이 성장하지는 않지만, 그것은 언제나 생존의 필수 요건인 것과 같은 원리다.

DCL은 부부 심리학자 존 가트맨과 줄리 가트맨이 수천 쌍의 부부를 연구한 시애틀의 러브랩Love Lab에서 영감을 받았다. 그곳은 사랑을 연구하고 이쪽은 증오를 연구한다. 그러나 둘 다 고도 갈등을 예방하는 법을 연구한다. 사랑과 전쟁이라는 두 영역에서 말이다.

그렇다면 무엇이 이런 차이를 만들어내는 것일까? 우선, 긍정적인 대화를 부정적인 대화보다 더 많이 하는 것이 도움이 된다. 앞에서 살펴본 마법의 비율이 바로 그것이다. 게리가 이웃집 사람과 정원에 관해 이야기하거나, 화성 탐사 모의 훈련 중에 대원들이 동료의 생일을 축하해준 것처럼, 이런 따뜻한 대화는 불건전한 갈등을 차단하는 예방 장치가 될 수 있다.

현실에서 이것을 멋지게 해내는 방법이 바로 이해의 순환고리다. 누군가의 말을 진심으로 들어주고 제대로 들었는지 물어볼 때마다 마법의 비율이 작동되는 셈이다. 콜먼은 이렇게 말했다. "사람들은 상대방이 자기 말을 들어주는 것 같다, 그리고 자신이 중요한 말을 한 것 같다는 느낌을 다 받을 수 있어야 합니다. 그래야 좀 더 복잡하고 미묘한 이야기로 넘어갈 수 있어요. 그래야 자신과 견해가 다른 사람의 생각을 들을 여유가 생깁니다."

BJ 교인들이 이스라엘을 주제로 워크숍을 열었을 때, 중재자들은 참석자 전원에게 적극적 경청법을 연습하도록 했다. 게리가 파업에 나선 샌프란시스코 오케스트라 단원들에게 했던 것처럼 말이다. 나는 초등학교 학생들에게도 이것을 전부 가르쳐야 한다고 생각한다. 남의 말을 경청하고 내가 들은 내용이 맞는지 확인하는 습관은 평생에 걸쳐 건전한 갈등을 유지하는 최고의 방법이다. 바로 이런 이유로, 고도 갈등을 무리 없이 해결하고자 하는 사람들이라면 누구나 이 방법을 연습한다. 현명한 성직자, 심리학자, 세일즈맨, 인질 협상가 등은 한 사람도 예외 없이 이해의 순환고리를 터득한 이들이다. 그들이 단지 이런 용어를 쓰지 않을 뿐이다.

그러나 이런 기술을 타고나는 사람은 아무도 없다. 연습이 필요하다. 남의 말을 경청하는 법을 배운 사람은 거의 없기 때문에, 우리는 듣는 일에 서툴다. 갈등이 벌어질 때마다 외부에서 훈련된 중재자를 초빙해오면 물론 좋겠지만 항상 그럴 수도 없고, 또 소용이 없을 때도 있다. 그러면 어떻게 하면 좋을까? 사람들이 갈등에 잘 대처할 수 있게 만들 묘수는 없을까?

콜먼과 그의 팀은 직접 알아보기 위해 한 가지 실험에 나섰다. 낯선 사람들이 서로 어려운 대화를 시작하기 전에, 먼저 양극화된 이슈를 다룬 자료를 각각 나눠주고 읽게 했다. 첫 번째 그룹에 보여준 자료는 평소 뉴스 기사에서 흔히 보는 논쟁거리, 예컨대 총기 소지 권리 등을 놓고 양 진영의 시각을 모두 다룬 다음 총기 규제를 강화하자는 주장이 이어지는 식이었다. 우리가 늘 마주치는 문화의 적대적 양자 대결 구도를 그대로 옮겨놓은 내용이었다. 찬성과 반대, 우리와 그들이라는 프레임 말이다.

또 다른 그룹에 보여준 자료는 성격이 전혀 달랐다. 여기에는 똑같은 정보를 다른 관점으로 쓴 내용이 들어있었다. 총기 문제의 양자 구도를 답습하기보다는 이 논란의 복잡성을 강조했다. 예를 들면 미국인 중에는 총기 소유자 전원을 상대로 소지 이력을 확인해야 한다는 주장에 찬성하는 사람이 많다는 내용이 들어있었다. 그러면서도 이력 확인이 도난된 총기에 의한 범죄를 예방하는 데 효과가 없다는 내용도 함께 제시되어 있었다. 한편, 이력 확인이 사생활 침해의 소지가 있다고 우려하는 사람도 있었다. 한 마디로 이 자료는 같은 주제를 놓고 여러 가지 다양한 관점을 소개하고 있었다. 법정에 나선 변호사의 모두 진술冒頭陳述•이라기보다는 인류학자의 현장 기록에 더 가까운 논조였다.

실험 결과, 다양한 논조가 담긴 자료가 도움이 된 것으로 밝혀졌다. 이후 어려운 대화를 나누는 과정에서, 단순하고 적대적인 자료를 읽은 사람들은 부정적인 사고에 사로잡히는 경우가 더 많았다. 질문도 더 적게 했고 대화도 더 불만스럽게 생각했다. 그러나 좀 더 복잡한 자료를 읽은 사람들은 더 많은 질문을 던지며 높은 수준의 아이디어를 내놓았고, 만남을 만족스럽게 생각하는 비율도 더 높았다.

다시 말해 복잡성은 전염된다고 말할 수 있다. 그야말로 놀라운 발견이다. 사람들은 양자 구도에 매이지 않은 좀 더 다양한 시각으로 세상을 볼 수 있다. 그렇게 되면 좀 더 호기심을 가지고 새로운 정보에 마음을 열 수 있다. 그들은 남의 말을 경청하게 된다.

• 형사 소송의 모두 절차에서 검사가 공소장을 읽음으로써 공소를 제기한 요지를 진술하는 일 - 편집자

갈등을 건전하게 관리하고자 하는 사람들이 알아야 할 가장 근본적인 교훈은 가능한 한 빨리, 자주 복잡한 이야기를 접하라는 것이다. 이것을 학교나 기업의 경영자들에게 적용하면, 모든 사람의 말을 듣고 거기서 얻은 모순과 미묘한 의미를 파악해내는 것이라고 할 수 있다. 같은 집단 내의 의견 차이에 주목해야 한다. 집단 내의 차이가 어쩌면 상대 진영과의 차이보다 더 클 수도 있다. 호기심을 품어라. 호기심은 전염된다.

정치 분야로 눈을 돌리면, 어쩌면 이것은 양자 구도의 언어를 지양하고 적대적인 정책을 취하지 않겠다는 리더에 표를 주는 것일지도 모른다. 끊임없이 '우리'의 의미를 확장하고 '그들'을 품에 안는 리더 말이다(이것은 '온건'이나 '중도'와는 다른 개념이다. 극적인 변화를 추구하면서도 양자 대결의 언어를 사용하지 않는 정치인도 있을 수 있다). 또는 양당 정치를 탈피하는 개혁을 지지할 수도 있다. 모든 사람을 두 진영으로 구분할 수는 없기 때문이다. 정치 영역에 갈등의 차단막을 설치하는 방법은 많다. 그러나 오늘날 미국에서는 그중 어떤 것도 전국 차원에서 실험해본 적이 없다.

언론 분야에서 복잡한 이야기를 실천하는 방법은 역시 취재를 제대로 하는 것이다. 밖으로 나가 내가 전혀 모르거나 이해할 수 없는 사람들과 이야기를 나누고, 그들의 말을 진심으로 경청하는 것[10]이다. 이것은 어려운 일이다. 우선 그런 일은 위험하게 느껴진다. 잘못된 생각이나 편견을 지닌 사람의 말을 듣다가 나도 문제에 빠져버리는 것은 아닐까? 소리를 질러 그들의 무지함에 면박이라도 주어야 하는 것일까?

그러나 그것보다는 차라리 마술을 부리는 것이 더 낫다. 역사상 그 누구도 처음 보는 기자가 소리를 질렀다고 자기 생각을 바꾼 적은 없다. 사람은 그런 존재가 아니다. 설사 잘 아는 사람이라 하더라도 수치심을 안겨서 내가 원하는 바를 얻어낼 수는 없다. 하물며 외부 사람이 그래서야 효과가 있을 리 없다. 그리고 기자란 언제 어디서나 외부자 신세인 신분이기도 하다.

경청은 동의가 아니다. 경청은 상대방의 말을 정당화하거나 강화하는 행동이 아니다. 기사에 어떤 내용을 넣고 뺄지는 여전히 기자인 내가 결정한다. 깊이 경청하는 것은 가짜 기사를 조작해내는 행동과 거리가 멀다. 섣불리 그렇게 단정하는 것이야말로 갈등을 피상적으로 이해하는 데서 나오는 행동이다. 속사정을 깊이 들여다보는 것은 사람들과 깊은 대화를 통해 상대방이 하는 말의 이면에 호기심을 가진다는 뜻이다.

그들은 어떻게 백신이나 민주당을 그토록 확신하는가? 게리는 사람들이 누군가를 비난할수록 그 이면에는 자신의 취약한 부분이 숨어있음을 알게 되었다. 그들은 어떤 약점을 방어하려고 하는가? 그들이 내일 아침 일어나보니 기적적으로 이 결혼에서 '승자'가 된 자신을 발견한다면, 과연 그들은 거기에서 무엇을 얻을 것이라 기대하고 있는 것일까? 나는 내가 만나는 사람들이 자신의 사정을 나에게 차근차근 자세히 설명해주었으면 한다.

사람들을 이해한다고 그 사람이 바뀌지는 않는다. 그것만으로는 턱없이 모자란다. 그러나 상대방에게 존중받는다고 느끼지 않으면 그 누구도 바뀌지 않는다. 이것이 갈등이 지닌 세 번째 역설Paradox No.3 of High Con-flict[11]이다. 사람들은 상대방이 자신을 이해한다고 믿을 수 있어야 한다. 상대방의 의견이 자신과 다르다 하더라도 마찬가지다. 그래야 비로소 내 말을 듣는다. 수많은 갈등이 치킨 게임*으로 흐르는 이유는 바로 이 역설 때문이다. 이런 상황에서 그 누가 먼저 귀를 기울일 수 있겠는가?

개인적으로, 내가 기사를 쓸 때 복잡한 이야기를 실천하는 또 하나의 방법은 원래 쓰고 싶었던 이야기와 맞지 않는 내용을 위해 여지를 남겨두는 것이 될 수 있다. 서로 모순과 충돌을 일으키지만, 여전히 진실인 내용이라고 할 수 있다. 원래는 초고를 작성할 때부터 빼버리는 것들이다. 그러나 이제는 그런 내용도 포함하려고 노력한다. 독자들은 언론인이 생각하는 것보다 훨씬 더 복잡한 내용도 소화할 수 있다.

20년 전에 어떤 편집자가 나에게 훌륭한 기사에는 하나같이 갈등이 필요하다고 말한 적이 있다. 그 이후 나는 수십 년간이나 이 말을 주문처럼 외어오면서도 한 번도 의문을 제기해본 적이 없었다. 그러나 언론인들은 그동안 갈등의 정의를 너무나 좁게 해석해왔다. 현실에는 여러 형태의 긴장이 존재하고 그중에는 내적 긴장도 포함된다. 사실 훌륭한 기사는 갈등이 아니라 복잡한 이야기[12]에서 나올 때가 더 많다.

그러나 나는 사람들이 아직 '복잡한' 것을 불편해한다는 것을 알게 되었다. 어쨌든 복잡하지 않은 것들이 있는 것은 사실이다. 그런 것들은 단순하다. 악당과 희생자, 정의와 불의, 선과 악이 선명히 구분될 때가 있다. 복잡한 이야기를 끌어들여 혼란을 일으키거나 책임 소재를 흐려서는 안된다. 모든 갈등이 복잡한 것은 아니다.

---

* 어느 한쪽이 양보하지 않을 경우 양쪽 모두 파국으로 치닫는 극단적인 게임이론. 여기에서는 상대방이 먼저 이해해주기만을 서로가 기다리기만 한다는 것을 의미한다. – 편집자

그러나 사람은 누구나 복잡하다. 더구나 고도 갈등에는 거의 예외 없이 거짓으로 꾸며낸 단순성이 어딘가에 존재한다. 그리고 그 단순성[13]에 사로잡혀, 다들 자신이 듣고 싶은 이야기 외에는 귀를 닫는다. 그런 경우 복잡한 이야기는 아무것도 없던 황무지에 호기심을 촉발할 수 있다. 호기심은 성장으로 이어진다.

요컨대 진실을 가려서는 안 된다는 것이다. 진실은 모두 온전히 다루어야 한다.

미스터리를 조사하다

BJ에서 이스라엘 워크숍이 끝난 지 1년 후, 랍비들은 다시 한번 사람들을 불편하게 만들기 시작했다. 이번에는 종교 간 결혼의 허용 여부에 관한 문제였다. 오랫동안 보수적인 유대교 회당에서 금지되어온 관행이었다(BJ는 공식적으로 어떤 교단에도 소속되지 않았으나 유대교 보수 교단과 긴밀한 유대를 맺어왔다). 어릴 때부터 BJ에서 자라나 그곳을 고향으로 여겨온 젊은 교인들은 회당에서 유대인이 아닌 사람과 결혼해도 되느냐는 질문을 던져왔고, 그때마다 랍비는 안된다고 대답했다. 안타깝게도 이 문제로 BJ를 떠나는 사람이 종종 있었다. 교인들 사이에서는 아직도 이것이 타당한 정책인지 최소한 이야기는 해봐야 한다는 분위기가 형성되었다.

일종의 시험이 닥친 셈이었다. 공동체는 과연 이번 갈등의 불길을 감당할 수 있을까? 다시 한번 인신공격이 난무하고 사람들 사이가 완전히 소원해지는 사태가 벌어지지 않을까?

결코 쉬운 일이 아닐 것 같았다. 이미 집안에서 종교 간 결혼 문제로 고생한 적이 있었던 어브의 아내 루스 자멀Ruth Jarmul은 이렇게 말했다. "저는 물론 이스라엘도 중요하지만, BJ가 종교 간 결혼을 허용한다면 그것은 굉장히 개인적인 일이 됩니다. 저로서는 고통스러울 수밖에 없어요. 저는 저의 대가족을 너무 사랑하고 친척 간의 관계도 소중히 여깁니다. 그리고 유대교가 단지 명맥만 잇는 것이 아니라 번창하기를 바라기도 하고요."

다른 회당에서는 랍비들이 그저 명령으로 새로운 정책을 선언하면 그뿐이었다. 그러나 최근에도 어쩔 수 없이 갈등에 휘말린 경험이 있었던데다 또다시 〈뉴욕타임스〉에 이름이 오르내리는 것만큼은 피하고 싶었던 BJ의 랍비들은 다시 한번 중재자를 초빙[14]하기로 했다. 그들은 더욱 까다로운 대화의 자리를 마련했다. 이번에는 사람들이 소그룹별로 각자 집에서 모이게 했다. 효율은 좀 떨어지는 것 같았으나 훨씬 더 흥미로운 기회였다.

이번에는 회의론이 좀 줄어들었다. 이제는 BJ 교인들도 도망가거나 싸우거나 침묵을 지키는 것 말고도 제4의 방법이 있다는 것을 모두 알았다. 다들 이 방법은 공격이 아니라 탐구를 시작하는 것이라고 느꼈다.

먼저, 랍비 롤리는 DCL이 조언해 줄법한 방법을 그대로 적용했다. 그는 사람들에게 복잡한 이야기를 먼저 제시했다. 맨 먼저 웹상에서 개최한 세미나에서 그는 양자 구도를 분명히 거부한 채 갈등의 다양한 속사정을 인식하는 태도를 보였다. 즉 그는 진실을 말한 것이다.

우리가 다루어야 할 주제는 매우 복잡합니다. 이 문제에 관해 여러 가지 감정과 걱정, 그리고 희망을 품고 계시는 분들이 있습니다. 종교 간 결혼 문제를 생활 속에서 직접 겪은 분도 있습니다. 아직 명확한 의견이 없는 분도 있고요. "누구를 끌어안아야 할까요?" "누구는 받아들이면 안 될까요?" "우리가 과연 그런 결정을 해야 할까요?" 제가 드릴 말씀은, 이런 질문 하나하나가 다 간단히 대답할 문제가 아니라는 겁니다.

대화는 꼬박 한 해 동안 계속되었다. 모든 사람이 한 장소에 모였다. 게리가 샌프란시스코 심포니를 중재할 때처럼 말이다. 오늘날 미국에서 유대인으로 사는 것의 의미에 관한 강좌가 열렸고, 교인들의 집에서, 또 인터넷 대화방에서 소그룹 모임이 진행되었다. 교인들 간에, 심지어 한 가족 안에서도 이토록 다양한 견해가 있었다는 사실에 깜짝 놀라는 사람들이 많았다. 어떤 이는 이렇게 말했다.

저는 제 딸이 비유대인 청년과 결혼하는 데 '우리 랍비'가 주례를 서지 않겠다는 말을 듣고 큰 상처와 실망을 느꼈습니다. 그 순간이 제게는 가장 충격적이었습니다. 그 말에 그렇게 거리감과 소외감을 느낄 줄은 저도 미처 몰랐습니다. 아, 나는 더 이상 이곳 사람이 아니구나, 나는 자격이 없구나라는 느낌을 받았어요.

단순히 다른 사람이 나를 이해해주지 않는 것 이상의 문제가 있을 때가 있다. 우리도 우리 자신을 모를 때가 바로 그때다. 내가 속한 종교 공동체

2017년 5월 17일, BJ 교인들이 회당에 모여 종교 간 결혼 문제를 토론하고 있다. 노미 엘렌슨이 촬영했다. 출처 : 리세팅더테이블.

가 내 딸이 사랑하는 사람과 결혼하는 것을 축하해주지 않는다면, 그 거부감은 엄청난 사회적 고통을 불러온다. 내가 인정하든 아니든 말이다. 사회적 고통이 클수록, 갈등의 속사정은 깊숙이 묻히고 마는 것이 보통이다.

몇 개월에 걸쳐 경청과 대화, 그리고 설득보다는 이해하려는 노력을 기울인 끝에, 랍비들이 수백 명의 교인 앞에서 자신들의 생각과 선택지를 제시했다. 그 후 모든 사람이 대화와 글을 통해 제시한 의견을 바탕으로 랍비들이 최종 결정을 내렸다.

그들은 한걸음 전진하는 방향을 선택했다. 종교 간 결혼의 주례를 서겠다고 선언한 것이다. 단, 결혼하는 부부가 유대교 가정을 꾸릴 것과, 태어나는 아이도 유대교 신앙에 따라 양육하는 데 동의한다는 조건이었다. 랍비들은 이런 결정을 설명하면서 교인들 사이의 여러 의견 차이를 주의 깊게 인식하고 있음을 드러냈다. 수석 랍비 롤리는 이렇게 말했다. "모두가 동의하지는 않았지만, 그래도 사람들은 자신이 존중받고 있다고 느꼈습니다." 게리가 뮈어비치에서 증명했듯이, 사람들은 비록 의견이 일치하지 않더라도 앞으로 한 걸음 나아갈 수 있다. 단, 존중받는다고 느낄 수 있어야 한다. 그것이 갈등을 견디는 핵심 열쇠라고 나는 확신한다.

이번에는 교회를 떠나는 사람이 아무도 없었다. 끝까지 동의하지 않은 채 이런 정책 변화를 큰 실수로 여겼던 사람조차 마찬가지였다. 갈등은 공동체를 파괴한 것이 아니라 더 단단하게 했다. 루스가 말했다. "우리가 정말 멋지게 문제를 풀었다고 생각해요." 그녀의 어조에는 자부심이 묻어나왔다. 그녀는 끝내 반대했지만, 이번 일의 목적은 오로지 서로를 이해하겠다는 것, 단 하나뿐이었다. 제4의 방법은 이 교당과 교인들의 정체성의 일부가 되었다.

"그들은 저에게 고정관념일 뿐입니다."

2016년 11월, 어브와 루스를 포함한 BJ 교인 대부분은 힐러리 클린턴에게 투표했다. 그들과 가까운 사람들도 모두 마찬가지였다. 힐러리는 맨해튼 지역에서 86퍼센트의 득표율을 기록했다. 다들 그녀가 이긴다고 생각했다.

트럼프도 뉴욕 시민이었지만, 다른 뉴욕 시민들은 대체로 그를 좋아하지 않았다. 뉴욕 시민 다수는 그를 가짜에 불과하다고 여겼다. 〈뉴욕데일리뉴스New York Daily News〉는 트럼프가 대선 출마를 선언하자 "광대, 대통령에 도전하다"[15]라는 제목을 내걸었다. 선거 당일, 트럼프 부부가 지역 투표소에 도착했을 때 주변 사람들은 야유를 보냈다. 어떤 남자가 소리 질렀다. "당신은 질 거예요!"[16]

트럼프의 당선 소식에 BJ 교인 중 상당수는 큰 충격을 받았다. 그들은 트럼프가 이민자와 여성에 대해 구사하는 차별적인 언어로 심한 스트레스를 받았고, 집권 후에 과연 그가 어떤 일들을 할지 두려워했다. 그들은 다시 한 번 갈등에 빠져들 것 같았다. 이번 상대는 트럼프 지지자들이었다.

이때쯤 BJ 교인들은 건전한 갈등이 어떤 것인지에 대해 그 누구보다 잘 알고 있었다. 그들은 논란이 일어나는 것이 두렵지 않았다. 그러나 한 번도 만나보지 못한 사람들과는 어떻게 해야 할지 도무지 감이 오지 않았다. BJ의 교인 중 한 명인 마사 애클스버그Martha Acklesberg는 이렇게 말했다. "같이 대화를 나눌 만한 사람이 한 명도 떠오르지 않았습니다. 그들은 저에게 그저 고정관념일 뿐이었죠."

그들은 거의 1년이 다 가도록 뾰족한 수가 떠오르지 않았다. 루스와 마사를 포함한 많은 BJ 교인은 정치에 관심을 쏟았다. 트럼프타워 밖에서 열리는 시위도 참석했다. 마사는 BJ가 구성한 인종차별 반대 위원회에도 가입했다. 그러나 그것만으로는 턱없이 부족하다는 생각이 들었다.

어느 날, 뉴욕 시민이자 사회 운동가인 사이먼 그리어Simon Greer라는 사람이 BJ에서 열린 한 생일파티에 참석했다. 맨해튼 출신의 유대인인 그는 이 회당에도 여러 번 왔었고 랍비들과도 사회운동을 하면서 친분이 있던 사람이었다. 그는 파티에서 한 랍비와 대화하던 중, 자신이 미시간에서 함께 일하는 한 보수주의 그룹에 관해 말해주었다. 그들은 모두 교도관으로, 주로 기독교인이 많았으며, 다들 재미있고 친절한 사람들이라는 것이었다. 그리고 그 사람들은 대부분 트럼프에게 투표했다는 말도 덧붙였다.

그가 말했다. "아주 좋은 생각이 있어요. BJ 교인 몇 분이 미시간에 가서 그분들을 만나보면 어떨까요?"

랍비는 한바탕 웃었다. 생각해보라. 뉴욕에 사는 진보성향의 유대인들이 그 먼 미시간 시골까지 가서 교도소에서 일하는 보수주의 기독교인들과 어울린다니. 거의 농담에 가까운 소리로 들렸다. 게다가 별로 우습지도 않았다.

사이먼은 미시간으로 돌아가 자기 생각을 앤디 포터Andy Potter에게 말했다. 그는 그곳 교도관들의 연합체인 미시간교도관기구Michigan Corrections Organization, MCO의 사무총장이었다. 앤디는 당시 여러 가지 걱정거리를 안고 있었다. 감옥은 수용 한계를 넘어섰고, 인력은 모자랐으며, 주 의원들은 이 단체를 불신했다. 그러나 사이먼의 말을 들으며 공감하는 부분이 있었다. 좌파 성향의 지식인들에게 교도관도 말이 통하는 사람이라는 것을 보여줄 수 있는 기회라는 생각이 들었다. 그분들이 궁금해 한다면 교도행정을 개혁할 아이디어도 많이 이야기해줄 수도 있었다.

몇 달 후 뉴욕에서 사이먼은 BJ의 랍비에게 다시 한 번 의향을 타진해보았다. 갈등을 피할 것이 아니라 직접 미시간에 가서 그들을 만나보는 것이 어떻겠느냐는 것이었다. BJ가 존재하는 이유가 바로 이런 것 아니겠는가?

"예, 하겠습니다."

전화가 걸려 왔을 때 케일럽 폴레트Caleb Follett는 평소처럼 저녁 10시부터 새벽 6시까지 계속되는 야간 근무를 서고 있었다. 근무지는 미시간주 랜싱 외곽의 교도소 부지 내에 자리한 사택 건물이었다.

교도관들은 교도소 내에서 휴대폰 소지가 금지되었기에 케일럽은 다음 날 지하실에 있는 자신의 자리에서 전날 걸려 온 전화에 답신했다. 그때 위층에는 아이들과 아내가 함께 있었다.

전화를 건 사람은 MCO 담당자였다. "뉴욕 사람들과 함께 문화교류 행사를 하나 준비하고 있습니다. 당신도 참석해주셨으면 해서요."

"문화교류 행사요?"

"예, 그런데, 일단 뉴욕에 사는 좌파 유대인들을 초청할 겁니다. 사흘간, 우리가 사는 집으로요."

케일럽은 머리를 깔끔하게 민 커다란 체구의 근육질 남자다. 그는 삶의 경험에서 우러난 강인한 신념을 지니고 있었다. 그는 정치, 종교, 철학, 그 밖의 어떤 것이든 토론을 마다하지 않았다. 이맛살을 찌푸리며 공방을 주고받는 것을 즐겼다. 그럴 때마다 힘이 났다. 그러나 직업이 교도관이다 보니 그럴 기회가 그리 많지는 않았다.

MCO 사람의 말을 듣다 보니 자신은 아는 유대인이라고는 한 명도 없고, 좌파는 더더욱 없다는 사실을 깨달았다. 그러니 지금까지 자신의 생각에 반박다운 반박을 한 사람도 있을 리가 없었다. 그런데 지금 미시간교도관기구 담당자가 좌파 유대인을 그의 집에 초대할 기회를 제안하고 있는

　　　　7장 단순화에서 벗어나기

것이었다.

"예, 좋습니다. 하겠습니다." 케일럽은 재미있겠다는 생각에 일단 승낙했다. 어떤 면에서 케일럽은 BJ 교인들이 트럼프 지지자들에 대해 가지고 있는 고정관념에 맞아떨어지는 사람이었다. 그는 백인 기독교인이자 이성애자였고 트럼프에게 단순히 표만 준 것이 아니라 그를 열렬히 지지하는 사람이었다. 케일럽은 국경 장벽을 건설하는 것에 찬성했다. 그는 미시간 시골집에 작은 무기 창고를 꾸며놓고 AR-15 반자동 소총까지 챙겨둔 사람이었다.

케일럽은 심리치료사가 될 계획으로 퇴근 후에 심리학 강좌를 듣고 있었다. 그는 미국으로 이민 온 지 얼마 안 된 필리핀 여성과 결혼했다. 그들에게는 어린 자녀가 둘 있었고, 곧 셋째도 태어날 예정이었다. 해병대예비군인 그는 또 개인 사명 선언서를 작성해놓고 항상 잊지 않으려고 노력했다. "진실과 사랑으로 사람들에게 선한 영향력을 미친다."

그는 곧바로 이곳을 찾아올 손님들에게 던질 질문을 고민하기 시작했다. 예를 들면, 그는 복음주의 기독교 가정에서 자라면서 유대인이 신의 선민이라는 그들의 사상을 존중해야 한다고 배웠다. 그러나 대개 유대인들은 정치적으로 좌파 성향이라는 것도 그는 알고 있었다. 쉽게 이해되지 않는 대목이었다. 신의 선민들이 어떻게 좌파가 될 수 있단 말인가? "저로서는 도무지 풀 수 없는 수수께끼였습니다."

그는 MCO 담당자에게 이렇게 말했다. "손님들을 가능한 한 많이 모시겠습니다."

"왜 해야 하는 거죠?"

랍비는 미시간 여행 계획을 정기 소식지를 통해 모든 교인에게 공지했다. 롤리와 또 한 명의 랍비 슐리 파소Shuli Passow가 그해 봄 미시간으로 가는 '교류 학습' 일행을 인솔할 예정이었다. "이 나라 전체에 점점 벌어지는 균열을 조금이라도 치료하기 위해 마음과 생각을 열 기회입니다." 여행 안내문에 나온 문구였다.

어브는 소식을 듣자마자 즉각 참가 신청서에 서명했다. 그는 이스라엘이나 종교 간 결혼 문제로 열렸던 워크숍 못지않게 이번 일도 갈등을 깊이 들여다볼 좋은 기회라고 생각했다. 다시 한번 제4의 길이 눈 앞에 펼쳐진 것이다. 아내 루스에게 같이 갈 생각이 있느냐고 물었을 때, 그녀는 썩 내키지는 않으면서도 그러겠다고 했다.

"우리는 그분들 댁에 묵을 겁니다. 그리고 그분들도 나중에 우리 집에 머물 거고요. 호텔에 가는 게 아닙니다." 사람들의 질문에 랍비 롤리는 이렇게 설명했다. 그는 지금까지 이스라엘 및 종교 간 결혼 워크숍을 통해 배운 교훈을 상기시켰다. "진실은 동의가 아니라 논란에서 나옵니다."

마사는 처음에 별로 관심이 없었다. "이걸 왜 해야 하는 거죠? 요점이 뭔지 모르겠네요." 그녀는 이런 일은 뉴욕에서도 충분히 할 수 있다고 생각했다. 굳이 비행기까지 타고 싶지는 않았다. 트럼프 지지자들을 만나려면 뉴욕에서도 스태튼 아일랜드만 가면 얼마든지 찾을 수 있다. 물론 아직 그럴 생각은 없지만 말이다.

어떤 면에서 마사는 공화당 지지자들이 좌파를 바라보는 고정관념에 딱 맞는 인물이었다. 그녀는 아이비리그 출신의 지식인이다. 그녀는 스미스대학 교수 출신으로, 그곳의 여성학과 설립에 기여한 인물이다. 그녀는 언제 어디서나 '교차성'이나 '백인 우월주의'라는 말을 입에 달고 산다. 그녀는 레즈비언이며, 짧은 머리에 실용적인 신발을 신고 빛 바랜 백팩을 메고 다닌다.

마사는 독실한 종교인이기도 하다. 늘 회당에서 노래 부르기를 좋아하고, 율법에 맞는 음식만 찾으며, 안식일을 철저히 지킨다. 즉, 금요일 밤부터 토요일 해가 지기 전까지는 일하지 않고 예배에 꼭 참석한다는 뜻이다. 그녀의 부모는 집안에서 처음으로 대학에 들어간 분들이다. 뉴저지에서 보기 드문 유대인 가정에서 자라나 어렸을 때는 외로움을 느낄 때가 많았다.

랍비 슐리가 그녀에게 말했다. "어쩌면 당신이 하는 인종차별 반대 운동과 관련이 있을지도 몰라요. 평소 교도행정 개혁에 관심이 많았으니 교도관들 말을 들어보면 도움이 될 수도 있잖아요." 이번에 만나는 미시간 보수주의자들도 교도행정 개혁을 위해 애쓰는 사람들인 것은 분명했다. 최소한 랍비 슐리는 그렇게 말했다.

마사는 그 말을 듣고 관심이 생겼다. 그녀는 그동안 교도소 내의 수감자에 관해서는 많이 생각해봤지만, 그곳에서 일하는 직원들에 관해서는 별로 관심이 없었던 것이다. 같이 사는 파트너나, 심지어 자신에게도 뚜렷하게 이유를 설명할 수 없었지만 어쨌든 그녀는 이 여행에 동참하기로 했다.

그녀는 다른 BJ 여성 교인 두 명과 함께 케일럽의 집에 묵게 되었다.

"관심 없습니다."

"절대로 안 합니다." 민디 브로먼Mindi Vroman [17]은 MCO 담당자의 전화를 받고 이렇게 말했다.

그 사람은 정치적 차이와 유대교에 대해서 배울 기회라고 했다.

"관심 없습니다." 민디가 말했다.

그녀는 아는 유대인이 한 명도 없었다. 그녀는 늘 유대인들을 "속물근성이 밴 부자에다, 자기들끼리 똘똘 뭉친 광신도"로 여기고 있었다. 정치문제에 관해서는 별로 생각해볼 시간도 없었다. 그녀는 오바마가 정치판을 뒤엎어줄 것을 기대하며 그에게 투표했지만, 그런 일은 일어나지 않았다. 그래서 이번에는 똑같은 이유로 트럼프에게 투표했다.

민디는 푸른 눈에 주근깨투성이였고, 짧고 헝클어진 갈색 머리를 하고 있었다. 아버지와 숙모가 모두 교도소에서 근무하신 까닭에 그녀도 가까운 대학에서 형사제도를 전공한 후 같은 곳에서 일하게 되었다. 그녀는 세 아이를 둔 어머니였으면서도 교도소에서 주야 근무를 하는 날이 많았다. 그래서 '교류 학습'인지 뭔지, 이런 일은 할 시간도 없다고 담당자에게 말했다. 일부러 퉁명한 어조로 말했다. 그녀가 자부심을 드러낼 때 나오는 말투였다.

"우리는 농장에 살고, 총기를 소지합니다. 술 마시고 욕도 잘합니다. 유대교에 대해서는 하나도 모릅니다. 그런 말이 있는지도 몰랐습니다."

그런데도 어쩐 일인지 담당자는 계속 말을 이어갔다.

"그런데요, 교환 프로그램이란 게 쌍방으로 진행되거든요. 이번에 이분들을 받아주시면 몇 달 후에는 전액 무료로 뉴욕에 가서 그분들 댁에 묵게 됩니다."

침묵이 흘렀다. 통화가 점점 이상한 방향으로 흐르는 것 같았다. 민디는 갑자기 뉴욕에 한 번도 못 가봤다는 생각이 들었다.

"남편하고 상의해볼게요. 그런데 너무 기대하지는 마세요."

불안

내가 랍비 롤리와 만나 그동안 BJ가 갈등에 대처해온 과정과 그가 얻은 교훈에 관해 인터뷰한 것도 바로 이 시기였다. 대화 중에 그는 곧 미시간 시골 지역으로 여행을 인솔할 예정인데 결과가 어떨지는 잘 모르겠다고 말했다. 나는 그때 이 여행 이야기를 처음 들었다. 그분들이 여행을 떠나기 바로 직전에 말이다.

자연스럽게 내가 따라가도 되느냐고 물었다. BJ가 갈등에 접근하는 방식을 가까이에서 볼 수 있다면 이것 말고 더 좋은 기회가 어디 있겠는가?

참석자들은 모두 나의 합류에 찬성했다. 나는 다른 두 여성 BJ 교인과 함께 교도관 한 분의 할머니 댁에 묵게 된다고 들었다. 그들은 관대하게도 나의 동행을 받아주었다.

갑자기 모든 상황이 약간 이상하게 느껴졌다. 원래대로라면 나는 언론인으로서 호텔에 머물면서 직업적 거리를 둬야 하는 상황이었다. 욕실도 나 혼자만 쓰고 말이다. 물론 사람들이 교류하는 모습을 직접 보고 싶은 것은 사실이었지만, 과연 이렇게 합류하는 것이 내가 원한 것이었는지 의문이 들었다.

언론인이 독립성을 지키는 방법의 하나가 취재 대상과 일정한 거리를 두는 것이다. 그리고 그 방법이 타당할 때가 있다. 경찰서장을 취재하는 데에 있어 그와 가까운 사이가 되어서는 안 된다. 그러나 이런 전통을 고집하는 것이 자신이 꺼리는 곳을 피하려는 핑계에 지나지 않을 때도 있다. 이번이 바로 그런 경우였다. 낯선 사람들과 함께 시골집에서 지내기가 꺼려지는 것 자체가 나 역시 그들만큼 이 교류 프로그램이 절실히 필요한 사람이라는 증거인지도 몰랐다.

그러는 동안 뉴욕의 루스는 남편을 비롯해 13명의 다른 BJ 교인과 함께 미시간에 가기로 한 결정이 과연 잘한 일인지 심각하게 고민하고 있었다. 그녀가 말했다. "말도 안 되는 일을 벌인 것이 아닌가 하는 생각이 들었습니다. '혹시 상처를 입지나 않을까? 그들이 나를 쏘면 어쩌지?' 별별 걱정이 다 들었지요."

한편 마사의 걱정거리는 짐을 꾸리는 일이었다. 전혀 공통점이 없는 사람들에게 어떤 선물을 준비하면 좋을지부터 걱정이었다. "참 곤란했습니다." 고민을 거듭한 끝에 그녀는 뉴욕시의 상징물들이 새겨진 냄비 받침대와 접시 닦는 행주를 골랐다. 자유의 여신상과 엠파이어스테이트 빌딩 등이었다. 그 정도면 무난하다는 생각이 들었다.

그녀가 말했다. "걱정될 수밖에 없었지요." 왜 거기까지 가느냐고 사람들이 물었다. "뚜렷하게 대답할 말이 없었습니다." 그녀가 미시간 사람들의 생각을 바꿀 수도 없고, 그 반대도 마찬가지라는 것을 그녀도 알고 있었다. 그렇다면 왜 가는가? 비행기에 타기 전날 밤까지도 그녀는 잠을 이룰 수 없었다.

한편 미시간에서는 케일럽이 아내를 안심시키느라 땀을 흘리고 있었다. 나중에 그가 나에게 말했다. "아내는 제가 신이 난 모습을 보면서도 여러 의구심을 떨치지 못했습니다." 그녀 역시 낯선 뉴욕 사람이 3명이나 자기 집에 온다니 걱정이 안 될 수가 없었다. "많이 불안한 것 같았습니다."

친구 한 명은 그에게 이런 일에 참여하다니 정신이 나갔느냐고 핀잔을 주었다. 케일럽이 말했다. "그 친구에게 좌파는 그저 무서운 존재였을 뿐입니다. TV에서 보는 거라고는 반대파 시위대뿐이었으니까요."

양쪽 다 두려움이 있었다. 그들이 서로에 대해 똑같은 말을 한다는 것은 꽤 충격이었다. 그들 모두 동시대를 사는 똑같은 백인들이었다. 그러나 양쪽 다 상대방이 편협하거나 심지어 공격적으로 나오리라고 짐작했다. 미시간 사람들의 걱정은 주로 오해나 과소평가, 또는 무시의 대상이 되지나 않을까 하는 것이었다. 민디가 말했다. "그들이 여기 와서 저나 제 사는 모습을 보고 섣불리 판단할까 봐 걱정됐습니다." 뉴욕 사람들은 아무래도 좀 잘난체 할 것 같았기 때문이다.

뉴욕 사람들의 두려움은 주로 그곳 사람들이 자신들을 무시하거나 미워하면 어떡하나 하는 것이었다. 또는 그곳에 가는 것 자체가 이미 자신들의 근본적인 이상에 거스르는 행동이 아닌가 하는 두려움이 있었다. 그들은 미시간 사람들의 편견에 부딪힐 것 같았다.

마사는 신체적인 안전에 관해서는 크게 걱정되지 않았다고 내게 말했다. 자기 한 몸쯤은 충분히 지켜낼 자신이 있는 데다, 다른 BJ 교인들도 함께 가기 때문이었다. 오히려 걱정되는 것은 그들이 자신을 진지하게 대할 리도 없고 자신도 그들을 정직하게 대할 수 없는 상황에서 대화 중에 실수를 저지르지나 않을까 하는 것이었다. 도대체 그들과 무슨 말을 한단 말인가?

이 글을 읽는 미국인들은 이런 일이 다른 나라에서 벌어지는 상황을 상상해보는 것이 좋을지도 모른다. 예를 들어 폴란드에 사는 두 집단이 서로 만난다고 해보자. 한쪽은 시골에 살고 또 한쪽은 도시에 산다. 그러나 그들은 같은 나라에서 같은 말을 쓰고 여러 가지 문화적 전통을 공유하며 사는 사람들이다. 그런데도 그들은 서로를 두려워한다. 밖에 있는 사람들의 눈으로는 도무지 이해할 수 없다. 같은 폴란드인끼리 뭐가 무섭단 말인가? 누가 그들을 세뇌하기라도 했단 말인가? 그렇게 생각해보면 이 미국인들은 폴란드 사람을 초청하는 편이 훨씬 더 편할지도 모른다.

뉴욕 사람들이 도착하기 전날, 케일럽은 자기 집에서 지낼 사람들이 마사 애클버그를 포함한 세 명의 나이 든 여성이라는 사실을 알았다. 아내도 이 소식을 듣고 한결 마음이 편해졌다. 나이 많은 여성 세 명이 위험해 봤자 얼마나 위험하겠는가? 그는 인터넷에서 검색해보았다. "마사를 찾았습니다." 그가 말했다. 그는 그녀가 쓴 페미니즘과 권력에 관한 논문, 그리고 스페인 무정부주의 여성 단체에 관한 책을 읽었다. "알고 보니 그녀는 꽤 유명한 인물이었습니다. 그러니까 괜히 주눅이 들더군요." 그는 어쩌면 이런 상황에 대해서는 고지식한 백인 남자일 뿐이었지만, 그녀는 프린스턴 출신의 박사님이었다.

2018년 4월 29일, 랜싱의 MCO 사무실에 모든 사람이 모여 처음으로 대면했다. "마치 첫 데이트를 하는 것 같았습니다." 어브의 말이다. 그들은 서로서로 이름을 소개하며 몇 마디씩 주고받았다. 케일럽이 마사에게 말했다. "유튜브에서 뵌 적 있는 분이네요!" 랍비 롤리는 검은색 베레모를 쓰고 노스페이스 플리스 자켓을 입고 있었다. 뉴욕에서 보던 랍비와는 사뭇 다른 차림새였다.

그들이 만난 MCO 사무실 뒤편에는 교도관 제복 차림의 마네킹이 몇 개 서 있었다. 또 오랜 세월에 걸쳐 죄수들로부터 압수한 무기가 가득 든 상자도 하나 있었다. 집에서 만든 칼이나 단검, 면도날 같은 것들이었다. 루스의 눈길이 자꾸만 그쪽으로 향했다. 그녀가 말했다. "양쪽 모두 근심이 가득한 것이 다 느껴졌습니다."

이 자리를 마련한 것이나 다름없는 사이먼 그리어가 세 가지 원칙을 내놓았다.

그가 말했다. "우리는 여기 모인 모든 사람이 소중히 여기는 가치를 진지하게 대해야 합니다."

"상대방이 틀렸다고 설득하려 해서도 안 됩니다."

마지막으로 "호기심을 버리지 않아야 합니다."라고 그는 제시했다.

나는 그가 하는 말을 들으면서 다른 정치 토론도 모두 이 원칙을 지킨다면 과연 어떻게 될까 하는 생각을 해봤다. 상상도 할 수 없는 광경이 펼쳐질 것이다. 멀리 갈 것도 없이 그런 장면이 바로 눈앞에 벌어지고 있었다.

마지막으로, 사이먼은 모두에게 적극적인 경청 방법을 다시 한 번 환기해주었다. 다른 사람의 말을 요약한 다음 그 말이 맞는지 확인하는 것이다. 사람들은 자신이 존중받는다고 느낄 수 있어야 한다. 그래야 마법의 비율이 발동된다. 그것은 갈등을 흡수하는 완충장치다.

그는 다른 방법이 모두 소용없을 때는 딱 한 마디만 하라고 말했다. "더 이야기해주세요!"

그 말을 끝으로, 이 기이한 집단은 먼저 유대관계부터 형성하러 그곳을 나섰다. 그들이 도착한 곳은 사격장이었다. 우선 뉴욕 좌파 양반들이 놀란 것은 사격장이 미시간주립대학교 캠퍼스 내에 있다는 점이었다. 그런데 이상하게 그 점이 안심이 되기도 했다. 그들은 22구경 캘리버 권총을 썼다. 민디가 '진짜 사격'도 아니라고 간주하는 규격이었다. 그녀는 그런 총은 쏘는 게 아니라 '찌르릉거리는' 거라고 하면서도 어쨌든 동참했다. 케일럽이 마사에게 몇 가지 팁을 알려주었다. 마사는 곧잘 따라 했다. 자신도 놀랄 정도였다. 생각보다 훨씬 재미있었다. 사람들이 왜 사격을 즐기는지 난생처음으로 알 것 같았다.

지역 양조장에서 마련된 저녁 식사 자리를 마친 후, 모두 각자 배정된 가정으로 흩어졌다. 내가 묵게 된 농가는 어수선하면서도 평화로운 곳이었고, 안주인인 할머니는 우리를 따뜻하게 반겨주었다. 두려울 것이라고는 전혀 없었다. 이런 곳에 따라올 수 있게 되어 다행이라고 생각했다. 처음에 꺼려졌던 마음을 생각하니 어이가 없을 정도였다.

한편, 집으로 돌아온 케일럽은 BJ에서 온 세 여성을 가족에게 소개한 다음 그들이 머물 침실로 안내했다. 아이들은 이미 부모들 방으로 옮겼고 케일럽은 지하실에서 지내게 되었다. 마사는 깨달았다. "우리 때문에 모든 사람이 각자의 공간을 내어준 셈이었습니다." 그들의 이런 모습에 말할 수 없는 무언가가 가슴에 와닿았다.

케일럽은 손님들을 맞이한 것이 대단히 설레는 것 같았다. 가슴 속의 열정을 억누를 수가 없을 정도였다. 아이들이 잠자리에 든 후, 케일럽은 뉴욕 사람들이 있는 방에 다시 들렀다.

"제 총 구경 좀 하시겠습니까?"

"예, 더 말해주세요!" 마사가 배운 대로 말했다.

그들은 지하실로 함께 갔고, 케일럽은 총기 캐비닛을 열어 소총 두 자루를 꺼냈다. 한 자루는 사냥할 때 쓰는 것이었고, 또 한 자루는 할머니에게서 물려받은 것이었다. 뉴욕 사람들은 미시간 사람들이 총에 이렇게 정서적 가치를 부여하는 태도가 이해하기 어려웠지만, 이번 여행 내내 그들로부터 이런 말을 몇 번이고 듣게 되었다.

케일럽은 다음에는 AR-15 소총을 꺼내서 그들에게 한번 들어보겠느냐고 물었다. "아뇨, 괜찮습니다." 마사가 말했다. 그 총은 TV에 총기 난사 뉴스가 나올 때마다 보이던 다른 AR-15 소총들과 똑같았다. 그것은 전쟁 무기였다. 군대에서 쓰는 전투용 소총을 민간에서 쓰이도록 개조한 것이었다. 사냥용도 아니고 가보로 간직하는 용도도 아니었다. 그녀는 숨이 가빠왔다.

"이 총을 어디에 쓰시는 겁니까?" 그녀가 물었다.

그가 대답했다. "첫째는 호신용입니다. 둘째는 스포츠지요. 그리고 세 번째는 최악의 경우이기는 하지만, 독재 정부에 대항하는 자기방어용입니다."

"어떤 독재 정부 말입니까?"

"역사적으로 정부가 사람들의 총을 빼앗고 억압하거나 심지어 대량 학살을 일삼은 사례는 얼마든지 있습니다." 케일럽이 드디어 말문을 열었다.

마사가 말했다. "좋습니다. 하지만 이 나라는 독립을 쟁취해서 헌법을 제정했고 대의 정부를 수립했습니다. 우리는 정부와 싸울 필요가 없습니다. 우리가 바로 정부니까요."

케일럽은 설명하려고 애썼다. 자신이 정부를 위해 일한다고 해서 맹목적으로 복종하는 것은 아니라는 사실을 말이다. 그는 무슨 일이 있어도 자신과 가족을 지켜야 하며, 그래야 안전을 보장할 수 있다고 생각했다. 그러나 자신의 이런 생각을 온전히 설명하기가 너무 어려웠다. 게다가 그녀는 지금 자기 말을 안 듣고 있는 게 분명했다.

그녀가 총도 마음에 들어 하지 않는 것 같았으므로 그것들을 다시 집어넣었다. 총을 이렇게 싫어할 줄은 미처 몰랐기에 약간 놀랄 정도였다. 적어도 자신이 아는 사람들은 모두 평생 총을 가지고 있었다. 그게 정상이었다. 사냥 시즌이 열리는 날은 축제나 마찬가지였다. 그는 매년 그날만 손꼽아 기다렸다. 그도 AR-15 소총이 아주 위험한 물건이라는 것을 알았지만, 그것을 어떻게 다뤄야 하는지도 잘 알았다.

마사는 잠을 제대로 못 이뤘다. 그녀는 케일럽이 소유한 어마어마한 수량의 총을 보고 충격을 받았다. 국가와 해병예비대에서 복무하고 실제로 지금도 정부의 일원인 그가, 정부로부터 자신을 그 정도로 지킬 필요를 느낀다는 것이 과연 무엇을 의미한단 말인가? 도무지 이해하기가 어려웠다.

또 한 가지 문제는, 전혀 뜻밖에도 이 사람이 마음에 들기 시작했다는 것이었다. 케일럽은 자신과 생각이 다른 사람에게도 너그럽고 열린 태도로 대했다. 그런데도 여전히 서로의 거리가 너무 멀다는 사실은 여간 신경 쓰이는 일이 아니었다.

긴장이 흘렀다. 어쩌면 진짜 문제는 이 모든 일을 자신이 어떻게 이해하면 되는지를 알아내는 것일지도 모른다는 생각이 들었다.

복잡한 문제

그날 이후 이틀 동안, 미시간 보수주의 남성 기독교인들은 뉴욕 리버럴 여성 유대인들과 나를 차에 태우고 돌아다녔다. 우리는 퇴역 시설 중 한 곳에 마련된 7구역 수감동 Cell Block 7이라는 교도 박물관에 방문했다. 슈퍼맨 아이스크림이라는 것도 먹어봤다. 세 가지 맛이 섞인 아이스크림으로 미시간과 위스콘신에서는 인기 상품이라는데 뉴욕 사람들은 한 번도 본 적이 없었다. 미시간주 잭슨의 한 공원에도 들렀다. 그곳은 1854년에 1,000명이 넘는 사람들이 노예제 확대 반대 시위에 나섰던 유서 깊은 장소였다. 이 운동은 미국 공화당[18]의 기원이 되는 사건이었다. 그 자리에 있던 거의 모두가 처음 듣는 이야기였다.

교도 박물관 담당자들은 그들이 하는 일에 관해 이야기해주었다. 어떤 사람은 자신의 큰 의붓아들이 감옥에 들어온 가슴 아픈 사연을 들려주었다. 미시간 랜싱 지역에서 성장한 또 한 명의 교도관은 자신은 한때 이 지역에서 2만 명의 일자리를 창출했던 올즈모빌 자동차 공장에서 일한 적이 있었다고 했다. 그 일자리는 상당히 안정적인 중산층 직업이었다. 그러나 이후 구조조정의 여파로 그는 교도관이 되었다. 결국 시간이 지나고 보니 감옥이 더 안정적인 일자리였다.

그들은 교도소 내 급식이 예산 절감 때문에 민간에 맡겨지면서 어떻게 음식의 질이 못 먹을 수준에까지 이르렀는지, 또 교도관들이 재소자들의 의견을 받아들여 추진한 변화 노력이 어떻게 성공을 거두었는지 등도 이야기해주었다. 미시간주의 교도 시설이 포화상태에 이르러 미리 전달도 못 받은 채 주야 근무를 치르는 날이 많은 데다, 심지어 집에 아이를 돌봐줄 사람도 없을 때는 난처하기가 이루 말할 수 없다는 사연도 들었다. 무기도 없이 800명의 재소자와 한 공간에서 지내야 하는 애환도 생생하게 들을 수 있었다(무기가 재소자를 공격하는 데 사용될 수 있다는 우려로 교도관들은 재소자와 함께 있을 때 무기를 소지할 수 없었다). 한 교도관은 재소자가 투척한 오물통을 뒤집어쓰고도 혹시 그 재소자가 전염병을 보유하고 있는지 조사할 엄두도 못 냈다는 이야기를 들려주었다. 프라이버시 보호 정책 때문이었다.

그들이나 뉴욕 사람들이나 교도행정 체계 전체가 망가졌다고 생각하는 점에서는 똑같았다. 그러나 그들은 이 분야에 관해 훨씬 더 많은 것을 알고 있었다. 민디가 말했다. "저는 일주일에 40시간, 1년에 50주나 교도소에서 일한 지가 벌써 8년째입니다. 저는 그 어떤 비뇨기과 의사보다 남자들의 성기를 더 많이 봤습니다."

뉴욕 사람들은 이런 이야기를 다 들으면서도 한 번도 놀라거나 역겨운 내색을 하지 않았다. 눈동자를 이리저리 굴리지도 않았다. 한 교도관은 이렇게 말했다. "그분들의 가식 없는 태도에 솔직히 좀 놀랐습니다." 이 뉴요커들은 그들이 생각하던 좌파들보다 훨씬 더 진솔한 사람들이었다.

점심 메뉴는 피자였다. 중서부 지방의 또 하나의 전통인 랜치 드레싱도 같이 나왔다. 케일럽은 마사와 식사를 함께 했다. 그가 말했다. "긴장이 풀리는 느낌입니다." 그는 뉴욕 사람들이 진지하게 듣는 태도를 보고 안심이 되는 것 같았다. 나중에 그는 나에게 이렇게 말했다. "주류 뉴스 매체나 코미디언, 할리우드 등이 우리 보수주의자들을 전혀 엉뚱하게 묘사하고 있다는 것을 저는 압니다." 그런데 이번에 뉴욕 사람들을 만나면서는 뭔가 느낌이 달랐다. "마침내 우리 목소리를 누군가 들어준다는 느낌을 받았습니다. 우리 모두 그 점을 알았지요."

게리의 사무실에 찾아온 앙숙 부부처럼 모든 사람은 남들이 자기 말을 들어주기를 바란다. 마사가 의아했던 점은 케일럽이 왜 지금까지 그런 것을 느껴보지 못했나 하는 것이었다. 폭스뉴스가 그의 관점을 대변해주지 않아서? 그의 표로 대통령이 된 트럼프는 어떤가? 그의 목소리는 매일 모든 소셜미디어에 울려 퍼지고 있지 않은가?

케일럽은 왜 할리우드가 자신의 목소리를 들어주는 것도 중요하다고 생각하는 것일까? 혹은 뉴욕에서 온 이 낯선 사람들도 말이다. 그녀는 그의 심정을 이해하느라 골머리를 앓으면서도, 그가 운전하는 쉐보레 이쿼녹스 SUV의 조수석에 앉아 헌법을 놓고 토론하고, 유대교에 관해 설명하며, 질문과 이론을 주고받으면서 돌아다니는 것이 즐거웠다. 그녀가 나에게 말했다. "그의 태도에서 생동감과 소박함을 느꼈습니다. 그리고 거기에서 강력한 설득력이 전해졌지요. 물론 이해하기 어려울 때도 있었습니다."

대화는 하루 내내, 그다음 날까지 이어졌다. 뉴욕 사람들은 홀로코스트에서 숨져간 선조들의 이야기를 해주었다. 트럼프가 모든 무슬림의 입국을 금지하겠다는 말이, 모든 유대인을 겨냥했던 나치의 명령과 얼마나 닮았다고 느끼는지도 설명했다.

이런 비유는 민디가 지금까지 한 번도 생각해본 적이 없던 것이어서 그녀는 적잖이 당혹스러울 수밖에 없었다. 이후로도 그녀는 나에게 그 말을 여러 차례 반복했다. 교도관들은 뉴욕 사람들에게 9·11에서 이스라엘까지 궁금한 것을 모두 물어보았다. 뉴욕 사람들이 이스라엘의 팔레스타인 정책을 매우 조심스럽게 언급한다는 점이 눈에 띄었다. 한 집단 내의 분열이 밖에서 보는 것보다 훨씬 더 클 수 있다는 것을 또 한 번 알 수 있었다.

특정 주제를 놓고 집중 토론을 벌이기도 했다. 한번은 트럼프, 또 한번은 총기 문제에 관해서였다. 사람들이 애초에 예상했던 상대방의 입장이 거의 예외 없이 빗나가는 것이 흥미로웠다. 미시간 사람들은 뉴욕 사람들이 자신들에게 총을 치우라고 말할 줄 알았지만, 뉴욕 사람들은 자신들의 뜻은 그런 것이 아니라고 몇 번이고 강조했다.

양쪽의 의견이 멋들어지게 일치하는 순간들이 있었다. "우리 둘 다 트럼프가 트위터를 그만둬야 한다고 생각해요." 민디가 자신과 랍비 슐리를 번갈아 쳐다보며 말했다. 마사를 포함한 뉴욕 사람들 다수는 국경을 지키는 일이 중요하다는 데 동의했다. 이번에는 케일럽이 깜짝 놀랐다.

물론 태평양처럼 거대한 차이가 드러나기도 했다. 예를 들면 케일럽이 트럼프를 지지하는 이유를 설명할 때가 그랬다. "그는 인종차별주의자가 아니에요. 그가 하는 말은 전혀 그런 뜻이 아니라고요!" 그는 웃으면서 트럼프의 말을 곧이곧대로 해석하는 어리석음을 지적했다. "그는 고정관념을 타파하고 있는 겁니다. 정치적 올바름Political Correctness, PC이라는 우리 사회의 위선을 고발하는 거죠."

뉴욕 사람들은 웃지 않았다. 그렇다고 분통을 터뜨리지도 않았다. 그들은 하나하나 논박했다. 랍비 슐리가 말했다. "케일럽은 편견을 정당화하는 말을 하고 있어요."

이런 만남을 지켜보면서 참 신기하다는 생각이 들었다. 약간 부자연스럽기는 했지만, 그렇게 어색하지만도 않은 분위기였다. 워싱턴 DC에서 케이블 뉴스의 소위 전문가들과 정치인들이 싸움박질에만 매달린 모습에 비하면, 여기 있는 미국인들이 연출하는 광경이 훨씬 더 흥미롭지 않은가. 그들이 힘을 합쳐 내놓은 결과물은 가능성에 대한 희망과 방대한 오해, 그리고 많은 질문거리였다. 그들은 이 나라에서 보기 드문 존재였다.

그러나 그들은 이 모든 차이와 거대한 갈등-산업 복합체의 방해에도 불구하고 서로를 이해하고자 노력했다. 그들을 보면서 나는 갈등의 첫 번째 역설Paradox No. 1 of High Conflict을 다시 떠올렸다. 인간은 무엇이든 단순화하고 악마화하는 재주가 있지만, 동시에 조화를 갈망하기도 한다. 우리는 갈등에 열광하면서도 그것에 시달리기도 한다. 우리는 남들의 손에서 벗어나고자 하면서도 동시에 남과 협력하기를 원한다.

민디가 말했다. "설명하기 힘들지만 어쩐 일인지 저는 이분들이 정말 좋아지기 시작했어요."

또 다른 대화에서 케일럽은 제빵업체에 게이들의 결혼식에 쓰일 케이크 제작을 강제해서는 안 된다고 말했다. 그것은 종교의 자유를 침해하는 행위라는 것이었다. 마사는 이 말을 듣고 조용히 자리에서 일어나 밖으로 나갔다. 그녀의 감정은 분함이 아니라 슬픔이었다. 그녀가 말했다. "그는 상대방 사람들의 자유나 그들의 감정에 대한 개념이 전혀 없었습니다."

이런 문제까지 포함해서 모든 것을 그와 다시 이야기할 수 있겠지만, 당장은 그럴 마음이 들지 않는다고 말했다. "그래서 잠시 울면서 호흡을 가다듬었지요."

마지막 날, 그들은 MCO 사무실의 큰 탁자 앞에 둘러앉았다. 몰수한 무기 상자가 바로 옆에 놓인 그 장소였다. 그들은 어느새 너무나 가까운 사이가 되었다는 것을 깨닫고 놀라지 않을 수 없었다. 케일럽이 말했다. "이번 일을 겪으면서 정말 깊이 감동했습니다. 드리고 싶은 말씀은 저희 말을 들어주셔서 감사하다는 것뿐입니다."

마사가 말했다. "여러분의 댁에 저희를 기꺼이 반겨주셔서 너무나 감사드립니다. 무엇보다 여러분을 정말 깊이 이해할 수 있게 되었다는 것이 믿을 수 없을 만큼 놀랍습니다. 물론 앞으로도 서로의 의견이 결코 일치할 수 없는 부분이 있다는 것도 깨달았습니다. 하지만 괜찮습니다."

다음은 민디 차례였다. 그녀는 남들 앞에서 좀처럼 감정을 드러내지 않는 사람이었다. "이런 자리를 마련해주셔서 감사합니다. 제가 순진했습니다." 그리고 방안을 둘러보았다. "우리는 서로 마음을 열고 질문했습니다. 화를 내지도 않았습니다." 그녀는 냅킨을 들어 눈가를 닦았다.

MCO 사무총장 앤디는 모두가 자신의 약점을 스스럼없이 내비친 태도에 놀라움을 금할 수 없었다고 말했다. 평소 과묵하기만 했던 교도관들을 포함해서 말이다. 그들은 지금까지 MCO에 자기 집 주소도 안 알려주던 사람들이었다. 보안 문제 때문에 페이스북 계정에도 닉네임만 쓰는 사람이 있을 정도였다. 그런 그들이 지금 냅킨으로 눈물을 훔치고 낯선 사람들을 자기 집에 맞이해준 것이다. 앤디가 말했다. "이번에 배운 교훈이 있다면, 사람들을 섣불리 단정한 채 모든 일을 판단하지 말자는 말로 요약할 수 있겠습니다. 누군가를 정말로 이해하려면 내 약점을 내보일 각오를 해야 한다는 것도 빼놓을 수 없겠네요."

랍비 롤리가 마무리 발언에 나섰다. 그는 조용한 목소리로 말했다. "저에게는 혁명적인 경험이었습니다. 우리가 함께 뭔가를 이뤄냈다는 생각에 마음 깊은 곳이 치유되는 기분이 들었습니다." 그러고 보니 이번 여행 내내 그가 설교조로 말한 적이 거의 없었다. 그는 이곳에 온 내내 행복해 보였다. 불편할 법한 순간에도 편안한 표정이었고, 이해할 수 없는 모든 일에도 흥미를 보였다. 물론 오랫동안 수많은 갈등에 어쩔 수 없이 대처하는 법을 연습해온 그였다. 그는 이런 상황을 어떻게 맞이해야 하는지 잘 아는 사람이었다.

카놀리와 야물커

지난 세기를 거치며 미국 사회는 너무나 심한 정치적 분열을 겪어온 탓에 이 정도의 만남조차 매우 희귀한 일이 되어버렸다. 1973년 이후, 정치적 견해가 서로 다른 부부[19]의 비율은 절반으로 떨어졌다. 정치적 견해가 같은 사람들끼리 모여 사는 비율도 내가 어렸을 때보다 높아졌다. 그때는 이웃 중에 누가 누구에게 투표했는지 아는 사람이 거의 없었다. 그리고 누구 하나 신경 쓰는 사람도 없었다. 그러나 2016년 대선 이후 워싱턴DC의 내 아들이 다니는 공립학교 사람들은 트럼프에게 투표한 학부모가 누구인지 다들 아는 것 같았다. 그리고 그 사람들은 곧 플로리다로 이사 갔다.

인종차별이나 종교 차별이 그렇듯이, 어떤 종류의 분열[20]이든 곧 편견으로 이어진다. 사회심리학자 토머스 페티그루Thomas Pettigrew의 책에는 이런 구절이 나온다. "분열은 곧 서로 연관된 일련의 과정으로 이어져 결국 집단 간 갈등을 촉발한다. 부정적 편견이 확대된다. 불신이 축적된다. 그리고 집단 간에 상호작용이 일어나더라도 어색하고 제한된 형태로만 남게 된다."

지난 20여 년에 걸쳐 미국 사회에 만연해온 정치적 적대감도 바로 이 분열에서 원인을 찾을 수 있다. 정치적으로 같은 견해를 지닌 부부는 정적에 대해 더욱 가혹한 태도를 보이는 경향이 있다. 그런 가정의 자녀는 수십 년 동안 정치적 '상대편'에 대해 부정확하고 편협한 이야기만 듣고 자란다. 그런 가정은 페이스북이나 유튜브에 버금가는 강력한 메아리 상자가 되어왔다.

반면 정치적 견해가 다른 부부[21]는 상대 진영 사람들이나 그 후보에 대해 좀 더 복잡한 시각을 보여준다. 한 가정 내에서 다양한 관점을 지닌 가족들이 양극화된 미국 사회에 미칠 영향력은 실로 엄청나다.

전 세계를 통틀어보더라도 다른 견해를 지닌 사람들과 알고 지내는 일은 인류가 극단적으로 치닫는 현상을 막아주는 것 같다. 그런 활동은 고도 갈등의 위험을 낮추고, 모든 사람에게 온전하고 풍부한 삶[22]의 기회를 선사한다. 그렇게 갈등에 대한 내성을 기르기 위해서는 새로운 기반구조가 필요하다. 갈등을 피하는 것만이 능사가 아니라 그 속에서 의미 있는 인간관계를 창출해낼 교류의 장과 제도를 마련해야 한다.

랍비 롤리와 케일럽, 그리고 뉴욕-미시간 교류 모임 사람들이 뉴욕 지하철에서 이야기를 나누고 있다. 아만다 리플리가 촬영했다.

　뉴욕 사람들이 미시간에 다녀온 지 2개월 후, 예정대로 미시간 보수주의자들이 뉴욕시로 날아왔다. 브로드웨이의 유대식 피자 가게에서 모든 사람이 다시 만났다. 나도 다시 한번 일행에 합류했다. 뉴욕의 심리학자 로빈 커너Robin kerner가 어퍼웨스트사이드에 있는 자신의 원룸 아파트의 침대를 나에게 내주고 자신은 소파에서 잤다. 그녀는 지금껏 그런 일을 한적이 한 번도 없었다. 미시간에 갔을 때 사람들에게 대접받은 대로 이번에는 그녀가 나에게 호의를 베풀어준 것이다.

　사람들은 포옹을 나누고 함께 사진도 찍었다. 처음 만났을 때의 어색함은 온데간데없었다. 이번에 미시간 사람들의 가장 큰 걱정거리는 뉴욕시 그 자체였다.

민디가 말했다. "여기 오기 전까지 사흘 밤이나 울었어요." 지하철에서 길을 제대로 찾는 것도, 뉴욕의 수많은 군중도, 낯선 음식에 적응해야 할 일도 모두 걱정거리뿐이었다. 민디는 다름 아닌 교도관이다. 심각하고 흉악한 범죄를 저지른 남자들을 수없이 상대해온 사람이다. 그런 그녀가 막상 뉴욕에 간다고 생각하니 "완전히 겁에 질려버렸다"는 것이다.

케일럽은 뉴욕 방문을 앞두고 그동안 주고받은 이슈를 복습했다고 나에게 말했다. 동성결혼, 이민 문제 등, 모두 만만치 않은 대화가 기다리고 있는 주제였다. 그래서 더욱 단단히 준비했다고 했다. "마사와 LGBT 문제를 놓고 토론한다고 생각하니 은근히 신경이 쓰였습니다."

그날 밤, 일행은 모두 회당에서 랍비 롤리가 주재하는 안식일 예배에 참석했다. 랍비는 설교 중에 교인들에게 손님들을 소개했다. "이분들은 원래 우리에게는 낯선 분들이었습니다. 이분들은 '그들'이었습니다. 그러나 이제 '친구'가 되었고, '우리'가 되었습니다. 우리는 모든 면에서 너무나 큰 생각의 차이를 안고 있습니다. 그러나 한 가지 면에서는 아주 강력한 공통점이 있습니다. 바로 인간성입니다. 서로의 모습에서 인간성을 찾아낼 수만 있으면 '우리'와 '그들' 사이에 놓인 다리를 건널 수 있습니다."

그리고 음악이 흘러나왔다. 나를 집에 초대해준 로빈이 나와 케일럽을 향해 몸을 숙이며 작은 목소리로 말했다. "이제 춤 출 시간이에요." 유대인들이 쓰는 모자 야물커를 빡빡 깎은 머리에 쓴 케일럽은 곧바로 일어나 뉴욕 사람들과 손을 맞잡고 회당을 돌아다니며 노래를 불렀다. 나도 따라 했다. 참 이상하면서도 멋지다는 생각이 들었다.

예배가 끝나고 저녁 시간이 되자, 케일럽은 이렇게 다시 만나게 된 것과 처음으로 뉴욕을 방문한 일, 그리고 처음으로 야물커를 써본 경험이 모두 놀라울 뿐이었다. "현실이 아닌 것 같습니다. 우리가 지금 이곳에 모인 것이나, 이런 모자를 쓰고 있다는 것 모두가요. 이걸 뭐라고 부르나요?"

마사는 케일럽이 로어 워싱턴하이츠에 있는 자신의 아파트에 묵게 되어 신이 난 것 같았다. 그녀는 그에게 종교가 얼마나 중요한지 이해했기에, 종교학자와 교사로 일하고 있는 자신의 파트너와 대화하는 시간이 마음에 들었으면 하는 바람이 있었다. 그녀는 그를 다시 만나는 일이 기다려지면서도 한편으로는 걱정도 되었다. 대화 주제에는 동성결혼 문제가 있었고, 당연히 의견 차이가 있을 거라는 것도 알고 있었다.

그날 밤, 케일럽이 묵게 될 자신의 서재를 보여주면서 그녀는 새삼 자기 아파트가 크다는 것을 깨달았다. 침실이 세 개 딸린 아파트는 미시간에서는 그리 큰 편이 아니지만, 뉴욕에서는 어마어마한 넓이였다. 그 동네는 뉴욕의 다른 곳에 비해 그리 비싼 편이 아니라고 설명하다가도, 케일럽이 집세는 어느 정도냐고 묻자 결국 잘 모른다고 인정할 수밖에 없었다. 시세를 들여다본 지 워낙 오래되었기 때문이다. 그녀는 나중에 나에게 이렇게 말했다. "그 순간 너무 부끄러웠습니다. 제가 얼마나 특권을 누리고 사는지 새삼 깨달았어요."

그날 밤, 케일럽은 잠을 설쳤다. 머릿속에 그가 본 것이나 앞으로 말할 내용 등 온갖 생각이 떠올랐다. 마사가 미시간에 갔던 첫날 밤에 케일럽의 집에서 어지러운 마음을 가누지 못했던 것과 똑같았다.

그 주말, 리버럴 유대인들과 보수주의 교도관들은 센트럴파크의 차이

나타운에서 유대인들이 먹는 채식으로 함께 식사했다. 다들 생각했던 것보다 훨씬 훌륭한 음식이었다. 리틀 이탈리아 지구의 유명한 빵집 페라라Ferrara에서 카놀리*를 먹었다. 미시간 손님들은 뉴욕 사람들이 사는 곳이 모두 아파트라거나, 일부러 TV를 두지 않는 사람도 있다는 사실 등이 놀라웠다. 어브와 루스가 사는 옆집에 도널드 트럼프 주니어Donald Trump Jr.의 애인 킴벌리 길포일Kimberly Guilfoyle이 산다는 말을 들었을 때는 일제히 탄성이 터져 나왔다.

둘째 날에는 교도관 중 일부의 요청으로 트럼프 타워에 갔다. 그들은 그곳에 머문 20분 동안 사진을 찍거나 기념품 상점에서 선물을 사는 등 신나는 시간을 보냈다. 그동안 뉴욕 사람들은 분개한 표정으로 건물 밖에서 기다렸다.

민디는 가는 곳마다 온갖 냄새에 시달렸다. 펜실베이니아 역 엘리베이터에서는 오줌 냄새, 차이나타운에 갔을 때는 날 생선에서 나는 냄새 때문이었다. 내가 보여주고 싶은 것이 있어 잠깐이라도 멈추면 그녀는 이렇게 말했다. "토할 것 같으니까 계속 가세요."

뉴욕 사람들은 신호등을 지키지 않는다는 것이 그녀의 눈에 들어왔다. "법과 질서를 잘 존중하지 않는군요." 그녀의 결론이었다. 그러나 전체적으로 미시간 사람들은 뉴욕 시민의 지나칠 정도로 정중한 태도에 놀라면서도 기분이 좋은 것 같았다. 한 교도관이 놀라워하는 목소리로 나에게 말했다. "위협을 느껴본 적이 전혀 없었습니다. 850만 명이 사는 도시에서

•   cannoli, 튜브 모양의 빵에 크림이나 치즈를 채운 이탈리식 후식 – 옮긴이

욕설을 한 번도 못 들어봤다니까요!"

어느 모로 보나 그 당시 뉴욕은 매우 안전한 도시였다. 이미 그런 지가 꽤 오래되었다. 뉴욕의 살인 사건 발생률[23]은 그들의 집과 가장 가까운 도시인 미시간 랜싱의 절반에 불과했다. 그러나 이를 해석하는 방식은 저마다 약간씩 달랐다. 그들은 모두 뉴욕에 오면 엉망진창인 모습만 볼 줄 알았다.

그들이 안심하는 모습을 보니 좋았지만, 한편으로는 가슴이 아프기도 했다. 어쩌다가 이 지경이 되었단 말인가? 미국 땅에서 고작 네 개 주를 사이에 둔 사람들이 언제부터 서로를 이토록 낯설게 여기게 된 것일까?

"우리는 이런 일을 막아야 합니다."

마지막 날은 회당 별관에 마련된 방에 모두 모여 예정대로 동성애자의 권리라는 어려운 주제를 놓고 종일 대화를 이어갔다. 테이블에는 팔라펠과 후무스*가 차려져 있었다. 우선 회당이 채택하고 있는 성중립 화장실 정책부터 약간 혼란이 있었다. 미시간에서 온 한 사람이 다른 사람에게 물었다. "그럼 도대체 거기는 누가 들어가는 겁니까? 다른 화장실도 마찬가지겠지만 말입니다."

대화를 시작하기에 앞서, 사이먼이 모든 사람에게 각자의 관점에 따라

---

* falafel and hummus, 주로 콩으로 만든 중동식 간식 - 옮긴이

한 줄로 서보라고 했다. 한쪽에는 자신의 종교 관념과 동성결혼이 충돌하지 않는 사람들이, 다른 한쪽에는 많은 갈등이 느껴지는 사람이 서도록 했다. 마사를 비롯한 대부분의 뉴욕 사람들은 갈등하지 않는다는 쪽에 섰다. 미시간 손님들은 대부분 중간에 섰다.

케일럽 혼자만 갈등이 가장 심하다는 쪽에 섰다. 마사가 말했다. "그에게 거의 미운 감정이 일어날 정도였습니다." 그런 다음 모두 자리에 앉아 동성결혼에 관한 최근 대법원의 판결을 놓고 대화를 시작했다. 마사가 대화를 주도했다. 그녀는 먼저 대법원이 해당 사건을 바라보는 사고방식에 문제가 있다는 점을 학문적인 방식으로 설명했다. 이후 양쪽이 공방을 주고받았지만 뚜렷한 결론은 나지 않았다. 그러나 경청과 토론을 끈질기게 반복했다. 이윽고 케일럽과 마사가 서로 포옹을 주고받았다. 두 사람 다 그 시간이 고통스러웠지만, 서로의 차이를 숨겨두는 것보다는 훨씬 나았다.

나중에 어떤 사람이 케일럽에게, 마사를 향한 그의 우정과 동성애가 죄악이라는 그의 믿음이 어떻게 양립할 수 있느냐고 물었다.

그가 대답했다. "그들을 사랑하면 됩니다." 그는 누군가가 다른 일로 죄를 지었더라도 사랑으로 대해야 하는 것과 마찬가지라고 말했다. 더구나 우리는 모두 죄를 범한다.

동성결혼에 관한 길고 긴 대화가 끝난 후, 마사는 비로소 한숨을 내쉬었다. 가장 어려운 시간이 지나갔다. 그러나 뭔가 허탈한 기분도 들었다. 그러나 왠지 용두사미가 되었다는 생각도 들었다. "우리가 이런다고 해서 생각이 바뀐 사람이 한 명이라도 나왔나 하는 생각을 떨칠 수 없었습니다." 물론 처음부터 서로의 생각을 바꾸려고 하지 않는다는 규칙이 있었지만, 뭔가 허전한 마음은 어쩔 수 없었다.

그녀는 뭔가 바뀐 부분이 있다면 그것은 바로 자기 생각이라는 것을 알았다. 예컨대, 그녀는 이제 형사 체계의 개혁을 위해 교도관들과의 협력이 중요하다는 점을 이해하게 되었다. 나아가 보수주의자들을 바라보는 사고의 틀이 바뀌었다. 진보주의 진영뿐만 아니라 보수주의에도 다양한 사람들이 존재한다. 이제 그녀는 정치적으로 반대편에 있는 사람들을 함부로 대할 수 없게 되었다. 그것은 미시간 사람들도 마찬가지일 것이다. "그들은 이제 우리를 더 온전하고 복잡한 사람들로 보게 되었을 겁니다. 우리는 그들을 무시하지 않았고, 그들도 우리를 무시할 필요가 없다는 점을 깨달았을 테지요. 우리도 마찬가지입니다."

마지막 날 일정으로 뉴욕시 주택박물관을 둘러보고 온 그들은 이 만남을 더 확대할 방법은 없는지 브레인스토밍 시간을 가졌다. 루스가 말했다. "불가능하다는 것은 알지만, 이런 경험을 전 국민이 했으면 좋겠다는 생각이 듭니다. 우리가 국회에라도 갈 수 있다면 얼마나 좋을까요. 그냥 이대로 집에 가서 이번에 먹은 음식 생각이나 할 수는 없을 것 같아요."

이번 일을 처음부터 기획한 사이먼은 이 마지막 순간을 경이의 눈길로 쳐다보았다. 국회에 가지 않더라도 지금 여기에서 중요한 일이 일어나고 있는 것이 분명했다. 그가 말했다. "가장 중요한 것은 모두가 호기심을 보인다는 점이었습니다. 호기심이 임계점에 도달했음을 느꼈습니다."

그들은 일단 작별 인사를 나누었다. 평소 거의 울지 않던 사람들의 눈에서 눈물이 떨어졌다. 두 달 전 미시간에서와 똑같았다. 랍비 롤리는 전세계를 돌아다니며 수많은 사람을 만났지만, 이번만은 뭔가 달랐다. 그가 말했다. "평생 이런 경험은 극히 드물었습니다. 그들의 이야기가 곧 제 이야기가 되었고, 그 반대도 마찬가지입니다."

그로부터 4개월이 지난 2018년 10월 27일, 피츠버그의 한 유대인 회당에 나타난 어떤 남자가 "유대인은 모두 죽어야 해!"라고 외치며 총기를 난사하여 그곳에 예배하러 모인 11명의 목숨을 앗아갔다. 그 남자는 공격용 AR-15 소총과 권총 3자루로 무장하고 있었다. 모두 합법적으로 소지한 총기였다.

사흘 후, 각각 미시간과 뉴욕에 있던 사람들은 긴급 화상회의를 열고 서로 격려와 애도를 표했다. 모두가 다 충격을 받은 것 같았다. 그들은 불과 조금 전에 피츠버그 회당에서 열렸던 것처럼 모두 함께 예배를 드렸다. 케일럽이 말했다. "지금까지 총격 사건이 무수히 많았지만, 저에게 이토록 큰 영향을 미친 적은 없었습니다. 정곡을 찔린 듯한 기분이었습니다. 이분들에게는 정말 감정이 동하네요. 왜 그런지도 모르겠어요. 평생 이 정도로 감정이 격했던 적이 없습니다." 그러면서도 그는 총기 규제에 대한 평소 생각에는 변함이 없다고 말했다.

그 후 미시간 사람들은 뉴욕 사람들에게 결속의 뜻을 전하는 서신을 작성하기로 했다. 그들은 함께 서한을 작성한 다음, 케일럽과 민디를 포함한 교류 프로그램에 참석한 모두가 서명을 남겼다. 총격 사건이 발생한 지 2주 후, 앤디와 2명의 동료 교도관 제레미 트립Jeremy Tripp과 마이크 레녹스Mike Lennox가 뉴욕에 날아가 메시지를 전했다. 그들이 직접 BJ의 안식일 예배에 참석해 서한을 큰 소리로 낭독[24]했다.

우리는 오늘 미국 보수주의 애국시민의 일원으로 이 서한을 씁니다. 우리는 미국이 세계에 대해 독특한 상징과 모범이 되어온 특별한 곳이라고 믿습니다. 그런 만큼이나 우리는 이 나라를 갈라놓는 정치적 분열상을 너무나 오랫동안 지켜봤으며, 증오와 두려움을 애국심과 혼동하는 어떠한 말장난도 이제는 끝나야 한다고 호소합니다. 우리가 이런 행동을 멈추지 않으면 미국은 이제 있어야 할 자리를 잃어버릴 것입니다.

미시간 사람들이 이 서한을 끝까지 낭독하는 데는 총 9분이 걸렸다. 낭독이 끝나자 BJ 교인 전원이 기립 박수했다. 작지만 영광스러운 순간이었다. 야물커를 빌려 쓴 세 명의 보수주의자들을 뉴욕의 리버럴 유대인들이 빙 둘러싼 채 모두가 이 나라에 더 큰 기대를 걸고 있었다. 그것만으로 충분치 않다는 것은 그 자리에 있던 사람들도 모두 인정할 것이다. 그러나 그들이 오늘날 미국에서 좀처럼 기대할 수 없는 광경을 연출한 것은 분명했다.

그 후 2년 동안 그들은 함께 페이스북 페이지를 만들어 계속해서 교류했다. 마사와 케일럽은 몇 차례 문자와 대화를 주고받았다. 일련의 경험을 통해 양쪽 모두 페이스북에 올리는 글의 어조를 완화했다는 말도 나중에 각각 따로 들었다. 마사가 말했다. "트럼프 지지자들을 겨냥해 불쾌함과 분노, 오만을 드러내는 트윗이나 포스팅을 남기는 사람들을 도저히 참을 수 없었습니다. 저는 이제 그런 행동이 너무나 비생산적이라는 것을 확신하게 되었습니다. 아무 소용없는 짓이에요."

그 후에 팬데믹이 닥쳤고, 미니애폴리스에서 조지 플로이드가 사망했으며, 전 세계에서 시위가 일어났고, 2020년 대선이 치러졌다. 모든 기억이 그렇듯이 그들의 기억도 점점 희미해졌다. 페이스북 페이지에 다시 극단적인 글이 올라오는 것이 보였다. 그중에는 케일럽이 올린 글도 있었다. 적대적인 관념이 부활했다. '우리'와 '그들' 사이의 양자 구도가 다시 그들의 생각에 스며들었다.

갈등-산업 복합체의 위력은 대단하다. 오늘날처럼 적대적인 세상에서 갈등을 건전하게 유지하려면 만남을 결코 멈춰서는 안 된다. 이 점은 여러 연구 결과로 분명히 증명되었고, 미시간과 뉴욕 사이의 교류에서도 확인되었다. 갈등을 관리하는 기반은 철강구조처럼 단단하게 구축해야 오랜 세월에 견딜 수 있다. 그렇지 않으면 세월의 풍파를 이겨낼 수 없어, 사람들은 모두 적대적인 메아리 상자로 다시 들어가 버린다.

그러나 정치 성향이 같은 사람들끼리만 모여 살고, 데이트하고, 결혼하는 풍조가 점점 만연하는 나라에서, 이런 대화를 계속 이어가기 위해서는 엄청난 난관을 돌파해야 한다. 분열된 사회라면 어디나 그렇듯이, 만남은 저절로 일어나는 법이 없다.

우선, BJ는 지금도 계속해서 또 다른 갈등을 겪고 있다. 랍비는 또 하나의 교류 프로그램을 시작했다. 이번에는 센트럴파크 맞은편, 맨해튼 한복판에 자리한 정통 유대교 회당이 그 상대였다. 그들은 이스라엘 대 팔레스타인의 분쟁과 트럼프 문제를 놓고 다시 한번 불편한 대화를 시작하고자 한다. 정통 유대교 측 교인 중에는 트럼프를 지지하는 사람이 많다.

한편 BJ와 미시간교도관기구의 협력을 이끌었던 사이먼은 또 한 번의 교류 프로그램을 시작했다. 이번에는 대학생들이 대상이었다. 2020년 초, 오하이오주의 좌익계열 오벌린대학교는 미시간주의 보수주의 기독교 대학인 스프링아버대학교와 교류를 시작했다. 이를 시작으로 여덟 개의 다른 대학들이 이 프로그램을 도입할 계획을 세우고 있었다.

내가 마사와 마지막으로 만났을 때, 그녀는 케일럽이 무슨 생각을 하고 있을까 궁금한 적이 많았다고 했다. 교도소에 코로나바이러스가 확산되고 있다거나 미시간 지역에서 시위가 일어났다는 뉴스를 볼 때마다 그가 떠올랐다고 한다. 그럴 때마다 그녀는 "케일럽은 이런 소식을 어떻게 보고 있을까?" 속으로 되뇌었다고 한다.

아마도 그녀는 그의 의견이 마음에 들지 않았을 것이다. 그 점은 그녀도 알고 있었다. 그러나 그들의 생각을 섣불리 넘겨짚지 않으려고 노력했다. 그것만 해도 엄청난 변화였다. 그녀는 이제 그런 거짓된 확신을 버렸다. 2년이 지난 후에도 그녀는 호기심을 잃지 않았다.

"이런 자세 덕분에 저의 잠재력을 최대한 발휘하는 것 같아요." 마사가 말했다. 나는 그녀의 말이 무슨 뜻인지 정확히 알고 있었다. 나도 그랬다. 건전한 갈등 속에서 내가 온전히 살아있다는 느낌이 든다는 것이 무엇인지 알고 있었다. 과거에는 미처 몰랐던 일에 대해 논쟁하고, 묻고, 고치고, 눈을 뜨면서도, 내가 소중히 여기는 것을 놓지 않는 태도 말이다.

그것이 어떤 느낌인지 한번 맛보면 분명히 다시 한 번 더 경험하고 싶어진다. 그 느낌은 건전한 갈등을 통해 보편적인 인간성을 발견할 때 경험하는 경외감이다. 마사는 미시간과 뉴욕에서 두 번 다 그것을 경험했다.

그녀가 말했다. "일상의 어디서나 그 두 번의 경험에서 제가 깨달았던 그대로 살고 싶습니다. 현재에 충실하고, 열린 마음을 지닌 채, 언제나 놀랄 준비를 하면서요."

· 저자 후기

먼저 게리 프리드먼, 커티스 톨러, 산드라 밀레나 베라 부스토스, 호세 롤란도 "롤리" 마탈론, 케일럽 폴레트, 마사 애클스버그, 마크 라이너스를 비롯해 이 책에 나오는 모든 갈등 생존자분들께 큰 신세를 졌음을 알린다. 그분들은 갈등의 타르 웅덩이에서 스스로 빠져나와 대중에게 자신의 이야기를 전하는, 그 어디서도 볼 수 없는 강인함을 보여주었다. 그분들의 지혜와 인간적인 면모, 그리고 겸손함을 전달할 기회를 얻은 것은 나에게 특권이었다.

이 책은 나의 세 번째 저작이다. 그러나 이제야 그 세 권에 공통된 요소를 깨닫게 되었다. 그 세 번 모두, 내가 기자로서 취재하던 대상의 수렁에 빠져 당황하고 의기소침해진 경험을 반영했다고 할 수 있다. 결국 내가 찾아낸 유일한 방법은 그 수렁에서 일대 전환을 경험한 보통 사람들을 찾아 그들에게 의지하는 길뿐이었다.

테러와 재앙을 취재한 후에는 거기에서 생존한 사람들이 진작 알았더라면 좋았을 거라고 후회하는 것들, 그리고 우리 모두에게 알려주고자 하는 것들을 그들로부터 배웠다. 거기에는 그들의 고통과 함께 품위와 회복력이 포함된다. 멀리 세계 최고의 교육 시스템들을 찾아가 교육받고 있는 미국 10대들을 취재한 다음에는 오히려 이 나라의 학교가 안고 있는 문제와 가능성을 엿볼 수 있었다.

학교 교실에서 겪는 갈등과 허리케인의 습격을 받은 사람들이 겪는 갈등은 당연히 다르다. 갈등은 인간이 처한 조건의 깊은 곳에 숨은 독특한 신비다. 우리는 이 신비를 지금보다 훨씬 더 많이 이해할 수 있지만, 결코 완전히 풀지는 못할 것이다. 결국 나는 이 책을 쓰기 위해 많은 사람의 도움에 의지할 수밖에 없었다. 생각해보면 너무나 무리할 정도로 많은 도움을 받은 것 같다.

에머슨 컬렉티브 협회에 소속된 덕분에 나는 엉뚱한 토끼굴에 뛰어들었다가 다시 나올 수 있는 재정적 자유를 누릴 수 있었다. 오늘날 언론인이 이런 종류의 진취적 활동에 참여할 기회는 매우 드물다. 이번 일은 나에게 용기를 주기도 했다. 로린 파웰 잡스, 스테이시 루빈, 피터 래트먼, 에이미 로우 등과 대화를 나눌 때마다 나는 생각의 폭이 한 뼘씩 성장하는 것을 느낄 수 있었다. 나는 그들을 보면서 더 위험하고 독창적이며 대담한 일을 해야겠다는 영감을 받았다. 언론인들의 생각이 점점 더 좁아질 수밖에 없는 시대에 그들과의 대화는 나에게 기적을 꿈꾸고, 경계를 넘나들며, 불온한 생각을 할 수 있는 태도를 가르쳐주었다. 언제나 감사드린다.

사이먼앤슈스터 출판사의 훌륭하고 친절한 편집장 프리실라 페인턴과 용감무쌍한 직원들이 아니었다면 나는 틀림없이 길을 잃었을 것이다. 조너선 카프, 리처드 로러, 해나 박, 메건 호건, 필 메트칼프, 재키 서, 엘리스 링고, 크리스 린치, 크리스티나 자라포니티스, 엘리자베스 게이 허먼 등 모두 모두 감사드린다. 극단적인 불확실성이 지배하는 이 시대에 이분들은 도대체 어떻게 이토록 영글지 못한 저자의 생각을 인정해주었는지 솔직히 이해되지 않는다. 믿어주셔서 감사할 따름이다.

솔루션저널리즘네트워크의 사만다 맥칸, 데이비드 본스타인, 헬렌 비안두디 호퍼, 티너 로젠버그, 마이클 데이비스 및 그 외 용감한 동료들 덕분에 나는 고도 갈등에 대처하는 언론의 전통을 다시 한번 떠올릴 수 있었다. 깊은 감사를 드린다. 그들은 게리의 말마따나 뉴스를 '알아듣게' 쓰는 법을 재창조해낸 사람들이다.

이 책을 쓰기 위해 취재에 나선 3년 동안, 무엇이 중요하고 그렇지 않은지 파악하는 법을 도와준 현명한 분들에게 감사를 드려야 한다. 그 이름을 모두 쓰기에는 지면이 모자란다. 존 폴 레더락, 캐서린 코너, 레이첼 브라운, 앤드루 하나워, 사만다 디스칼라 이라카 및 소중한 지혜를 관대하게 나누어주신 모든 분께 이 자리를 빌어 감사드린다.

이 책에 포함해야 할 이야기와 그렇지 않은 것(훨씬 더 중요하다)을 구분하는 법과, 타르 웅덩이를 비롯한 수많은 소중한 정보를 일깨워준 천재적인 편집가 로빈 데니스에게 감사드린다. 이 책의 기본 개념을 다듬고 그것에 맞는 제자리를 찾는 데 도움을 준 나의 진짜 에이전트 에스먼드 함스워스에게 크게 감사드린다. 우리가 뉴욕에서 만나 점심을 하는 자리에서 그가 이 책을 쓰라고 말해주었던 일이 엊그제처럼 느껴진다. 19년간이나 훌륭한 이야기를 만들기 위해 함께 힘을 모아온 그에게 감사한다.

이 책은 캘리포니아와 일리노이, 뉴욕, 미시간, 그리고 콜롬비아를 현장 취재한 내용을 바탕으로 만들어졌다. 수많은 현장 전문가와 역사학자, 연구자들이 매 취재 과정에 큰 도움이 되었다. 보고타에서는 조 파킨 대니얼스가 산드라를 비롯한 전직 전투원들을 수소문해주었고, 우리의 두서없는 대화에 안내와 통역을 책임졌으며, 콜롬비아의 갈등 상황에 대한 우리의 질문에 과거와 현재를 속속들이 파헤쳐 답을 찾아주었다. 뛰어난 재능의 사진가 니콜로 필리포 로소는 이 책에 나오는 콜롬비아 사진의 촬영을 도맡아주었다. 시카고에서는 CRED 팀의 모든 분에게 큰 빚을 졌다. 또 사설탐정 스테파니 컨스는 오랫동안 잊혀졌던 형사재판 기록을 끝까지 추적해서 나를 도와주었다(최근에 소식을 들으니 그녀는 아직도 일부 기록을 찾고 있다고 한다). 법정 기록의 일부를 이해하는 데 큰 힘을 보태준 데이비드 루겐돌프와 가정 소송 사건에 고도 갈등이 어떻게 작용하는지 설명해준 조 피기니에게도 감사드린다.

초고를 다듬는 데 도움을 준 킴 페이트, 데이비드 플로츠, 조앤 스트리클러에게 감사드린다. 케일럽 폴레트는 초고를 검토하면서 트럼프 지지자들에 관해 내가 지니고 있던 일부 편견을 수정해주느라 무려 4시간을 소모했다. 우리는 며칠에 걸쳐 총 10시간이나 전화를 주고받으며 서로를 이해하려고 노력했다. 웃기도 많이 웃고 새로운 것을 알아가면서도 여전히 의견을 달리했다. 그러나 우리 사이에는 아무런 문제가 없었다. 케일럽, 고맙습니다.

동굴 속에 숨어있던 나를 불러내 온갖 문제에 관한 글을 쓰도록 해준 〈워싱턴포스트〉의 훌륭한 편집자이자 멋진 사람, 마이클 더피에게 감사드린다. 출간을 앞둔 몇 달 동안 탁월한 팩트체킹 솜씨로 책의 수준을 높여준 내 연구 조교 엠마 프랑수아와 디나 윌리엄스에게도 고맙다는 말을 전하고 싶다. 나는 방역이라는 이 어두운 시기에도 우리 사이버 회의조직 팀 컨플릭트**Team Conflict** 덕분에 꿋꿋이 앞으로 나아갈 수 있었다. 내가 가진 갈등의 속사정에 호기심을 품게 해준 레일라 브레머에게 감사드린다.

스콧 스토셀, 새라 예거, 타-네이시 코우츠, 제프 골드버그, 데이비드 브래들리, 제임스 기브니, 버넌 로브, 데니스 윌스, 돈 펙, 반 뉴커크, 에이드리언 라프랜스 등을 포함하여 〈애틀랜틱〉지의 모든 이들이 지난 10년 동안 나에게 복잡한 이야기를 쓸 기회를 제공해준 데 대해 예나 지금이나 감사의 마음을 잊지 않고 있다.

나의 훌륭한 친구 리사 그린과 L&M폴리시리서치에 있는 그녀의 멋진 동료들이 사무실 한 칸을 기꺼이 내어주지 않았다면 나는 이 책을 제대로 쓸 수 없었을 것이다. 극단적인 당파주의와 언론 매체에 관해 나와 대화하며 뉴스에서 뭔가 하나라도 건져내려고 끊임없이 노력해준 러스 티신저에게 감사드린다. 수지 와그녀에게 고맙다는 말을 전한다. 그녀는 사이렌 소리와 마스크, 그 밖의 온갖 귀찮은 일에도 아랑곳하지 않고 묵묵히 사진을 찍었고, 그러면서도 늘 미소를 잃지 않았다. 워싱턴DC 뒤폰트서클 지구에서 여러 번 점심을 함께하며 사람들이 처한 조건에 관해 여러 가지 아이디어를 내준 제시카 샌텀 소프와 사브리나 타버니스에게 감사의 말을 전한다.

나의 친애하는 친구 캐서린 브라운에 대한 고마움은 이루 말로 표현할 수 없다. 이번 책도 지난번처럼 둘이 함께 일요일에 조깅하다가 나눈 대화에서 비롯되었다. 경청에 대한 내 이야기를 끝까지 들어준 것을 고맙게 생각한다. 그때 그녀는 멀리 다른 주에서 아주 힘센 개를 데리고 뛰는 중이었고, 심지어 내 이야기를 별로 듣고 싶지도 않았는데도 그렇게 해주었다. 중학교 때부터 쌓아온 그녀와의 우정 덕분에 나는 늘 즐거웠고, 마음을 열 수 있었으며, 여러 가지 나쁜 결정을 할 뻔한 상황에서도 겨우 낭패를 면했다.

가정은 우리가 안고 있는 최악의, 그리고 때로는 최선의 갈등 본능이 고개를 드는 곳이다. 이해의 순환고리를 집에서 연습하겠다고 고집부리고, 그래놓고는 내가 먼저 경청에 서투른 모습을 보여주는 데도 모두 너그럽게 참아준 남편 존과 아들 맥스에게 감사의 말을 전한다. 나 자신이나 이 책에 조금이라도 나아진 부분이 있다면 그것은 가족 덕분이다.

가정에서도 정말 건전한 갈등을 경험할 때가 있다. 그러나 늘 그렇지는 않다. 그러나 우리는 어쩔 수 없이 냉엄한 진실을 말하고, 호기심을 안고 들으며, 미처 알지 못했던 일들을 깨달을 때가 있다. 인식의 지평이 열리며 상대방이 새롭게 보이는 그 느낌을 누구나 경험해봐야 한다. 나도 앞으로 더욱 노력하고 싶다. 그리고 이 일에 평생 헌신하며 살아갈 수 있기를 희망한다.

페르시아의 시인 루미는 이런 시를 남겼다. "고뇌하는 영혼이 쉼을 얻을 때, 세상은 이야깃거리로 넘쳐난다."

부록 1

세상에서 일어나는 고도 갈등을 알아보는 법

유심히 들어봐야 할 말

• 사람들이 극단적이거나, 거창하거나, 폭력적인 언어로 갈등을 묘사하는가?

• 루머, 신화, 음모론 등이 떠도는가?

주목해야 할 움직임

• 갈등을 둘러싼 다른 목소리가 사라지고 극단적 양자 구도만 형성되는가?

• 갈등이 스스로 힘을 얻어 굴러가고 있는가?

고도 갈등은 폭력적일 수도, 그렇지 않을 수도 있다. 수십 년 동안 계속되는 것도 있고, 그렇지 않은 것도 있다. 심지어 아무도 모르고 지나갈 수도 있다. 한 사람의 마음속에서만 일어나는 갈등은 상대방이 알 수도 없다. 그러나 이렇게 다양한 성격에도 불구하고, 조금만 주의를 기울이면 고도 갈등을 알아채는 일은 그리 어렵지 않다. 적어도 내가 경험한 바로는 그렇다.

유럽의 예를 하나 들어보자. 덴마크에서는 200년이 지나도록 늑대가 눈에 띈 적이 없었다. 그러다가 2012년에 조류관찰자들이 독일에서 넘어와 전원 지역을 돌아다니는 늑대 한 마리를 발견했다. 곧이어 몇 마리가 더 발견되었고 그중에는 암컷도 있었다. 2017년에는 새끼 늑대 일곱 마리가 넓은 대지를 마치 제집처럼 뛰어다니는 모습이 관찰되었다. 이제 '늑대 떼'가 존재한다는 것이 확인된 셈이다.

오랫동안 자취도 찾을 수 없었던 북유럽 전체에 늑대가 나타나자 갑자기 이를 둘러싼 논쟁이 사람들 사이에 번지기 시작했다. 농부들은 늑대가 양과 가축을 해친다고 분노를 쏟아냈다. 사냥꾼들도 마찬가지였다. 늑대는 그들의 사냥개를 죽일 뿐만 아니라, 더 크게 보면 같은 사냥감을 두고 그들과 경쟁하는 사이였다. 그런데도 그들은 유럽연합의 법에 따라 늑대를 사냥할 수 없게 되어있었다.

늑대를 변호하는 측은 비록 전부는 아니지만 주로 환경론자들이었다. 그들이 내세운 근거는 늑대가 사람을 공격하는 경우는 거의 없다는 것이었다. 통계적으로 보자면 사람에게 위협이 되는 존재는 늑대가 아니라 곰이었다. 그들은 늑대를 해치려는 어떤 움직임도 반대한다고 주장했다.

언뜻 들으면 천연자원을 둘러싼 꽤 건전한 갈등인 것 같다. 그런데 과연 그럴까?

유심히 들어봐야 할 말

• 사람들이 극단적이거나, 거창하거나, 폭력적인 언어로 갈등을 묘사하는가?

게리가 뮈어비치 지역선거에서 자신이 승리한 것을 두고 '유례없는 압승' 이라고 했던 것을 기억하는가? 이겨봤자 겨우 무보수 자원봉사직에 불과 한 선거치고는 어딘지 어울리지 않는 표현이었다. 그의 선거자문을 맡았 던 타냐는 '좋은 사람들'과 '나쁜 사람들'이라는 단어를 많이 썼다. 그녀 와 게리는 툭하면 수구 세력을 도널드 트럼프 대통령에, 신진 세력을 버락 오바마 대통령에 비유했다. 선거 패배를 두고 타냐는 '죽이다', 또는 '때려 부수다'와 같은 표현을 사용했다.

갈등과 어울리지 않는 언어가 등장하면 조심해볼 필요가 있다. 덴마크 의 사회과학자 한스 피터 한센은 고도 갈등은 '실제보다 과장된다.'는 말 을 나에게 한 적이 있다. "모든 것이 더 크게 부풀려집니다."

스웨덴의 한 늑대 보호론자는 〈뉴욕타임스〉와의 인터뷰에서 늑대를 반 대하는 심리를 인종차별과 비교[1]했다. "늑대와 같은 특정 동물이나 생물 종을 증오하는 심리는 인간사회로 따지면 인종차별이나 마찬가지입니다. 사람들의 마음속에서 일어나는 일은 똑같습니다." 프랑스에서는 농부들 이 에펠탑 앞에 양 250마리를 데려다 놓고 항의 시위를 펼쳤다. 한 농부 는 늑대를 공격하지 못하게 하는 '무소불위의 억압'[2]이라고 비난했다.

그들의 말은 단순한 과장이 아니다. 게리가 그랬듯이 그들의 감정은 실 재한다. 노르웨이 과학자 올브 크라이네Olve Krange는 늑대를 둘러싼 갈등 은 심층적인 의미에서 사람들이 세상을 보는 관점과 자신의 역할을 어떻게 인식하느냐에 관한 문제임을 알 수 있다고 말했다. 어떤 사람들은 늑대를 자신의 소득 기반을 무너뜨릴 뿐 아니라 자의식에 도전하는 존재로 받아들인다. 그들은 자연의 모든 위력으로부터 가족과 땅, 가축을 스스로 지켜내야 한다고 생각한다. 그들의 관점으로는 인간이 자연을 통제해야 하는 것이지, 그 반대가 되어서는 안 된다.

이런 관점에서 보면 늑대를 보호해야 한다는 주장은 기득권층이 현실은 도외시한 채 자신들에게 삶의 방식을 강요하는 또 하나의 예에 불과하다. 크라이네가 말했다. "늑대 보호는 시골 사람의 삶에 파고드는 도시적 생활방식을 상징한다는 점에서 일종의 카페 라떼라고 할 수 있습니다." 그런 점에서, 그들이 늑대 문제를 보는 관점은 팬데믹 기간에 진행되는 마스크 착용 의무화 정책이 개인 자유의 침해라는 사람들의 관점과 유사하다. 그들은 남성성이라는 공통점도 가지고 있다. 어떤 노르웨이 사람은 자동차 범퍼에 "사나이라면 늑대를 쏴야지."라고 써붙여 놓았다.

다른 한 편에는 늑대를 자연의 순수성이나 상실한 유토피아를 상징한다고 보는 관점이 있다. 그들이 보기에 유럽에 다시 늑대가 돌아왔다는 사실은 인간이 미친 해악에도 불구하고 대자연이 다시 회복될 수 있다는 신호이자 한 줄기 희망이다. 그래서 늑대에게 해악을 미치는 움직임은 인간의 오만과 파괴본능을 보여주는 또 하나의 증거일 뿐이다. 마치 유전자 변형작물처럼 말이다. 그것은 신성한 자연을 모욕하는 행동이다. 물론 그들이 공감하는 더 깊은 차원의 이야기도 존재한다. 이렇게 양쪽이 공감하는 이야기의 맥락이 서로 전혀 다르다는 점에 주목해야 한다. 이것이 바로 고도 갈등의 징조다.

• 루머, 신화, 음모론 등이 떠도는가?

덴마크 사람들은 어떤 트럭이 고의로 독일에서 늑대를 싣고 와서 풀어놓았다는 말을 들었다. 그 짐승이 사실은 늑대가 아니라는 전설 같은 소문이 돌기도 했다. 그것은 개와 늑대 사이에 태어난 일종의 잡종이므로 쏘아죽여도 위법이 아니라는 것이었다.

　　고도 갈등은 신뢰가 결여된 사회에서 일어나는 경향이 있다. 한 사회의 신뢰가 부족하면 사실에 바탕을 둔 공감대를 형성하기가 매우 어렵다. 사람들은 서로를 너무 의심한 나머지 결국 터무니없는 말까지 믿어버리게 된다. 그 틈을 갈등 촉진자들이 비집고 들어와 갈등을 부추기기가 더욱 쉬워진다. 그러다 보면 예컨대 늑대를 쏘는 사람들을 고발해서라도 갈등을 끝내보겠다는 온갖 노력으로 오히려 불신이 더 악화하게 된다. 이것이 고도 갈등의 함정이다.

주목해야 할 움직임

• 갈등을 둘러싼 다른 목소리가 사라지고 극단적 양자 구도만 형성되는가?

언론은 늑대 문제를 둘러싼 갈등을 도시 대 농촌의 갈등으로 묘사하곤 했다. 그러나 그것은 잘못된 양자 구도다. 여러 연구에 따르면 농촌 지역 내에서도 여러 의견이 나뉘어 대립하고 있음을 알 수 있다. 갈등의 양상 속에는 정체성, 자원, 자존심, 그리고 두려움 등 여러 측면이 존재한다. 그러나 트위터의 예에서 보듯, 가장 극단적인 견해를 취하는 사람의 목소리가 항상 가장 크기 마련이고, 그러다 보면 복잡한 서사는 설 자리를 잃어버려 결국 문제해결의 열쇠를 쥔 사람들은 논쟁의 장을 떠나버리고 만다.

• 갈등이 스스로 힘을 얻어 굴러가고 있는가?

노르웨이에서는 양의 개체군을 보호하기 위해 늑대 수를 일부 조절하는 조치를 승인했다. 그러자 약 100여 명의 시위대가 진을 치고 늑대사냥을 반대하는[3] 시위에 나섰다. 그들은 밤새 땅 위에 스키로 열십자 모양을 그려가며 눈 위에 나 있던 늑대 발자국을 지워버렸다. 그러는 동안 애초에 갈등의 원인이 되었던 문제는 슬그머니 뒤로 사라졌다. 그 자리에 남은 것은 오로지 우리와 그들이라는 양자 대결뿐이었다. 여러 갈등에서 너무나 흔히 보는 광경이다. 덴마크에서는 '늑대 없는 덴마크'라는 이름의 늑대 반대 단체 수장이 살해 협박을 받은 후 직책에서 물러난 일도 있었다. 프랑스 농부들은 알프스의 국립공원 관리 책임자를 납치해서[4] 밤새 감금해 두고 공원 내에 있는 늑대 여섯 마리를 죽이라고 요구하기도 했다.

시간이 지날수록 늑대에 관한 실질적인 견해 차이는 뒷전으로 밀리고 갈등 그 자체가 새로운 현실이 되었다. 덴마크에서는 두 명의 자연보호 운동가들이 2018년에 발견된 후 이제 유일하게 남은 암컷 늑대 한 마리를 촬영하고 있었는데, 그 광경을 집안에서 창문 너머로 보던 어떤 남자가 차를 몰고 다가와 늑대를 총으로 쏴 죽였다.[5] 이후 그 장면을 찍은 동영상이 인터넷을 통해 퍼져나가 전 세계인의 분노를 촉발했다.

이 모든 일의 본질이자 원인은 바로 고도 갈등이다.

부록 2

내면에서 일어나는 고도 갈등을 알아보는 법

그동안 건전한 갈등과 고도 갈등을 모두 지켜보며 발견한 특징을 나열해 보았다. 물론 이것이 모든 특징을 종합한 것은 아니지만, 갈등의 성격을 파악하는 데는 분명히 도움이 되리라고 본다. 상대방이 어떤 마음을 품고 있는지 알 수 있기 때문이다.

건전한 갈등	고도 갈등
겸손	확신
유연성	경직성
다양한 감정	똑같은 감정
복잡함	단순함
새로움	예측 가능성
열정	명분
스트레스와 뒤이은 회복	만성 스트레스, 되새김, 수면장애
호기심	짐작

건전한 갈등	고도 갈등
질문	변호
양측 모두 해결책을 찾고자 함	최소한 어느 한쪽은 해결책이 아니라 싸움이 목적임
상대방이 나쁜 일을 당하면 슬퍼함	상대방이 나쁜 일을 당하면 기뻐함
윈-윈의 사고방식	제로섬 사고방식
폭력으로 번질 가능성이 거의 없음	폭력으로 확대될 가능성이 큼

이러한 것들은 엄정한 과학이 아니다. 인간은 복잡한 존재이지만 도식과 질문은 그렇지 않다는 것을 명심해라. 그러나 만약 여러분이 심각한 갈등을 겪고 있고, 그것이 고도 갈등에 해당하는지 알아보고 싶다면 아래의 질문이 도움이 될 것이다. 질문을 던짐으로써, 당면한 갈등을 약간 멀리서 바라보는 시간과 여유를 확보할 수도 있다.

1. 갈등으로 잠을 못 이루고 있는가?

2. 상대방에 나쁜 일이 생기면, 나에게 직접적인 이득이 없는데도 기분이 좋아지는가?

3. 상대방이 하는 행동 중에 나도 동의하는 일이 있을 때, 그 점을 공공연히 인정하기가 불편한가?

4. 상대방을 말이 안 통할 정도로 세뇌된 사교 집단이라고 생각하는가?

5. 고착 상태에 빠진 듯한 느낌이 드는가? 머릿속에 똑같은 고민이 끊임없이 맴돌고 새로운 생각은 전혀 떠오르지 않는가?

6. 견해가 같은 사람들과 문제가 되고 있는 갈등에 관해 대화하면 늘 똑같은 이

야기만 반복하게 되는가? 대화가 끝나도 오히려 시작할 때보다 기분이 더

안 좋아지는가?

7. 나를 잘 아는 어떤 사람이 나를 보고 요즘 참 낯설다고 말한 적이 있는가?

8. 상대도 똑같다는 논리로 혹은 더 나쁜 행동을 한다는 논리로 우리 진영의 잘

　　못을 변호한 적이 있는가?

9. 상대 진영에 있는 사람은 누구나 똑같다고 생각하는가? 만약 갈등 상대가

　　여러 명이 아니라 한 사람인 경우, 그가 어린아이였던 모습을 떠올리려고 아

　　무리 애를 써도 그럴 수 없었던 적이 있는가?

10. 갈등에 관해 말하면서 '항상'이나 '선한', '악한', '우리', '그들', '전쟁' 같은 단

　　어를 사용하는가?

11. 상대방의 사고나 의도, 행동에 대해 진지하게 궁금해 한 적이 없는가?

이상의 질문에 '그렇다'는 대답이 5개 이상 나오면 고도 갈등에 빠져있

다고 볼 수 있다. 더구나 자신은 그렇게 생각할 충분한 이유가 있다고 생

각할 수도 있다. 게리의 사례를 보더라도 인간은 원래(그리고 갈등-산업 복

합체의 위력이 더해져) 고도 갈등의 유혹을 이겨내기가 불가능에 가깝다는

점을 알 수 있다.

문제는, 나 자신이 계속 고도 갈등에 머물러있을 것인가 하는 점이다.

그런 사람도 있을 것이다. 어쩌면 지금 당장 내가 선택할 수 있는 최선의

방법이 고도 갈등뿐일 수도 있다. 이 점을 생각해보면 도움이 된다. 그리고

그 방법을 취함으로써 나와 사랑하는 사람들이 치러야 할 대가가 무엇인

지 자주 확인해보는 것도 좋다. 목록을 작성해보라. 그런 대가를 치르고도

얻어야 할 것이 아직 있는가? 갈등을 종식할 수 있는 기회(예컨대 게리가 정적에게 투표했던 것처럼, 상징적인 양보를 함으로써 상황을 역전할 수 있는 기회가 갑자기 찾아올 수도 있다.)가 엿보인다면 반드시 그 기회를 잡아야 한다.

반대로, '그렇다'는 대답이 4개 이하로 나왔다면, 내가 겪고 있는 갈등이 고도 갈등까지는 아닐 가능성도 있다. 다시 말해 시간이 더 지나기 전에 선택할 방법이 아직 많이 남아있다는 뜻이다. 갈등이 더 고조된다면 사라져버릴 기회와 여러 세부 사항이 뭔지 지금 충분히 알 수 있다. 그것은 축복이다. 아직 고도 갈등에 접어들지 않았다면 이 갈등을 건전하게 관리할 기회가 있는 것이고, 그 과정을 통해 우리도 성장할 수 있다. 그런 기회보다 더 중요한 갈등이란 어디에도 존재하지 않는다.

그런 여유를 확보하려고 노력해야 한다. 우주비행사들이 했던 것처럼 선한 의도를 저축하여 마법의 비율을 높여라. 유리가 알려준 대로 발코니로 물러나 보라. 양자 구도를 거부하고 불쏘시개를 멀리하라.

부록 3

고도 갈등을 예방하는 법

고도 갈등에서 벗어날 수 있다는 것은 틀림없는 사실이다. 우리는 지금까지 그런 사례를 여러 차례 눈으로 확인했다. 그러나 애초에 고도 갈등이 발생하지 않게 예방하는 편이 훨씬 더 낫다. 갈등에 내성을 지닌 문화를 가꾸는 것이다.

지금부터는 이 책에 나온 사람들이 가정과 동네, 교회, 나아가 우주정거장에서 그런 기반구조를 구축하기 위해 찾아낸 방법을 정리해보기로 한다.

1. 속사정을 파악하라

게리가 이혼 부부를 중재할 때 냄비에서 얻은 진짜 교훈은 무엇일까? 어떤 갈등이든 속사정을 이야기하기 전에는 진정한 해결책을 찾아내기 힘들다는 것이다.

속사정을 파헤치는 한 가지 방법은 좋은 중재자를 만나는 것이다. 그들은 갈등의 세상에서 소방수와 같은 존재로서, 갈등을 건전한 수준에 묶어두고, 겉으로 드러난 대화의 이면을 파헤친다.

각 도시에 존재하는 지역분쟁해결센터Community Dispute Resolution Center 는 소음 불만에서 지주 문제, 폭행 등 온갖 문제를 다룬다. 사법 체계를 통해서 해결할 수 있는 문제도 있고 독립적으로 다루는 문제도 있다. 비용을 제대로 치를 형편이 안 되는 사람에게도 기꺼이 도움을 제공해주는 곳도 많다.

2017년, 덴마크 서부의 늑대 무리 서식지와 가까운 한 시골 마을에서 한스 피터 한센을 비롯한 몇 명의 사회과학자들이 늑대 관련 토론회를 열고 마을 주민 전원을 초대했다. 이 자리에는 농부, 학생, 사냥꾼 등을 포함해서 모두 51명이 참석했다. 참석자들은 연령, 배경, 늑대 문제에 관한 견해 등이 저마다 달랐다.

이 회의는 참석자 모두의 속사정을 깊이 들여다보는 시간이 되었다. 한센은 늑대를 둘러싼 이 상황에서 각자 가장 괴로운 점이 무엇이냐는 질문을 던졌다. 그러자 사람마다 품고 있던 불만을 모두 쏟아냈다. '늑대는 사람들의 생계 수단을 파괴하고 있었다. 정치가들은 사냥꾼들의 사정에 무지했다. 농부들은 위험을 과장했다.' 한센 연구팀은 그들의 불만을 벽에 붙인 종이에 커다란 글씨로 써넣었다. 그는 마치 뉴욕의 랍비 롤리처럼 이렇게 말했다. "우리는 갈등을 외면하는 대신 정면으로 맞섰습니다."

사람들은 점점 자기 말을 누군가 들어준다는 느낌을 받았고, 곧이어 그들도 남의 말에 귀를 기울이기 시작했다. 중요한 점은 그 자리에 소위 전문가나 정치인이 아무도 참석하지 않았다는 사실이다. 그들은 아직 그 누구로부터도 신뢰를 받지 못하고 있었다. 그 자리에 모인 보통 사람들은 각자의 삶에서만큼은 누구보다 전문가였으므로, 그들에게 던진 질문도 전문적이거나 정치적인 주제가 아니라 각자가 살아가는 이야기였다. 다른 사람들이 말할 때 끼어드는 권한도 오직 사회자에게만 주어졌다.

그리고 참석자들 모두 자신이 가장 걱정하는 일을 한 두 가지로 간추렸다. 그렇게 해서 소란스러운 곁가지가 모두 제거되었다. 점점 겉으로 드러난 문제 밑에 숨은 속사정이 보이기 시작했다. 아이들을 숲에서 뛰어놀게 하기가 두려운 사람들이 많았다. 앞으로의 일이 걱정되는 사람도 있었다. 한센이 말했다. "우리는 처음부터 걱정과 두려움이 훨씬 더 큰 문제라고 생각했습니다." 이것은 고도 갈등에서 흔히 나타나는 일이다(게리가 말했듯이 누군가를 비난하는 사람일수록 속으로는 두려움을 감추고 있다). 회의가 끝난 후, 참석자의 80퍼센트가 앞으로 이 모임에 계속 참여하겠다고 신청했다. 이후 이 모임은 늑대 토론 프로젝트Wolf Dialogue Project[1]라고 불리게 되었다.

(가까운 지역분쟁해결센터를 찾으려면 미국지역중재인협회www.nafcm.org에서 소속 회원 명단을 검색하면 된다. 혹은 www.mediate.com 사이트에서 중재인 명단을 검색하면 사설 중재인을 찾을 수 있다. 갈등을 겪는 가족들은 가정 상담사나 성직자, 또는 해당 가족과 가까운 친구를 찾아 상담하기도 한다. 전문 중재자든 가까운 사람이든, 그들의 도움을 받을 때는 관련자 전원이 함께 만나는 것이 좋다. 중재를 맡아줄 사람에게 보통 모든 사람을 한 공간에서 만나는 편인지 미리 문의해보는 것도 좋다. 게리는 이 방법이 가장 좋다고 판단했지만, 그렇게 하지 않는 중재자들이 많다. 중재자를 구하는 방법에 관해서는 게리 프리드먼의 책,

《이혼 중재 안내서A Guide to Divorce Mediation》를 참조하기 바란다.)

2. 양자 구도를 완화하라

불필요한 집단이 형성되지 않도록 노력하라. 그래도 꼭 만들어야 한다면, 두 개 이상을 만드는 편이 낫다. 그리고 집단이 아무리 많아도 꼭 저절로 뒤섞일 수 있는 구조와 전통을 수립해야 한다.

정치 제도에서 이것은 순위선택 투표제와 제3당의 도입을 의미할 수 있다. 뉴스 보도 분야라면 기자와 편집자가 분기별로 한 번씩 역할을 바꿔 보는 것도 좋은 방법이다. 학교에서는 교장 선생님도 한 학기에 한 학급씩 맡아 가르치거나 학생들에게 더 많은 결정을 맡겨보는 것을 고려해볼 수 있다(물론 각 집단이 유연한 태도를 유지해야 하고, 학생들은 발전 속도에 따라 신속히 다음 단계로의 승급이 보장되어야 한다.). 각종 회의에서는 바하이교의 전통을 참고해서 누군가 제안을 내놓더라도 그것을 자기 아이디어라고 주장하지 않는 문화가 정착되면 좋을 것이다. 아울러 의견의 다양성이 경쟁으로 변질되지 않도록 유의해야 한다.

누군가 글렌 벡처럼 고도 갈등에서 벗어나고자 애쓰는 사람을 보면 그 과정이 얼마나 고통스러운지 이해해야 한다. 과거에 그가 저지른 실수 때문에 그의 진심을 몰라주거나 무작정 비난하려고만 들기 쉽다. 물론 그렇게 생각할 수도 있다. 그러나 건전한 갈등을 육성하고 지속적인 변화를 창출하려는 마음이 정말 있다면 환경주의자 마크 라이너스를 끌어안았던 과학자들처럼 그들을 반겨줄 수도 있어야 한다.

덴마크의 한센과 그 동료들은 회의에 참석한 사람들에게 그들이 차이

점뿐만 아니라 공통점도 가지고 있다는 점을 일깨워줌으로써 '늑대 토론 프로젝트'을 시작할 수 있었다.

한센은 이렇게 말했다. "우리에게는 두 가지 공통점이 있습니다."

모든 사람이 도대체 그것이 뭔지 궁금해하며 귀를 기울였다.

"우리는 같은 자연 속에 살며, 모두 같은 공기로 숨을 쉽니다."

아무도 부정할 수 없는 사실이었다.

"또 하나는 미래입니다. 우리는 미래를 공유하고 있습니다."

그의 말을 쉽게 반박하기 어려웠다. 그는 자칫하면 늑대 혐오론 대 늑대 옹호론의 양자 구도로 흐를 뻔했던 대화에 복잡성이라는 요소를 부여했다. 그날 회의는 양자 구도로 흐르지 않았다. 그곳에는 다양한 사람이 있었고, 일부는 중첩되기도 했다.

3. 불쏘시개를 멀리하라

내 주변에서 갈등을 즐기는 사람이 누군지 눈여겨봐야 한다. 다른 사람들과 합세하여 동료나 가족 중 누군가에 대한 혐오심을 조장하는 사람이 혹시 있는가? 실제로는 전쟁이 없는데도 전쟁의 언어를 동원하여 지지자들의 사기를 고취하려는 정치인은 누구인가?

나는 '온건한' 정치인보다는 갈등 촉진자라고 할 수 있는 정치인들에게 더 많은 관심을 기울여왔다. 세상을 우리와 그들, 선과 악의 구도로 명확하게 나눠놓는 정치인은 누구인가? 패배를 굴욕으로 여기도록 하는 정치인은 누구인가?

그런 사람들과는 어느 정도 거리를 두어야 한다. 그들이 바로 불쏘시개다. 커티스는 생활 속에 존재하는 수많은 갈등 촉진자들과 거리를 두기 위해 실제로 다른 동네 아파트로 이사 갔다. 게리의 경우에는 자신의 정치 자문역을 맡았던 타냐에 더 이상 의존하지 않았다. 어떤 사람은 담당 변호사를 바꾸는 것이 여기에 해당할 수도 있다. 누군가에게는 정치 뉴스를 듣는 채널을 바꾸는 것이 될 수도 있다. 복잡한 이야기를 기꺼이 수용하며, 정의에 대한 신념보다는 호기심에 더 비중을 두는 사람들과 가까워지는 것이 좋다.

4. 시간과 공간을 확보하라

고교생 시절에《파리 대왕》이라는 소설을 읽은 적이 있다. 아마 여러분 중에도 읽은 분이 있을 것이다. 비행기 사고로 외딴 섬에 추락한 학생들이 생존을 위해 애쓰다가 점점 폭력과 잔혹한 행위에 빠지고 만다는 줄거리다. 상당히 설득력 있는 이야기다.

그런 이야기를 현실에서도 찾아볼 수 있다. 뤼트허르 브레흐만Rutger Bregman의《휴먼카인드》라는 책을 보면 1965년 멀리 폴리네시아의 어느 섬에서 몇 명의 소년들이 실제로 조난된 이야기가 나온다. 현실에서는 어떤 일이 일어났을까? 아이들은 통나무의 속을 파내 빗물 받는 통을 만들었다. 둘씩 조를 짜고 일정표를 작성해서 풀베기, 요리, 보초 등 해야 할 일들을 꼼꼼히 관리했다. 그리고 불을 피워 15개월이나 꺼뜨리지 않고 관리한 끝에 마침내 구출되기에 이르렀다.

그들은 어떻게 그토록 놀라운 협력을 이뤄낼 수 있었을까? 아이들은 갈등을 맞이할 때마다 일정한 의식을 치렀다. 갈등을 일으킨 당사자들은 각자 섬의 맞은편으로 가서 한동안 자숙의 시간을 보냈다. 즉 시간과 공간을 확보한 것이다. 그렇게 네 시간을 보낸 후, 그들은 다시 돌아와 서로 용서를 구했다.

고립된 아이들이 또 하나 했던 일이 있다. 어쩌면 그것도 중요할지 모른다. 그들은 유목과 코코넛 껍질, 그리고 난파선 더미에서 주운 철사 여섯 조각으로 기타를 만들었다. 그리고 하루의 시작과 끝에는 항상 노래하고 기도하는 전통을 만들었다.

갈등을 이겨내는 마법의 비율을 기억할 것이다. 알다시피 원만한 결혼 생활을 위해서는 부정적인 대화를 한 번 할 때마다 긍정적인 대화를 다섯 번 해야 한다. 이 원리는 결혼이 아닌 다른 분야에도 똑같이 적용된다. 항상 긍정적인 의사소통이 부정적인 것보다 더 많아야 한다. 화성 탐사 모의 실험에 나선 다 큰 어른들이 잠옷 파티용 요새나 만들고 논 것도 바로 그런 이유 때문이다. 사람들이 다른 이들과 함께 식사하기를 좋아하는 이유도 거기에 있다. 덴마크의 늑대 토론 모임이 이후 몇 년이나 지속되는 동안에도, 그들은 모이기만 하면 함께 식사부터 한 후에 회의를 시작했다. 음식은 공기처럼 모든 사람이 즐기는 것이다. 가장 손쉽게 구할 수 있는 완충장치가 바로 음식이다. 이런 완충장치가 겹겹이 마련되어있으면 실제로 갈등이 불거져도 급격히 악화되는 일은 없다.

시간과 공간을 확보하는 또 하나의 방법은 이해의 순환고리를 동원하는 것이다. 또는 어떤 형태의 경청이라도 좋다. 적극적인 경청 방법을 본격적으로 배울 기회가 있다면 그렇게 하는 것이 좋다. 나는 그리 끈기가 있는 사람이 아니어서 웬만해서는 교육받는 것을 싫어하는 편이다. 그러나 이것만은 다르다. 경청 훈련은 충분히 노력을 기울일 가치가 있다. 그 효과는 우리가 흔히 생각하는 것 이상이다. 남의 말을 잘 듣는다는 것은 호기심이 많다는 뜻이다. 그리고 주변 사람에게도 그 호기심을 전염시킨다는 뜻이다. 그것은 단순한 기법이 아니라 모든 문제를 해결하는 만능열쇠와 같은 것이다.

전 FBI 인질 협상가 크리스 보스Chris Voss는 이렇게 말했다. "상대방의 관점을 분명히 표현하는 순간², 그들은 약간 놀랄 겁니다. 그 다음부터 그들은 내가 무슨 말을 하는지 호기심을 품게 되지요."•

갈등의 속도를 완화하는 또 다른 방법은 협상가 윌리엄 유리가 말하는 대로 마음속으로 '발코니에 물러나 보는' 것이다. 부부간의 갈등을 종이에 써보라는 것을 기억하는가? 부부싸움을 하는 쌍들은 단지 중립적인 제삼자의 관점에서 상황을 담담히 기록해보는 것만으로 갈등을 훨씬 더 건강한 모습으로 되돌릴 수 있다. 너무 간단한 방법 같지만, 이를 통해 갈등의 악순환을 끊고 다시 한번 생각해볼 시간을 확보하는 것이다(부모나 교사라면 이 방법으로 아이들에게 갈등을 건강하게 관리하는 습관을 들여줄 수 있다).

덴마크로 돌아가서, 중재자들은 모든 사람에게 불만을 나열하게 한 후, 그들에게 바람직한 시나리오는 무엇일지 물어보았다. 어떤 것이든 괜찮고, 엉뚱한 것일수록 더 좋다고 말해주었다. 그들은 다양한 아이디어를 쏟아냈다. 늑대 서식지에 집라인을 설치해서 관광상품으로 개발하자는 이야

• 경청의 기술을 다루는 책과 기사는 많다. 이 분야를 주로 다루는 작가이자 팟캐스터인 오스카 트림볼리Oscar Trimboli의 웹사이트를 방문하면 유용한 정보를 구할 수 있다. www.oscartrimboli.com

기도 나왔다. 늑대 한 마리마다 칩을 이식한 다음 주민들의 핸드폰에 늑대 위치를 알 수 있는 앱을 깔면 된다는 아이디어도 있었다. 늑대가 풀만 먹도록 유전자를 조작하자는 사람도 있었다(내 마음에 가장 든 아이디어였다). 그러자 모두가 좋아했다! 이렇게 그들은 좀 더 숨 쉴 만한 공간을 만들었다. 그렇게 만들어진 공간에서 사람들은 좀 더 실용적인 사고를 할 수 있었고, 실제로 그렇게 했다.

한센은 늑대 프로젝트 참석자들에게, 모두가 다 서로를 좋아하지 않아도 된다는 말을 강조했다. 우리는 이 자리에 서로를 이해하러 왔지, 친구가 되기 위해 온 것이 아니다. 그 둘은 분명히 다르다.

늘 내가 옳고 상대방은 그르다고 설득하려 드는가? 이제는 제발 소셜미디어에 그런 글을 올리지 말자. 소셜미디어가 아니라 어디에도 마찬가지다. 그런 행동은 분명히 역풍을 불러온다. 남을 설득하기 전에 먼저 이해해야 한다. 그리고 이해하려면 반드시 경청해야 한다.

(정치, 종교, 지리, 인종 등 여러 분야에서 분열을 겪고 있는 사람들 사이에 의사소통 전문가를 파견해서 도움을 주는 단체들이 세계 곳곳에 있다. 국제 비영리 단체 서치포그라운드는 30개국 이상에서 폭력적 갈등을 종식시키기 위해 일하고 있다. 미국에서는 브레이버앤젤스Braver Angels, 에센셜파트너스Essential Partners, 원아메리카무브먼트One America Movement, 리세팅더테이블Resetting the Table, 빌리지스퀘어Village Square 등을 예로 들 수 있다. 브릿지얼라이언스의 사이트 www.bridgealliance.us를 방문하면 더욱 상세한 정보를 구할 수 있다.)

5. 이야기를 복잡하게 만들어라

경제학자 타일러 코웬Tyler Cowen은 "단순한 스토리를 의심하라"라고 말했다. 해결하기 어려운 갈등일수록 단순한 스토리가 우리 눈을 가리는 경우가 많다. 내가 경험한 바, 이에 대한 해결책은 호기심을 품는 것이다. 호기심은 전염된다. 나와 견해가 다른 사람들에게 진정으로 호기심을 품을 수 있다면 갈등을 건전하게 관리하는 데 분명히 도움이 된다. 때에 따라서는 효과가 즉각 나타날 수도 있다.

호기심이 싹틀 수 있는 선결 요건은 기본적인 안전이 보장되는 것이다. 실제로 안전해야 하는 것은 물론이고, 그것을 상대방이 피부로 느낄 수 있어야 한다. 위협을 느끼는 사람은 호기심을 품을 수 없다. 그러나 호기심을 품기 위한 또 하나의 조건은 겸손인데, 이것 역시 오늘날 너무나 찾아보기 힘든 덕목이다.

호기심을 촉발하는 방법은 현실에 숨어있는 모순을 찾아내어 똑똑히 드러내는 것이다(논란거리를 취재하는 언론인들이 훨씬 자주 사용하는 방법이기도 하다). 늑대 토론 프로젝트에 참석한 사람 중에는 다른 사람들의 선입견이 무서워 늑대 문제를 함부로 거론할 수도 없다는 사람도 있었다. 한센은 나에게 이렇게 말했다. "사람들의 마음속에는 분명히 모순이 존재했습니다." 그는 그런 현상을 매우 좋은 징조로 봤다. 특정 진영에 완벽하게 맞아떨어지는 사람은 세상에 아무도 없다.

호기심을 유발하는 가장 좋은 방법은 질문을 던지는 것이다. 늑대 토론 프로젝트 사람들은 대화를 거듭하면서 답을 얻고 싶은 사항을 50개의 질문으로 간추렸다. 여기에는 늑대의 생태와 거동, 구체적인 규제 법률 등 모든 내용이 망라되어있었다. 그들은 직접 조사해보기도 하고 신뢰할 만한 전문가에게 의뢰도 하면서 답을 찾아 나갔다. 가장 좋기로는 지역 언론사들이 답을 찾는 일을 도와주는 것이다. 단, 그들이 서로 신뢰할 수 있어야 한다(그들은 스페이스십미디어 Spaceship Media와 트러스팅뉴스 Trusting News라는 두 기관의 협조로 뉴스 방송에 출연할 수 있었고, 이를 계기로 신뢰가 쌓여 결국 답을 찾는 데 큰 도움을 받았다).

진지한 호기심이 담긴 질문이 오가다 보면 갈등의 현장이 갑자기 흥미진진한 대화로 변할 수 있다. 다음은 온갖 종류의 갈등에 사로잡힌 사람들과 인터뷰할 때 내가 자주 사용하는 질문들이다. 모두 이 책에 등장하는 사람을 포함한 많은 이들의 지혜에서 나온 것들이다.

1. 이 갈등에서 지나치게 단순화된 이야기들은 무엇인가?
2. 상대방의 어떤 면을 이해할 수 있다고 생각하는가?
3. 상대방이 나를 이해해주었으면 하는 점은 어떤 것인가?
4. 어떻게든 이 갈등이 해결된다면 어떤 기분일 것 같은가?
5. 아무도 제기하지 않는 질문이 있다면 어떤 것인가?
6. 이 논란과 관련하여 아직 모르는 것 중에 무엇이 가장 궁금한가?
7. 어디에서 분열이 일어나고 있다고 생각하는가?
8. 하고 싶은 말이 있다면 그것은 무엇인가?

늑대 토론 프로젝트가 시작된 지 6개월 후, 그들은 그동안 자신들이 조사한 내용을 더 많은 사람에게 알리기 위해 공개 모임을 열었다. 그 자리에는 TV 뉴스 매체를 비롯해 100여 명의 사람이 참석했다. 한센이 말했다. "너무 보기 좋은 광경이었습니다. 모든 일이 '평화롭고 조화롭게' 진행되어서 그런 것만이 아니라, 우리가 나아갈 길을 찾아냈다는 것이 너무 기뻤습니다." 그들은 마침내 타르 웅덩이를 빠져나왔다.

다음으로, 그들은 전국 단위의 정책입안자들을 초청해서 만남의 기회를 마련했다. 다소 시간이 걸렸지만, 결국 고위층 사람들이 이 먼 곳까지 와서 한 번도 아닌 두 번이나 회의를 열었다. 2020년 현재, 덴마크 정부는 늑대 토론 프로젝트와 함께 새로운 늑대 관리 계획을 수립하여 진행하고 있고, 토론에서 나온 여러 아이디어를 전국적인 프로세스로 옮기는 일도 하고 있다.

늑대 프로젝트는 사람들의 생각을 바꾸려고 했던 적이 한 번도 없다. 그저 이 문제에 대한 책임 의식과 해답에 대한 책임 의식을 공유하기 위해 애썼을 뿐이다. 심지어 그 자리에 모인 사람들의 견해 차이는 이후에도 여전히 좁혀지지 않았다. 그들은 단지 고도 갈등에서 빠져나오는 것과 건전한 갈등을 존중하는 일에 애썼을 뿐이다.

독자 여러분의 질문을 환영한다. 여러분이 직접 갈등의 속사정을 파헤쳐, 고도 갈등을 벗어나거나 예방한 경험이 있다면 더욱 듣고 싶다. 나는 아직 끝나지 않은 책을 가장 좋아한다. 그러니, 질문이나 경험이 있다면 amanda@amandaripley.com으로 보내주시면 감사하겠다.

주석

서론

1 마크 라이너스 : 그에 관한 자세한 이야기는 그가 오랫동안 남겨온 글뿐만 아니라 나를 비롯한 여러 기자와의 인터뷰에 잘 나타나 있다. 특히 2018년에 출간된 그의 책《과학의 씨앗-나는 어떻게 GMO에 대한 생각을 바꾸게 되었나》를 추천한다. 이 책은 유전자 변형작물을 둘러싼 그의 이야기와 이 분야의 과학적 오해를 다루고 있다. 자신의 기존 관념을 과감히 제고할 뿐만 아니라 자신의 혁명적인 경험을 허심탄회하게 들려준 그의 용기에 감사드린다.

2 마크 라이너스,《과학의 씨앗-나는 어떻게 GMO에 대한 생각을 바꾸게 되었나》

3 Storr, "Mark Lynas: Truth, Treachery and GM Food."

4 고도 갈등 : 정의한 그대로다. 이 단어는 원래 가족 심리치료 용어로서, 심각하게 어려운 처지에 빠졌거나 이혼의 위험에 빠진 가정을 지칭하는 용어로 쓰인다. 이 책이 말하는 '고도 갈등'은 일종의 명사로서, 갈등이 끊임없이 계속되고 자체적으로 재생산되어 시스템 전체를 마비 상태에 빠지게 하는 것을 일컫는다. 고도 갈등이 더욱 심해지면 이른바 '악성 갈등'이라는 상태에 빠지기도 한다. 이것은 폭력적인 갈등이 여러 세대에 걸쳐 이어져 도저히 해결할 수 없는 지경에 빠진 상태를 일컫는 학술 용어다. 그러나 이 책에 등장하는 고도 갈등은 이런 악성 갈등보다는 좀 더 일반적인 형태를 의미한다. 수세대에 걸쳐 이어지는 것도 아니고 폭력을 동반할 필요도 없다(물론 폭력에 쉽게 휘말릴 위험이 있는 것은 사실이다.). 악성 갈등에 관한 상세한 내용은 다니엘 바탈Daniel Bar-Tal의《악성 갈등Intractable Conflict》이나 피터 콜먼의《5퍼센트의 원리 The Five Percent: Finding Solutions to Seemingly Impossible Conflicts》등을 참조하라.

5 '고도 갈등형 성격' : 기업의 리더들을 대상으로 조사해보니, 10명 중의 9명은 지금까지 '악성' 고도 갈등 성격을 지닌 사람들을 상대해본 경험이 있었다고 한다. 미첼 쿠시Mitchell Kusy와 엘리자베스 홀로웨이Elizabeth Holloway의《악성 업무현장Toxic Workspace》을 참조하라.

6 Pew Research Center, "Partisanship and Political Animosity in 2016."

7   3,800만 명 : 이 수치는 선거 후 로이터통신과 입소스 리서치의 조사에서 나온 추정치다. 총 6,426명을 대상으로 한 이 조사에서, 선거 때문에 가족과 대화가 단절되었다고 대답한 사람이 16퍼센트였다. 이 통계를 미국 성인 인구에 대입해보면 3,800만 명이라는 숫자가 나온다. 존 화이트사이즈John Whitesides, "논쟁에서 단절로 : 미국 대선의 상처는 아직 아물지 않았다From Disputes to a Breakup: Wounds Still Raw After U.S. Election" 기사 참조.

8   Swift, "Americans' Trust in Mass Media Sinks to New Low."

9   Kaur-Ballagan et al., "BBC Global Survey: A World Divided?"

10   Ibid.

11   "독일에는 큰소리와 고함만 남았습니다." : 이 발언은 2018년 〈자이트Zeit〉지가 베를린에서 주최한 '조국이 말한다My Country Talks'라는 대담 행사에 내가 직접 참석해서 들은 내용이다.

12   모두 패배한 것이다 : 오크파크에 관한 상세한 내용은 헤더 맥기Heather McGhee의 훌륭한 TED 연설, "인종차별의 피해는 모두에게 미친다Racism Has a Cost for Everyone"와, 스콧 메리먼Scott Meriman의 기사 "길모어 대 몽고메리시Gilmore v. City of Montgomery"를 참조하라.

13   슈퍼마켓에서 산 스펀지케이크 : 이 사건은 유튜브에서 검색할 수 있다. 당시 비외론 롬보르Bjørn Lomborg 교수가 홍보했던 서적은 《회의적 환경주의자》이다. 이후 라이너스는 롬보르 교수에게 사과했다.

14   Paarlberg, Starved for Science.

15   비폭력 운동 : 보이콧, 파업, 시위 등과 같은 비폭력 운동이 성공하는 이유는 많고 다양한 추종자를 끌어들여 지지를 유지하고 실제 권력을 쥔 이들에게 의미 있는 압력을 가할 수 있기 때문이다. 에리카 체노웨스Erica Chenoweth와 마리아 스테판Maria Stephan의 《시민저항 운동이 통하는 이유Why Civil Resistance Works》를 참조하라.

16   World Health Organization, "Pneumonia of Unknown Cause—China."

17   Rabin, "First Patient with Wuhan Coronavirus Is Identified in the U.S."

18   Associated Press, "China Didn't Warn Public of Likely Pandemic for Six Key Days."

19   Rauhala, "Chinese Officials Note Serious Problems in Coronavirus Response. The World Health Organization Keeps Praising Them."

20   Carey and Glanz, "Hidden Outbreaks Spread Through U.S. Cities Far Earlier

than Americans Knew, Estimates Say.”

21 More in Common and YouGov, "COVID 19: Polarization and the Pandemic.”

22 Sahoo, "India: Infections, Islamophobia, and Intensifying Societal Polariza-
tion.”

23 BBC News, "Coronavirus: Trump's WHO De-funding 'As Dangerous as It
Sounds.'"

24 Schools reopened: Hartney and Finger, "Politics, Markets, and Pandemics.”

25 World Economic Forum, "Outbreak Readiness and Business Impact.”

26 12,012 recorded outbreaks: Smith et al., "Global Rise in Human Infectious
Disease Outbreaks.”

27 Allport, The Nature of Prejudice.

28 Fernandez and Burch, "George Floyd, from 'I Want to Touch the World' to 'I
Can't Breathe.'"

29 최소한 10명이 넘는 미국인 추가 사망자 : 이 책이 출간되는 시점에 이 숫자를 정확히 단
정하기는 어렵다. 총격이 발생했다 하더라도 그것이 시위와 관련이 있는지 뚜렷하지 않
은 경우도 있다. 조만간 좀 더 의미 있는 결과가 밝혀지기를 희망한다. 알 자지라 방송
기사 "미국에서 시위가 지속되어 10여 명의 사상자 발생Nearly a Dozen Deaths Tied to
Continuing Unrest in U.S.”을 참조하라.

30 Lynas, "GM Won't Yield a Harvest for the World.”

31 Lynas, "Lecture to Oxford Farming Conference.”

1. 갈등의 속사정

1 제이와 로나 : 제이와 로나 부부의 이야기는 게리와 직접 인터뷰한 내용과 그의 두 책,
《이혼 중재 안내서A Guide to Divorce Mediation》와 《내면 탐구Inside Out》를 참조해서
작성했다. 부부의 이름은 프라이버시 보호를 위해 가명으로 표기했다.

2 라 브레아 타르 웅덩이 : 상세한 내용은 타르 웅덩이 유적공원에서 일하는 직원과 타르
웅덩이 웹사이트tarpits.org에 실린 뉴스 및 정보를 참조했다.

3 미국인의 3분의 2 : 호킨스Hawkins 외, "숨은 종족 : 미국 정치의 양극화 연구Hidden

Tribes: A Study of America's Polarized Landscape". 정치적 중립단체인 모어인커먼이 수행한 이 연구 보고서는 이 그룹을 '지친 다수'라고 표현했다. 이것은 미국의 양극화 현상을 다룬 보고서로서는 내가 읽어본 것 중 가장 깊이 있고 유용한 문헌이다.

4 Mehari, "The Role of Social Trust in Citizen Mobility During COVID-19."

5 Butler, "A Million Volunteer to Help NHS and Others During Covid-19 Outbreak."

6 적대감 : 적대감의 한계와 상호주의의 가능성을 파헤친 뛰어난 저술로는 마이클 칼버그Michael Kalberg의《다툼의 문화를 넘어서Beyond the Culture of Contest》를 추천한다.

7 다툼 : 오늘날 적대 구도의 한계에 관한 한 정치 전략 분야보다 비즈니스 업계가 훨씬 더 정교한 이해를 지니고 있다는 점은 흥미로운 일이다. 예컨대 경영대학은 이미 수십 년 전부터 경쟁보다 협력이 훨씬 더 좋은 성과를 거두고 있다고 가르치고 있다. (이 분야의 고전으로는 로저 피셔Roger Fisher와 윌리엄 유리의《YES를 이끌어내는 협상법》도 있지만, 윌리엄 유리의《혼자 이기지 마라》와《하버드는 어떻게 최고의 협상을 하는가》도 훌륭한 책이다.) 이런 논점을 뒷받침하는 정량적인 증거는 많다. 그러나 이 책이 강조하고자 하는 바는 대립적인 사고방식이 사람들의 처지를 더욱 악화한다는 사실이다. 이 원리는 비즈니스와 정치뿐만 아니라 결혼, 판데믹 등 인생의 모든 측면에 고루 적용된다.

8 Margolick, "Burger Says Lawyers Make Legal Help Too Costly."

9 레고 장난감 : 레고 장난감과 숯불 화로 이야기 둘 다 2019년에 갈등 중재 전문가들로부터 들은 이야기다.

10 저렴한 중재 비용 : 2007년에 보스턴의 한 법률회사가 최근 그들이 맡은 199건의 이혼 사건을 분석한 결과 중재에 드는 비용이 평균 6,600달러로, 경쟁 회사들의 평균 2만 6,830달러에 비해 압도적으로 저렴하다는 사실을 입증했다. 부부가 합의에 이르지 못하고 전통적 법률 체계를 통해 전면 소송을 벌이는 비용은 평균 7만8,000달러에 달한다. 이 경우 배우자와 법적 다툼을 벌이는 데 드는 돈은 중재에 비해 12배나 더 많은 셈이다. (중재의 일종인 협력 이혼이라는 방법도 있다. 남편과 아내가 각각 변호사를 고용하고 필요하다면 다른 컨설턴트도 대동하여 모두에게 공정한 합의안을 함께 협의하는 방식이다. 이 회사의 경우 협력 이혼에 드는 비용은 당시 기준으로 평균 2만 달러 정도였다.) 이 방법은 모두 양자가 합의를 도출하려는 의지가 있다는 것을 전제로 한다. 만약 어느 한쪽이라도 합의에 이를 의지가 없을 때는 법적 분쟁이 오히려 더 싸게 먹힐 수도 있다. 왜냐하면 법정으로 가면 결정의 주체는 다른 누군가(판사)가 되기 때문이다. 데이비드 크레이리David Crary의 "원만한 이혼 방식을 향한 간절한 관심Keen Interest in Gentler Ways of Divorce"이라는 기사를 참조하라.

11 Gold, "Easy Living in Marin."

12 샌프란시스코 심포니 오케스트라 : 게리가 구성한 협상팀에는 하버드 법과대학의 로버트 므누킨과 노동문제 전문가 조엘 쿠처 거센펠드Joel Cutcher-Gershenfeld 등이 포함되었다. 휴렛 재단이 그들의 노력에 보조금을 지원했다. 더욱 상세한 내용은 므누킨 외, "새로운 방향 : 샌프란시스코 심포니 오케스트라 사람들의 관계 혁신A New Direction:Transforming Relations Within the San Francisco Symphony"을 참조하라.

13 Ulrich and Delgado, "Symphony Musicians Don't Play, but Picket."

14 Mnookin et al., "A New Direction: Transforming Relations Within the San Francisco Symphony."

15 Singh Ospina et al., "Eliciting the Patient's Agenda."

16 남의 말을 듣지 않는 태도가 초래하는 결과 : 높은 수준의 경청이 얼마나 긍정적인 영향을 불러오는지 연구한 사례로는 가이 이차코프Guy Itzchakov와 아브라함 클루거Avraham Kluger의 "경청의 고리 : 직원의 경청을 강화하고 극단주의를 감소하는 간단한 도구The Listening Circle:A Simple Tool to Enhance Listening and Reduce Extremism Among Employees"가 있다.

17 Bergeron and Laroche, "The Effects of Perceived Salesperson Listening Effectiveness in the Financial Industry."

18 Guy Itzchakov and Avraham Kluger, "The Listening Circle: A Simple Tool to Enhance Listening and Reduce Extremism Among Employees."

19 Kim et al., "The Effects of Physician Empathy on Patient Satisfaction and Compliance."

20 Gordon and Chen, "Do You Get Where I'm Coming From?"

21 이해의 순환고리 방법 : 게리 프리드먼과 잭 힘멜스타인이 창안하여 두 사람의 책《갈등에 도전하라Challenging Conflict》에서 자세히 설명한 방법이다. 언뜻 듣기에는 단순한 방법이지만, 사실 이를 제대로 구사하려면 인지적으로 대단히 힘든 과정을 거쳐야 한다. (더욱 상세한 내용을 배우고 싶은 사람은 게리의 갈등이해센터 연구팀이 개설한 순환고리 연수 과정에 등록하면 된다.)

22 호흡을 맞춰가며 : 이 인용문은 게리가 연주자들을 상대로 이해 증진 훈련을 했던 기억과 필자가 직접 십여 차례의 이해 훈련을 관찰하고, 참여하며, 이끌어본 경험에 바탕을 둔 것이다.

23 Mnookin et al., "A New Direction: Transforming Relations Within the San Francisco Symphony."

24 최고 수준의 연봉을 자랑하는 악단 : 샌프란시스코 심포니가 다시 파업에 들어간 것은 그로부터 14년 후의 일이었다. 이 악단의 평소 기록에 비하면 오랫동안 평화가 이어진 셈이다. 시간이 흐르면서 경영진과 연주자가 모두 바뀌었다. 새로 구성된 인원들은 모두 게리 팀의 중재를 경험하지 못했다. 갈등을 처리해본 기억도 연습하지 않으면 퇴화한다.

25 뮈어비치는 변화하고 있다. : 이 책에서 묘사하는 위원회 관련 내용은 모두 뮈어비치 지역봉사 위원회 홈페이지에 등록된 음성 녹음자료, 회의록, 회의 의제 등에 근거한다. 그 외에는 필자가 일부 참여자들과 인터뷰한 내용에 바탕을 두고 있다.

2. 양자 구도의 위력

1 Wood, Friends Divided: John Adams and Thomas Jefferson; Duverger, "Public Opinion and Political Parties in France"; and Bober, Thomas Jefferson: Draftsman of a Nation.

2 Wood, Friends Divided: John Adams and Thomas Jefferson.

3 Allport, The Nature of Prejudice.

4 Shultz et al., "Stepwise Evolution of Stable Sociality in Primates."

5 범주화의 영향으로 : 범주라는 용어가 그냥 나온 것이 아니다. 이 용어는 누군가의 문제를 해결하고자 창안된다. 예를 들어 19세기에 아일랜드에서 미국으로 건너온 이민자들은 일반적으로 '앵글로 색슨족'보다 열등하다는 의미에서 '아일랜드족'이라고 불렸다. 이후 '이탈리아족'과 '유대족'이 등장했다. 둘 다 다른 이유가 있다고 짐작된다. '백인'이라는 범주 내에서도 인종적 차이를 정교한 계급으로 구분하는 것이 바로 미국 사회에 아직도 불평등이 남아있다는 증거로 보인다. 신분에 관한 상세한 연구가 궁금한 분에게는 데이비드 베레비**David Berreby**의 《우리와 그들, 무리짓기에 대한 착각》을 권한다.

6 〈혹성탈출〉: 데이비드 호프스테드**David Hofstede**의 〈혹성탈출 : 비공식적 동반자**Planet of the Apes:An Unofficial Companion**〉를 인용하여 자신의 책 《비헤이브**Behave**》를 통해 이 이야기를 해준 로버트 사폴스키**Robert Sapolsky**에게 감사드린다.

7 그림 여섯 점 : 타이펠 외, "사회적 범주화와 집단 간 행동". 이 책에 삽입된 그림은 그중 두 점이나, 연구자들이 실험에서 구체적으로 어떤 그림을 사용했는지는 모른다.

8 Newheiser and Olson, "White and Black American Children's Implicit Intergroup Bias."

extremecluded

9   Taub and Fisher, "Why Referendums Aren't as Democratic as They Seem."

10   "almost never": Ibid.

11   드레스 : 아직 해보지 않은 분이라면 아래의 링크에서 그 옷 사진을 확인할 수 있다. https://en.wikipedia.org/wiki/The_Dress. 이런 입소문 현상에 관한 과학적 연구로 는 신경과학자 파스칼 월리시Pascal Wallisch의 다음 논문을 들 수 있다. "'드레스'의 지 극히 애매한 색상 자극에 대한 개인별 인식 차이에 미치는 조명 효과"

12   명상 : 명상 훈련의 효과에 관한 연구가 궁금한 분은 국립보완통합의학센터National Cen- ter for Complementary and Integrative Health의 "명상의 이해Meditation:In Depth"란을 참조하라. 명상 훈련에 관심이 있다면 이를 안내하는 무료 앱 또는 저렴한 앱을 다양하게 활용할 수 있다. 개인적으로는 헤드스페이스Headspace를 추천한다. 게리를 통해 명상을 배운 이후로 내가 애용하는 앱이다. 초보자가 혼자 명상하는 것보다는 훨씬 쉬운 데다, 마음 훈련에 관한 전반적인 내용을 비교적 짧고 실용적으로 담아놓았다.

13   일하는 방식의 변화 : 이 경험에 대한 첫 보고서를 계기로 형성된 프로젝트는 솔루션저 널리즘네트워크의 지원으로 진행되었다. 이 비영리단체는 기자들에게 지역사회의 문제 해결 활동을 심층 취재하는 훈련을 제공한다. 기자들이 단순히 문제만 보도하는 차원을 넘어서도록 돕는 것이다. 아만다 리플리Amanda Ripley의 "이야기를 더 복잡하게 만들 기Complicating the Narrative"를 참조하라.

14   "He hated everybody": Sharfstein, "Saving the Race."

15   "oversimplified camps": Friedman, Inside Out.

16   $5,500: Bridgeport Post, "Jury Awards $5,500 to Woman in Crash."

17   남성 호르몬 : 어떤 종류의 경쟁이든, 패자를 외부자로 인식하는 한 승자는 남성 호르몬 을 더 많이 분비하는 경향이 있다. 예컨대 카리브 해안 지역의 한 동네에서 도미노 게임 을 벌이던 남성들은 다른 집단을 이긴 직후 남성 호르몬이 급증하는 현상을 보였다. 같 은 집단의 다른 사람들을 이겼을 때는 호르몬 변화가 관찰되지 않았다. 마크 플린Mark V. Flinn 외, "인간의 협력 활동에서 공격성 억제에 미치는 호르몬의 작용" 참조.

18   3퍼센트 미만 : 이 실험은 1990년도에 발표된 스탠퍼드 대학원생 엘리자베스 뉴턴의 박 사학위 논문 "행동에서 의도로 가는 험로The Rocky Road from Actions to Intentions"에 수록되어있다. 흥미롭게도 뉴턴은 이 책상 두드리기 실험에서 성별에 따른 차이를 관찰 했다. 자신이 두드리는 소리를 듣고 남들이 당연히 곡을 알아맞히리라고 예측한 점에서 는 남녀 모두 마찬가지였지만, 그 정도에 있어서는 남성이 훨씬 더 높은 수치를 기록했다.

19   "의사소통이 일으키는 환상" : 이것은 조지 버나드 쇼의 말을 인용한 것이라고 하지만, 코

우트인베스티게이터Quote Investigator에 따르면 그가 실제로 그렇게 말했다는 뚜렷한 증거는 없다고 한다. 확실치는 않지만, 1950년에 윌리엄 화이트라는 언론인이 〈포춘〉지에서 사업상의 의사소통 개선의 필요성을 역설하면서 이보다 좀 더 장황하지만 비슷한 논지의 말을 한 것으로 전해진다.

20 Gilovich et al., "The Illusion of Transparency."

21 바보 같은 운전자라는 반응 : 나보다 남을 더 가혹하게 판단하는 인간의 이런 경향을 심리학에서는 기본적 귀인 오류라고 한다. 공식 용어가 너무 어렵고 기억하기도 힘들다고 판단해서 '바보 운전자 반응'이라는 용어를 만들어보았다.

22 Klien, "Muir Beach Election Pits Old Guard Against New."

23 Valentino, "Muir Beach Faces Election Divided by Varying Opinions on Water Hike."

24 See Williams and Sommer, "Social Ostracism by Coworkers: Does Rejection Lead to Loafing or Compensation?"; Williams et al.,"Cyberostracism: Effects of Being Ignored over the Internet"; and Williams and Nida, "Ostracism: Consequences and Coping."

25 Wesselmann et al., "Adding Injury to Insult: Unexpected Rejection Leads to More Aggressive Responses."

26 DeBono and Muraven, "Rejection Perceptions: Feeling Disrespected Leads to Greater Aggression than Feeling Disliked."

27 Parker, "Lexington Came

28 혐오스럽다 : 2018년 현재, 민주당과 공화당 지지자를 막론하고 상대방이 '혐오스럽다'고 답한 사람이 80퍼센트가 넘는다. 민주당 측은 공화당 측을 향해 인종차별주의자라고 비난하는데, 그 반대 역시 마찬가지다. 대니얼 유드킨Daniel Yudkin 외, "인식 격차The Perception Gap"를 참조하라.

29 Giles, "Maths Predicts Chance of Divorce."

30 75배나 더 쉽다 : 〈하버드 크림슨〉에 따르면, 2019학년도 하버드대학교 입학률은 4.5퍼센트였다고 한다.

31 "여러분의 생존은 서로에게 달렸다" : 이 말은 제이 버키 주니어를 취재하면서 직접 들은 이야기다.

32 "갈등을 일으키지 않는 대원" : 킴 빈스테드를 취재하면서 직접 들은 이야기다.

33 Basner et al., "Psychological and Behavioral Changes During Confinement in

a 520-Day Simulated Interplanetary Mission to Mars."

34 This exchange comes from an episode of the Gimlet podcast, The Habitat.

35 Halperin, Emotions in Conflict.

36 Ahler and Sood, "The Parties in Our Heads."

37 Yudkin et al., "The Perception Gap."

38 Moore-Berg et al., "Exaggerated Meta-Perceptions Predict Intergroup Hostility Between American Political Partisans."

39 Geiger, "For Many Voters, It's Not Which Presidential Candidate They're for but Which They're Against."

40 Yudkin et al., "The Perception Gap."

41 Chernow, Alexander Hamilton.

42 "교활하고 야심만만하며 부도덕한" : 조지 워싱턴, "미국 국민을 향한 워싱턴의 고별 연설". 이 연설의 전문을 꼭 읽어보기를 권한다. 오늘날의 정치적 병폐가 얼마나 오래전부터 아무렇지도 않게 우리 사회에 스며들어있었는지를 알게 될 것이다. 이런 사례는 얄궂게도 미국 의회 홈페이지(www.senate.gov)의 여러 군데에서도 확인할 수 있다.

43 Ferguson, "War Is Not Part of Human Nature."

44 Christakis, Blueprint: The Evolutionary Origins of a Good Society.

45 Drutman, Breaking the Two-Party Doom Loop: The Case for Multiparty Democracy in America.

46 Ibid.

47 Fischer et al., "The Impact of Electoral Systems and Outcomes on Mass Attitudes: Experimental Attitudes."

3. 불쏘시개

1 햇필드와 맥코이 가문 : 햇필드와 맥코이의 분쟁에 관해서는 과장된 이야기가 많다. 이 책에서 다루는 내용은 그중에서도 가장 많은 증거를 중심으로 풀어간 역사학자 알티나 월러**Altina Waller**의 저작,《분쟁 : 햇필드 가문과 맥코이 가문을 중심으로 살펴본 1860년부터 1900년까지 애팔래치아의 사회 변화**Feud:Hatfields, McCoys, and Social**

Change in Appalachia, 1860-1900》를 주로 인용했다.

2   Hatfield, "Letter to the Editor."

3   커티스 톨러 : 내가 그를 처음 만난 것은 언론, 교육 등의 이슈에 투자하는 사회적 기업 에머슨 컬렉티브Emerson Collective가 샌프란시스코에서 주최한 한 행사에서였다. 그 당시 나는 에머슨 컬렉티브 회원 자격을 가지고 있었고 커티스는 이 기관이 후원하는 시카고 크리드Chicago CREED라는 단체에서 일하고 있었다. 그 회원 자격은 종료되어 이후로는 커티스나 크리드 어느 쪽과도 사무적인 관계가 없지만, 지금도 우리를 만나게 해준 에머슨 컬렉티브 측에 감사한 마음을 가지고 있다.

4   민족주의 : 베네딕트 앤더슨Benedict Anderson이라는 학자는 민족주의를 가리켜 '상상된 공동체'라고 한다. 우리가 연대 의식을 가지게 되는 사람들의 집합이라는 개념이다. 베네딕트 앤더슨의《상상된 공동체 : 민족주의의 기원과 보급에 대한 고찰》을 참조하라.

5   Sapolsky, Behave.

6   Hirt et al., "Costs and Benefits of Allegiance: Changes in Fans' Self-Ascribed Competencies After Team Victory Versus Defeat."

7   Carlson, "Nixon Daughters Bury the Hatchet."

8   Stewart et al., "Adult Sibling Relationships: Validation of a Typology."

9   쐐기를 박다 : 마가렛 칼슨Margaret Carlson, "닉슨 자매, 무기를 거두다". 닉슨 재단은 두 자매에 관한 내 질문에 직접적인 대답을 피했으므로, 나는 둘 사이의 분쟁을 다룬 여러 뉴스 기사에 의존할 수밖에 없었다. 앞으로도 두 자매가 밝힐 의사만 있다면 기꺼이 직접 만나 이야기를 듣고 싶다.

10   Martelle et al., "Bequest Leads to Deep Rift for Nixon Kin."

11   Pfeifer et al., "Views Emerge in Rift Between Nixon Sisters."

12   Dahlburg and Pfeifer, "For Feuding Nixon Sisters, Finally a Peace with Honor."

13   Associated Press, "Nixon Sisters Debate Library Fund."

14   제프 포트 : 1960년대 초에 유진 '불' 헤어스톤Eugene "Bull" Hairston과 제프 포트가 창설한 블랙스톤네이션The Black P Stone이라는 갱단은 이후 여러 차례 이름을 바꾸었다. 제프 포트에 관한 자세한 이야기는 커티스와의 인터뷰뿐만 아니라 여러 뉴스 기사와 책에서 찾은 정보도 참조했다. 특히 다음의 책을 소개한다. 나탈리 무어, 랜스 윌리엄스《무적의 블랙스톤네이션 : 미국 갱단의 흥망성쇠The Almighty Black P Stone Nation:The Rise,Fall,and Resurgence of an American Gang》

15   Smothers, "Jeff Fort: A Gangster Who Survives."

16 Fisher, "The One Map That Shows Why Syria Is So Complicated."

17 Shadid, "Syrian Unrest Stirs New Fear of Deeper Sectarian Divide."

18 Bass, "What Really Causes Civil War?"

19 Dagher, Assad or We Burn the Country.

20 for more on how to be mindful of identity manipulation, see Klein, Why We're Polarized.

21 Sherman, "Grit Turns Warehouse into School of Winners."

22 Reardon, "Redlining Drains City, Aids Suburbs."

23 Greater Chatham Initiative, "History: Auburn Gresham."

24 Davidson and Recktenwald, "Bullets End Benjy's Fight to Be the Best."

25 Associated Press, "Rev. Jesse Jackson Eulogizes Ben Wilson."

26 Lindner, "Genocide, Humiliation and Inferiority."

27 Lindner, "Making Enemies Unwittingly."

28 Friedman, "The Humiliation Factor."

29 Gilligan, Violence: Reflections on a National Epidemic.

30 Lindner, "Making Enemies Unwittingly."

31 Frijda, "The Lex Talionis: On Vengeance."

32 CNN.com, "N. Ireland Process: Where Did It Go Wrong?"

33 Barrett, How Emotions Are Made. Also, for a powerful story about how humans interpret emotions, I recommend NPR's Invisibilia podcast, "Emotions," from June 22, 2017.

34 Briggs, Never in Anger: Portrait of an Eskimo Family.

35 UPI, "Swift Justice Sought for Wilson Attackers."

36 디사이플 : 빌리는 갱스터 디사이플의 단원으로, 블랙 디사이플 등과 같은 경쟁 갱단과 혼동하면 안 된다. 커티스는 빌리가 속한 조직을 그저 디사이플이라고만 지칭했으므로 이 책에서도 그의 표현을 그대로 따랐다.

37 Hedges, War Is a Force That Gives Us Meaning.

38 집단은 갈등을 확산한다 : 이런 현상을 학문 용어로는 집단간 감정 이론이라고 한다. 인간은 같은 집단의 구성원을 대신해서 감정을 경험한다는 이론이다. 사회심리학자 다이앤

맥키Diane M.Mackie와 엘리엇 스미스Elliot R.Smith 등에 의해 발전되었다. 이들의 논문 "집단간 감정 이론Intergroup Emotions Theory"을 참조하라.

39 마크 트웨인,《허클베리 핀의 모험》

40 "They will never change": Halperin, Emotions in Conflict.

41 폴로와 페니 로퍼 : 스톤스와 디사이플이 서로를 구분하는 법에 관해서는 커티스 및 다른 스톤스 단원들과의 인터뷰를 통해 들었다. 당연히 디사이플의 옷차림새는 이것과는 확연히 달랐다.

42 구분하기 : 북아일랜드의 구분하기 관행에 관한 뛰어난 자료로는 메건 앤 맥과이어Meagan Anne McGuire의 박사 논문 "북아일랜드 문화 정체성의 언어적, 시각적 상징"이 있다.

43 Ahler and Sood, "The Parties in Our Heads."

44 Lee, "How the Politicization of Everyday Activities Affects the Public Sphere."

45 복수 : 복수에 관한 권위 있는 문헌으로는 니코 프리다의 "복수법The Lex Talionis: On Vengeance"을 들 수 있다. 프리다는 "복수는 사법 체계가 완비되지 않은 사회에서 강력한 규제 장치가 된다."라고 썼다.

46 Associated Press, translated statement.

47 Wang, "National Humiliation, History Education, and the Politics of Historical Memory: Patriotic Education Campaign in China."

48 Rovenpor et al., "Intergroup Conflict Self-Perpetuates via Meaning."

49 Fearon, "Civil War and the Current International System."

50 Widmer and Pavesi, "Monitoring Trends in Violent Deaths."

51 세인트루이스 : FBI 자료에 따르면 2018년도에 세인트루이스의 살인범 비율은 10만 명당 60명꼴인 것으로 나타났다. 시카고는 10만 명당 21명이었다.

52 집단의 존재 : 다양성과 전쟁의 상관관계에 관한 더 상세한 사항은 정치학자 제임스 피론James Fearon과 데이비드 레이틴David Laitin이 1945년부터 1999년 사이에 발생한 총 127건의 내전을 연구한 논문을 참조하라. 피론, 레이틴, "민족성과 반란, 그리고 내전"

53 Ingraham, "There Are More Guns than People in the United States, According to a New Study of Global Firearm Ownership."

54 OECD, "Better Life Index."

55 Roman, "The Puzzling Relationship Between Crime and the Economy."

56 Kleinfeld, A Savage Order.

57 Grossman et al., The Encyclopedia of Chicago.

58 Lesy, Murder City: The Bloody History of Chicago in the Twenties.

59 Simpson et al., "Continuing Corruption in Illinois."

60 연방 정치 부패 혐의 : 1976년부터 2018년까지 기간의 통계를 가리킨다. 딕 심슨Dick Simpson 외, "일리노이주의 계속되는 부패Continuing Corruption in Illinois"를 참조하라.

61 판사 : 1993년에 쿡 카운티 판사 토머스 멀로니Thomas J.Maloney는 세 건의 살인 및 기타 흉악 범죄 사건의 재판 관결을 조작하고 수천 달러를 수수한 혐의로 유죄를 선고받았다. 그 뇌물액의 일부는 스톤스 갱단의 분파인 엘 루큰파에서 받았다(당시는 아직 커티스가 신입 단원이던 때였다.). 멀로니는 12년의 수감 생활 끝에 2008년에 사망했다. 트레버 젠슨Trevor Jensen, "토머스 멀로니 : 1925-2008Thomas J.Maloney: 1925-2008"를 참조하라.

62 Mitchell, "Chicago's Dismal Murder Solve Rate Even Worse When Victims Are Black."

63 Jones, "Illinois Residents Least Confident in Their State Government."

64 For more about the current state of gang violence in Chicago, see Hagedorn et al., "The Fracturing of Gangs and Violence in Chicago."

65 중독 : 커티스의 의붓아버지인 월터 핸더슨의 약물 중독에 관해서는 커티스와의 인터뷰와 함께 핸더슨의 대리인으로부터 구한 법정 기록물을 참조했다.

66 가슴을 찔리다 : 커티스의 어머니 리타 핸더슨의 사망과 관련된 내용은 사망진단서와 쿡 카운티 법정 기록물에서 찾은 월터 핸더슨에 대한 기소장, 그리고 핸더슨의 항소 진술 등을 참조했다.

67 Morrison, The Bluest Eye.

68 Moore and Williams, The Almighty Black P Stone Nation.

69 남자를 때리다 : 이 사건을 비롯해 이 장에 나오는 두 번의 체포 상황은 커티스와의 인터뷰와 쿡 카운티 법정 기록물에서 참조했다.

4. 시간 벌기

1 Chicago, "You're the Inspiration."

2 Torres, Rido: Clan Feuding and Conflict Management in Mindanao.

3 Wood, Friends Divided: John Adams and Thomas Jefferson.

4 Milbank, Tears of a Clown.

5 "뿌리 깊은 증오" : 벡이 〈폭스앤프렌즈〉와 인터뷰한 내용. 글렌 벡의 입장에 관해 더 자세한 내용이 알고 싶다면 2018년에 출간된 그의 책《분노를 향한 집착**Addicted to Outrage**》을 읽어보기를 추천한다.

6 Beck, Interview by Megyn Kelly, The Kelly File.

7 Schmidle, "Glenn Beck Tries Out Decency."

8 Ibid.

9 Beck, Interview by Samantha Bee, Full Frontal with Samantha Bee.

10 Beck, Interview by Krista Tippett, On Being with Krista Tippett.

11 Beck, Interview by Peter Kafka, Recode Media with Peter Kafka.

12 CBS DC, "Glenn Beck Says Media Are 'Rat Bastards,' Obama Is a Dictator."

13 Beck, Interview by Krista Tippett, On Being with Krista Tippett.

14 Leach, "Glenn Beck Dons MAGA Hat: I Will 'Gladly' Vote for Trump in 2020."

15 Bond, "Glenn Beck's TheBlaze to End on Linear TV."

16 조지아 : 레이첼 클라인펠트의 책《야만적인 명령**A Savage Order**》에는 조지아 같은 나라가 고질적인 폭력에서 벗어날 수 있었던 과정이 묘사되어있다. 정부가 가장 먼저 취한 조치는 군벌과의 거래였다. 즉, 게릴라 전투원들에게 돈과 정치권력을 주는 대신 약간의 평화를 확보하는, 말 그대로 시간을 버는 일이었다. 그녀는 이런 '더러운 거래'나 시카고 갱단 사이에서 벌어지는 이른바 '평화 협정'은 모두 평화를 사는 것이 아니라 '시간을 버는 것'이라고 했다.

17 Hoffman, "All You Need Is Love."

18 Woodson, The Mis-Education of the Negro.

19 마이클 플레거 신부 : 플레거 신부는 이 책에서 다 다루지 못할 정도로 시카고에서 중요한 인물이다. 그에 관한 상세한 내용은 〈뉴요커〉지 2016년 판에 실린 에반 오스노스**Evan Osnos** 기자의 기획 기사 "마이크 신부**Father Mike**"를 참조하기 바란다.

20 Butigan, "Chicago's South Side Rises Up Against Gun Violence."

21 다른 이야기 : 벤지 살해 사건을 빌리의 입장에서 바라본 이야기는 뉴스 기사뿐 아니라 내가 빌리 무어와 직접 만나 나눈 내용과 그가 2019년에 썼지만 아직 출간되지 않은 자서전,《사자가 말할 때까지**Until the Lion Speaks**》의 내용을 함께 참조했다. 그는 그 책을

2019년 9월에 나에게 보여주었다. 책의 내용은 주로 빌리의 기억에 근거를 두고 있다. 그 사건의 증인들은 저마다 다른 증언을 하고 있기 때문에 그날 정확히 어떤 일이 벌어졌는지 아는 것은 불가능하다. 벤지의 여자친구가 재판에서 증언한 바에 따르면 오마르 딕슨이 벤지를 붙잡고 돈을 요구한 다음에 빌리가 벤지를 쐈다고 한다. 그러나 오마르와 빌리는 모두 이 내용을 부인했다.

22 검사 : 문제의 검사는 그 서명된 문서에 포함된 내용은 오직 빌리가 자신에게 해준 말뿐이었다고 재판에서 증언했다. 그 검사는 나중에 판사가 되었다. 현재 그는 사망한 상태로, 빌리가 그에 관해 한 이야기의 진위를 검증할 수는 없었다. 리넷 마이어스Linnet Myers의 기사 "충돌이 조롱으로, 또 죽음으로"를 참조하라.

23 Myers, "2 Teens Convicted in Murder of Ben Wilson."

24 Pettigrew and Tropp, "A Meta-Analytic Test of Intergroup Contact Theory"; Vezzali and Stathi, eds., Intergroup Contact Theory.

25 Abrams et al., "Does Terror Defeat Contact? Intergroup Contact and Prejudice Toward Muslims Before and After the London Bombings."

26 Oxford Mail, "Science Writer Wins Award."

27 Lynas, "Lecture to Oxford Farming Conference."

28 Mussen, "Some Personality and Social Factors Related to Changes in Children's Attitudes Toward Negroes."

29 Ibid.; Allport, The Nature of Prejudice.

30 종말론적 서사 : 기후 변화를 둘러싼 종말론적 서사에 우리가 왜 그토록 이상하게 유혹당하는지를 알고 싶다면 마이클 셸런버거Michael Shellenberger의《지구를 위한다는 착각》을 일독해보기를 권한다.

31 Pyrooz et al., "Criminal and Routine Activities in Online Settings: Gangs, Offenders, and the Internet."

32 감정 다스리기 : 심리학자 제임스 그로스James Gross는 감정을 다스리는 다섯 가지 전략을 제시했다. 상세한 사항은 제임스 그로스의《감정 조절 핸드북Handbook of Emotion Regulation》제1장을 참조하라.

33 Ury, "2016 Dawson High School Graduation Talk." See also Ury, Getting to Yes with Yourself.

34 Finkel et al., "A Brief Intervention to Promote Conflict Reappraisal Preserves Marital Quality over Time."

5. 공간 확보

1   흔들리다 : 컬럼비아대학교 피터 콜먼 교수는 전 세계에서 일어나는 폭력적 갈등을 연구한 결과 이런 패턴이 늘 반복된다는 사실을 발견했다. 그는 정치적 충격이 10년간 지속되면 그중 4분의 3은 꼭 고질적인 갈등으로 귀결된다고 추정했다. 예를 들어 미국이 오늘날처럼 정치적으로 극심한 양극화를 겪는 일은 남북전쟁 직후를 제외하면 처음이다. 당시의 양극화 현상은 1차 세계대전의 충격으로 세계 질서가 바뀐 1920년대에 가서야 끝을 맺었다. 자세한 내용은 피터 콜먼의 칼럼, "COVID의 충격이 이 시대의 깊은 분열을 끝낼 수 있을 것인가"를 참조하라.

2   Sadat, "73 Statement to the Knesset."

3   Gottman with Silver, Why Marriages Succeed or Fail.

4   Edholm and Gunderson, eds., Polar Human Biology.

5   세 가지 질문 : 이 질문을 맨 먼저 한 사람은 게리가 아니다. 작가 저스틴 바리소**Justin Bariso**는 《감정을 저글링 하라!**EQ Applied**》라는 책에 이 질문을 소개하면서 코미디언이자 TV 프로그램 진행자인 크레이그 퍼거슨**Craig Ferguson**이 그 출처라고 밝힌 바 있다. 물론 다른 출처가 있을 수도 있다.

6   Feinberg and Willer, "From Gulf to Bridge: When Do Moral Arguments Facilitate Political Influence?"

7   특별 회의 : 게리가 만약 전국적 인지도를 가진 정치인이었다면 특별 회의를 소집할 충분한 이유가 있었다는 점을 밝혀둔다. 그랬다면 즉각 운동 자금이 쇄도하고 소셜미디어 팔로워 수가 급증했을 것이다. 오늘날은 인기 정치인들이 자신을 선출한 모든 국민이 아니라 지지층의 도덕적 기반에만 호소해야 얻을 수 있는 이익이 너무나 크다는 것이 현실이다.

8   Ury is quoted in Stewart, "Expand the Pie Before You Divvy It Up."

9   King, Mindful of Race.

6. 뒤집어 이용하기

1   Humphreys and Weinstein, "Demobilization and Reintegration."

2   Felter and Renwick, "Colombia's Civil Conflict."

3   Jewish Virtual Library, "Vital Statistics: Total Casualties, Arab-Israeli Conflict."

4   United Nations, "4 Out of 10 Child Soldiers Are Girls."

5   Fattal, Guerrilla Marketing.

6   군대의 학살 : 군의 민간인 학살은 콜롬비아에서 '거짓양성' 스캔들로 불린다. 파킨 대니 얼스**Parkin Daniels**의 기사 "콜롬비아 군대의 민간인 학살 수, 알려진 것보다 수천 명이나 더 많다는 연구 나와"를 참조하라.

7   UNHCR, "Colombia."

8   연구 논문 : 후안 파블로 아파리시오의 연구 보고서는 2021년에 발표되었다. 마이클 제 터**Michael Jetter**, 크리스토퍼 파슨스**Christopher Parsons** 등과 공동 저자로 발표한 이 논문의 제목은 "FARC를 위하여 : 현대사의 가장 오래된 게릴라군의 무장 해제"이다. 그 는 아직 동료 심사를 거치지 않은 초고를 필자에게 제공했다.

9   Yanagizawa-Drott, "Propaganda and Conflict: Evidence from the Rwandan Genocide."

10   Aparicio et al., "For FARC's Sake.

11   "재통합 경로" : 산드라가 전향할 당시 콜롬비아의 재통합 사이트에 관한 기술은 산드라 와 직접 인터뷰한 내용뿐 아니라 해당 사이트를 복사한 기록물에 근거를 두고 있다. 해당 자료는 2020년에 인터넷 기록물 사이트 웨이백머신**Wayback Machine**에서 구했다. 산드라가 검색할 당시 이 사이트는 대통령사회경제재통합고등판무관실**the Office of the High Commissioner for Social and Economic Reintegration of Presidency of the Republic**이라 는 이름으로 운영되고 있었다. 이듬해 이 부서는 본격적인 기관으로 변모했다. 안타깝게 도 이 기록물 사이트에는 산드라가 검색하던 2010년 당시 자료는 없지만, 그것과 매우 유사한 2009년 자료는 남아있다.

12   Mandela, Long Walk to Freedom: The Autobiography of Nelson Mandela

13   McDermott, "Criminal Activities of the FARC and Rebel Earnings."

14   Nussio and Ugarriza, "Why Rebels Stop Fighting."

15   기진맥진 : 인류학자 킴벌리 테이돈**Kimberly Theidon**이 콜롬비아의 전직 전투원 112명 과 면담해본 결과, 게릴라 생활이 너무나 '지치고' '고달파서' 전쟁을 떠났다고 답한 사람 이 절반이 넘었다고 한다. 테이돈의 논문은 그들의 불만을 이렇게 묘사한다. "극심한 굶 주림, 며칠, 몇 주간이나 이어지는 수면 부족, 변변한 치료나 약도 없이 견뎌야 하는 질병, 두려움에 떨며 숨어 사는 생활, 나나 동료가 살인을 저지를 수밖에 없는 상황." 킴벌리 테 이돈의 "과도기 문제 : 콜롬비아 전투원 출신들의 무장 해제와 재통합 과정**Transitional Subjects: The Disarmament, Demobilization, and Reintegration of Former Combatants in**

Colombia"을 참조하라.

16   Kaplan and Nussio, "Explaining Recidivism of Ex-Combatants in Colombia."

17   사회 적응 요인 : 이 경우 일자리가 가족 간의 유대보다 덜 효과적인 이유로는, 전직 전투
      원들이 재통합 프로그램을 통해 정부에서 지원금을 받고 있었다는 점을 꼽을 수 있다. 여
      기서 한 가지 염두에 두어야 할 점은, 가족이 그들에게 갈등과 관련된 정체성을 지우기보
      다 오히려 부추길 수도 있다는 사실이다. FARC 대원 중에는 어린 시절에 가정에서의 성
      적, 신체적 학대로부터 탈출하는 방편으로 가입한 사람도 있다. 세상에는 간단한 일이 하
      나도 없다.

18   Nussio, "Ex-Combatants and Violence in Colombia: Are Yesterday's Villains
      Today's Principal Threat?"

19   Gibson, "Reintegration or Segregation? How Perceptions of Ex-Combatants
      and Civil Society Affect Reintegration (and Peace) in Colombia."

20   Brusset and Otto, "Evaluation of Nashe Maalo"; and Estes, "Radio Soap Op-
      eras Teach Conflict Resolution." Search for Common Ground has produced
      other popular shows in Burundi, Sierra Leone, Liberia, Congo, Angola, Indo-
      nesia, Ukraine, and the Palestinian territories.

21   CPP Inc., "Workplace Conflict and How Businesses Can Harness It to Thrive."

22   Sofield and Salmond, "Workplace Violence: A Focus on Verbal Abuse and In-
      tent to Leave the Organization."

23   Pillemer, Fault Lines.

24   이혼 부부의 4분의 1 : 〈미국가정의학저널〉에 따르면, 고도 갈등에 빠진 이혼 부부는 '공
      격적이고 불안한 정서'와 '부정적인 대화가 만연한' 환경에 노출되어있다고 한다. 앤더슨
      외, "고도 갈등의 정의"와, 화이트사이드의 "이혼 이후 부모와의 연합 : 개관"을 참조하라.

25   고도 갈등에 빠진 19만5,510쌍의 이혼 부부 : 고도 갈등으로 인한 이혼 부부 수는
      2018년 미국 질병통제예방센터의 이혼 자료를 근거로 미국 전체 이혼 부부 수에 4분의
      1을 곱하여 추정한 값이다.

7. 복잡한 이야기

1   브네이제슈른 : BJ야말로 한 조직이 갈등에 대한 내성을 키우는 방향으로 문화를 바꿀 수

있음을 보여준 훌륭한 모범이라고 말해준(롤리의 허락으로) 리세팅더테이블의 멜리사 웨인트라웁에게 큰 감사를 드린다. 리세팅더테이블에 관한 상세한 내용은 다음 사이트에서 참조하라. www.resettingthetable.org

2 Matalon et al., "B'nai Jeshurun Leadership E-mail on Palestine."

3 Otterman and Berger, "Cheering U.N. Palestine Vote, Synagogue Tests Its Members."

4 Matalon et al., "Second B'nai Jeshurun Leadership E-mail on Palestine."

5 Rosenblatt, "Fuel for Debate over Rabbis' Role."

6 Ibid.

7 Cohen and Gitlin, "Reluctant or Repressed?

8 어려운 대화 연구소 : 나는 솔루션저널리즘네트워크**Solutions Journalism Network**가 언론 문제를 주제로 기획한 한 특집 기사에서 이 연구소에 관한 내용을 일부 보도한 적이 있다. 아만다 리플리, "복잡한 이야기" 참조.

9 "현실에서 벌어지는 힘겨운 갈등" : 어려운 대화 연구소와 피터 콜먼 연구팀의 뛰어난 연구 결과에 대한 더 자세한 내용은 다음을 참조하라. 피터 콜먼, 《5퍼센트의 원리**The Five Percent: Finding Solutions to Seemingly Impossible Conflicts**》

10 진심으로 경청하기 : 남의 말을 경청하는 능력을 향상하는 데 관심 있는 언론인들에게 두 가지 방법을 제안하고자 한다. 첫째, 솔루션저널리즘네트워크 팀을 귀사의 뉴스룸에 초청해서 복잡한 이야기를 접하는 기법을 전수받는 것이다(solutionsjournalism.com 참조). 헬렌 비안두디 호퍼**Hélène Biandudi Hofer**의 뛰어난 솜씨를 통해 갈등의 상황에서도 호기심을 되살려 이해의 순환고리를 적용하는 기법을 놀라울 정도로 짧은 시간 안에 배울 수 있다. 둘째, 조직이 청중의 말을 경청하는 방법을 체계적으로 안내하는 히어켄**Hearken**이라는 회사에 관해 알아보기를 추천한다. 이 회사의 공동창업자는 제니퍼 브란델**Jennifer Brandel**이라는 인물로, 이 책에서 언급한 바 있는 바하이교의 원칙에서 영감을 받은 바 있다. 히어켄은 언론인이 독자에게 생각할 거리를 알려주려는 태도에서 벗어나 그들을 섬기는 방향으로 나아가도록 도와준다. 이 회사의 모토는 '겸손한 자세로 돌아가는 언론'이다. 오늘날 그 무엇보다 소중한 가치로 들린다. 홈페이지 주소는 wearehearken.com이다.

11 세 번째 역설 : 갈등의 세 번째 역설에 관해서는 캘리포니아에 사는 중재 변호사이자 교사 캐서린 코녀와 대화 중에 영감을 얻었다. 그녀는 고객과의 상담 중에 비슷한 역설을 인식했다고 한다. 이것은 '변화의 역설 이론'이라고 하는 게슈탈트 심리 요법과 관련이

있다. 즉 사람은 자신이 가지지 못한 덕목을 얻기 위해 변화하려고 하면 할수록, 점점 더 현 상태에 머물게 된다는 역설이다. 이 이론에 따르면 그럴수록 먼저 자신의 현 상태를 있는 그대로 받아들여야 한다. 이 이론을 갈등에도 적용할 수 있다. 우리는 자신이 존중 받는다는 것을 느끼기 전까지는 변화를 거부한다. 상세한 내용은 1970년에 출간된 조앤 파간Joen Fagan과 이르마 리 셰퍼드Irma Lee Shepherd의 책 〈현대 게슈탈트 이론〉 중 아놀드 베이저Arnold Beisser가 쓴 "변화의 역설 이론" 장을 참조하라.

12 갈등이 아니라 복잡한 이야기 : 존 프랭클린Jon Franklin의 책 《스토리 쓰기Writing for Story》에 이 중요한 이야기의 논점이 자세히 설명되어 있다고 알려준 〈워싱턴포스트〉 기 자 엘라 이자디Elahe Izadi에게 감사드린다.

13 단순성 : 경제학자 타일러 코웬이 2009년에 열린 "단순한 스토리를 의심하라"라는 TED 강연에서 경고한 내용이다. 강연에서 특히 마음에 들었던 구절이 있다. "선악 구도의 스 토리를 말할 때마다 IQ가 10 이상으로 떨어진다는 점을 기억하라."

14 중재자를 다시 초빙 : 두 번째 프로그램은 리세팅더테이블이 다시 와서 시작했다가 조직 변화 컨설턴트 아데나 필립스Adena Philips에게 프로그램의 거의 모든 내용을 인계했다.

15 "Clown Runs for Prez": New York Daily News, "Clown Runs for Prez."

16 "You're going to lose!": Haberman and Lipton, "Nobody Waved Goodbye."

17 민디 브로먼 : 나는 이 장에 나오는 모든 참석자와도 그랬지만, 특히 교류 기간에 민디 브 로먼을 인터뷰하고 지켜보았다. 민디가 교류 프로그램에서 경험한 일을 옮긴 솔직하고 재미있는 글도 많은 참고가 됐다. 그녀는 그 훌륭한 글을 참석자들에게 모두 보여주었다.

18 공화당 : 공화당의 기원에 관해서는 이보다 두 달 전에 위스콘신주 리폰에서 시작되었다 는 논란이 일부 있으나, 미시간 사람들 대부분은 우리가 명판에서 본 그 장소가 맞다고 주장한다. 《브리태니커 백과사전》은 공화당의 기원에 관한 장에 두 장소를 모두 명기해 두었다.

19 정치적 견해가 서로 다른 부부 : 1973년을 기준으로 갓 결혼한 부부 중 정치적 성향이 비슷한 비율은 54퍼센트 정도였다. 2014년에는 이 비율이 74퍼센트로 올라간다. 아행 가Iyengar 외, "정치적 요새가 된 가정 : 양극화의 시대에 바라본 가족의 의견일치"를 참 조하라.

20 Pettigrew, "European Attitudes Toward Immigrants."

21 Iyengar et al., "The Home as a Political Fortress."

22 온전하고 풍부한 삶 : 정치적 다양성이 모든 사람들에게 풍요롭고 다채로운 삶을 안겨주 는 사례를 알고 싶다면 2019년에 내가 〈애틀랜틱〉지에 기고한 기사, "미국에서 가장 정

치적 편견이 적은 곳"을 참조하라.

23 살인 사건 발생률 : 2018년에 랜싱의 살인 사건 발생률은 10만 명당 6.8건이었다.
2018년에 버그가 작성한 "지역별 실태로 보는 살인 사건 발생률 저하 현황" 및 해당연
도 미국 인구통계국 자료에 나타난 랜싱 인구 11만8,210명을 참조했다. 한편 뉴욕 경찰
의 "범죄 역사 기록 : 7대 중범죄 사건"에 나타난 2018년 뉴욕의 살인 건수는 295건이었
고 인구통계국 자료에 나타난 뉴욕 인구는 830만 명이었다. 10만 명당 3.6건에 해당한다.

24 큰 소리로 낭독 : BJ 홈페이지에서 앤디 포터와 동료들이 서한을 읽는 장면을 볼 수 있다.
2018년 11월 10일, 브네이제슈룬 홈페이지 참조.

부록 1. 세상에서 일어나는 고도 갈등을 알아보는 법

1 Castle, "Wolves, Resurgent and Protected, Vex Swedish Farmers."

2 Agence France-Presse, "Sheep Flock to Eiffel Tower as French Farmers Cry
Wolf."

3 Wheat, "Crying Wolf."

4 Todd, "French Farmers Take Park Boss Hostage over Wolf Attacks."

5 Taylor, "Wild Wolf Shot and Killed in Denmark."

부록 3. 고도 갈등을 예방하는 법

1 늑대 토론 프로젝트 : 나는 이 프로젝트에 관한 이야기를 한스 피터 한센으로부터 직접
들었고, 그의 배려로 프로그램 참석자들을 만나는 기회도 얻었다. 또 이 프로젝트를 주제
로 한 앤 카트린 뮌흐 슈뢰더Anne Cathrine Munch Schrøder의 뛰어난 논문 "늑대를 찾
아서In the Wake of the Wolf"에서도 많은 부분을 참조했다.

2 Voss is quoted in Bernstein, "Worried About a Difficult Conversation?" For
more, see Voss, Never Split the Difference.

용어 해설

확증 편향 새로운 정보를 접할 때마다 이를 기존의 신념에 비추어 확인하려는 인간의 본능.

갈등 촉진자 자신의 이익을 위해 고도 갈등을 이용하거나 부추기는 사람들.

갈등의 함정 사람들이 자신의 이익과 반하는 데도 끌려들 수밖에 없는 갈등의 힘. 고도 갈등의 특징.

접촉 이론 각각 다른 집단에 속하는 사람들이라도 특정 조건에서 함께 시간을 보내고 나면 서로에 대한 편견이 완화된다는 개념.

냄비 갈등의 본질은 다른 데 있는데 그것이 겉으로 드러난 현상만을 일컫는 상징적인 용어.

사이버볼 사회적 소외 현상을 연구하기 위해 학자들이 고안해낸 간단한 인터넷 공놀이 게임.

불쏘시개 갈등이 폭력으로 비화하도록 부추기는 요소. 집단 정체성, 갈등 촉진자, 굴욕, 부패 등이 있다.

제4의 방법 갈등을 대처하는 데 있어 도피하거나, 맞서 싸우거나, 침묵하는 것보다 더 좋은 방법. 갈등을 정면으로 해결하는 방법이다.

건전한 갈등 심각하고 격렬한 과정을 거치지만 결국 유익한 결과를 얻는 마찰. 상대방을 악마화하는 데까지는 이르지 않는다.

고도 갈등 갈등이 스스로의 힘으로 굴러가서 모든 것을 집어삼키고 관련자 모두에게 해가 되는 갈등. 흔히 양자 구도 갈등이 여기에 해당한다.

굴욕 강제로, 공개적으로 당하는 모욕. 위신과 자부심, 지위 등이 형편없이 추락한 상태. 고도 갈등과 폭력의 원인이 될 수 있다.

바보 운전자 반응 다른 사람의 행동을 그의 성격적 결함으로 치부하여 비난하는 인간의 본능. 자신의 행동을 주변 환경 탓으로 돌리는 경향과도 관련이 있다. 기본적 귀인 오류라고도 한다.

의사소통의 환상　실제로는 의사소통을 하지 않았으면서 그렇게 했다고 생각하는 매우 흔하고도 잘못된 믿음.

라 브레아 타르 웅덩이　빙하 시대 이후 지표면 아래에서 천연 아스팔트가 솟아나고 있는 로스앤젤레스의 한 지역. 이 책에서 고도 갈등에 빗대어 사용하는 말이다.

이해의 순환고리　반복적이고 적극적인 경청 기법의 하나. 화자가 말했다고 생각하는 내용을 청자가 다시 이야기해주고, 그 말이 맞는지 확인하는 방법. 게리 프리드먼과 잭 힘멜스타인이 창안하여 《갈등에 도전하라 Challenging Conflict》라는 책에 수록했다.

마법의 비율　사람들이 일상에서 사용하는 대화 중에 긍정적인 내용이 부정적인 내용보다 압도적으로 많으면 그것이 갈등을 건전하게 관리하는 완충재 역할을 할 수 있다. (예를 들어 부부 심리학자 존 가트만과 줄리 가트만의 연구에 따르면 결혼 생활에서 이 비율은 5대 1이라고 한다.)

고도 갈등의 첫 번째 역설　우리는 고도 갈등에서 힘을 얻기도 하지만, 또 그것 때문에 걱정에 사로잡힌다. 갈등이 끝나기를 바라면서도 동시에 계속되기를 바란다.

고도 갈등의 두 번째 역설　집단은 남에게 해를 가하라는 의무를 부과하지만 때로는 평화를 유지하기 위해 해를 가하지 말라는 의무도 부여한다.

고도 갈등의 세 번째 역설　사람은 상대방이 나의 현재 모습 그대로를 인정해준다고 느끼기 전에는(때로는 그렇게 느낀 후에도) 절대로 그가 원하는 모습으로 바뀌지 않는다.

양자 구도의 위력　수많은 복잡한 현실과 선택지가 오로지 두 진영만으로 단순화되어 버리는 위험한 현상. 흑인 대 백인, 선과 악, 민주당 지지자 대 공화당 지지자 등의 구도를 예로 들 수 있다.

포화점　갈등을 겪으면서 얻는 것보다 잃는 것, 또는 기회를 추구하려는 것보다 변화하고 싶은 욕망이 더 많아지는 순간.

구분하기　어떤 사람의 옷이나 머리 색깔과 같은 미신적인 단서만 보고 그가 갈등을 빚고 있는 상대 집단의 구성원이라고 판단하는 행동. 북아일랜드에서 주로 사용되는 용어다.

언더스토리　일상적인 대화의 이면에 숨은 갈등의 본질.

주요 등장인물

영국 옥스퍼드

마크 라이너스 환경주의자이자 작가. 유전자 변형작물 반대 운동가 출신.

캘리포니아주 뮈어비치

게리 프리드먼 갈등 중재자, 작가. 전직 소송변호사. 캘리포니아 뮈어비치 지방 선거에 출마했다.

타냐 노동 운동가, 작가 및 게리의 이웃. 게리가 출마한 선거에서 정치 자문을 담당했다.

휴 기업인, 전 현직 지역봉사 위원, 게리의 이웃. 게리가 겪은 갈등에서 '수구 세력'의 일원.

엘리자베스 디자이너, 전직 지역봉사 위원, 게리의 이웃, '신진 세력'의 일원.

일리노이주 시카고

커티스 톨러 폭력예방 위원, 배우, 전직 블랙스톤 갱단 두목.

벤지 윌슨 1980년대 시카고 지역 고교농구 스타.

빌리 무어 폭력예방 위원, 작가, 블랙스톤의 라이벌 갱단인 디사이플 단원 출신.

콜롬비아의 보고타와 메데인

산드라 밀레나 베라 부스토스 사회정의 단체 종사자, 전직 게릴라 전투원. 콜롬비아 내전 때 반군에서 스스로 탈퇴했다.

디에고 경찰관이자 산드라의 옛 친구로, 그녀가 전향한 날 함께 있었다.

후안 파블로 아파리시오 대학원생. 콜롬비아의 축구 경기 중계 광고와 사람들이 고도 갈등을 벗어나는 행동과의 상관관계를 연구했다.

뉴욕주 뉴욕시

호세 롤란도 '롤리' 마탈론 맨해튼 유대교 회당 브네이제슈룬, 일명 BJ의 수석 랍비.

케일럽 폴레트 미시간 중부 지역에 사는 보수주의 기독교인 교도관.

마사 애클스버그 뉴욕시에 사는 리버럴 유대인 학자.

극한 갈등

초판 1쇄 인쇄 2022년 8월 23일
초판 2쇄 발행 2022년 10월 15일

지은이 아만다 리플리
펴낸이 오세인 | **펴낸곳** 세종서적(주)

주간 정소연 | **편집** 김재열
표지 디자인 co*kkiri | **본문 디자인** 김미령
마케팅 임종호 | **경영지원** 홍성우
인쇄 천광인쇄 | **종이** 화인페이퍼

출판등록   1992년 3월 4일 제4-172호
주소   서울시 광진구 천호대로132길 15, 세종 SMS 빌딩 3층
전화   경영지원 (02)778-4179, 마케팅 (02) 775-7011
팩스   (02)319-9014
홈페이지   www.sejongbooks.co.kr
네이버 포스트   post.naver.com/sejongbooks
페이스북   www.facebook.com/sejongbooks
원고모집   sejong.edit@gmail.com

ISBN 978-89-8407-993-9 03190